JE PENSAIS QUE MON PÈRE ÉTAIT DIEU

Titre original :
I Thought my Father Was God

ISBN 2-7427-3963-7

JE PENSAIS QUE MON PÈRE ÉTAIT DIEU

ET AUTRES RÉCITS
DE LA RÉALITÉ AMÉRICAINE

172 histoires racontées
pour le *National Story Project* et
l'émission de radio intitulée
Weekend All Things Considered

anthologie composée par
PAUL AUSTER
assisté de Nelly Reifler

traduite de l'américain
par Christine Le Bœuf

préface de Paul Auster

BABEL

Pour leur aide et leurs encouragements, je tiens à remercier Daniel Zwerdling, Jacki Lyden, Rebecca Davis, Davar Ardalan, Walter Ray Watson, Kitty Eisele, Marta Haywood et Hannah Misol (tous de Weekend All Things Considered*) ainsi que Carol Mann, Jennifer Barth et – d'abord, enfin et toujours – Siri Hustvedt.*

PAUL AUSTER

PRÉFACE

Je n'avais aucune intention de faire ça. Le *National Story Project* est né par hasard et, sans une réflexion de mon épouse à la table familiale, il y a seize mois, les textes qui constituent ce livre n'auraient, pour la plupart, jamais été écrits. C'était en mai 1999, peut-être en juin, et j'avais été interviewé ce jour-là sur NPR à propos de mon dernier roman. Notre entretien terminé, Daniel Zwerdling, le présentateur de *Weekend All Things Considered*, m'a demandé si cela m'intéresserait de contribuer régulièrement à son émission. Je ne voyais même pas son visage lorsqu'il m'a posé cette question. Je me trouvais dans le studio de NPR, 2e avenue, à New York, et lui se trouvait à Washington DC ; nous venions de nous parler pendant vingt minutes, une demi-heure par micros et écouteurs interposés, avec l'aide de cette merveille technologique qu'on appelle fibre optique. Je lui ai demandé ce qu'il envisageait, et il m'a répondu que ce n'était pas encore très clair. Peut-être pourrais-je venir au micro tous les mois pour raconter des histoires.

Ça ne m'intéressait pas. J'avais assez à faire avec mon travail personnel, et me charger d'un emploi qui m'obligerait à mouliner des récits sur commande était bien la dernière chose dont j'avais besoin. Par simple politesse, j'ai néanmoins promis d'y penser une fois rentré chez moi.

C'est mon épouse, Siri, qui a donné son sens à cette proposition. Ce soir-là, comme je lui racontais l'offre inattendue de NPR, elle m'a aussitôt fait une suggestion qui a inversé le sens de mes réflexions. En l'affaire d'une demi-minute, non était devenu oui.

Tu n'as pas besoin d'écrire les récits toi-même, m'a-t-elle dit. Mets les gens à la tâche, qu'ils écrivent leurs propres histoires. Qu'ils te les envoient, et ensuite tu lirais les meilleures à la radio. Si assez de gens participaient, cela pourrait donner quelque chose d'extraordinaire.

Voilà comment est né le *National Story Project.* C'était l'idée de Siri, et puis je l'ai saisie et me suis mis à courir.

Vers la fin de septembre, Zwerdling est venu chez nous à Brooklyn avec Rebecca Davis, l'un des producteurs de *Weekend All Things Considered*, et nous avons lancé l'idée du *Project* sous la forme d'un nouvel entretien. J'ai expliqué aux auditeurs que je cherchais des histoires. Celles-ci devraient être vraies, elles devraient être brèves, mais il n'y aurait aucune restriction quant aux sujets ni au style. Ce qui m'intéressait le plus, ai-je précisé, c'étaient des histoires non conformes à ce que nous attendons de l'existence, des anecdotes révélatrices des forces mystérieuses et ignorées qui agissent dans nos vies, dans nos histoires de famille, dans nos esprits et nos corps, dans nos âmes. En d'autres termes, des histoires vraies aux allures de fiction. J'envisageais de grandes choses et de petites choses, des sujets tragiques et des sujets comiques, n'importe quelle expérience paraissant assez importante pour être mise sur papier. S'ils n'avaient jamais écrit un récit, ils ne devaient pas s'en inquiéter, leur ai-je dit. Tout le monde connaît quelques bonnes histoires, et si les participants étaient assez nombreux, nous allions inévitablement découvrir des choses surprenantes sur nous-mêmes et les uns sur les autres. L'esprit du *Project* était tout à fait démocratique. Les contributions de tous les auditeurs seraient les bienvenues, et je promettais de lire chacun des récits qui nous parviendraient. Les gens allaient explorer leurs vies et leurs expériences personnelles, mais en même temps ils s'associeraient à un effort collectif, à quelque chose de plus vaste que chacun d'eux. Avec leur aide, ai-je dit, j'espérais constituer des archives véridiques, un musée de la réalité américaine.

Cet entretien a été diffusé le premier samedi d'octobre, il y a exactement un an aujourd'hui. Depuis lors, plus de quatre mille textes m'ont été soumis. Ce nombre est de beaucoup supérieur à ce que j'avais imaginé, et j'ai passé douze mois noyé sous les manuscrits, surnageant tant bien que mal au milieu d'une mer de papier qui ne cessait de grossir. Certains des récits étaient manuscrits, d'autres tapés à la machine, d'autres enfin imprimés à partir d'un courrier électronique. Chaque mois, je me suis efforcé d'en choisir cinq ou six parmi les meilleurs et de les réduire à une vingtaine de minutes pour les lancer sur les ondes pendant l'émission *Weekend All Things Considered*. Ce travail s'est révélé singulièrement gratifiant, c'est l'une des tâches les plus gratifiantes que j'aie jamais entreprises. Mais il y a eu, aussi, des moments difficiles. En plusieurs occasions, alors que j'étais particulièrement submergé, j'ai lu d'une traite soixante ou soixante-dix histoires et, chaque fois que cela m'est arrivé, je me suis relevé de ma chaise avec la sensation de me retrouver réduit en poussière, vidé de toute énergie. Un si grand nombre d'émotions à affronter, un si grand nombre d'inconnus installés dans mon living, des voix si nombreuses me parvenant de tant de directions différentes. Ces soirs-là, en l'espace de deux ou trois heures, j'ai eu l'impression que la population entière de l'Amérique était entrée dans ma maison. Je n'entendais pas l'Amérique chanter. Je l'entendais raconter des histoires.

Oui, un certain nombre d'extravagances et de diatribes m'ont été envoyées par des déséquilibrés, mais bien moins que je ne l'aurais prédit. J'ai été exposé à des révélations bouleversantes sur l'assassinat de Kennedy, j'ai dû subir plusieurs exégèses complexes liant des événements quotidiens à des versets des Ecritures et l'on m'a confié des informations relatives à des procès contre une demi-douzaine de corporations et d'institutions gouvernementales. Des gens se sont donné beaucoup de mal pour me provoquer et me soulever le cœur. La semaine dernière encore, j'ai reçu un texte d'un homme qui signait "Cerbère" et donnait pour adresse "les Enfers, 66666". Dans son récit, il parlait de sa vie au Viêtnam en tant que marine et terminait en racontant comment lui et d'autres hommes de sa compagnie avaient rôti et mangé autour d'un feu de camp un bébé vietnamien volé. Il racontait cela comme s'il avait été fier de ce qu'il avait fait. Pour autant que je sache, cette histoire pourrait être vraie. Mais cela ne signifie pas que sa présentation à la radio offre à mes yeux le moindre intérêt.

D'autre part, certains des envois de déséquilibrés contenaient des passages surprenants et dignes d'attention. L'automne dernier, quand le *Project* démarrait à peine, j'en ai reçu un d'un autre ancien combattant du Viêtnam, un homme qui purgeait une condamnation à vie pour meurtre dans un pénitencier quelque part dans le Middle West. Il y avait joint une déposition manuscrite rapportant l'histoire confuse des circonstances de son crime, et la dernière phrase de ce document était : "Je n'ai jamais été parfait, mais je suis réel." D'une certaine manière, cette affirmation pourrait constituer le credo du *National Story Project*, le principe fondateur de ce livre. Nous n'avons jamais été parfaits, mais nous sommes réels.

Des quatre mille histoires que j'ai lues, la plupart étaient assez captivantes pour me maintenir en haleine jusqu'à la dernière ligne. Pour la plupart, elles ont été écrites avec une conviction simple et directe, et font honneur à ceux qui les ont envoyées. Nous possédons tous une vie intérieure. Nous avons tous le sentiment de faire partie du monde et pourtant d'en être exilés. Nous brûlons tous du feu de notre existence propre. Il faut des mots pour exprimer ce qui se trouve en nous et à de multiples reprises les participants m'ont remercié de leur avoir donné l'occasion de raconter leurs histoires, d'avoir "permis aux gens de se faire entendre". Ce que ces gens ont dit était souvent étonnant. Plus que jamais, j'ai appris à apprécier à quelle profondeur et avec quelle passion nous vivons, pour la plupart, au-dedans de nous-mêmes. Nos attachements sont féroces. Nos amours nous submergent, nous définissent, oblitèrent les frontières entre nous et les autres. Au moins un tiers des histoires que j'ai lues ont pour sujet la famille : parents et enfants, enfants et parents, maris et femmes, frères et sœurs, grands-parents. Pour la majorité d'entre nous, ce sont ces gens-là qui occupent notre univers et, dans une histoire après l'autre, dans les plus sombres comme dans les plus humoristiques, j'ai trouvé ces relations articulées avec une force et une clarté impressionnantes.

Quelques lycéens m'ont envoyé des récits de leurs hauts faits au base-ball et des médailles gagnées lors de rencontres sportives, mais rares sont les adultes qui ont profité de l'occasion pour se vanter de leurs exploits. Gaffes burlesques, coïncidences déchirantes, frôlements avec la mort, rencontres miraculeuses, incroyables ironies, prémonitions, chagrins, douleurs, rêves – tels sont les sujets sur lesquels les participants ont choisi d'écrire. J'ai appris que je ne suis pas seul dans ma conviction que, plus on s'ouvre à lui, plus le monde paraît insaisissable et troublant. Comme l'a si éloquemment écrit l'un des premiers participants, "je me retrouve sans définition adéquate de la réalité". Si on n'est pas sûr de tout, si on a encore l'esprit assez ouvert pour s'interroger sur ce qu'on voit, on tend à considérer le monde avec une grande attention, et de cette attention vient la possibilité d'apercevoir quelque chose que personne n'a encore vu. Il faut être disposé à admettre qu'on ne possède pas toutes les réponses. Si on croit les posséder, on n'aura jamais rien d'important à dire.

Intrigues invraisemblables, tournures improbables, événements qui refusent d'obéir aux lois du bon sens : le plus souvent, nos vies ressemblent au matériau des romans du XVIIIe siècle. Aujourd'hui encore, un nouveau lot de messages électroniques est arrivé de NPR à ma porte et parmi les nouvelles contributions se trouvait cette histoire racontée par une femme qui vit à San Diego, en Californie. Si je la cite, ce n'est pas parce qu'elle est inhabituelle, mais simplement parce que c'est le plus récent des exemples que j'ai sous la main :

> J'ai été adoptée à huit mois dans un orphelinat. Moins d'un an plus tard, mon père adoptif est mort. J'ai été élevée par sa veuve ainsi que mes trois frères aînés, adoptés eux aussi. Quand on a été adopté, on a une curiosité naturelle à connaître sa famille de naissance. Une fois mariée, un peu avant mes trente ans, j'ai décidé de commencer à chercher.
>
> J'avais été élevée dans l'Iowa et c'est là, à Des Moines, qu'après deux ans de recherches, j'ai retrouvé ma mère de naissance. Nous nous sommes rencontrées et sommes allées dîner. Je lui ai demandé qui était mon père de naissance et elle m'a donné son nom. Je lui ai demandé où il habitait et elle m'a répondu : "San Diego", qui est l'endroit où je vivais depuis cinq ans. Je m'étais installée à San Diego sans y connaître personne – je savais seulement que j'avais envie d'être là.
>
> Pour finir, j'ai découvert que j'avais travaillé dans l'immeuble voisin de celui où travaillait mon père. Nous déjeunions souvent dans le même restaurant. Nous n'avons jamais parlé à sa femme de mon existence, car je ne voulais pas perturber sa vie. Il avait toujours été un peu coureur, cependant, et

il avait toujours une petite amie quelque part. Il y avait plus de quinze ans que la dernière et lui étaient "ensemble", et elle est restée ma source d'informations le concernant.

Il y a cinq ans, ma mère de naissance mourait d'un cancer dans l'Iowa. Simultanément, j'ai reçu un coup de téléphone de la bien-aimée de mon père disant qu'il était mort à la suite de complications cardiaques. J'ai appelé ma mère biologique à l'hôpital en Iowa pour lui dire qu'il était mort. Elle est morte cette nuit-là. J'ai été avertie que leurs deux enterrements auraient lieu le samedi suivant exactement en même temps : celui de mon père à 11 heures du matin en Californie et celui de ma mère à 13 heures dans l'Iowa.

Au bout de trois ou quatre mois, j'ai senti qu'un livre allait être nécessaire pour justifier le *Project*. Je recevais trop d'histoires intéressantes, et il ne m'était possible de présenter à la radio qu'une petite partie de celles qui en auraient valu la peine. Beaucoup étaient trop longues pour le format que nous avions prévu, et la nature éphémère des émissions (une voix solitaire et désincarnée flottant sur les ondes d'un bout à l'autre de l'Amérique pendant dix-huit à vingt minutes par mois) me donnait envie de rassembler les plus mémorables et de les conserver par écrit. La radio est un outil puissant, et NPR atteint pratiquement tous les recoins du pays, mais on ne peut tenir les mots entre ses mains. Un livre, c'est tangible et lorsqu'on l'a déposé, on peut revenir à l'endroit où on l'avait quitté et le reprendre.

Cette anthologie comprend cent soixante-douze textes – ceux que je considère comme les meilleurs des quatre mille qui me sont parvenus au cours de l'année passée. Mais elle constitue aussi une sélection représentative, une version miniaturisée du *National Story Project* dans son ensemble. Pour chaque récit où il est question d'un rêve, d'un animal ou d'un objet perdu qui figure dans ses pages, des quantités d'autres m'ont été proposés, des quantités d'autres auraient pu être choisis. Le livre commence avec une histoire de poule longue de six phrases (la première que j'ai lue sur les ondes en novembre dernier) et s'achève avec une méditation désenchantée sur le rôle que la radio joue dans nos vies. L'idée d'écrire ce texte a été inspirée à son auteur, Ameni Rozsa, pendant qu'elle écoutait l'une des émissions du *National Story Project*. J'avais espéré saisir des bribes et des morceaux de la réalité américaine, mais il ne m'était jamais venu à l'esprit que le *Project* pouvait devenir, lui aussi, un élément de cette réalité.

Ce livre a été écrit par des gens de tous âges et de tous milieux. On trouve parmi eux un facteur, un matelot de la marine marchande, un conducteur de trolleybus, une employée chargée de relever les compteurs de gaz et d'électricité, un restaurateur de pianos mécaniques, un spécialiste du nettoyage des lieux après un crime, un musicien, un homme d'affaires, deux prêtres, un homme interné dans une institution correctionnelle d'Etat, plusieurs médecins et tout un choix de femmes au foyer, de fermiers et d'anciens militaires. Le plus jeune des participants a vingt ans à peine, le plus âgé va sur ses quatre-vingt-dix. Les auteurs sont pour moitié des femmes et pour moitié des hommes. Ils vivent dans des villes, dans des faubourgs, dans des campagnes, et sont originaires de quarante-deux Etats différents. En faisant mon choix, je n'ai pas songé un instant à l'équilibre démographique. J'ai sélectionné les histoires sur la seule base de leurs mérites : leur humanité, leur véracité, leur charme. Ainsi leur sort s'est joué, et un hasard aveugle a décidé du résultat.

Dans une tentative de mise en ordre de ce chaos de voix et de styles contrastants, j'ai séparé les histoires en dix catégories. Les titres des différentes sections sont assez explicites mais, à l'exception de la quatrième, *"Slapstick"*, qui est composée uniquement d'histoires comiques, on trouve dans chaque catégorie un registre assez large. Le contenu des récits couvre toute la gamme allant de la farce au drame tragique, et chaque acte de cruauté ou de violence qu'on y rencontre est contrebalancé par un acte de bonté, de générosité ou d'amour. Les histoires vont vers l'avant et vers l'arrière, vers le haut et vers le bas, vers le dedans et le dehors, et au bout d'un moment on est saisi de vertige. Tournez la page d'un texte à l'autre, vous vous retrouverez confronté à quelqu'un de totalement différent, à un ensemble de circonstances totalement différent, à une vision du monde totalement différente. Mais la différence est le sujet de ce livre. Il contient des écrits élégants et raffinés, mais il y en a beaucoup aussi qui sont grossiers et maladroits. Une petite part seulement ressemble à ce qu'on pourrait appeler "littérature". Il s'agit d'autre chose, de quelque chose de brut et d'essentiel et quel que soit le talent qui manque à ces auteurs, leurs récits sont pour la plupart inoubliables. Je n'imagine pas sans difficulté que quelqu'un pourrait lire ce livre du début à la fin sans verser une seule larme, sans un seul éclat de rire.

S'il me fallait définir ces récits, je dirais que ce sont des dépêches, des rapports envoyés du front de l'expérience personnelle. Ils parlent des univers privés d'individus américains, et pourtant on y retrouve à chaque fois les marques inévitables de l'Histoire, les voies complexes par lesquelles les destinées individuelles sont déterminées par la société dans son ensemble. Certains des participants les plus âgés, retournant à des événements de leur enfance et de leur jeunesse, parlent inévitablement de la Grande Crise et de la Seconde Guerre mondiale. D'autres, nés au milieu du siècle, demeurent hantés par les effets de la guerre au Viêtnam. Ce conflit a pris fin voici vingt-cinq ans, et pourtant il continue à vivre en nous comme un cauchemar récurrent, une profonde blessure à l'âme nationale. D'autres participants encore, appartenant à plusieurs générations différentes, ont écrit à propos de cette maladie qu'est le racisme américain. Cette plaie nous accable depuis plus de trois cent cinquante ans, et si fort que nous nous efforcions de nous en débarrasser, le remède reste à découvrir.

D'autres histoires évoquent le sida, l'alcoolisme, la drogue, la pornographie et les armes à feu. Les pressions sociales ne cessent jamais de s'exercer aux dépens des vies de tous ces gens, mais aucun de leurs récits ne s'attaque à la description de la société en elle-même. Nous savons que le père de Janet Zupan est mort dans un camp de prisonniers au Viêtnam en 1967, mais là n'est pas le sujet de son récit. Avec un sens remarquable du détail visuel, elle retrace un après-midi dans le désert Mojave où son père poursuit un cheval obstiné et récalcitrant et, sachant ce que nous savons quant à ce qui lui arrivera deux ans plus tard, nous lisons cette description comme une sorte de mémorial à ce père. Pas un mot sur la guerre, et pourtant de façon indirecte, grâce à une vision quasi picturale de l'instant qu'elle nous présente, nous sentons passer sous nos yeux une période entière de l'Histoire américaine.

Le rire du père de Stan Benkoski ; la gifle à Carol Sherman Jones ; la petite Mary Grace Dembeck traînant un arbre de Noël dans les rues de Brooklyn ; l'alliance disparue de la mère de John Keith ; les doigts de John Flannelly coincés dans les trous d'une grille de chauffage en acier inoxydable ; Mel Singer plaqué au sol par sa veste ; Anna Thorson au bal dans la grange ; la bicyclette d'Edith Riemer ; Marie Johnson voyant projeter un film tourné dans la maison où elle habitait quand elle était petite ; la rencontre de Ludlow Perry avec l'homme sans jambes ; Catherine Austin Alexander regardant par sa fenêtre, 74e rue ouest ; la marche dans la neige de Juliana C. Nash ; le martini philosophique de Dede Ryan ; les regrets de Carolyn Brasher ; le rêve du père de Mary McCallum ; le bouton de col d'Earl Roberts. L'une après l'autre, ces histoires nous laissent en tête une impression durable. Même après les avoir toutes lues, on en conserve le souvenir et on se surprend à se les remémorer de la même façon qu'on se rappelle une métaphore pertinente ou une bonne blague. Les images sont claires, denses et pourtant, en un sens, sans pesanteur. Et toutes sont assez petites pour tenir dans une poche. Comme les photos de notre famille que nous trimballons avec nous.

PAUL AUSTER,
3 octobre 2000

ANIMAUX

LA POULE

Un dimanche matin où je marchais dans Stanton Street, je vis une poule à quelques mètres devant moi. Je marchais plus vite que la poule, et je la rattrapai donc peu à peu. Au moment où nous atteignîmes la 18e avenue, je la talonnais. La poule prit vers le sud dans l'avenue. Arrivée devant la quatrième maison, elle tourna dans l'allée, gravit en sautant les marches du seuil et frappa sur la porte métallique à coups de bec acérés. Après un instant, la porte s'ouvrit et la poule entra.

LINDA ELEGANT
Portland, Oregon

RASCAL

La résurgence du Ku Klux Klan en 1920 est un phénomène que personne n'a totalement expliqué. Tout à coup, les villes du Middle West se sont retrouvées sous l'emprise de cette société secrète qui avait pour objectif d'éliminer de la société les Noirs et les

Juifs. Dans le cas de villes comme Broken Bow, au Nebraska, qui ne comptait que deux familles noires et une juive, c'étaient les catholiques qui étaient visés. Les membres du Klan chuchotaient que le pape se préparait à prendre le pouvoir en Amérique, que les sous-sols des églises servaient d'arsenaux et qu'après la messe, nonnes et prêtres se livraient à des orgies. A présent que la Première Guerre mondiale était terminée et qu'on avait vaincu les Huns, les gens qui avaient besoin de quelqu'un à haïr trouvaient là une cible nouvelle.

A Broken Bow et dans Custer County, le message était embelli par la mystique de la société secrète masculine qui flattait le réflexe "nous contre eux" apparemment universel chez les hommes. Deux des individus qui prirent position contre le Klan étaient les banquiers de la ville : John Richardson et mon père, Y. B. Huffman. Quand un appel téléphonique leur recommanda de boycotter les catholiques, tous deux l'ignorèrent. Dans la mesure où les deux banques résistaient, les efforts du Klan n'aboutirent pas, mais ma mère, Martha, en paya le prix lorsque arriva l'élection du conseil d'administration de l'école. Elle subit une défaite décisive à la suite de commérages calomnieux lui prêtant une aventure avec le principal pharmacien.

Arriva le moment de la parade annuelle du Ku Klux Klan autour de la grand-place. Ses membres choisissaient toujours un samedi, quand la ville était encombrée d'éleveurs et de fermiers. Vêtus de robes blanches et masqués par leurs bonnets coniques avec des trous pour les yeux, ils défilaient afin de rappeler aux citoyens leur dignité et leur puissance, menés par un personnage impressionnant mais anonyme, le Grand Kleagle. Tout au long des trottoirs était alignée la foule, qui s'interrogeait sur les marcheurs et évoquait en chuchotant leurs pouvoirs mystérieux.

Alors sortit en bondissant d'une ruelle un petit chien blanc à taches noires. Il va sans dire qu'exactement comme ils connaissaient tout le monde en ville, les habitants de Broken Bow connaissaient aussi les chiens, en tout cas les plus notables. Notre berger allemand, Hilda, et le labrador d'Art Melville étaient des personnages célèbres.

Le chien tacheté courut joyeusement vers le Grand Kleagle et sauta autour de lui en réclamant à grands cris une caresse de cette main bien-aimée. "Rascal", le mot se mit à circuler, "c'est Rascal, le chien de Doc Jensen". Pendant ce temps, le majestueux Grand Kleagle agitait ses longues jambes sous sa robe en essayant de chasser à coups de pied ce qui était manifestement son chien : "File, Rascal, *à la maison* !"

Le mot courait désormais au long du trottoir, précédant la procession. Les gens ne chuchotaient plus, ils parlaient à voix haute afin de bien montrer combien ils étaient au courant. On poussait du coude ses voisins, des petits rires parcouraient la file, tels des froissements de feuilles devant un coup de vent baladeur. Et puis le gamin du Dr. Jensen apparut et appela son chien : "Ici, Rascal ! Ici !"

Cela rompit la tension. Quelqu'un répéta l'appel : "Ici, Rascal !" C'est alors que les petits rires se transformèrent en rigolade, et une longue rafale d'hilarité balaya la grand-place. Le Dr. Jensen arrêta de donner des coups de pied à son chien et reprit sa marche solennelle, mais les spectateurs n'étaient plus d'humeur à se laisser impressionner : "Ici, Rascal ! Ici, Rascal !"

Telle fut la fin du Ku Klux Klan à Broken Bow. Doc Jensen était un vétérinaire passable et avait une bonne clientèle parmi les éleveurs et les fermiers. Peut-être ceux-ci l'appelaient-ils volontiers car il représentait un sujet de conversation avec les voisins, mais rares étaient ceux qui se moquaient de lui. Une fois de temps en temps, un gamin voulant faire le malin hurlait, en voyant passer Doc Jensen : "Ici, Rascal !"

Et le petit chien blanc aux taches noires resta consigné chez lui, après cela.

YALE HUFFMAN
Denver, Colorado

Aux Philippines, la tradition voulait que l'on commence les rites de la sainte communion en deuxième année primaire. Chaque samedi, nous devions aller à l'école afin de répéter la façon de marcher, la façon de porter le cierge, où s'asseoir, comment s'agenouiller, et comment tendre la langue pour recevoir le corps du Christ.

Un samedi, ma mère et mon oncle vinrent me chercher à l'école dans une coccinelle Volkswagen jaune. Tandis que je me glissais sur le siège arrière, mon oncle essaya de faire démarrer la voiture. Le moteur fit entendre quelques toussotements puis cessa de tourner. Mortifié, mon oncle resta immobile et silencieux et ma mère, se tournant vers moi, me demanda quoi faire. J'avais huit ans et, sans hésitation, je lui répondis que nous devions attendre qu'un papillon jaune touche la voiture avant qu'elle redémarre. Elle se contenta de sourire et puis se retourna vers mon oncle pour discuter de la marche à suivre. Il sortit de la voiture en disant qu'il allait chercher de l'aide à la station la plus proche. Je m'endormais par moments, mais j'étais éveillée quand mon oncle revint de la station. Je me le rappelle apportant un bidon d'essence, faisant le plein du réservoir, la voiture refusant de démarrer, mon oncle bricolant encore un peu, et la voiture ne démarrant toujours pas. Ma mère sortit alors de la voiture et héla un taxi. Un taxi jaune s'arrêta. Au lieu de nous ramener chez nous, le chauffeur examina notre situation et suggéra à mon oncle de pulvériser un peu d'essence sur le moteur. Cela marcha et, après avoir remercié ce bon Samaritain, mon oncle tourna la clé de contact et le moteur démarra aussitôt.

Je m'endormis à nouveau. Avant le carrefour suivant, ma mère me réveilla. Elle paraissait tout excitée et avait une voix émerveillée. J'ouvris les yeux et me tournai du côté qu'elle me montrait du doigt. Autour du rétroviseur voletait un minuscule papillon jaune.

SIMONETTE JACKSON
Canoga Park, Californie

DANS LES RUES DE NEW YORK

Lors d'un de mes moments de désespoir après la mort de mon mari, je décidai d'aller au théâtre, avec l'espoir qu'une bonne pièce me remonterait le moral. J'habitais dans l'East Village et le théâtre se trouvait dans la 32e rue. Je décidai d'y aller à pied. Je marchais depuis cinq minutes quand un chien de race indéterminée se mit à me suivre. Il faisait tout ce que fait normalement un chien en compagnie de son maître : il partait en exploration et puis revenait en courant pour s'assurer de ma présence. Intriguée par cet animal, je me penchai pour le caresser mais il s'esquiva. Quelques passants parurent, eux aussi, séduits par le chien et essayèrent de le persuader de s'approcher d'eux, mais il les ignora. J'achetai un cornet de crème glacée et lui en offrit un peu, mais il ne voulait toujours pas venir près de moi. En arrivant au théâtre, je me demandais ce qui allait advenir de lui. Au moment où j'allais entrer, il s'approcha enfin de moi et me regarda, les yeux dans les yeux – et je reconnus le regard compatissant de mon mari.

EDITH S. MARKS
New York, New York

Au début de ma carrière – je remets les lieux en état après un crime –, on m'a envoyé chez une femme qui habitait Crown Point, en Indiana, à deux heures environ de chez moi.

Lorsque je suis arrivé, Mrs. Everson a ouvert la porte et j'ai aussitôt senti l'odeur de sang et de chair qui émanait de la maison. J'ai compris qu'il devait y avoir un sacré foutoir là-dedans. Un assez grand berger allemand suivait Mrs. Everson partout où elle allait.

Mrs. Everson m'a raconté qu'en rentrant chez elle, elle avait trouvé la maison silencieuse, bien que son beau-père vieillissant et très malade y habitât. Son berger allemand me flairait avec la curiosité dont font preuve en général les gros carnivores.

La lumière étant allumée dans la cave, elle avait compris que son beau-père devait se trouver là, en bas. Elle l'avait découvert effondré dans un fauteuil. Il s'était fourré un fusil de chasse calibre douze dans la bouche et avait appuyé sur la détente, emportant une grosse partie de sa tête et éparpillant de la cervelle, de l'os et du sang partout dans la cave aménagée.

Je suis descendu jeter un coup d'œil et j'ai compris que je devrais enfiler une combinaison en "tyvek". Plus pour protéger mes vêtements du sang que pour me protéger d'une éventuelle contagion.

"Bon Dieu, quel bordel", que je me suis dit. Malgré tous mes efforts, je me suis bientôt retrouvé couvert de sang de la tête aux pieds. J'ai beau faire ce boulot depuis longtemps, je le trouve toujours crasse et dégoûtant. Je suppose que c'est bon signe.

J'ai fait plusieurs fois le voyage jusqu'à mon camion avec des objets contaminés provenant de la cave : morceaux de plafond, bouts de vêtements, parties du fauteuil sur lequel le vieux était assis. Je remarquais que le chien curieux commençait à me suivre partout avec de plus en plus d'intérêt.

J'ai appris qu'il vaut souvent mieux ne rien dire quand quelqu'un est dans la peine. Mais cette dame était assise à la table de sa cuisine, la tête baissée, en train de sangloter comme si elle n'avait encore jamais pleuré de sa vie. J'ai pensé qu'il fallait que je lui parle pour la détendre. Son chien continuait à me suivre dans toute la maison pendant que je travaillais, et je me suis dit que j'allais me servir de ça pour briser la glace. "Vous savez quoi, Mrs. Everson ? que j'ai dit. Votre chien doit être le plus amical que j'aie jamais rencontré."

D'un coup, comme si on lui avait versé un verre d'eau froide sur la tête, Mrs. Everson s'est redressée, elle m'a regardé comme si j'étais stupide et elle m'a dit : "Ben oui ! Vous puez comme une côtelette de porc !"

ERIC WYNN
Warsaw, Indiana

B

Quand j'avais quinze ans, on m'a présenté un chien d'une race assez rare dans ce pays. Entre lui et moi, une alchimie remarquable s'est établie. Il possédait une forte personnalité, assortie d'un nom également fort, une seule syllabe commençant par la lettre B. J'allais voir B tous les jours après l'école. Lorsque j'ai dû le quitter pour aller au collège, il m'a manqué terriblement. Dix ans plus tard, j'ai pris contact avec un éleveur et je me suis informée de la possibilité d'avoir un chiot comme B. On m'a répondu qu'un studio de célibataire à New York ne convenait pas à un si noble animal. Ils refusaient de m'en vendre un.

Je me suis inscrite à la SPA et je suis partie le lendemain en voyage professionnel à l'étranger. Là, un ami m'a emmenée pour le week-end dans la maison de campagne de sa mère. Elle avait souhaité faire ma connaissance. Bien qu'il y eût toujours une place à table pour elle aux repas, elle n'a pas fait une seule apparition. Le dimanche, comme nous repartions vers la ville par une allée forestière, nous avons rencontré une femme très grande et austère flanquée des deux labradors les plus gros et les plus calmes que j'aie jamais vus. Mon ami m'a présentée à sa mère. Je ne suis pas sortie de la voiture et elle ne m'a dit qu'un mot ou deux. En la regardant parler, sans s'excuser de son ostensible absence, j'ai été frappée par une sensation que je n'avais plus éprouvée depuis mes relations d'écolière avec B. La même inexplicable parenté semblait exister entre cette femme et les deux chiens arrêtés auprès d'elle. Après un bref au revoir, nous avons repris la route.

Un beau matin, à New York, deux semaines plus tard environ, j'ai reçu un coup de fil de la SPA. Il y avait un chiot de grande race à adopter. Ils avaient renoncé à me faire signe car je n'avais répondu à aucun de leurs appels précédents, puisque j'étais en voyage. Cet appel-ci résultait d'une erreur de l'ordinateur. Mais le chiot existait bel et bien ; je me suis fait porter malade au boulot, j'ai pris un taxi et j'ai filé droit à la SPA, 92e rue, près de l'East River. On m'a amenée devant une petite cage dans une petite pièce dans un vaste labyrinthe de chenils haut de trois étages. Là, au niveau inférieur, gisait un chiot noir, l'air apathique. J'ai ouvert la porte, je me suis accroupie, et j'ai tenté tout ce que je pouvais pour le faire venir à moi. L'employé sévère et impassible m'a affirmé que je n'avais rien à espérer de ce chien. Il était manifestement trop entêté. Je me suis relevée et j'ai commencé à m'en aller. A ce moment, pour une raison indéterminée, le mot "Ben" m'est passé par la tête. J'ai prononcé ce nom à voix haute en m'arrêtant où j'étais. Quand je me suis retournée, le chiot bondissait de la cage, il m'a sauté dessus, m'a mis les pattes autour du cou et m'a léchée au visage en me pissant dessus. Malgré les protestations de l'employé, j'ai adopté le chiot labrador nommé Ben.

Nous étions tous les deux épuisés lorsque nous sommes arrivés chez moi ce soir-là. Quand j'ai ouvert la porte, une enveloppe bleue aéropostale gisait sur le seuil, apparemment délivrée par erreur. Le chiot s'est arrêté net, fixant l'enveloppe, et a refusé d'entrer dans l'appartement tant que je ne l'avais pas ramassée. Il s'est assis et m'a regardée lire la lettre. Elle venait de la mère de mon ami, celle qui vivait à l'étranger. Elle s'excusait de m'écrire alors que nous nous connaissions à peine. Son fils lui avait donné mon adresse. Pour une raison indéterminée, écrivait-elle, il lui avait paru important de m'avertir que son chien, Ben, celui que j'avais rencontré dans l'allée forestière, était mort subitement. Elle souhaitait que je sois au courant. En conclusion de sa lettre, elle me demandait si j'avais trouvé le chien que je cherchais.

SUZANNE STROH
Middleburg, Virginie

UNE HISTOIRE DE LAPIN

Il y a quelques années, je rendis visite à une amie avec un nouveau CD, afin de partager avec elle le plaisir de l'écouter. Je me perchai sur une chaise en bois dans son salon en évitant scrupuleusement tout contact avec le chat vautré sur le canapé beaucoup plus confortable.

Après avoir écouté la musique pendant un moment, je remarquai, du coin de l'œil, un deuxième chat qui descendait en douce l'escalier. Je fis une réflexion légèrement désapprobatrice, du genre auquel on peut s'attendre de la part de quelqu'un qui souffre d'allergie.

"Mais ce n'est pas un chat, me reprit mon amie. C'est le lapin de ma fille."

Me souvenant d'une chose que j'avais entendue un jour, je lui demandai :

"Est-ce que les lapins n'ont pas tendance, si on les laisse se balader sans surveillance dans la maison, à ronger les fils électriques – et alors… ?

— Oui, dit-elle, il faut les avoir à l'œil."

C'est alors que j'y suis allé de ma petite blague : je lui dis que si elle se retrouvait un jour avec un lapin électrocuté, elle devait aussitôt m'appeler, et que je viendrais le chercher et l'emporterais chez moi où je le ferais cuire pour le dîner. Ça nous fit bien rire.

Le lapin s'éloigna. Peu après, mon amie sortit de la pièce pour aller chercher un crayon. Quelques instants plus tard, elle réapparaissait avec une mine atterrée. Je lui demandai ce qui n'allait pas, et elle m'expliqua que le lapin venait de mordre dans le fil d'une lampe et s'était électrocuté – exactement comme je l'avais décrit. Elle était arrivée sur place juste à temps pour le voir mourir dans une ruade. Je me précipitai dans la pièce voisine pour constater les faits par moi-même. L'animal gisait là, inerte, ses deux dents de devant encore enfoncées dans le cordon brun. A des intervalles de quelques secondes, un minuscule arc électrique les joignait.

Nous nous regardions, mon amie et moi, avec un certain désarroi. Nous ne savions pas trop si la situation nous paraissait amusante ou déprimante. Enfin, comme il fallait faire quelque chose, je détachai du fil, d'un coup de balai, le lapin qui cuisait lentement.

Pendant un moment encore, nous restâmes là, bouche bée, devant le cadavre. Et puis mon amie prit la parole. Quelque chose venait de lui apparaître :

"Est-ce que tu te rends compte, me demanda-t-elle, que tu aurais pu obtenir *n'importe quoi* ?

— Que veux-tu dire ?

— Quand tu parlais d'emporter le lapin chez toi et de le faire cuire pour le dîner, dit-elle, quand tu as suggéré cette possibilité. Tu aurais aussi bien pu évoquer un million de dollars, ou tout ce dont tu avais envie. Et c'est ça que tu aurais eu. C'était ce genre d'instant, un de ces instants où n'importe quel souhait aurait été réalisé."

Il n'a jamais fait le moindre doute dans mon esprit qu'elle avait tout à fait raison.

BARRY FOY
Seattle, Washington

CAROLINA

Alors que je travaillais au Honduras comme volontaire de la paix, le gouvernement envoya dans mon village une équipe d'arpenteurs chargée de relever le meilleur tracé pour l'installation d'une ligne électrique. L'un des hommes, Pablo, s'éprit de moi jusqu'à l'obsession. Ce sentiment était tout sauf réciproque, ne fût-ce que parce qu'il était pathétiquement soûl chaque fois que je le voyais. Il me suivait partout, tambourinait sur ma porte et, s'il ne me trouvait pas, demandait aux voisins où était la *gringa*. Pablo décida alors de pousser à l'extrême la pensée positive. Il annonça que nous allions nous marier le dimanche et invita tout le monde à la noce, où il offrit le meilleur repas que quiconque eût jamais vu dans la région. Malheureusement, personne ne vint à la fête, pas même la mariée.

Il remarqua ensuite que je faisais des confidences à ma mule, Carolina, qui trottait vers moi chaque fois que j'arrivais dans son pré. Elle fourrait son nez dans mon cou pendant que je confiais mes soucis à ses grandes oreilles pleines de sympathie. Pablo décida de gagner mon cœur en se servant de la mule comme intermédiaire.

Le hic, avec cette stratégie, c'était que Carolina détestait cordialement les ivrognes. Elle piaffait et renâclait à la moindre odeur d'alcool. Pablo était trop imbibé pour saisir l'allusion. Il s'approcha d'elle et elle tenta de s'écarter. Quand il l'accula dans un coin, elle rua et l'envoya au sol. Il se releva, revint en titubant vers la mule, et se retrouva aussitôt par terre. Il ne renonça pas avant d'être couvert de bleus de la tête aux pieds.

Le lendemain, Pablo se berça de l'illusion que Carolina était morte, bien qu'il se trouvât en bordure du pré où elle broutait avec satisfaction. Il essaya de persuader tous ceux qui passaient par là d'amener leurs bêches afin de l'aider à enterrer la mule, parce que j'étais trop affligée par sa mort pour le faire seule. Il enguirlandait tous ceux qui refusaient de l'aider en leur reprochant leur paresse et leur manque de compassion envers celle qui se donnait tant de mal pour aider les enfants de la région.

Plusieurs amis vinrent alors chez moi pour m'avertir que les rumeurs concernant la mort de Carolina étaient très exagérées. Elle avait l'air paisible et en bonne santé, malgré ce qu'en disait Pablo. Je décidai de la changer de pâture afin qu'il ne puisse pas lui faire de mal, ni s'en faire à lui-même plus qu'il n'en avait déjà fait. Quand j'arrivai sur place, il gisait sur le sol, ivre mort, et ne me vit pas prendre la mule.

Quelques jours plus tard, montée sur Carolina, je rencontrai Pablo sur un chemin de montagne ; il me parut relativement sobre mais très perplexe. Je m'exclamai : *"¡ Mire ! ¡ Se resucito !"* ("Regarde ! Elle est ressuscitée !")

Pablo devint blanc comme un linge et marmonna : *"¡ Dios mio !"* Il tourna les talons et s'enfuit aussi vite qu'il pouvait, pour ne jamais revenir.

KELLY O'NEILL
Lock Haven, Pennsylvanie

ANDY ET LE SERPENT

Les animaux fascinaient Andy. Tous les jours, il nous parlait de serpents, de chiens et de chats. Il en parlait avec la passion d'un activiste du droit des animaux et, pour tout dire, avec l'amour tordu d'un chasseur.

Il me lut quelques pages de son journal. Il disait que cette histoire lui était réellement arrivée. Il vivait alors au Texas, dans un quartier neuf qui avait remplacé depuis peu la campagne et presque le désert. Il avait dans les quatorze ans et pas d'amis, sauf son petit frère, lequel était moins un ami qu'un punching-ball. Ayant vécu avec Andy et écouté ses histoires, je suis sûr que ce frère détalait sitôt qu'Andy approchait. C'était un peu avant qu'il ne commence à se droguer, quand son frère n'était plus là pour subir ses violences et le distraire de son ennui. Andy partit se promener, au-delà du nouveau quartier, dans ce qui restait de nature.

C'était une région où le sol était mince. On pouvait percer la couche superficielle d'un petit coup de la pointe de sa chaussure. Dessous, on trouvait la roche. Il y avait trop peu de terre pour nourrir une végétation abondante, mais les mauvaises herbes n'en souffraient pas. Elles étaient hautes et épaisses. Un ruisseau traversait le coin ; on l'avait détourné vers une grosse canalisation souterraine proche du quartier. Le lit du ruisseau était profond et, lorsqu'il pleuvait, le ruisseau devenait une rivière puissante et dangereuse. On répétait tous les jours à Andy et aux autres enfants du quartier de se tenir à l'écart de ce coin. Parce qu'il s'ennuyait, Andy y alla tout droit. En chemin, il vit un serpent. Un énorme serpent, qui devait faire au moins six pieds de long. Il se faufilait entre les herbes le long de la berge du ruisseau. Il luisait et resplendissait lorsque le soleil l'éclairait. Ses écailles étaient comme une armure qui contenait toutes les couleurs mais ne les laissait apparaître qu'à la vitesse de la lumière, une par une. Andy ne pouvait se résoudre à le quitter des yeux. Il se disait que le serpent lui avait été offert comme un cadeau personnel de Dieu. Il le suivit jusqu'à ce qu'il descende la berge du ruisseau. Celle-ci était argileuse, friable, dangereuse. Il y avait partout des trous et des cavités. Des touffes d'herbes folles poussaient sur les côtés. Andy ne bougeait plus, il observait le serpent. Celui-ci s'était figé. Même immobile, il brillait, luisait et resplendissait.

Andy était en transe, un état où il ne se retrouverait que lorsqu'il commencerait à s'injecter de la cocaïne dans le sang, mélangée à juste ce qu'il faut de LSD. Il n'entendit pas les voitures qui arrivaient derrière lui. Il ne bougea que lorsqu'une pierre le frappa.

“Eh ! fit-il. Qu'est-ce qui vous prend, bordel ?”

Il se retourna et vit un groupe de cinq gars et trois filles, environ, dont aucun ne paraissait plus de vingt ans. Il pensa en avoir déjà vu certains, à l'école.

“Qui c'est qui dit bordel ?” demanda un des gars, qui avait l'air de s'ennuyer, lui aussi. Andy sentait qu'il avait soif de violence ; il se tint sur ses gardes.

“C'est moi”, dit Andy. Et tout de suite il ajouta : “Il y a un serpent par là, si gros que je parie que tu ne le toucherais jamais.”

Tout le monde chercha aussitôt le serpent des yeux. Le gars dit.

“De quoi tu crois que tu parles ? Pas besoin de le toucher pour le tuer.”

Il alla à une des voitures et en rapporta un petit revolver. Il visa et tira sur le serpent. Il le manqua, mais l'argile vola en éclats. Le serpent se laissa glisser le long de la rive et se faufila dans une cavité.

“Quel serpent ?” demanda le gars, et puis, se tournant vers Andy, le revolver encore à la main : “T'en as un autre, de serpent, que je le bute ?

— Non, dit Andy, mais je peux aller te chercher celui-là.”

Toute la bande se mit à rire et à le traiter de tous les noms. A part un serpent, personne n'aurait pu descendre en bas de cette berge.

“Si j'arrive en bas et si je te ramène le serpent, dit Andy, tu me donnes ton revolver.

— Pas question, mec”, dit le gars. Alors Andy : “T'as peur que je réussisse ?”

Devant ses copains, le gars répondit :

“D'accord. Vas-y. Attrape ce serpent et remonte-le ici, et tu pourras avoir mon revolver.”

Andy n'avait pas peur. Ou, alors, il ne laissait pas sa peur lui faire obstacle dans des trucs de ce genre. Il marcha jusqu'au sommet de la berge et se laissa glisser jusqu'à la cavité dans laquelle il avait vu entrer le serpent. La pente était si raide que, d'en haut, les gars et les filles pouvaient à peine le voir. Ils continuaient à l'insulter : “Crétin”, “Abruti”, “Poule mouillée”. Andy ne disait rien. Tel que je le connais aujourd'hui, je suis sûr qu'il faisait son sourire intense et sardonique.

Il ralentit en approchant de la cavité. Il en fit le tour avec prudence. Et puis il se laissa aller contre la berge et rampa lentement jusqu'à l'entrée. La cavité était immense. Si le soleil n'avait pas été en train de se lever, personne ne l'aurait vue, sans parler de voir à l'intérieur. Mais Andy voyait à l'intérieur. Il voyait le serpent, juste au-delà de l'entrée. Il le voyait luire et scintiller au soleil devant le fond invisible de la cavité. Il le voyait ouvrir la bouche comme s'il bâillait. Il voyait les yeux verts fixer le néant. Il voyait le serpent, et alors il l'empoigna et le tua en lui écrasant la tête contre le sol rocheux de la cavité.

Il avait cessé d'entendre les cris des jeunes, là-haut, mais à présent il les entendait de nouveau. Un cri lui parvenait avec insistance : "Eh, mec ?" Il cria, lui aussi : "Je remonte !" De nouvelles questions fusèrent : "Tu l'as eu ?", auxquelles d'autres répondaient : "Impossible, mec. Impossible qu'il attrape ce serpent." Le gars au revolver dit : "C'est qu'un idiot de poule mouillée, de toute façon." Andy grimpait en silence. Comme il avait besoin de ses deux mains, il enroula le serpent mort autour de son cou et se hissa en rampant sur l'argile qui lui écorchait les paumes et les genoux. Il se mit à transpirer et essuya la sueur de son front avec une main ensanglantée et puis avec l'autre. Il atteignit le surplomb de la berge et s'arrêta. Personne ne pouvait le voir. Il reprit son souffle et puis envoya une jambe par-dessus le surplomb et se poussa avec l'autre.

Garçons et filles furent stupéfaits. Personne ne disait rien ; Andy souriait. Le gars au revolver tenait toujours son arme, mais il était bouche bée. Les filles le regardaient toutes comme s'il était davantage qu'un simple casse-pieds sympathique. Le gars au revolver dit :

"Ben, bravo, mec, mais tu reçois pas mon feu.

— T'as promis, fit Andy.

— Les promesses aux cinglés ne comptent pas."

Andy s'avança vers lui en disant :

"Fais pas de promesses que tu peux pas tenir."

Le gars recula d'un pas ou deux et commença à brandir son arme :

"T'approche pas de moi, mec."

Andy ne répondit rien mais continua à marcher sur lui. En marchant, il déroula le serpent mort, uniformément gris à présent mais toujours énorme, et le lança vers le gars au revolver. Le gars tendit les deux mains pour se protéger et tomba en arrière avec le serpent sur lui. Andy se pencha, ramassa le revolver et dit :

"Tu peux garder le serpent, mec. L'est plus bon à rien, de toute façon."

Les autres riaient. Le gars au revolver se releva en protestant ;

"Eh, rends-moi mon feu.

— Mon feu, le reprit Andy. Voilà un serpent. Bute-le."

Le gars au revolver était prêt à déclencher une bagarre, mais Andy avait de nouveau cette expression qui faisait décamper son frère. Un autre garçon, un grand, intervint :

"Ecrase. T'as promis ton flingue pour le serpent, t'as le serpent." Et puis il regarda Andy et lui dit : "A un de ces jours, mec."

Ils remontèrent tous dans leurs voitures et partirent. Une des filles regardait par la lunette arrière. Elle sourit et agita la main. Andy rentra chez lui avec le revolver ; il avait toujours son sourire.

RON FABIAN
Parma, Michigan

BLEU INFINI

En 1956, Phoenix, Arizona, était une ville au ciel bleu infini. Un jour que je me promenais dans la maison avec, perché sur mon doigt, le nouveau perroquet de ma sœur Kathy, l'idée me vint de montrer à Perky à quoi ressemblait le ciel. Peut-être pourrait-il se faire là, dehors, un petit copain oiseau. Je l'emmenai dans le jardin et alors, horreur,

Perky s'envola. L'immense ciel implacable avala le trésor bleu de ma sœur et soudain il avait disparu, ailes coupées et tout.

Kathy parvint à me pardonner. Avec un optimisme feint, elle tenta même de m'assurer que Perky se trouverait un nouveau foyer. Mais j'avais bien trop de jugeote pour croire à une telle possibilité. Avec le temps, mon gros remords prit une place modeste parmi les choses plus importantes de la vie, tandis que nous grandissions tous.

Quelques dizaines d'années plus tard, je regardais grandir mes propres enfants. Nous partagions leurs activités et passions les samedis après-midi au foot sur des chaises pliantes avec les parents des copains des gosses, les Kissell. Nous partions camper ensemble en Arizona. Nous nous entassions dans la voiture pour des sorties au théâtre. Nous devînmes les meilleurs des amis. Un soir, on jouait à raconter des histoires d'animaux familiers. Quelqu'un affirma posséder le plus vieux poisson rouge vivant au monde. Un autre avait un chien psychotique. Et puis Barry, le père de l'autre famille, occupa la scène et annonça que le plus fantastique animal familier de tous les temps était son perroquet bleu, Sweetie Pie.

"Ce qu'il y a de mieux à propos de Sweetie Pie, raconta-t-il, c'est la façon dont nous l'avons eu. Un jour, quand je devais avoir huit ans, un petit perroquet bleu est descendu du ciel d'un bleu limpide et s'est posé sur mon doigt."

Quand je fus enfin capable de parler, nous examinâmes l'incroyable évidence. Les dates, les lieux et les photos de l'oiseau, tout correspondait. Apparemment, un lien existait entre nos deux familles bien avant que nous fassions connaissance. Après quarante ans, je courus chez ma sœur et lui annonçai : "Tu avais raison ! Perky n'est pas mort !"

CORKI STEWART
Tempe, Arizona

Nous marchions lentement sur la route en terre battue, ma sœur et moi, au retour de l'école. L'air était tiède comme en été, et je crois que nous aurions tous deux aimé que ce fût l'été, mais c'était l'automne. Les trembles avaient perdu leurs feuilles. Gibier et chasseurs d'élans étaient venus et repartis. La vallée de montagne était redevenue silencieuse.

Je pensais à ce que la maîtresse avait dit qu'il fallait faire s'il devait y avoir une bombe. Elle nous avait recommandé de sortir et de ramper dans le conduit souterrain afin de nous trouver en sécurité sous la route. J'avais regardé plusieurs fois à l'intérieur du conduit et il avait l'air sûr, en effet, mais je n'avais pas du tout envie d'y ramper. La maîtresse disait que la terre arrêterait les radiations.

Sur le chemin du retour, je demandai à ma sœur si elle pensait qu'il y aurait une bombe. Elle répondit : "Pas ici, mais là-bas, en Corée, sans doute."

Je pensais à la maîtresse qui nous expliquait chaque matin où se trouvait le front en nous montrant une carte de la Corée sur le mur. Je crois qu'elle écoutait la station radio de Durango et puis, une fois à l'école, elle nous racontait ce qu'elle avait entendu.

Comme nous arrivions à la maison, notre père s'apprêtait à abattre le jeune bœuf que nous avions nourri de grain pendant tout l'été. Il demanda si nous voulions l'aider. Ma sœur refusa, mais je dis : "Bien sûr." Je crois que ma sœur et ce jeune bœuf étaient amis.

Mon père a décroché son fusil du mur et pris une poignée de cartouches dans le tiroir de la cuisine, et on est allés au corral où se trouvait le bouvillon, tout seul. On a ouvert la barrière, on est entrés dans le corral avec le bouvillon et puis on a refermé la barrière pour qu'il ne se sauve pas. Tout en chargeant son fusil, mon père m'a expliqué, comme il l'avait fait la dernière fois qu'on avait abattu un veau, qu'il fallait tracer deux lignes imaginaires des oreilles du bouvillon à ses yeux et puis tirer au point de rencontre des deux lignes. Il disait : "C'est là que se trouve la partie la plus critique du cerveau, la mort est instantanée, ils ne savent pas ce qui leur arrive."

Le bouvillon nous regardait, et j'étais content qu'il ne sache pas ce qui allait lui arriver.

Mon père visa soigneusement et puis tira. A ma surprise, le bouvillon ne fit que tressaillir. Je crois que mon père était encore plus étonné que moi. Il dit : "Je ne peux pas l'avoir raté" et se dépêcha de tirer de nouveau avant que l'animal ne bouge. Mais le bouvillon se contenta de secouer la tête. Mon père dit : "Nom de Dieu", et tira encore. Cette fois encore, le bouvillon secoua la tête, mais je vis alors qu'un sang épais lui coulait des naseaux, et il laissa pendre sa tête presque jusqu'au sol. Mon père aussi le remarqua. Il eut l'air très en colère, sortit de sa poche une poignée de cartouches et cria : "D'où viennent ces trucs-là ?" Je regardai dans sa main, et il me dit que c'étaient des cartouches bourrées de petits plombs pour les oiseaux, afin d'effrayer les chiens errants ; il les jeta par terre, me confia le fusil et me laissa planté au milieu du corral, seul avec le bouvillon, pendant qu'il allait chercher les bonnes cartouches.

Pendant l'absence de mon père, le bouvillon me regarda un moment, les naseaux dégoulinants de sang et de morve. Et puis il secoua la tête une fois de plus et se mit à trotter le long de la clôture du corral. Je le suivais des yeux et j'eus bientôt le vertige car je tournais sur moi-même en même temps qu'il courait. Enfin, mon père revint et me reprit le fusil ; il glissa une cartouche dedans, le mit à l'épaule et visa, en tournant avec le bouvillon, et puis il cria d'une voix forte : "Eh !" Le bouvillon arrêta de courir ; nous attendions. Alors l'animal tourna lentement la tête vers nous. Il avait le nez à quelques centimètres du sol. Sa face blanche était tout éclaboussée de sang, et il semblait savoir ce qui allait lui arriver.

MICHAEL OPPENHEIMER
Lummi Island, Washington

VERTIGE

Quand j'avais dix ans, ma famille alla habiter Apple Valley, une petite communauté dans le High Desert de Californie. Mon père, pilote d'essai, était en poste à la George Air Force Base depuis l'été 1964. La famille s'installa dans une maison couleur moutarde située dans un vaste quartier où se trouvaient quelques autres maisons, un millier de buissons à petites fleurs jaunes dont les feuilles sentaient la créosote, des arbres de Judée et des figuiers de Barbarie, et qui s'étendait sur trois miles dans toutes les directions sauf une : à un mile, dans le désert, on voyait scintiller la rivière Mojave.

Mon père mesurait un bon mètre quatre-vingt-dix et avait d'incroyables sourcils broussailleux. Son rire était si profond que j'en sentais les éclats vibrer jusque dans mon ventre. Il n'avait pas son pareil pour imiter le hennissement d'un cheval. Il pratiquait un dialecte taiwanais et assez d'allemand pour avoir l'air de le parler couramment. Il donnait des spectacles aériens en solitaire dans la communauté où nous habitions, et on pouvait voir son portrait dans une station-service de sa ville natale, où il était considéré comme un héros. Il est mort dans un camp de prisonniers au Viêtnam du Nord en 1967, à quarante et un ans.

Je me rends compte que je chérissais mon père pour sa force. Il investissait avec audace dans le hasard et possédait un insondable réservoir d'optimisme. Quand nous vivions à Taiwan, il prenait chaque semaine le bus pour Taipei où, avec l'aide d'un charpentier local, il construisait un bateau à voiles. Nous avons remorqué celui-ci jusqu'aux Etats-Unis et sommes arrivés derniers dans toutes les courses de bateaux auxquelles nous avons participé dans la baie de Chesapeake. Mon père était toujours plein d'enthousiasme pour les expériences nouvelles, pour les changements amusants qu'il pouvait apporter à notre existence. Parfois, l'un ou l'autre d'entre nous éprouvait de la réticence ou de la crainte, mais il avait le don de nous encourager à prendre des risques.

Rétrospectivement, si je revois mon père avec mes yeux de quarante-quatre ans, je sais que ce que j'aimais le plus chez lui, c'était sa fragilité, et que la conscience que j'en avais suscitait en moi un désir de le protéger. Je crois que toute la famille éprouvait la même chose. Son exubérance nous impressionnait, mais nous étions aussi inquiets pour lui. Peut-être semblait-il si débordant de promesses que nous sentions combien il serait dur pour nous tous de le voir subir déception, désillusion ou chagrin.

Peu après notre installation à Apple Valley, nous avons adopté un cheval nommé Vertigo. Vertigo était un grand palomino intelligent et têtu, un ancien cheval de parade que des années d'exhibition avaient rempli de sagacité et d'amertume. Je ne peux pas parler pour mes frère et sœurs mais, moi, j'avais peur de Vertigo. Lui sentait ma peur et paraissait s'amuser de mon trouble et de mes hésitations, levant un sabot menaçant ou me frappant de sa queue chaque fois que j'approchais. Quant à mon père, il était impatient de monter et passait des heures à apprendre l'art et la manière de s'occuper d'un cheval.

Un samedi après-midi, en juillet 1965, mon père sella Vertigo et partit pour la rivière Mojave. Nous étions tous venus au corral pour regarder. Même ma mère restait dans les parages, occupée à débarrasser des mauvaises herbes les fleurs qui rampaient à l'ombre de la maison. Mon père commença par brosser la crinière et la queue de Vertigo ; pendant ce temps, le cheval tourna la tête et, d'une lèvre désinvolte, poussa le grattoir à sabots posé sur un poteau du corral ; le grattoir tomba dans la poussière. Sans se laisser décourager, mon père inspecta les sabots de Vertigo. Celui-ci soupira, souffla et puis entreprit de dénouer le licol de la barrière. Une seconde après, il s'éloignait d'un pas dansant. "Rrrrrmmmph", fit mon père, hennissant doucement tout en tendant la main vers le licol qui se balançait. Il rattacha le cheval au poteau et se mit à poser la bride, à installer la selle et à serrer la sangle. Vertigo renâcla et s'ébroua. Il hocha la tête et sa crinière gifla le visage de mon père. "Rrrrrmmmph" fut la seule réponse de celui-ci. Enfin, ils furent prêts. C'était une journée chaude et sèche. Il devait être dans les trois heures de l'après-midi. Je me souviens de la vision de leur départ – mon père torse nu, en jeans et chaussures de tennis, le cheval marchant d'un pas mou, la tête au sol, en mordillant des touffes d'herbe et en soufflant sur les fourmis. Mon père tirait fermement sur les rênes et Vertigo releva brusquement la tête, faisant voler en l'air sa crinière blanche. Je ne sais pas ce qui nous retenait tous sur la barrière du corral, ou ma mère à son sarcloir et à ses plantes, mais aucun d'entre nous ne bougeait. Nous les suivîmes des yeux jusqu'à la rivière, Vertigo qui clopinait et s'arrêtait, mon père qui tirait sur les rênes, les envolées irascibles de la crinière.

Finalement, ils disparurent, au-delà de la limite du désert, dans un lieu plus clément, le monde frais de la rivière. Nous, les enfants, nous avons dû nous égailler, retourner à la fraîcheur de la maison, à nos occupations. Je ne sais plus où je suis allée ni ce que j'ai fait alors. Je me souviens seulement que ma mère nous a rappelés au-dehors quelques heures plus tard. Alignés, tous les six, une main en visière devant les yeux, nous scrutions le terrain désert entre notre maison et la rivière. Je vis Vertigo qui revenait tout caracolant, en oblique, la tête et la queue dressées comme à la parade, la crinière peignée par la brise. Il ne paraissait pas pressé de rentrer ; il s'arrêtait, broutait des herbes folles. Il n'avait pas parcouru une grande distance et la rivière scintillait juste derrière lui. J'avais mal à l'estomac, inquiète à l'idée que mon père s'était fait mal – désarçonné et étendu, seul, plein de piquants de cactus ou, pis, de fourmis rouges et de scorpions. Mais alors je l'aperçus, lui, qui courait gauchement dans le sable vers Vertigo. Le cheval secoua la tête et se remit à brouter ces herbes inutiles. La selle pendait sur son flanc en position précaire.

Mon père s'approcha et je le vis tendre le bras vers les rênes. Vertigo détourna la tête et se remit à caracoler, non pas droit vers la maison, mais en oblique, la tête haute, comme s'il savait que nous le regardions. De façon tout aussi soudaine, il s'arrêta encore pour arracher quelques herbes. Planté là où le cheval l'avait laissé, mon père baissa les bras et resta un moment figé. Ensuite il reprit sa marche vers l'animal. De nouveau, Vertigo attendit que les rênes fussent à portée de mon père. Cette fois, il sauta de côté, comme s'il avait été effrayé, et repartit de son pas dansant. Nous regardions en silence. Ma mère s'appuya sur son sarcloir et soupira.

Vertigo continua de narguer ainsi mon père, en zigzaguant vers chez nous. La quatrième fois qu'il tendit le bras en vain pour saisir les rênes pendantes, j'étais sûre que mon père se sentait exaspéré et en colère. Il donna à Vertigo une claque sur la croupe au moment où le cheval s'en allait au trot ; j'entendis un filet de sa voix qui enguirlandait l'animal à la faible distance qui les séparait, tandis qu'ils revenaient lentement près de nous.

Ma mère doit s'être glissée dans la maison à ce moment-là, aucun d'entre nous ne le remarqua, trop anxieux que nous étions de voir notre père remonter du désert. Pour finir, Vertigo caracola jusqu'au corral et attendit devant la barrière. Il tenait la tête haute. Il avait les naseaux dilatés et les yeux étincelants. Je sentis que ma mère se tenait de nouveau près de moi avec mon frère et mes sœurs ; tous, nous regardions en silence mon père franchir ce qui restait de distance entre lui et nous.

Plus il approchait, plus je me sentais mal. Il avait l'air accablé de chaleur, en nage, les épaules creuses et la tête basse. "Qu'est-ce qui s'est passé, papa ?" demanda mon frère. Sans lui répondre, mon père marcha jusqu'au corral, ouvrit la barrière et recula. Vertigo entra lentement et se mit à mâchouiller du foin. Mon père referma la barrière et poussa le verrou. Ensuite il vint près de nous. Il avait des gouttes de transpiration accrochées dans les sourcils. "Rudement intelligent, ce cheval. Faut se lever tôt pour avoir ce vieux Vertigo."

Ma mère lui tendit une canette glacée. Personne ne dit mot pendant qu'il avalait une longue goulée de bière. Nous restions tous là, les yeux tournés vers la rivière, caressés par le vent de Santa Ana ; aucun d'entre nous n'eut un regard pour Vertigo. Mais quand nous nous sommes tous retournés pour rentrer à la maison, nous avons entendu son renâclement satisfait. Le samedi suivant, mon père était de nouveau dans le corral, en train d'étriller et de seller notre nouveau cheval pour une autre balade.

JANET SCHMIDT ZUPAN
Missoula, Montana

OBJETS

L'ÉTOILE ET LA CHAÎNE

En 1961, lors d'un séjour à Provincetown, dans le Massachusetts, j'avais acheté une chaîne avec l'étoile de David, un exemplaire unique, fabriqué à la main. Je la portais tout le temps. En 1981, la chaîne cassa alors que je nageais dans l'océan près d'Atlantic City, et je la perdis dans les vagues. En 1991, pendant les vacances de Noël, nous étions en train de chiner, mon fils de quinze ans et moi, chez un antiquaire à Lake Placid, dans l'Etat de New York, quand un bijou attira son attention. Il m'appela pour me le faire voir. C'était l'étoile de David qui avait été engloutie par l'océan dix ans auparavant.

STEVE LACHEEN
Philadelphie, Pennsylvanie

BOHÉMIEN DES ONDES

Ça s'est passé au cours de ma vie de bohémien des ondes. En mars 1974, j'avais accepté un emploi de présentateur des infos sur WOW, à Omaha, et j'étais dans ma coccinelle VW en train de partir de chez mes parents, dans la banlieue de Denver, quand je dus freiner sec. Un pneu dégringolait la pente et traversa juste devant moi. Présage poétique, me dis-je, et je pris la route.

Deux mois plus tard, le boulot dont j'avais vraiment envie à KGW, à Portland, s'offrit à moi et, alors que je me demandais si j'allais quitter aussi vite celui d'Omaha, je regardai par la fenêtre de mon appartement et vis un pneu qui roulait sur le parking. Le pneu a parlé, pensai-je, et je partis pour Portland.

Une année se passe et, à Portland, ça marche – ça marche si bien qu'on me propose une promotion à la station vedette, KING, à Seattle. Mais pas avant qu'un soir où je roulais dans ma coccinelle, au carrefour de la 13e rue et de West Burnside, un pneu surgi du brouillard ne soit passé dans la rue.

Mais ça ne s'arrête pas là. Un an encore – nous sommes maintenant en 1976 – et la compagnie veut me renvoyer à Portland, pour KGW, comme directeur de l'information et présentateur du journal du matin. Et cette fois, la roue baladeuse – en réalité, une simple jante – apparaît, roulant vers le sud, sur le viaduc de l'Alaskan Way. Sur la voie de gauche.

Fin 1977. Je reprends la route, vers KYA, à San Francisco. Ma vieille VW est bourrée de mes affaires : ma stéréo, mon chat et tout le reste, et je m'apprête à prendre l'autoroute. Je n'ai pas vu de pneu baladeur, mais à ce moment j'entends un grincement à l'arrière de la voiture et je sens que je dérape et que la direction ne répond pas. La frousse. Je freine – juste à temps pour voir ma propre roue arrière droite, qui s'est détachée, filer sur la route et venir se poser dans un fossé. Un mécanicien avait oublié de remettre une clavette. Le pneu baladeur, c'était ma foutue roue, à moi !

Et là se termina la chaîne des pneus baladeurs. C'est du moins ce que je pensais – jusqu'en 1984. J'étais de nouveau à Seattle, gros bonnet de la radio désormais, mais toujours bohémien des ondes, et j'acceptai un emploi très bien payé à Houston, Texas. Tous mes instincts étaient contre : la ville, mes pressentiments, le fait que j'avais alors deux petits gosses et que j'avais vraiment envie de les élever dans le Nord-Est. Mais le contrat et l'argent avaient brouillé mon jugement. Je partis en avion pour commencer à travailler et ma femme suivit en voiture. Elle roulait sur l'Interstate 5 et venait de passer North Portland quand bang : le capot de sa Volvo encaissa le choc de quelque chose qui était tombé d'un viaduc passant au-dessus de l'autoroute. Cela rebondit de sa voiture, en heurta deux autres et fut stoppé par la barrière centrale. Secouée mais indemne, elle regarda et vit ce que c'était : un gros, un énorme pneu de camion.

Nous avons fait Houston, mais c'était affreux. Ça n'a duré qu'un an et ensuite, Dieu merci, nous sommes revenus élever notre famille à Portland. Finie, la bougeotte, finie, la bohème des ondes et finis, ces foutus pneus baladeurs.

BILL CALM
Lake Oswego, Oregon

UNE HISTOIRE DE BICYCLETTE

Dans les années trente, en Allemagne, le rêve de tout enfant était de posséder une bicyclette. Pendant des années, j'économisai l'argent qu'on me donnait à l'occasion de mon anniversaire ou de Hanoukkah, ainsi que les éventuelles récompenses pour des résultats scolaires exceptionnels. Il me manquait encore une vingtaine de marks pour atteindre mon but. Le matin de mes treize ans, en ouvrant la porte du salon, j'eus le choc de découvrir la bicyclette que j'admirais depuis si longtemps dans la vitrine de M. Schmitt. Elle avait une large selle noire et un cadre chromé étincelant. Mais, surtout, elle avait d'épais pneus ballons rouges – la toute dernière invention qui, comparée aux pneus noirs et étroits, donnait une meilleure traction et amortissait les chocs. J'attendis avec impatience la fin de la journée de classe, pour pouvoir rouler à travers toute la ville en faisant ma gloire de l'admiration des passants.

La bicyclette devint ma compagne fidèle. Et puis, un matin glacial de janvier 1939, il me fallut fuir l'Allemagne et le régime d'Hitler. Je faisais partie d'un transport d'enfants vers l'Angleterre organisé en hâte. Nous n'avions droit qu'à une seule petite valise, mais mes parents m'assurèrent qu'ils trouveraient bien un moyen de m'envoyer ma bicyclette. En attendant, elle resterait en sécurité dans la cave.

Par chance, de nouveaux amis se montrèrent actifs au sein de l'Eglise méthodiste d'Ashford, dans le Middlesex. Ils persuadèrent la communauté de rassembler des fonds permettant de louer pour mes parents un appartement qui, après approbation officielle, leur offrirait un refuge en Grande-Bretagne. Grâce à ces papiers préliminaires, le gouvernement allemand autorisa mes parents à envoyer à mes amis une grande caisse en bois. Chaque objet devait être approuvé : aucun objet de valeur ne passait, mais ma bicyclette ne souleva pas d'objections. Pendant ce temps, les papiers de mes parents étaient prêts au Home Office britannique. Tout était en ordre, à l'exception d'une dernière signature. Alors la guerre éclata et le destin de mes parents se trouva scellé. Tous deux perdirent la vie dans des camps en 1942.

En septembre 1939, tout cela appartenait encore au futur. On gardait l'espoir que la guerre s'achèverait vite et que les familles seraient réunies. Un mois plus tard, je fus admise dans une école où je devais apprendre la puériculture. L'école St. Christopher avait quitté Londres – et les menaces possibles de bombardements – pour s'installer dans un petit hameau du sud de l'Angleterre. Au bout de six mois, je fus autorisée à prendre une semaine de vacances. Suivant le protocole, je dus marquer toutes celles de mes affaires que je n'emportais pas avec moi. J'étiquetai consciencieusement ma bicyclette et la laissai à sa place habituelle dans le porte-vélos.

Quelques jours plus tard, je reçus une lettre de la directrice m'informant qu'une nouvelle loi venait de passer. J'étais désormais une "étrangère ennemie" et interdite de séjour à moins de quinze miles des côtes. Non seulement mon apprentissage se terminait brutalement, mais on m'avertissait en outre que je ne m'étais pas conformée aux instructions et qu'on ne retrouvait aucun de mes vêtements. Quant à ma bicyclette, on doutait qu'elle eût jamais existé. J'étais furieuse, en colère et impuissante devant des mensonges aussi éhontés, mais surtout je regrettais ma bicyclette, qui avait été une si bonne amie.

Au cours des années qui suivirent, je me déplaçai souvent, en me pliant toujours à la loi qui imposait aux réfugiés de se déclarer à la police locale chaque fois qu'ils s'absentaient de leur résidence pendant plus de vingt-quatre heures. Fin 1945, alors que j'habitais Londres, je reçus une carte postale frappée du sceau officiel de la police. Elle me plongea dans la panique. La carte m'invitait à me rendre au poste dans les plus brefs délais. Je tremblais de façon incontrôlable. Qu'avais-je fait de mal ? Incapable de supporter la peur et l'incertitude, je montai aussitôt au poste de police et montrai la carte au sergent de garde.

"Eh, Mac, voilà la fille que tu attendais !"

Un autre policier apparut. "Avez-vous jamais possédé une bicyclette ?

— Oui.

— Qu'est-ce qu'elle est devenue ?"

Je lui racontai l'histoire. Au bout d'un moment, presque tout le monde m'écoutait dans le poste de police. Cela m'intriguait.

"De quoi avait-elle l'air ?"

Je la décrivis. Quand je citai les pneus ballons rouges si inhabituels, tous rirent de soulagement. L'un des policiers amena une bicyclette.

"C'est celle-là ?"

Elle était rouillée, elle avait les pneus plats et la selle déchirée, mais c'était sans conteste ma bicyclette.

"Eh bien, qu'est-ce que vous attendez ? Emportez-la chez vous.

— Oh, merci, merci beaucoup, dis-je. Mais comment l'avez-vous récupérée ?

— Elle était abandonnée, et quelqu'un l'a trouvée. Il nous l'a amenée parce qu'elle portait encore une étiquette avec un nom."

Je la poussai jusque chez moi en plein bonheur. Quand ma propriétaire m'aperçut, cependant, elle parut horrifiée.

"Vous n'allez pas rouler là-dessus dans Londres, tout de même ?

— Pourquoi pas ? Elle n'a besoin que de quelques réparations, et puis elle sera comme neuve.

— Ce n'est pas ça. Ces pneus épais signalent clairement que c'est une machine allemande. La guerre est finie, mais nous haïssons toujours ces salauds et tout ce qui nous les rappelle."

Je fis peindre le cadre, réparer la selle et les pneus, mais une seule course dans mon quartier suffit pour me convaincre que ma propriétaire avait raison. Au lieu de regards admirateurs, j'eus droit à des cris et des ricanements. Deux ans plus tard, je l'ai vendue quelques shillings à un collectionneur de souvenirs du temps de la guerre.

EDITH RIEMER
South Valley, New York

En 1949, mes parents déménagèrent de Rockford, Illinois, à la Californie du Sud, avec trois très petits enfants et tous leurs biens domestiques. Ma mère avait emballé et empaqueté avec soin plusieurs précieux héritages familiaux, dont quatre cartons de vaisselle en porcelaine peinte à la main venant de sa mère. Grand-mère avait peint elle-même sur ce ravissant service un décor de myosotis.

Malheureusement, il y eut un incident pendant le déménagement. L'une des caisses ne suivit pas. Elle n'arriva jamais à la nouvelle maison. Ma mère ne disposait donc plus que des trois quarts du service – elle avait les assiettes de différentes tailles et un certain nombre de plats, mais les tasses, les sous-tasses et les bols faisaient défaut. Souvent, lors de réunions familiales où nous nous mettions tous à table pour un repas de Thanksgiving ou de Noël, ma mère évoquait la porcelaine manquante et redisait son regret qu'elle n'eût pas survécu au voyage.

Quand ma mère est morte, en 1983, j'ai hérité de la porcelaine de grand-mère. J'utilisais, moi aussi, le service en de nombreuses grandes occasions et je me demandais, moi aussi, ce qui était arrivé à la caisse manquante.

J'adore me balader chez les antiquaires et dans les marchés aux puces, à la chasse aux trésors. J'éprouve un grand plaisir à parcourir les allées tôt le matin en regardant les vendeurs étaler leurs richesses sur le sol.

Je n'étais plus allée dans un marché aux puces depuis plus d'un an lorsqu'un dimanche, en 1993, l'envie me prit de m'y rendre. Je m'arrachai donc à mon lit dès cinq heures du matin et roulai pendant une heure dans le crépuscule de l'aube jusqu'au marché aux puces géant de Rose Bowl, à Pasadena. Je parcourus de long en large les allées en plein air et, au bout de quelques heures, je pensai à partir. J'avais tourné le dernier coin et fait quelques pas dans la rangée lorsque j'aperçus sur le macadam de la vaisselle de porcelaine. Je vis qu'il s'agissait de porcelaine peinte à la main... avec un décor de myosotis ! Je me précipitai pour voir de plus près et ramassai avec précaution une tasse et une sous-tasse... des myosotis ! Exactement comme la porcelaine de grand-mère, avec les mêmes traits de pinceau délicats et la même fine bande dorée sur les bords. Je regardai les autres pièces – les tasses étaient là, les sous-tasses, les bols ! C'était la vaisselle de grand-mère.

La marchande avait remarqué mon émotion et quand elle s'approcha je lui racontai l'histoire de la caisse manquante. Elle me dit que cette porcelaine provenait de la vente d'une propriété à Pasadena – la ville voisine d'Arcadia, où nous habitions quand j'étais petite. En examinant le contenu de cette propriété, elle avait trouvé un vieux carton rangé non ouvert dans le cabanon du jardin, et la vaisselle était dedans. Elle avait interrogé les héritiers, qui lui avaient dit qu'ils ne savaient rien de cette vaisselle, que cette caisse traînait "depuis toujours" dans le cabanon.

Je repartis ce jour-là du marché aux puces de Rose Bowl chargée de mon étonnant trésor. Maintenant encore, six ans après, je reste émerveillée à l'idée que "toutes les pièces de l'univers" se sont rassemblées pour me permettre de retrouver la porcelaine manquante. Que serait-il arrivé si j'étais restée au lit ? Pourquoi l'envie m'a-t-elle démangée de me rendre à Rose Bowl justement ce dimanche ? Et si, préférant partir et reposer mes pieds fatigués, je n'avais pas tourné ce dernier coin ?

La semaine dernière, j'avais quinze amis à dîner. Nous nous sommes servis de la porcelaine de grand-mère. A la fin du repas, j'ai fièrement offert le café dans ces jolies tasses qui nous avaient manqué si longtemps.

KRISTINE LUNDQUIST
Camarillo, Californie

C'était une Elgin dix-sept rubis dans un étui style médaillon, et ma mère l'avait achetée avant son mariage, en septembre 1916. Elle était typique des montres de l'époque, fonctionnelle et pourtant décorative – un bijou de femme fort apprécié en ce temps-là. Quand on enfonçait le remontoir, le médaillon s'ouvrait, révélant le cadran. J'ai reçu la montre quand j'avais treize ou quatorze ans, et je l'ai fait transformer en montre-bracelet. Pour moi, ce n'était qu'un des objets que je possédais. Quand je suis parti faire mon service en avril 1941, j'ai pris la montre avec moi.

Mon unité fut envoyée aux Philippines. A bord du bateau pendant la traversée du Pacifique, j'ai failli perdre la montre que j'avais distraitement laissée attachée à une canalisation d'eau pendant que je prenais une douche. Heureusement, un GI honnête la trouva et me la rapporta. La montre ne me paraissait toujours pas tellement spéciale. Ce n'était qu'une de mes possessions pratiques.

Après le bombardement de Pearl Harbor, nous nous sommes retirés dans la péninsule de Bataan. Je commençai alors à me soucier un peu de ma montre. L'ennemi étant si proche, je me sentais idiot d'avoir emporté un objet qui était un cadeau de ma mère. Je ne pouvais pas me décider à la jeter dans la jungle, mais je ne voulais pas non plus la laisser à l'ennemi. Je fis de mon mieux pour être plus malin que mes geôliers. Je fixai la montre à ma cheville et tirai ma chaussette par-dessus. Pour mieux la protéger, je m'entourai les chevilles de bandes molletières. Je ne me doutais guère que j'étais en train de m'embarquer dans un jeu de "cache-la-montre" qui devait durer trente-quatre mois.

Mon unité se rendit, et nous fûmes forcés d'accomplir la tristement célèbre "marche de la mort de Bataan". J'emballai la montre dans une des bandes et la glissai dans la petite poche à montre de mon pantalon. Un jour de corvée au nord de Luçon, j'étais debout dans la benne d'un camion, gardé par un des omniprésents soldats japonais. Il avait les yeux juste à la bonne hauteur pour remarquer la bosse dans ma petite poche. Il tendit une main gantée et toucha celle-ci. Je me figeai en retenant mon souffle, inquiet à l'idée de perdre mon bien désormais précieux. Chose surprenante, le garde n'eut pas la curiosité de me demander ce que j'avais dans ma poche, et la montre fut de nouveau quelque temps en sécurité. Plus tard, je réussis à me procurer un nouveau bout de peau de chamois et j'y emballai la montre, que je cachai dans la poche de ma chemise. Si mouillé que je fusse, la montre restait au sec et en lieu sûr.

Les corvées durèrent environ soixante-dix jours. Ensuite, il y eut une autre "marche de la mort", jusqu'au camp de prisonniers de Cabanatuan, où je demeurai pendant deux ans et demi. Là, j'enlevai la bande et emballai la montre à l'aide de gaze médicale et de sparadrap. Cela faisait un petit paquet facile à dissimuler. Enfin, quand le camp fut libéré, nous rentrâmes chez nous, la montre et moi. En passant la porte, j'appris que ma mère était morte. A présent sa montre, qui était devenue un souvenir de ma propre survie, devenait aussi un souvenir de sa vie, à elle.

J'ai fait rétablir la montre dans son boîtier d'origine et ajouter une chaîne identique à l'ancienne. La montre de ma mère était redevenue une délicate montre de dame en forme de médaillon. Je l'ai offerte à ma femme. Plus tard, j'ai découvert que mon frère possédait encore la chaîne d'origine. En apprenant que j'avais restauré la montre, il m'a donné la chaîne. Aujourd'hui, quatre-vingt-quatre ans après son achat par ma mère, c'est ma fille qui porte la montre. Elle est toujours en état de marche.

RAYMOND BARRY
Saginaw, Michigan

AFFAIRE CLASSÉE

Quand j'étais adolescent, dans les années cinquante, je rendis visite à mes cousins à Bloomington, Illinois. Un jour que nous marchions ensemble, nous nous disputions au sujet des paroles d'une chanson en vogue. Je disais que c'était : *"An Indian named Standing Bear"* ("un Indien nommé Ours Debout") ; mon cousin soutenait que c'était *"Standing there"* ("Debout à cet endroit"). Tout en marchant, j'aperçus une feuille de papier sur le trottoir. Je la ramassai, et c'était justement la partition de cette chanson. La dispute s'éteignit. J'avais raison, bien entendu.

JERRY HOKE
Torrance, Californie

LA PHOTO

Un soir, je travaillais tard dans mon bureau à la maison. Du coin de l'œil, je vis voleter une photo qui se posa sur le sol. Je levai les yeux pour voir d'où elle était tombée, et puis je ris de moi-même parce que je savais bien qu'il n'y avait au-dessus de moi que le plafond et qu'elle ne pouvait venir de là.

Après avoir terminé le travail auquel j'étais occupée, je ramassai la photo, qui était tombée face contre terre, et je la retournai pour la regarder. Je n'avais jamais vu cette photographie, et je ne reconnaissais pas les gens qui s'y trouvaient : un homme, une fillette et un petit garçon, tous avec des oreilles de Mickey. Intriguée, je cherchai de nouveau à voir d'où elle pouvait être tombée, et puis je décidai que j'étais trop lasse pour résoudre la question. J'allai me coucher, et je n'y pensai plus.

Le lendemain, la jeune femme qui habitait la maison d'en face se maria dans son jardin. C'était un beau mariage, et je fis la connaissance de quantité de gens. La demoiselle d'honneur me dit qu'elle avait habité ma maison quand elle était petite, et puis qu'elle avait déménagé quand elle avait dix-huit ans – il devait y avoir environ dix ans de cela, j'imagine. Sa tante maternelle assistait au mariage, ainsi que certains cousins de la demoiselle d'honneur. Celle-ci me confia qu'elle aimerait bien revenir un jour pour visiter la maison et montrer à ses proches où s'était passée son enfance. Je les invitai tous sur-le-champ et, traversant la rue, nous entrâmes dans la maison.

Je taquinai la demoiselle d'honneur en lui disant que j'avais connu son nom, Jane, avant de la connaître, parce qu'elle l'avait gravé sur le dessus d'un des meubles de cuisine. Elle alla droit à cet endroit et le montra à ses parents. Alors qu'elle riait en rappelant comment son frère et elle avaient glissé dans l'escalier et s'étaient écrasés contre le mur du palier, elle devint tout d'un coup très triste. Elle expliqua qu'elle avait beaucoup de souvenirs tristes de sa vie ici, car sa mère, Nancy, était morte dans cette maison.

Nous montâmes à l'étage et, comme je montrais à la tante les beaux carrelages de la salle de bains, la voix de Jane nous parvint soudain de mon bureau : "Oh, mon Dieu, où avez-vous trouvé cette photo ? C'est mon père, mon frère et moi !" Je lui racontai que la photo était tombée sur le sol la veille, mais que je ne pouvais vraiment pas dire d'où elle venait car je ne l'avais jamais vue auparavant. Encore des larmes…

Je dis à Jane de prendre la photo. Elle lui était destinée, dis-je.

Désormais, parfois, quand je sors de chez moi, je crie : "Salut, Nancy. Veille bien sur la maison jusqu'à mon retour, d'accord ?"

BEVERLY PETERSON
Uniontown, Pennsylvanie

Au milieu des années soixante-dix, j'ai travaillé au *Des Moines Register*. Quand j'ai dit à mon père que je partais vivre à Des Moines, il m'a parlé de la seule fois où il y était allé. C'était dans les années trente, me dit-il, quand il était directeur commercial de la *Southwest Review*, le magazine littéraire de la Southwest Methodist University de Dallas. Son ami Lon Tinckle, qui devint par la suite un écrivain texan bien connu, était le rédacteur de la revue. Il enseignait aussi l'anglais à l'université, et il y avait dans son cours une étudiante dont le dos était gravement déformé. Ça se passait pendant la Crise, et cette jeune fille venait d'une famille si pauvre qu'elle ne pouvait pas se payer l'opération qui aurait arrangé son problème.

Un jour où elle nettoyait son grenier, sa mère, qui dirigeait une pension de famille à Galveston, tomba sur un vieux manuscrit poussiéreux. En haut de la première page étaient griffonnés les mots : "par O. Henry". C'était une belle histoire, et elle l'envoya à sa fille à l'université ; la jeune fille la montra à Lon. Celui-ci n'avait jamais vu ce récit, mais cela ressemblait à de l'O. Henry, l'argument faisait penser à O. Henry et Lon savait que William Sydney Porter, alias O. Henry, avait vécu un certain temps à Houston. On pouvait donc très bien imaginer que le célèbre écrivain était allé à la plage, avait logé dans la pension de Galveston, avait écrit ce récit pendant qu'il s'y trouvait et y avait par inadvertance oublié son manuscrit. Lon montra le manuscrit à mon père, qui prit contact avec un expert à Columbia University, à New York. L'expert dit qu'il aimerait voir ça, mon père prit le train et le lui apporta.

L'expert authentifia la nouvelle comme étant d'O. Henry, et mon père se mit en devoir de la vendre. D'une chose à l'autre, il se retrouva à Des Moines où il rencontra Gardner Cowles, l'un des rédacteurs en chef du *Des Moines Register.* Cowles adora ce récit et l'acheta aussitôt. Mon père apporta le produit de la vente à la jeune étudiante de Lon Tinckle. Le montant en était juste suffisant pour lui permettre de se payer l'opération dont elle avait un besoin si désespéré – et, à ce que nous en savons, de vivre heureuse le restant de ses jours.

Mon père ne m'a jamais raconté le sujet de la nouvelle d'O. Henry. Mais je doute qu'il ait pu être meilleur que son histoire à lui : cette histoire à propos d'O. Henry qui ressemblait à une histoire d'O. Henry.

MARCUS ROSENBAUM
Washington DC

TEMPO PRIMO

J'avais besoin d'un instant de solitude avec la voiture. A ma grande surprise, j'étais triste de faire mes adieux à *Old Unreliable* ("la vieille peu fiable").

Cette voiture était mon premier achat important, un symbole d'indépendance postdivorce. Ce n'était pas la nouvelle Honda Accord, manifestation privilégiée de notre accord conjugal privilégié, c'était une Tempo – une chance de maintenir le rythme, de garder la cadence. Peut-être qu'une bonne idée de Ford me suggérerait une bonne idée pour la route. Peut-être que l'élan de générosité commerciale de notre garagiste ("le prix du divorce") me porterait bonheur. Je ne m'étais jamais doutée que j'étais aussi mécaniquement superstitieuse, mais j'avais ouvert la portière de la Tempo comme s'il s'était agi d'une de ces papillotes qui vous disent la bonne aventure.

Au début, la Tempo était formidable. Elle emmenait les enfants à l'école, m'emmenait au travail et nous emmenait tous à la plage. Il en sortait des seaux, des pelles, des bouts de pastels ramollis. On y dormait, on y pleurait, on s'y embrassait, on y mangeait, on y vomissait. Ces sièges en vinyle étaient bien commodes. Elle avait acquis un air "habité" et l'éventualité de devoir bel et bien y habiter ne paraissait plus une réelle possibilité… pas de rupture, pas de collision. Notre tempo, comme la Tempo, était régulier.

Pourtant, au cours de la deuxième année, la théorie de la bonne aventure commença à s'effriter. A dire vrai, il aurait mieux valu pour moi rouler en pousse-pousse. L'Automobile Club m'annonça que j'avais atteint la limite en matière de remorquages – et ça sans compter le jour où une dépanneuse de la police m'avait expulsée du pont de Triboro (aventure dont le récit provoqua cette question du gamin : "Comment en es-tu sortie vivante, maman ?"). Je consacrais plus de temps et d'argent à mon garagiste qu'à mes enfants. La Tempo devait disparaître. Nous étions indiscutablement arrivés au dénouement.

Je ne pouvais pas de bonne foi vendre cette voiture, sinon en pièces détachées. Je ne trouvais pas d'acheteur pour les pièces détachées, bien que beaucoup d'entre elles fussent flambant neuves. Où trouve-t-on ces foutues casses quand on en a besoin ? Les voleurs de voitures se contentent-ils de fourguer toute la tire pour cinquante dollars et de rentrer chez eux en taxi ? Je fis don de la voiture à une bonne œuvre.

Et pourtant, quand le camion vint charger *Old Unreliable* sur son plateau pour l'emporter vers son dernier séjour, au lieu d'un soulagement d'acier à l'idée de ne plus devoir payer l'assurance ni danser la danse du stationnement alternatif, c'est de la tristesse que je ressentis. Après tout, on avait passé de bons moments dans cette voiture. Un adieu est un adieu, même s'il s'agit d'un objet inanimé, surtout quand cet objet inanimé vous a transporté sur des bornes et des bornes. J'expliquai à la voiture que j'étais désolée de devoir la laisser partir, que cela viendrait à point à des gens qui en avaient besoin. Et puis je rentrai chez moi, la barre antivol à la main, en pleurant comme une Madeleine. Eh, il y a des gens qui ont écrit des chansons à propos du chemin de fer, des odes à des pots de fleurs, des pièces de théâtre sur des arbres, des films sur des terrains de base-ball. Je me trouve en bonne compagnie, à pleurer ma voiture.

LAUREN SHAPIRO
Bronx, New York

UNE LEÇON NON APPRISE

J'ai tout perdu. C'est-à-dire, perdu ou détruit. Bijoux. Poupées. Jeux. Tout ce qui me passait par la main, je le mâchais, je le mutilais à le rendre méconnaissable ou je l'expédiais à une mort prématurée. Je mangeais du papier, et j'avalai un jour un livre entier. Mon pauvre petit singe Curious George ne resta pas longtemps curieux dans mes parages. Il fut mangé. Maman et papa m'appelaient "catastrophe immédiate" pour les objets inanimés. Et parce que j'étais si brouillonne, ils me plaçaient toujours à table à côté des hôtes qu'ils n'avaient pas l'intention de réinviter.

Un jour, en deuxième année de primaire, comme je rentrais de l'école, ma mère me regarda d'un air surpris lorsque je passai la porte. "Carol, me demanda-t-elle calmement, mais avec une expression troublée, où est ta robe ?" Baissant les yeux, je vis mes chaussures à boucle en cuir, mes collants blancs déchirés aux genoux, et mon col roulé en coton blanc (mais sale). Jusqu'à ce que ma mère m'ait fait remarquer que je n'étais pas complètement habillée, je ne m'en étais pas aperçue. J'étais tout aussi étonnée qu'elle, car nous nous rappelions toutes les deux que je portais ma robe chasuble le matin. Ma mère et moi, nous sommes allées à l'école de l'autre côté de la rue, en regardant sur les trottoirs, dans les cours de récréation et dans les couloirs, mais il n'y avait pas la moindre robe chasuble à carreaux en vue.

L'hiver suivant, ma mère et mon père m'achetèrent un manteau de fausse fourrure brune, avec un chapeau assorti. J'adorais mon nouveau manteau et mon chapeau, et porter ce manteau me donnait l'impression d'être une grande fille parce qu'il n'y avait pas de moufles assorties fixées aux manches. Ils avaient eu l'intention de m'acheter un manteau avec un capuchon, sachant comment j'étais, mais j'avais supplié et promis de faire attention et de ne pas perdre le chapeau. J'aimais tout spécialement les gros pompons de fourrure au bout de ses cordons.

Un jour, mon père rentra de son travail et me cria de descendre de ma chambre. Il se pencha à ma hauteur pour m'embrasser et me demanda d'essayer mon manteau et mon chapeau neufs et de les lui présenter à la façon d'un mannequin. Je remontai quatre à quatre, excitée à l'idée de jouer les défilés de mode pour mon père. J'enfilai le manteau, mais ne trouvai pas le chapeau. Inquiète, je cherchai sous le lit et dans le placard, mais il n'y était pas. Peut-être ne remarquerait-il pas que je ne le portais pas.

Je redescendis en hâte et, en tourbillonnant comme sur une piste, en prenant des poses et en souriant, je présentai mon nouveau manteau à mon père qui faisait attention à moi et me disait que j'étais jolie. Ensuite il me dit qu'il souhaitait que je porte aussi le chapeau. “Non, papa, je veux juste te montrer le manteau. Regarde le manteau sur moi !” répondis-je, et je continuai à faire des pirouettes dans le couloir en espérant éviter le sujet du chapeau manquant.

Je savais que ce chapeau, c'était de l'Histoire. Il riait, et je me croyais adorable et aimée parce qu'il jouait et riait avec moi. Nous avons repris une ou deux fois le sujet du chapeau et puis, en plein rire, il m'a giflée. Il m'a giflée, fort, au visage, et je n'ai pas compris pourquoi. Au claquement de sa main sur ma joue, ma mère a crié : "Mike, qu'est-ce que tu fais ! Qu'est-ce que tu fais ?" Elle était si étonnée qu'elle en avait le souffle coupé. La fureur de mon père nous transperçait, elle et moi. Plantée là, la main sur ma joue brûlante, je pleurais. Et alors il a sorti mon nouveau chapeau de la poche de sa veste. Il l'avait trouvé par terre dans la rue et, en me regardant par-dessus ses lunettes, il me dit : "Ça t'apprendra peut-être à faire attention et à ne pas perdre tes affaires."

Je suis adulte à présent, et je perds encore mes affaires. Je ne fais toujours pas attention. Mais ce que mon père m'a appris ce jour-là, ce n'était pas la responsabilité. J'ai appris à ne pas me fier à son rire. Parce que même son rire m'avait fait mal.

CAROL SHERMAN JONES
Covington, Kentucky

NOËL EN FAMILLE

C'est mon père qui m'a raconté cette histoire. Elle s'est passée au début des années vingt, à Seattle, avant ma naissance. Il était l'aîné de six frères et une sœur, dont certains n'habitaient plus à la maison.

Les finances de la famille étaient mal en point. Les affaires de mon père s'étaient effondrées, il n'y avait pratiquement pas de travail et le pays était proche de la crise. Nous eûmes un arbre de Noël, cette année-là, mais pas de cadeaux. Nous ne pouvions tout simplement pas nous le permettre. Le soir de Noël, nous sommes tous allés nous coucher avec un moral assez bas.

Chose incroyable, à notre réveil, le matin de Noël, il y avait une montagne de cadeaux sous l'arbre. Nous avons essayé de nous dominer pendant le petit-déjeuner, mais nous avons expédié le repas en un temps record.

Et alors ç'a été la fête. Ma mère est passée la première. Nous l'entourions, pleins d'impatience, et quand elle a déballé son paquet, nous avons vu qu'elle avait reçu un vieux châle qu'elle avait "égaré" plusieurs mois auparavant. Mon père a reçu une vieille hache au manche cassé. Ma sœur, ses vieilles pantoufles. Un des garçons, un pantalon rapiécé et chiffonné. Moi, j'ai eu un chapeau, celui-là même que je croyais avoir oublié dans un restaurant en novembre.

Chaque vieillerie provoquait une surprise totale. Bientôt, nous riions tellement fort que nous pouvions à peine dénouer les ficelles du paquet suivant. Mais d'où venaient ces largesses ? C'était mon frère Morris. Depuis plusieurs mois, il avait subtilisé de vieux objets dont il savait qu'ils ne nous manqueraient pas. Et puis, la veille de Noël, sans bruit, après que nous étions tous allés nous coucher, il avait emballé les cadeaux et les avait entassés sous l'arbre.

Je me souviens de ce Noël comme de l'un des plus beaux que nous ayons jamais eus.

DON GRAVES
Anchorage, Alaska

En été quarante-quatre, j'avais huit ans. J'étais un gamin actif et j'aimais explorer les bois qui entouraient notre maison dans le nord du New Jersey. Au cours de l'une de ces aventures, je tombai sur les vestiges d'une habitation. La maison était effondrée, en ruine, mais des traces d'occupation subsistaient, éparpillées sur le sol. Je ramassai un certain nombre de ces pièces et débris et m'aperçus que j'avais rassemblé la plupart des morceaux d'un petit fauteuil à bascule en érable et bois fruitier massifs. Ils semblaient avoir survécu à de nombreux hivers dans la forêt.

Je rapportai ces morceaux à ma mère (mon père se trouvait dans le Pacifique avec la Navy). Ma mère adorait les objets anciens et tout particulièrement le mobilier de style colonial américain. Elle confia les morceaux à un restaurateur qu'elle connaissait près de Trenton. Il reconstruisit le fauteuil et remplaça les quelques fuseaux manquants.

Il se trouve que c'était un très beau spécimen de fauteuil à bascule pour enfant de l'époque coloniale. Je l'ai gardé dans ma chambre durant toute mon enfance. A un moment donné, j'ai trouvé de petites décalcomanies d'oiseaux dans un paquet de céréales, et je les ai appliquées sur le dossier. Ce fauteuil restauré est le tout premier meuble qui m'ait appartenu en propre. Il a fini par arriver sur la côte ouest après la fin de mes études. Il a survécu à de nombreux déménagements d'appartements en maisons louées puis en maisons que j'ai enfin fait construire pour ma famille. En 1977, nous l'avons perdu pendant un déménagement d'une location à ma résidence actuelle sur une île dans le détroit de Puget. Il était sans doute tombé d'un camion qui apportait des meubles d'une autre partie de l'île. Cette perte me laissa le cœur lourd. Périodiquement, je repensais à mon fauteuil et m'accablais de reproches pour n'avoir pas été plus attentif pendant le déménagement.

Dix ans plus tard, je roulais sur la grand-route de l'île (l'île fait près de trente kilomètres de long) et j'aperçus sur le perron de la boutique d'antiquités locale un fauteuil à bascule d'enfant tout pareil. Ce n'était pas le mien, mais il me rappelait celui que j'avais perdu. Je m'arrêtai et demandai à l'antiquaire, qui était une amie, le prix du fauteuil qui se trouvait sur le perron. Dans le courant de la conversation, je lui racontai l'histoire de mon fauteuil perdu, que je décrivis en détail. Elle se mit à me regarder d'un air très étrange, et puis elle dit : "On dirait un fauteuil que j'ai vendu récemment à un marchand californien. Pour tout dire, il est là-haut, dans ma réserve. Je dois l'envoyer demain à ce marchand." Je lui dis que mon fauteuil avait, sur son dossier, une décalcomanie représentant un canard. Elle alla alors examiner le fauteuil. La décalcomanie se trouvait à l'endroit où j'avais dit qu'elle serait, et elle n'eut pas besoin d'autre preuve. Inutile de dire que j'ai récupéré le fauteuil. Il se trouve maintenant dans une pièce spéciale, pleine d'objets de mon enfance. C'est mon *Rosebud*.

DICK BAIN
Vashon Island, Washington

LE MONOCYCLE

En 1978, après avoir travaillé dur pour me construire une réputation en tant que restaurateur de pianos mécaniques, je me retrouvai surchargé de boulot et en train de perdre l'affection de ma belle et fidèle amie. Outre un retard considérable dans le travail dû à mes clients, j'étais préoccupé par une accumulation d'instruments en mal de restauration que j'avais achetés et je ne consacrais pas à ma fiancée l'attention qu'elle méritait. Dans une tentative désespérée de lui montrer qu'elle comptait davantage à mes yeux que les pianos, je mis ceux-ci en vente au moyen d'une annonce placée dans une feuille d'informations pour collectionneurs. Je les vendis tous à la première personne qui téléphona – un homme qui vivait sur la côte opposée.

En vain. Ma compagne déserta et, à la suggestion de l'acheteur, je partis pour Tacoma afin de l'aider à restaurer les pianos.

La côte ouest ne me plut pas. C'était trop différent de l'Est, et j'étais pour la première fois sans amour. J'arrêtai de travailler avec mon acheteur. Et puis je commençai à avoir des problèmes avec ma camionnette, et je me retrouvai à court d'argent. Anxieux de partir, je réussis tout juste à faire marcher la camionnette jusqu'à l'aéroport, où je l'abandonnai, et je m'adressai au comptoir. Mon frère habitait près de Chicago. Je demandai combien cela me coûterait de m'y rendre et, plongeant la main dans ma poche, en sortis tout ce qui me restait. C'était, au centime près, le prix exact du billet.

Après de vaines tentatives de réconciliation avec ma fiancée et une paire d'années passées à explorer le pays en train ou en stop, en logeant dans des monastères et tout ça, je me retrouvai sur la côte ouest. Et, une fois de plus, sans un rond.

Alors le mont Sainte-Hélène explosa. J'étais à ce moment-là dans la bibliothèque de l'université de Washington, et nous avons tous couru sur le seuil pour regarder l'éruption à l'horizon. C'était très impressionnant et ça rendait beaucoup de gens plutôt nerveux.

Le lendemain, près du marché de Pike Street, un type particulièrement nerveux fonça à travers un passage pour piétons bourré de monde et tua quatre personnes. J'assistai à toute la scène, vis les quatre corps ensanglantés et immobiles étalés sur le pavé. Je m'assis, là, sur le trottoir et jurai de quitter la ville.

Le même soir, debout, solitaire, au même carrefour, je criai aux cieux en tendant les bras : "Dieu, je hais la côte ouest ! Si j'avais un monocycle, je roulerais dessus jusqu'au Connecticut !"

Et puis je m'en allai me glisser dans mon sac de couchage, près du port.

Le lendemain matin, au même carrefour – mais de l'autre côté de la rue –, un monocycle gisait sur le trottoir.

Je n'ai pas l'habitude de voler, mais en pareilles circonstances il me semblait que je devais manifester un peu de gratitude. Je l'enfourchai donc, le dirigeai vers le bas de la pente, dis "merci" et partis.

Au bout de cent mètres environ, j'avais les chevilles en sang à force de heurter les pédales, et je dus m'arrêter. Je commençais aussi à me reprocher de l'avoir pris, et j'allai donc reposer le monocycle là où je l'avais trouvé. Il y resta trois jours, à l'un des carrefours les plus animés de la ville, avant de disparaître enfin.

Quant à moi, j'ai sauté dans un train.

GORDON LEE STELTER
Bogart, Californie

MOCASSINS

"Je crois que je veux devenir prêtre", dis-je. C'était en 1953, et j'étais en huitième. Mes parents ne dirent rien, et on n'en parla plus. Un jour, pendant l'été, je rentrai à la maison et jetai mon gant de base-ball sur la table de la salle à manger. Ma mère était en train de repasser. Je lui dis : "Je crois vraiment que je voudrais entrer au séminaire."

C'est alors seulement que j'appris que mes parents avaient déjà parlé au frère McCollow, notre pasteur. Il leur avait dit qu'il y avait trois lycées-séminaires dans notre région ; peu après, il m'emmena visiter Queen of Apostles à Madison, dans le Wisconsin. Je m'inscrivis pour l'année scolaire suivante.

Mon père était heureux de ma décision. Un jour, il en parla à un représentant qui venait régulièrement dans le magasin de chaussures où il travaillait. Ce représentant lui dit qu'il y avait un séminaire dans son secteur, près de Fond du Lac, Wisconsin. Le samedi suivant, mes parents, mes trois frères et moi, nous nous rendîmes au séminaire St. Lawrence, à Mount Calvary.

L'école se trouvait au sommet d'une colline. Nous montâmes jusque-là dans notre break à habitacle en bois. Il n'y avait personne en vue, mais le système de sonorisation transmettait le match de base-ball des Milwaukee Braves. Une porte s'ouvrit et un rayon de lumière balaya le corridor désert. Dans la lumière marchait un homme vêtu de ce qui ressemblait à un peignoir de bain marron, nu-pieds dans des sandales. C'était le premier capucin-franciscain que je voyais. Il me parut étrange. Ce capucin nous introduisit auprès du frère Gerald, le recteur, qui nous fit faire le tour des lieux, intérieur et extérieur. De retour dans son bureau, le frère Gerald nous donna un formulaire d'inscription. En regagnant la voiture, mon père me demanda : "Eh bien, qu'est-ce que tu en penses ?

— C'est là", répondis-je.

J'ai fait le lycée et un an de collège au séminaire St. Lawrence. Pendant cette première année de collège, j'ai pris conscience de la forte attraction qu'exerçait sur moi l'idée de devenir capucin. En septembre 1958, je reçus mon propre peignoir brun et mes sandales. J'avais pris l'habit de capucin. En 1965, je fus ordonné prêtre. A chaque prêche où je devais parler de la divine providence, je disais : "Après Dieu, la personne la plus responsable du fait que je sois devenu capucin est un représentant en chaussures que je n'ai jamais rencontré et dont je ne connais même pas le nom."

En 1975, j'étais basé à Huntington, Indiana. Joe, un étudiant qui me rendait souvent visite, me demanda si j'irais dans le Wisconsin pendant mes vacances d'été. Je lui répondis que oui. Il se pencha et ôta de son pied droit un mocassin à semelle souple. L'extrémité en était complètement usée. "Trouvez-m'en une autre paire, demanda-t-il. On n'en vend que dans le Wisconsin." Il ne connaissait pas sa taille et je glissai donc mon pied dans son mocassin. Il était un petit peu grand pour moi.

J'entrai dans plusieurs magasins pendant mes vacances, à la recherche d'une paire de "ces mocassins". Je visitai aussi la résidence étudiante du séminaire St. Lawrence où l'on me fit faire le tour des chambres que les jeunes gens avaient décorées avec beaucoup d'imagination à l'aide d'affiches et de bannières. Là, à côté du lit d'un étudiant, je vis une paire de "ces mocassins". "C'est le lit de qui ?" demandai-je à mon guide. "Tom Roportal", me répondit-il, et il me dit que ce garçon était en classe dans le bâtiment principal. Je trouvai Tom et je l'interrogeai : "Où avez-vous eu ces mocassins ?"

— Chaussures Jahn, grand-rue, à Fond du Lac", me dit-il.

Je fis les douze miles jusqu'à Fond du Lac et là, dans une vitrine, se trouvaient "ces mocassins". J'entrai dans le magasin et dis au marchand que j'en voulais une paire. "Quelle pointure chaussez-vous ?" me demanda-t-il. "Ils ne sont pas pour moi, répondis-je, mais je vais les essayer et s'ils sont un peu trop grands, je saurai que c'est la bonne taille."

L'homme leva les yeux au ciel et je lui dis : "Je sais que ce n'est pas comme ça qu'on fait. J'ai grandi dans un magasin de chaussures.

— Où ? demanda-t-il.

— A Monroe, Wisconsin, dis-je.

— Quel magasin ?
— Le Monroe Shoe Store.
— Vous êtes le fils de Vern Peterson ?
— Non, le fils de Don Clark.
— Ah, oui, fit l'homme. Don avait un fils qui est entré au séminaire, pas vrai ?
— Oui, dis-je. Ce fils, c'est moi. Et vous êtes le représentant ?"
C'était lui.

Fr. KEITH CLARK, capucin,
Mount Calvary, Wisconsin

LE STYLO RAYÉ

C'était un an après la fin de la Seconde Guerre mondiale, et je faisais partie de l'armée d'occupation à Okinawa. Depuis quelques mois, il y avait eu plusieurs vols dans la zone de notre base. On avait coupé des grillages aux fenêtres, des objets avaient disparu dans ma baraque mais, chose étrange, le voleur n'avait pris que des friandises et des bricoles, rien qui eût une réelle valeur. Une fois, j'avais remarqué des traces de pieds nus boueux sur le sol et sur une table de bois. Des pieds minuscules, sans doute ceux d'un enfant. On savait que de petites bandes d'orphelins erraient dans l'île en groupes qui vivaient de ce qu'ils pouvaient trouver et prenaient tout ce qui n'était pas sous clé.

Mais alors mon cher stylo Waterman disparut. Et ça, c'était aller trop loin.

Un matin, on repéra un homme du camp de prisonniers. C'était un des travailleurs. Je l'avais déjà vu plusieurs fois. Il était silencieux, il était beau, il se tenait droit, il écoutait avec attention. Quand je le regardais, j'imaginais que, quel que fût son rang dans l'armée japonaise (il était peut-être officier), il avait fait son devoir. Et à présent, tout à coup, mon Waterman était là, dans la poche de ce Japonais plein de dignité.

Je trouvais incroyable qu'il ait pu voler. J'étais en général un bon juge des caractères, et cet homme me donnait l'impression d'être fiable. Mais je devais m'être trompé cette fois. Après tout, il avait mon stylo et il travaillait depuis plusieurs jours dans notre zone. Je décidai d'agir en fonction de mes soupçons et d'ignorer la compassion que je ressentais à son égard. Je désignai le stylo et tendis la main.

Etonné, il eut un mouvement de recul.

Je touchai de nouveau le stylo et lui demandai, par gestes, de me le donner. Il secoua la tête. Il paraissait un peu effrayé – et totalement sincère. Mais je n'allais pas me laisser embobiner. Je pris un air en colère et j'insistai.

Finalement, il me le donna, mais avec beaucoup de tristesse et de regret. Après tout, que peut faire un prisonnier quand un représentant de l'armée victorieuse donne un ordre ? On punissait les gens qui refusaient d'obéir, et il devait en avoir assez, de ce genre de choses.

Il ne vint pas le lendemain matin, et je ne l'ai jamais revu.

Trois semaines plus tard, j'ai retrouvé mon stylo dans ma chambre. Je fus horrifié de l'atrocité que j'avais commise. Je savais combien il est douloureux de subir des brimades – d'être dégradé injustement, de voir la confiance tuée de sang-froid. Je me demandai comment j'avais pu commettre une erreur pareille. Les deux stylos étaient verts, avec des rayures dorées, mais sur l'un les rayures étaient horizontales et sur l'autre, verticales. Pis encore, je savais à quel point il avait dû être plus difficile pour cet homme de se procurer l'un de ces précieux objets américains que ce ne l'avait été pour moi.

Aujourd'hui, cinquante ans après, je n'ai plus ni l'un, ni l'autre de ces stylos. Mais j'aimerais retrouver cet homme, afin de pouvoir lui demander pardon.

ROBERT M. ROCK
Santa Rosa, Californie

LA POUPÉE

Pendant sept années, j'ai vécu à Los Angeles où j'avais un boulot que je n'aimais pas beaucoup. Au bout de quelque temps, il en était résulté que je ne m'aimais guère, moi non plus. C'était arrivé au point où je n'allais plus au bureau que pour la climatisation et le café à l'œil. Mais après que j'eus renoncé au café, il ne restait guère de raisons d'y aller. Pendant à peu près un an, je ne cessai d'évaluer ma valeur nette : chaque matin, je comptais les jours me séparant de celui où j'aurais assez d'argent pour donner ma démission, partir en Caroline-du-Nord et vivre dans les bois.

Au printemps dernier, je me suis mis à tousser. J'ai commencé à tousser en mai et puis j'ai toussé encore pendant tout juillet. Quand arriva le mois d'août, mes collègues m'avaient recommandé toutes sortes de médecins et de remèdes, mais je savais ce qui n'allait pas. Ce boulot m'était une corde au cou, je me sentais étranglé par cette existence qui ne me convenait pas. Après avoir toussé pendant quatre mois, si fort qu'il me semblait que j'allais me péter les côtes ou cracher mes entrailles, je finis par me résigner. Le jour de la fête du Travail, je partis à travers le continent pour faire ce que j'avais dit que je ferais. Tout le monde pensait que j'étais cinglé d'aller vivre dans les bois. La vérité, c'est que j'avais beau être persuadé d'avoir raison, parfois, je m'interrogeais.

Un soir, dans le courant du premier mois après mon départ de L. A., j'attrapai la bougeotte. Je me préparai à dîner mais, allez savoir pourquoi, je ne pus manger. Je ne pouvais pas rester en place. J'étais de nouveau en proie à l'ancienne déprime anxieuse du boulot, et je me sentais pris au piège. J'eus envie de sortir pour regarder le coucher de soleil. J'avais tellement de fourmis dans les jambes que je laissai mon repas en plan sur le poêle et partis en voiture, sans savoir le moins du monde où j'allais.

Au bout d'un moment, je roulais le long de la French Broad River et j'ai entendu raconter à la radio un incident qui s'était produit à L. A. Cela avait à voir avec des ordinateurs et le bogue de l'an 2000. Mon esprit vagabond se tourna vers mon ami et ex-collègue, Marcus, qui travaille avec des ordinateurs. Je me rendis compte que je ne lui avais plus parlé depuis mon déménagement et, soudain, je me sentis inquiet : Marcus avait un problème, et je me jurai de prendre contact avec lui dès que je pourrais.

En attendant, quelque chose me poussait toujours plus loin. Il y avait bien ce parc où je m'assieds parfois pour regarder l'eau couler, mais je ne m'y arrêtai pas. Je continuai jusqu'à un vieux bureau de poste, au bord de la rivière. Cet endroit est si beau que j'ai souvent pensé à présenter l'examen de postier. Bien qu'il y ait une poste près de chez moi, je fais le détour pour le seul plaisir de me tenir devant la balustrade et de regarder l'eau qui passe. Je veux dire qu'en général, je m'en contente. Mais ce jour-là, regarder ne me suffisait pas ; il fallait que je m'approche. On avait eu trois mois de sécheresse et la rivière était plus basse que je ne l'avais jamais vue. Je marchai sur les rochers, toujours préoccupé de mon ami. Je me rappelai que Marcus ne savait pas nager et qu'il n'aurait jamais fait une chose pareille – traverser une rivière en marchant sur les rochers. J'essayai d'oublier Marcus, parce que je me sentais mal à l'aise. Je tentai d'imaginer une ravissante sirène qui viendrait par les nuits froides dans ma cabane pour avoir chaud et partager une bouteille de vin ; mais, sans cesse, son image disparaissait et celle de Marcus réapparaissait. Je ne pouvais pas me l'ôter de la tête.

Marcus est un Noir râblé. D'une grande intelligence, et si logique qu'il en est parfois illogique. Il peut être sensible et généreux, et pourtant il repousse parfois les gens avec brutalité. Un jour, comme je lui demandais s'il viendrait me voir quand j'aurais déménagé, Marcus m'a fait écouter *Strange Fruit*, chanté par Billie Holiday. Il m'a expliqué que c'était une chanson sur les lynchages de Noirs par les Blancs dans le Sud. Je lui ai dit qu'on ne faisait pas ça là où j'habitais. Il a souri du sourire d'un homme qui n'y croit pas.

Marcus me manquait, là, sur les rochers. Mais, surtout, j'étais inquiet. Il lui arrivait de boire trop et de conduire trop vite. C'est le genre de type qui déteste tellement son boulot qu'il devient accro au travail afin de masquer sa tristesse. Il en est arrivé à s'identifier aux ordinateurs au point d'en devenir un, par certains côtés. Parfois, Marcus donne l'impression de porter sur ses épaules tous les fardeaux du monde. Et pourtant, malgré tout ça, une image du visage de Marcus revenait obstinément pendant que je marchais sur ces rochers : la façon qu'il avait eue de retenir ses larmes le jour où je suis sorti du parking pour me tirer de L. A.

Pendant une demi-heure, je suis resté accroupi au milieu de la rivière à me demander ce que j'allais faire de ma vie. J'étais déjà à court d'argent. Je me sentais seul dans les montagnes et je me demandais si (comme Marcus l'avait prédit) j'avais fait une erreur, si j'allais devenir doucement cinglé. Je ne savais pas pourquoi j'étais là. Je me sentais perdu. Je ne savais même pas pourquoi j'étais venu à cet endroit de la rivière. Tout ce dont j'étais sûr, c'était que mon ami me manquait et que j'étais inquiet pour lui. Finalement, je me décidai à rentrer car il n'y avait rien que je puisse faire pour lui, à cette distance.

Et c'est alors que c'est arrivé…

Tout près de la rive, j'ai vu quelque chose qui était coincé sous l'eau entre deux grosses pierres. Je me suis approché et, en tendant le bras, j'ai trouvé une poupée calée dans la boue. Je l'ai prise, et j'ai vu que la poupée représentait un petit homme noir – râblé, et coiffé d'un chapeau. Il avait les bras largement tendus, comme en posture de reddition. J'ai commencé par sourire, parce que sa ressemblance avec Marcus était incroyable. Il se peut même que j'aie ri parce qu'ils se ressemblaient tellement.

Mais quand j'ai eu la poupée en main, je me suis senti glacé. Tout à coup, j'ai été submergé par une terreur qui, momentanément, m'a rendu fou. Quelqu'un avait entouré d'un nœud coulant le cou de la poupée, on l'avait préparée à la pendaison, et puis on l'avait jetée à la rivière pour qu'elle s'y noie. Je savais à présent pourquoi j'avais été attiré là, pourquoi j'avais pensé à Marcus toute la journée. J'étais certain qu'il était dans de mauvais draps. Et c'était à moi de l'aider. Alors j'ai enlevé la corde miniature, j'ai lavé la poupée dans la rivière et je l'ai ramenée chez moi.

Je savais qu'à trois mille miles de distance, j'avais aidé mon ami, mais je n'ai jamais téléphoné à Marcus pour lui raconter ce qui était arrivé. C'est un génie informatique du MIT, beaucoup trop logique (cynique ?) pour prendre en considération vaudou, synchronisme ou secrets mystiques de l'univers.

Mais le jour même où j'ai repêché cette poupée dans la rivière, j'ai reçu de Marcus un message électronique. D'après l'horloge de l'ordinateur, j'ai pu vérifier qu'il me l'avait écrit au moment précis où je me trouvais à la rivière. Lui était au travail, en plein chaos des préparatifs du passage à l'an 2000. C'était une prise de conscience soudaine, une diatribe sur les femmes et le travail dans laquelle il parlait sans détour de faire de sa vie quelque chose qu'il avait réellement envie de faire. Il disait qu'il allait peut-être vendre sa maison pour partir vivre en France ou, peut-être, faire le tour du monde à la voile. Il terminait ainsi : "Mais il m'est arrivé aujourd'hui quelque chose d'étrange et de merveilleux. Je me sens plus léger. Je ne sais comment, j'ai soudain vu clair, et je sais que je n'appartiens plus à personne. Je suis encore ici, mais je n'appartiens plus à personne. Pour la première fois de ma vie, je me sens libre."

Je n'ai jamais raconté cette histoire à Marcus. La poupée trouvée dans la rivière habite désormais chez moi, dans une chambre où il n'y a ni ordinateur ni aucune espèce d'appareil électronique. Elle est assise sur une étagère en pleine vue de la fenêtre, des arbres et de la lumière. Le bonhomme paraît assez content de la vie.

ROBERT MCGEE
Asheville, Caroline-du-Nord

LA CASSETTE VIDÉO

Je travaille dans une bibliothèque où mon boulot consiste à acheter des vidéocassettes pour le domaine cinéma. Au cours des années, j'en ai vu des milliers. Ça devient assez routinier, après quelque temps. Et puis, la semaine dernière, j'enclenche une cassette et je commence à visionner le film. Une mère et ses enfants roulent en voiture. Les enfants demandent où ils vont. La mère répond : "Nous allons à Santa Rosa." Je donne mentalement le feu vert. Après tout, Santa Rosa, c'est chez moi. Je regarde un peu pour contrôler la qualité du son et de l'image. J'éjecte la cassette et j'enclenche la deuxième partie. C'est la nuit. Une jeune fille court dans la rue. Elle approche d'une maison, monte en courant les marches du perron, qu'elle traverse, et grimpe par la fenêtre d'une chambre à coucher. Je me penche en avant sur mon siège. Ça ne se peut pas. C'est mon perron et cette fenêtre, c'est celle de ma chambre. Il y a deux filles en train de parler, mais je n'entends pas ce qu'elles disent. Je regarde la chambre. La fenêtre sur la droite, pas de placard, la maison est trop ancienne pour ça. Les plafonds hauts de quatre mètres, pour lesquels il était si difficile de trouver des rideaux. J'arrête la bande, la tête me tourne. C'est la chambre à coucher de la maison de mon enfance. J'ai dormi dans cette chambre avec ma grand-mère dans un petit lit de fer à l'autre bout de la pièce. J'éjecte la cassette et je remets la première. La mère et les enfants roulent dans une rue. A présent ils arrivent dans un quartier où se mêlent plusieurs groupes ethniques. Des gosses hispaniques jouent dans la rue, une Vietnamienne lit le journal, des Noirs vêtus aux couleurs d'un gang bavardent dans une ruelle. La voiture tourne le coin. Je me penche en avant. Je connais cette rue. J'ai roulé dans cette rue sur ma bicyclette Sears, bleue avec une peau de mouton sur la selle, et le vent d'été qui me soufflait à la figure. La voiture s'arrête devant une maison. La mère en descend et monte les marches du perron. Une femme vient à la porte. A travers la porte grillagée, j'aperçois la couleur rousse de l'arcade donnant accès à la salle à manger. Elles sont dans la cuisine, en train de parler. Tout est exactement pareil. La table de cuisine sous la fenêtre, le grand fourneau émaillé blanc, l'unique armoire à côté de l'évier. Un homme sort d'une autre chambre, ma chambre. Il a une serviette autour du cou. Il vient de la seule salle de bains de la maison. La porte de ma chambre a une poignée ovale placée très haut sur la porte. Je me souviens d'avoir eu du mal à la saisir. Je me penche encore plus en avant, comme si je pouvais ainsi en voir davantage. Je distingue la porte donnant sur le côté du perron, là où je faisais des gâteaux de boue pour mon chien. Je sais que juste derrière se trouvent les marches menant au jardin où j'ai enterré l'oiseau mort que j'avais trouvé, le pommier avec la balançoire et le potager de mon grand-père. J'arrête la cassette. D'un coup, trente-cinq ans et des milliers de kilomètres ont disparu. D'une façon indéfinissable, j'ai changé. Je sens le soleil sur ma peau, je vois le visage de mon chien et j'entends chanter l'oiseau. Dans un monde où la vie est parfois banale, répétitive et souvent cruelle, je suis emplie d'émerveillement.

MARIE JOHNSON
Fairbanks, Alaska

LE SAC A MAIN

Au début des années soixante-dix, j'étais employée par PG & E à relever les compteurs. J'étais l'une des trois seules femmes du département. Une fois par mois, j'allais dans un quartier de Redwood City. Les gens qui habitaient là étaient pour la plupart des couples italiens âgés, des veufs et des veuves et, quand ils mouraient, les enfants arrangeaient les maisons et les louaient. Ça se voyait généralement aux jardinets devant les maisons : les fleurs et les plants de tomates étaient remplacés par des pelouses faciles à entretenir.

C'était là que vivait Joe, dans un petit pavillon qui faisait partie du dernier groupe de maisons de mon circuit. Il avait un grand jardin côté rue et un beau potager bien entretenu à l'arrière.

Chaque mois, je relevais le compteur du gaz en façade et puis je frappais pour que Joe puisse me faire traverser la maison jusqu'au compteur d'électricité, qui se trouvait derrière. Il était petit et rond, avec des cheveux presque tout gris qui avaient été noirs et des yeux noirs rieurs, et depuis le début il avait tenu à ce que je l'appelle Joe. Il devait avoir dans les soixante-dix ans, était toujours chez lui et, apparemment, vivait seul. Il ouvrait la porte et disait avec un accent italien : "Bonjour ! Bonjour (il disait *good morning* quel que fût le moment de la journée) ! Entre, entre, viens, viens, viens !" Il restait toujours dans la maison jusqu'à ce que j'aie fini de relever le compteur. Ensuite, nous allions au jardin et il me donnait des fruits ou des légumes à emporter chez moi, selon la saison.

Le compteur d'électricité était fixé au mur de la maison au-dessus d'une vieille table pliante qu'on avait poussée contre ce mur sous une grande treille. Sur la table, près du bord, il y avait un vieux sac à main. C'était le genre de sac qui aurait pu appartenir à une dame âgée, avec une coque dure et arrondie couverte de cuir brun sombre éraflé et usé. La boucle était de celles que l'on ferme en pinçant, et elle était ternie et décolorée par l'âge. Au début, je me demandais où elle était... la propriétaire du sac à main... était-elle malade ?... ou était-ce pour me mettre à l'épreuve, pour tester mon honnêteté ? Finalement, j'avais cessé de m'interroger. Je me tenais à côté du banc, devant le sac, pour lire le compteur, mais j'avais toujours conscience de sa présence – solide et inamovible. Un jour, je l'ai presque touché.

Un jour en août, deux ans environ après que j'avais commencé à venir dans ce quartier, il faisait une chaleur exceptionnelle. Quand je suis arrivée à la porte de Joe, j'étais déshydratée et je souffrais de la chaleur. Nous avons traversé la maison jusqu'à la treille et il a insisté pour que je m'assoie sur le banc à côté de la table pliante. Je m'assis et regardai le sac à main, et je l'entendis dire d'une voix étouffée, tremblante : "Nous allions faire des courses... elle a posé son sac... elle avait besoin de s'asseoir une minute... après, je n'ai plus pu le toucher... je ne peux pas le déplacer." Comme je le regardais, il se détourna et rentra rapidement dans la maison. Quand il ressortit, ses yeux souriaient et il me tendit avec fierté un grand sac de tomates et de courgettes et un Fanta à l'orange.

Je pensai beaucoup à ce sac pendant le mois suivant, et j'étais impatiente de revoir Joe. Quand j'arrivai enfin devant sa maison en septembre, je remarquai aussitôt que quelque chose n'allait pas. Son jardin avait jauni et des légumes pourrissaient sur le sol. Me disant qu'il devait être malade, je courus à la porte et frappai avec énergie. Un homme mince qui avait les yeux de Joe – mais sans le sourire – ouvrit la porte. "Où est Joe ?" demandai-je.

Sans mot dire, il regarda fixement cette fille aux longs cheveux blonds vêtue d'un uniforme d'homme. Ne sachant trop que dire, je lui expliquai que j'étais là pour relever les compteurs. Il se tourna vers un autre homme et lui demanda de m'ouvrir la barrière sur le côté de la maison, un chemin que je n'avais jamais emprunté. Je passai rapidement à l'arrière de la maison et contournai la vigne géante jusqu'à la table pliante. Debout à côté de moi, l'homme attendait. Je regardai le compteur et inscrivis quelques chiffres sur mon carnet. Quand ce fut fini, je passai près de l'homme sans un mot. Je sortis du jardin et refermai la barrière derrière moi.

Le sac n'était plus là.

BARBARA HUDIN
Bend, Oregon

C'était pendant l'hiver 1937, juste après Noël. La Crise perdurait, mais mon moral était bon. A la fin de janvier, j'allais avoir mon diplôme d'études élémentaires. A douze ans tout juste, j'étais le plus jeune des garçons de la classe, et de beaucoup le plus petit. Ma mère m'habillait encore en culottes courtes et, quand venait la saison froide, je portais des knickers en laine avec des bas jusqu'au genou. Pour la plupart, mes camarades de classe avaient abandonné les culottes courtes mais, bien qu'ils fussent plus vieux et plus grands que moi, ils portaient encore des knickers. Seuls un ou deux parmi les grands de quatorze ans étaient passés aux pantalons longs.

Toutefois, pour la cérémonie de remise des diplômes, tous les garçons étaient censés s'habiller de la même façon. On devait porter des chemises blanches, des cravates bleu marine et des pantalons de serge bleu foncé. Quand je demandai à l'un ou l'autre des porteurs de knickers ce qu'ils allaient faire, ils répondirent qu'ils allaient se montrer à la cérémonie en pantalon long.

J'attendis pour prévenir ma mère la semaine précédant la remise des diplômes. Je pensais qu'il fallait autant que possible la mettre au courant en douceur.

Je me souviens que c'était un lundi après-midi glacial. J'étais rentré de l'école en piétinant la banquise traîtresse des rues et des carrefours. Il y avait des traces et des ornières profondes dans les couches épaisses de neige fondue et reprise par le gel. La maison me parut chaude et rassurante. Je rangeai mon gros manteau dans le placard de l'entrée, humant ce faisant l'odeur appétissante du poisson en train de frire dans le beurre. J'allai dans la cuisine boire un verre de lait, l'un des rares luxes chez nous.

“Mince, m'man, ça sent bon, dis-je. J'adore le poisson.

— Commence pas à m'embêter pour en avoir, selon ton habitude, répliqua-t-elle. Rappelle-toi, si tu en manges maintenant, tu n'auras plus ta part à table."

C'était un petit jeu auquel nous jouions, toujours avec le même résultat. Je la harcelais jusqu'à ce qu'elle s'écrie que je la rendais folle. Et puis elle cédait et me donnait un échantillon généreux. A table, je recevais invariablement toute ma part.

Cette fois-ci, je ne lançai pas le jeu.

"Maman, dis-je, pour la remise des diplômes...

— Oui ? fit-elle, en remuant la poêle au-dessus du brûleur.

— On va me donner la médaille du premier prix", dis-je.

Toujours au fourneau, elle me regarda par-dessus l'épaule et m'adressa un large sourire. "C'est merveilleux, mon chou. On sera là tous les deux, papa et moi, et on sera les parents les plus fiers de la ville."

Elle devait avoir remarqué à mon expression que quelque chose n'allait pas. Elle tourna le dos à son fourneau et demanda : "Alors ?

— Alors, je dois avoir un pantalon long", dis-je.

La réponse que je prévoyais ne se fit pas attendre.

"Mon chou, nous n'avons pas d'argent pour un nouveau pantalon en ce moment, dit-elle très calmement. Tu le sais bien.

— Bon, alors je n'irai pas à la cérémonie, lançai-je. Et, en plus, je me sauve de la maison !"

J'attendis. Ma mère secoua la poêle et retourna les morceaux de poisson un par un. Tout était silencieux, à l'exception du beurre fondu qui fristouillait.

Elle se tourna vers moi. Sa main tendue tenait la spatule sur laquelle était posé en équilibre un morceau doré de poisson pané.

"Tiens, dit-elle. Coupe un des petits pains qui sont sur la table et prépare-toi un bon sandwich au poisson. Et, si j'étais toi, je ne ferais pas mes valises tout de suite. On trouvera une solution, pour le pantalon."

Ma mère me regarda préparer le sandwich. Elle continua à me regarder pendant que je le mangeais, manifestement amusée par les gémissements de plaisir qui accompagnaient chaque bouchée.

"Ça devrait te caler", dit-elle.

Le samedi suivant, quand ma mère me proposa : "Allons faire des courses", je compris qu'elle avait résolu le problème.

En milieu de matinée, emmitouflés pour résister au froid piquant qui régnait sur la ville, nous montâmes dans le trolley qui parcourait Westchester Avenue. Nous descendîmes à Southern Boulevard, la principale rue commerçante de l'East Bronx. Notre magasin de vêtements se trouvait quelques carrefours plus loin. Aussi loin que remontaient mes souvenirs, c'était là qu'on achetait mes pantalons, chez Mr. Zenger. J'aimais bien Mr. Zenger, et j'aimais l'entendre dire, comme il le faisait toujours : "Fais-moi confiance, fiston. Je te donnerai ce qu'il y a de mieux et, avec ce pantalon, tu auras l'air d'un millionnaire."

Mais d'abord, nous avons longé le boulevard sur une petite distance, jusqu'à un endroit que je n'avais encore jamais remarqué.

"Attends ici", me dit ma mère.

Elle ouvrit la porte et entra dans une officine qui ressemblait un peu à une banque. Je lus l'enseigne au-dessus de la porte : *Occasions et prêts.*

Ma mère en ressortit environ dix minutes plus tard, et nous allâmes chez le marchand de pantalons. Là, Mr. Zenger me fit essayer ce qui était sûrement le plus beau pantalon de serge bleu marine cent pour cent pure laine qu'on pût avoir dans le monde entier.

Mr. Zenger mesura sur moi la longueur des coutures intérieures, et puis il cousit les ourlets pendant que nous attendions. Le prix était de trois dollars cinquante, y compris les retouches.

Le nouveau pantalon fut emballé dans du papier brun et noué de ficelle. Je tenais le paquet bien serré sous mon bras quand ma mère alla payer Mr. Zenger. Je la vis sortir de son sac une petite enveloppe brune, déchirer le rabat collé et en retirer le contenu. Il y avait dedans quatre billets d'un dollar flambant neufs. Elle les déplia avec soin et les tendit à Mr. Zenger. Celui-ci enregistra la vente et rendit cinquante cents à ma mère.

Assis à côté d'elle dans le trolleybus, j'avais le siège près de la fenêtre et je regardai dehors pendant presque tout le trajet. A peu près à mi-chemin, il n'y avait pas grand-chose à voir pendant qu'on ferraillait sur le pont de la Bronx River et, en me tournant sur mon siège pour faire face à la route, je jetai un coup d'œil sur les mains de ma mère croisées sur son sac, posé sur ses genoux. C'est alors que j'ai vu que la simple alliance en or qu'elle avait toujours portée à l'annulaire de sa main gauche n'était plus là.

JOHN KEITH
San José, Californie

FAMILLE

LA PLUIE

La dernière fois que je suis allé au Tiger Stadium (qu'on appelait alors Briggs Stadium), j'avais huit ans. Mon père était rentré du travail en annonçant qu'il m'emmenait voir le match. C'était un fan, et nous avions déjà assisté à plusieurs matchs en plein jour, mais ceci serait ma première nocturne.

Nous sommes arrivés assez tôt pour pouvoir nous garer gratuitement dans Michigan Avenue. Pendant la deuxième reprise, il s'est mis à pleuvoir, et puis la pluie a redoublé de violence. Au bout de vingt minutes, on a annoncé dans les haut-parleurs que le match était annulé.

Pendant près d'une heure, nous avons piétiné sous les tribunes en attendant que la pluie se calme. Quand on a cessé de vendre de la bière, mon père a dit qu'il fallait piquer un sprint jusqu'à la voiture.

On avait une conduite intérieure noire datant de 1948 dont la portière côté conducteur était cassée, on ne pouvait l'ouvrir que de l'intérieur. Tandis qu'il tâtonnait pour saisir ses clés, elles lui sont tombées de la main dans la rigole. Quand il s'est penché pour les repêcher dans l'eau qui coulait à flots, la poignée de la portière a heurté son chapeau de feutre brun, qui est tombé à son tour. J'ai rattrapé le chapeau à mi-distance du carrefour suivant et puis je suis revenu en courant.

Mon père était déjà assis au volant. Sautant dans la voiture, je me suis effondré sur le siège du passager et je lui ai dûment tendu son chapeau – qui avait à ce moment l'air d'une guenille mouillée. Après l'avoir examiné pendant quelques secondes, il l'a mis sur sa tête. L'eau a dégouliné du chapeau sur ses épaules et sur ses genoux, en éclaboussant le volant et le tableau de bord. Mon père a poussé un rugissement. J'ai eu peur, parce que je croyais qu'il hurlait de colère. Quand je me suis rendu compte qu'il riait, je m'y suis mis aussi et pendant un bon moment nous sommes restés là, dans la voiture, à rire comme des hystériques. Je ne l'avais encore jamais entendu rire comme ça – et cela ne s'est jamais reproduit. C'était une explosion brute qui venait de tout au fond de lui, une force qu'il avait toujours endiguée.

Des années plus tard, quand je lui ai parlé de cette nuit et du souvenir que je gardais de son rire, il m'a assuré que cela n'était jamais arrivé.

STAN BENKOSKI
Sunnyvale, Californie

ISOLEMENT

Une semaine après l'incinération du corps de ma mère, mon père emprunta à quelqu'un une camionnette Econoline et nous entassa dedans. Assis à l'arrière sur de mauvaises chaises de plage, nous buvions de la bière qui éclaboussait quand il prenait ses virages trop vite. Il nous emmenait à un endroit appelé West Meadow Beach, sur la pointe nord de Long Island. On nous avait prêté le bungalow par pitié. Ma mère venait d'être assassinée, et mon père restait seul avec six adolescents.

Nous étions habitués à une plage sauvage et venteuse au bord de l'océan. Notre maison d'été se trouvait sur l'Atlantique, à Neponsit, un petit patelin de Queens, et nous l'adorions. Mais cette maison était désormais contaminée par la mort. Ma mère y avait été étranglée dans sa chambre à coucher une nuit de juin. Nous n'aurions pas pu habiter dans cette maison même si nous l'avions voulu. Il y avait tout le temps des gens qui passaient en voiture en la montrant du doigt et la police avait tout cochonné avec ses tasses de café et son truc pour les empreintes digitales.

La maison de l'inconnu se trouvait au bord du golfe de Long Island. Il n'y avait pas de vagues, pas de cailloux dans le sable, et des objets civilisés passaient en flottant, ballottés en silence sur les vagues. J'avais dix-huit ans. Sarah, la plus jeune, en avait douze et Gaby, l'aîné, vingt. Blaise avait seize ans, Mark quatorze et Heather treize. Mon père avait cinquante et un ans. Il n'avait aucune consolation à nous offrir, alors, à la place, il nous offrait l'isolement.

Avant West Meadow Beach, on était une bande plutôt heureuse de petits Américains chamailleurs et doucement drogués. On partageait notre herbe mais pas nos fringues préférées, on avait horreur de la musique de chacun des autres mais on aimait nos amis. Tout cela a changé quand nous nous sommes retrouvés dans cette maison, liés par le cynisme, la déprime et l'alcool.

Tout était froid et humide dans ce bungalow. Il y régnait une sorte de gaieté sinistre, avec des jouets et des coussins à fleurs éclairés par de fortes ampoules sans abat-jour et des lampes-tempête. Nous avions tous en commun une sensibilité à la lumière, ayant été élevés dans une maison sombre et dans les maisons sombres de nos grands-mères. Nous restions assis, lumières éteintes, à la lueur de nos cigarettes. Mon père avait apporté plein de gnôle, toutes les sortes d'alcool imaginables, de même que plusieurs cartons de cigarettes, mais pratiquement rien à manger. C'est comme ça que nous avons inauguré notre tradition d'ivresse familiale empathique.

Boire n'arrangeait rien, mais c'était quelque chose à faire, quelque chose qui donnait l'impression de progresser. Personne n'avait grand-chose à dire. On restait donc assis sur les meubles d'osier de l'inconnu et on buvait des boissons très fortes : gin tonic, vodka-jus de raisin, rhum-n'importe quoi. Quelque part, au-dehors, des voisins étaient heureux. On était proches du 4 Juillet, et ils faisaient la fête.

Le lendemain, on s'est installés au fond de la plage, étalés sur des chaises longues derrière les dunes et l'herbe, avec nos longs cheveux, nos longues jambes et nos Marlboro brûlant au soleil. Aux yeux de n'importe qui, nous aurions paru nous ennuyer, mais en réalité nous étions plongés dans nos pensées. Plongés dans nos pensées. Le golfe n'était qu'une grande et morne piscine. On s'est tout de suite mis à boire, ce qui semblait une bonne idée. Personne n'allait nager.

Nous avions un canoë, qui était tombé de la camionnette au milieu de la route pendant le trajet, manquant tuer le type qui nous suivait. Ç'avait été un des temps forts du voyage. Après quelques verres, Heather, Sarah et papa ont emmené le canoë vers le banc de sable et papa les a remorquées, penché sur la brise comme un Goliath géant et grisonnant. Les poils gris de son torse étaient tout emmêlés par l'eau, et son short flottant collait à ses fesses maigres. Il tirait le canoë avec un visage douloureux, comme s'il s'était agi d'une pénitence. Assises en silence dans le canoë, les filles tenaient leur verre et contemplaient le dos de mon père.

On a continué comme ça durant des journées chaudes et ensoleillées et des nuits longues et étranges. Le quatrième jour, ma cousine est arrivée pour voir comment on allait et passer quelques jours au soleil. Elle parlait fort et beaucoup et se déplaçait parmi nous telle une télévision ambulante qui est restée allumée et qu'on n'a pas envie de regarder. Elle disait qu'à son avis mon père n'aurait pas dû laisser les petites filles boire. Nous en avons ri, et puis on est restés très silencieux et certains d'entre nous se sont mis à pleurer. Elle est partie le lendemain.

C'était en 1980, il y a vingt ans. J'ai peine à le croire, parce que je sais que nous sommes encore tous là, en train de flotter et de tanguer, de laisser le temps passer en attendant que les choses s'arrangent.

LUCY HAYDEN
Ancram, New York

CONNEXIONS

Mon père avait deux sœurs, Layna, qui était pédiatre, et Rose, qui était photographe. Ils vivaient à Berlin, où ils partageaient un appartement. Etant juifs, ils fuirent l'Allemagne peu près la prise de pouvoir par Hitler en 1933 et finirent par arriver aux Etats-Unis. Ils s'installèrent à New York, où ils partagèrent à nouveau un appartement.

En 1980, après la mort de la seconde sœur, je reçus un appel téléphonique de l'avocat qui gérait ses biens. Il me dit qu'il était pressé d'achever ce travail, et qu'il fallait vider son appartement. Parmi les divers objets qui restaient, il y avait une centaine de livres allemands. Il me dit que la plupart des réfugiés de l'Allemagne d'Hitler s'étaient établis à New York et avaient apporté avec eux leurs livres allemands. Le marché était encombré, les livres sans valeur, on ne pouvait ni les vendre ni même les donner. Il me conseillait de les jeter. Cette suggestion offensa ma sensibilité, elle évoquait des souvenirs de livres brûlés par les nazis. Je l'implorai de me laisser quelques jours pour trouver une autre solution.

J'habite à Bloomington, Indiana, siège de l'université de l'Indiana. Mon idée, c'était de faire cadeau des livres au département d'allemand. Là, découvris-je, les livres n'étaient pas considérés comme sans valeur, et le président fut heureux d'accepter mon offre pour la bibliothèque du département.

Les livres arrivèrent, et alors qu'ils étaient encore en caisses, l'un des professeurs d'allemand, en fouillant dans la collection, eut soudain un hoquet d'étonnement. Il avait trouvé le nom de la propriétaire des livres, Layna Grebsaile, inscrit sur la page de titre de plusieurs volumes. Il expliqua au président qu'il avait connu quelqu'un de ce nom pendant son enfance à Berlin, et il voulut savoir comment ces livres avaient abouti à Bloomington. Le président lui donna mon nom. Lorsque nous nous rencontrâmes, il s'avéra que j'étais en effet la nièce de la Layna qu'il avait connue. Alors il me raconta un chapitre d'histoire familiale dont je n'avais jamais entendu parler.

Ce professeur était né à Berlin. Sa mère était morte quand il était encore très jeune et son père veuf, décidé à se remarier, s'était mis à faire la cour à Layna, l'aînée des deux sœurs. Il n'en résulta rien, mais le futur professeur, alors adolescent, se lia personnellement d'amitié avec Layna et ils restèrent amis même après que son père et Layna eurent cessé de se voir.

Le jeune homme était juif, lui aussi, et il dut également fuir l'Allemagne. Son odyssée l'amena à Bloomington, où il fut d'abord étudiant et puis membre de l'université de l'Indiana. Il s'établit, se maria, fonda une famille, mais pendant toutes ces années Layna et lui étaient restés amis et avaient continué à échanger des lettres jusqu'à la mort de Layna, en 1957.

Après la mort de Rose, en 1980, une malle remplie de lettres, de documents et de souvenirs familiaux est arrivée dans ma cave. Les soirs de mélancolie, quand je me sens d'humeur nostalgique, j'ouvre la malle et je feuillette ses trésors. Un soir, je suis tombée sur une carte de vœux adressée à Layna par le professeur. Je lui en ai fait cadeau.

MIRIAM ROSENZWEIG
Bloomington, Indiana

LE MERCREDI AVANT NOËL

Ça s'est passé le mercredi avant Noël il y a une paire d'années. Le chœur finissait à l'instant de répéter dans l'église. Les décorations étaient déjà en place, des couronnes sur les colonnes, qui remplissaient l'église d'une odeur de résine. Dans le sanctuaire se dressait un grand sapin de Noël artificiel. C'était là qu'on pouvait déposer les dons pour l'opération "Jouets pour les petits", et il y avait un petit tas de cadeaux au pied de l'arbre.

Il était presque minuit, et je me trouvais sur le parking avec un ami. Les autres membres du chœur étaient déjà rentrés chez eux. Nous avions éteint les lumières dans l'église et verrouillé les portes de la façade, mais la porte de la chapelle, sur le côté, n'était jamais verrouillée.

Pendant que nous bavardions, mon ami et moi, un 4x4 Jeep rouge entra lentement sur le parking. Quand le conducteur nous vit, il fit demi-tour et partit. C'était étrange, et ça m'inquiéta. Des églises sont vandalisées. La porte de la maison de Dieu est toujours ouverte et de temps à autre un ivrogne vient s'écrouler dans la chapelle pour cuver son vin – ou peut-être pour boire le vin de messe et voler le service d'autel en or. Mais le passage étrange, évaluateur, d'un coûteux 4x4 – ça me donnait à penser.

Nous n'en dîmes rien, mon ami et moi. Notre conversation terminée, nous montâmes en voiture, mais je ne rentrai pas chez moi. Je fis le tour du pâté de maisons et revins à l'église. A mon retour, la Jeep était garée près de la porte de la chapelle et il y avait de la lumière dans l'église. J'attendis un peu dans ma voiture, passablement nerveux. Et puis, en avant, j'entrai dans l'église.

Prêt à recevoir une balle dans la tête à tout instant, je traversai l'étage inférieur, en allumant les lumières et en faisant beaucoup de bruit pour qu'on sache que j'arrivais. Je ne voulais pas avoir à faire à des intrus surpris et affolés. A mi-hauteur de l'escalier, je me mis à chanter *King of the Road* à un volume raisonnable (ne me demandez pas pourquoi).

Je tournai sur le palier et arrivai dans la sacristie et là, près de l'autel, je vis un homme et une femme que je connaissais de vue comme appartenant à notre paroisse. De ma place dans le chœur, je vois tout le monde. Cette femme s'asseyait toujours près de l'allée centrale, dans la septième rangée à droite. Elle avait une voix de soprano puissante et pure. Je lui avais parlé un jour pour lui demander si elle ne voulait pas chanter dans le chœur, mais elle était trop timide. Elle venait en général seule à l'église, mais j'avais vu l'homme quelques fois et je savais que c'était son mari.

Ils tenaient chacun un immense sac en plastique blanc remplis de jouets. Il devait y en avoir pour au moins cinq cents dollars dans ces deux sacs. Ils étaient en train d'empiler leur contenu sous l'arbre de Noël artificiel pour l'opération "Jouets pour les petits".

La femme m'adressa un demi-sourire embarrassé et posa un doigt sur ses lèvres. "Je vous en prie, dit-elle, pas un mot, à personne."

Je hochai la tête sans rien dire et partis.

Cette femme et son mari approchaient de la cinquantaine. Je savais deux ou trois choses d'eux. Ils n'avaient pas d'enfants. Ils n'avaient jamais eu d'enfants. Pas pu en avoir. Stériles.

Il n'y a pas de chute à cette histoire : c'est simplement une chose qui est arrivée. Mais quand j'ai repris ma voiture pour rentrer chez moi, j'étais secoué de sanglots qui ne s'arrêtèrent pas de sitôt.

JACK FEAR
Quelque part dans le Massachusetts

COMMENT MON PÈRE A PERDU SON EMPLOI

A l'âge de soixante ans, quelques années avant la retraite, mon père a perdu son emploi. Pendant presque toute sa vie active, il avait dirigé le petit secteur imprimerie d'une fabrique de caoutchouc dans le Connecticut. Longtemps propriété de B. F. Goodrich, l'usine venait d'être vendue à un homme d'affaires du Middle West qui avait la réputation de citer les Ecritures à tous moments et de jurer l'instant d'après. Personne ne s'étonna que l'affaire périclitât bientôt. Heureusement, mon père échappa aux nombreuses mises à pied et, l'entreprise ayant toujours besoin d'imprimés et de papier à en-tête, il comptait que sa chance allait durer encore un peu.

Mais dans la nuit du 1er mars 1975, trois individus armés et cagoulés apparurent à l'usine, enlevèrent le gardien de nuit et un concierge et les abandonnèrent, pieds et poings liés et les yeux bandés, dans un terrain vague à quelques kilomètres de là. Les intrus avaient placé des explosifs et à minuit l'usine fut anéantie par une explosion qui endommagea des trottoirs et brisa des vitres sur les deux rives du Housatonic. Il n'y eut pas de morts, mais le lendemain matin près de mille ouvriers se retrouvèrent sans emploi. Bien que les malfaiteurs se prétendissent membres d'une organisation extrémiste de gauche, une enquête du FBI révéla que le propriétaire de la société était responsable, avec l'aide de son conseiller, un homme étrange, lui aussi, qui se prétendait extralucide. Ils avaient espéré inverser leur situation financière grâce à l'assurance qu'ils toucheraient sur le bâtiment détruit. Si l'enquête fut rapide, le procès qui suivit ne le fut pas, et la pension de mon père allait rester bloquée pendant plusieurs années.

J'étais alors à l'université, où il me téléphona pour m'informer des événements. La communauté était choquée ; la région avait déjà l'un des taux de chômage les plus élevés de l'Etat. Presque tous ces gens avaient vécu leur vie entière dans la vallée du Housatonic. Où trouveraient-ils du travail ? Mon père détestait l'idée de toucher des allocations de chômage ; c'était contraire à ses convictions quant à la façon dont quelqu'un d'honnête se débrouille dans la vie. S'il avait réussi à se faire embaucher pour creuser des fossés pendant la Crise, lorsqu'il était adolescent, eh bien, Dieu lui en était témoin, il pourrait trouver du travail maintenant.

Mon père prenait soin de lui-même et il avait encore l'air d'un homme d'une quarantaine d'années. Ses cheveux tout noirs, épais et ondulés comme ceux de Fred MacMurray dans *Assurance sur la mort*, étaient à peine striés de gris, et un régime d'exercices quotidiens lui avait gardé le ventre plat. Sûrement, personne ne pourrait lui opposer son âge. Il éplucha les offres d'emploi avec acharnement, prêt à envisager n'importe quoi, de gardien de nuit – possibilité que ma mère repoussa – à expéditeur. Les imprimeurs n'étaient pas très demandés.

Finalement, après des mois de rejets ou de perspectives insuffisantes, il entendit dire qu'on cherchait quelqu'un pour diriger l'atelier d'imprimerie d'un établissement universitaire de la ville. Cette situation correspondait parfaitement à ses compétences. Elle n'était pas aussi bien payée que l'ancienne, mais c'était pour lui l'occasion d'utiliser le savoir-faire qu'il avait acquis au cours des années. Il se précipita.

Il eut un bon contact avec le jeune responsable du personnel qui examina sa demande avec un intérêt et un enthousiasme évidents. Il plut à mon père, qui adorait l'idée de se trouver dans un environnement académique. Il avait toujours regretté de n'avoir pas terminé ses études secondaires, et travailler sur un campus universitaire, c'était quasiment le paradis.

Après une brève conversation amicale, le responsable du personnel se pencha en arrière, frappa des deux mains sur son bureau et dit : "Eh bien, je crois que nous avons trouvé notre imprimeur." Il demanda à mon père quand il pourrait commencer. Bien que la politique d'emploi exigeât encore un degré bureaucratique d'approbation, il dit à mon père qu'il était de loin le plus qualifié des candidats et qu'il pouvait compter sur la confirmation officielle de son engagement sous quelques jours.

Ils échangèrent une poignée de main, mais au moment où mon père allait passer la porte, le jeune homme le rappela. "Une petite chose encore, dit-il en souriant. Vous avez oublié d'inscrire votre âge sur le formulaire." Ce n'était pas un oubli. Ayant été si souvent disqualifié de but en blanc à cause de son âge, mon père avait appris à prendre les devants sur l'inévitable en laissant cette ligne en blanc. Mais cette fois, c'était différent. Il était le meilleur pour cet emploi. Il était pratiquement engagé. Pourquoi ne pas être honnête ?

"J'ai soixante ans", dit-il, avec une certaine fierté. Le sourire du jeune homme s'évanouit. "Soixante ans ?" répéta-t-il. Il baissa la tête, les sourcils froncés. C'était comme si on avait éteint la lumière. "Je vois, dit-il, d'une voix soudain plate et impersonnelle ; eh bien, nous avons encore plusieurs candidats en vue, je ne peux rien vous promettre. On vous avisera. Bonne journée."

Il n'y eut ni coup de téléphone, ni lettre. Mon père perdit le moral, tout espoir que ses dernières années d'activité aient une valeur réelle. Bien qu'il eût encore droit à six mois d'indemnités de chômage, il accepta un emploi d'ouvrier dans une teinturerie. Il n'y avait pas de syndicat. Le travail était physiquement épuisant, les pauses réduites au minimum, et il était obligé de manger son déjeuner au travail en avalant comme il pouvait des bouchées d'un sandwich qu'il gardait dans sa poche-revolver. Entouré d'immigrés récents originaires de l'Europe de l'Est et d'Amérique centrale, des gens si avides de la bonne vie aux Etats-Unis qu'ils auraient accepté sans se plaindre n'importe quelles conditions de travail, mon père était à peu près seul dans l'usine à parler anglais. Il était aussi le plus âgé.

Je suis allé voir mes parents cette année-là pour Thanksgiving, moins de deux mois après que mon père avait commencé ce nouveau travail. Quand il s'est précipité pour me serrer dans ses bras, ainsi qu'il le faisait toujours quand j'arrivais à la maison, j'ai vu qu'il avait les mains teintes d'une teinture indélébile, et les cheveux tout gris.

FRED MURATORI
Dryden, New York

DANNY KOWALSKI

En 1952, mon père démissionna de son boulot chez Ford pour nous emmener en Idaho et y fonder sa propre entreprise. Au lieu de cela, il attrapa la polio et passa six mois dans un poumon d'acier. Après encore trois années de thérapie, nous nous retrouvâmes à New York où mon père avait enfin trouvé un emploi de vendeur, cette fois pour une société de voitures britanniques : Jaguar.

L'un des avantages de ce nouveau boulot était la voiture mise à sa disposition. C'était une Jaguar Mark IX en deux tons de gris, le dernier des élégants modèles aux formes arrondies. Elle avait une allure qui eût mieux convenu au garage d'une star de cinéma.

On m'avait inscrit à Saint-Jean-l'Evangéliste, une école paroissiale de l'East Side, avec une cour de récréation asphaltée séparée de la rue par une haute clôture grillagée.

Tous les matins, mon père me déposait à l'école en Jaguar avant d'aller à son travail. Fils d'un forgeron de Parsons, Kansas, il était fier de sa voiture et pensait que je devais l'être également d'arriver là-dedans à l'école. Il aimait ses garnitures en cuir véritable et les tablettes en ronce de noyer fixées au dos des sièges avant, sur lesquelles je pouvais finir mes devoirs.

Mais cette voiture m'embarrassait. Après des années de maladie et de dettes, nous n'étions sans doute pas plus riches que le reste des gamins irlandais, italiens et polonais de l'école, enfants de prolétaires, pour la plupart. Mais nous avions une Jaguar, nous aurions donc aussi bien pu être des Rockefeller.

La Jaguar me séparait des autres enfants, et tout spécialement de Danny Kowalski. Danny était ce qu'on appelait alors un jeune délinquant. Il était mince, avec une masse de cheveux blonds sculptée en forme de banane à l'aide de pommade et de spray. Il portait ces bottes brillantes et pointues que nous appelions des "passe-clôtures" portoricaines, son col était toujours relevé et sa lèvre supérieure affichait en permanence un ricanement étudié. On racontait qu'il possédait un couteau à cran d'arrêt, peut-être même un pistolet à ressort.

Tous les matins, Danny Kowalski m'attendait au même endroit de la clôture et me regardait descendre de ma Jaguar grise deux tons et entrer dans la cour de l'école. Il ne disait jamais rien, se contentait de me fixer d'un regard dur et furieux. Je savais qu'il détestait cette voiture et qu'il me détestait, et qu'un jour il allait me flanquer une raclée.

Mon père mourut deux mois plus tard. Nous perdîmes la voiture, bien entendu, et je partis bientôt habiter chez ma grand-mère dans le New Jersey. Le lendemain de l'enterrement, Mrs. Richfield, une voisine âgée, proposa de me conduire à pied à l'école.

Pendant que nous approchions de l'école, ce matin-là, je voyais Danny Kowalski accroché à la clôture, à son endroit habituel, le col de sa veste relevé, les cheveux coiffés à la perfection, les pointes de ses bottes fraîchement aiguisées. Mais, cette fois, en passant devant lui en compagnie de cette frêle vieille dame et sans voiture anglaise élitiste à l'horizon, j'eus l'impression qu'un mur avait été abattu entre nous. J'étais désormais plus semblable à Danny, à ses amis. Nous étions enfin égaux.

Soulagé, j'entrai dans la cour. Et c'est ce matin-là que Danny m'a flanqué la raclée.

CHARLIE PETERS
Santa Monica, Californie

REVANCHE

Ma grand-mère était une matriarche à la volonté de fer, la terreur de notre famille new-yorkaise, dans les années cinquante.

Quand j'avais cinq ans, elle invita des amis et des parents à une réception dans son appartement du Bronx. Au nombre des invités se trouvait un gros bonnet du quartier dont les affaires étaient florissantes. Sa femme était fière de leur statut social et ne laissait personne l'ignorer. Ils avaient une fillette de mon âge, très gâtée, qui avait l'habitude qu'on fasse ses quatre volontés.

Grand-mère passait beaucoup de temps avec ce gros bonnet et sa famille. Elle les considérait comme les membres les plus importants de son cercle social et se donnait beaucoup de mal pour gagner leurs faveurs.

A un moment donné, pendant la réception, j'allai à la salle de bains et fermai la porte derrière moi. Une ou deux minutes plus tard, la petite fille ouvrit la porte et entra avec assurance. J'étais encore sur le siège.

"Tu ne sais pas que les petites filles ne doivent pas entrer dans la salle de bains quand un garçon y est occupé ?" braillai-je.

La surprise de me trouver là, assortie de l'indignation que je lui avais manifestée, pétrifia la petite fille. Et puis elle se mit à pleurer. Elle se hâta de fermer la porte, courut à la cuisine et se plaignit, en larmes, à ses parents et à ma grand-mère.

La plupart des invités m'avaient entendu réagir à tue-tête et s'en amusaient beaucoup. Mais pas grand-mère.

Elle m'attendait quand je sortis de la salle de bains. Je subis la réprimande la plus longue et la plus sévère de ma jeune vie. Grand-mère cria que j'étais impoli et grossier et que j'avais insulté cette gentille petite fille. Les invités assistaient à la scène, gênés, dans un silence total. Telle était la force de la personnalité de ma grand-mère que personne n'osa prendre ma défense.

Quand elle eut terminé sa harangue et m'eut renvoyé, la fête continua, mais l'atmosphère était nettement retombée.

Vingt minutes après, tout cela changea. Grand-mère passa près de la salle de bains et remarqua qu'un torrent d'eau surgissait sous la porte.

Elle poussa deux cris, le premier d'étonnement, le second de rage. Ouvrant à la volée la porte de la salle de bains, elle vit que le lavabo et la baignoire étaient bouchés et que les robinets étaient grands ouverts.

Tout le monde devina qui était le coupable. Les invités formèrent rapidement une barricade protectrice autour de moi, mais grand-mère était si furieuse qu'elle parvint presque à m'atteindre, en agitant les bras comme si elle tentait de nager par-dessus les gens.

Plusieurs hommes à poigne l'entraînèrent à l'écart et la calmèrent, mais elle continua à bredouiller de rage pendant un bon moment.

Mon grand-père me prit par la main et m'assit sur ses genoux dans un fauteuil près de la fenêtre. C'était un homme gentil et doux, plein de sagesse et de patience. Il élevait rarement la voix contre qui que ce fût, et jamais il ne discutait avec sa femme ni ne contrariait ses désirs.

Il me regardait avec une vive curiosité, ni fâché ni bouleversé le moins du monde. "Dis-moi, me demanda-t-il, pourquoi as-tu fait ça ?

— Eh bien, elle m'a crié dessus pour rien, expliquai-je avec conviction. Maintenant, elle a une bonne raison de crier."

Grand-père ne répondit pas tout de suite. Il restait là, assis, à me regarder en souriant.

"Eric, finit-il par dire, tu es ma revanche."

ERIC BROTMAN
Nevada City, Californie

CHRIS

C'était l'année où ma mère a arrêté de boire, donc deux ans après qu'un conducteur imprudent avait tué ma sœur à un carrefour, un an après que mon père était mort d'un infarctus sur les marches du seuil, huit mois avant que mon frère Ronnie meure du sida et six mois avant qu'il ne révèle sa situation.

C'était l'été, cet été d'une chaleur intolérable où, ma fille Rachel et moi, nous sommes allées à Boston University pour son orientation de rentrée et avons rendu visite à ce qui restait de la famille. Le voyage depuis le Nouveau-Mexique avait coûté un prix exorbitant.

Avant de partir de chez nous, j'avais discuté de ce voyage avec mon amie Janie. J'avais si souvent fait ce trajet à l'occasion de funérailles que l'idée de prendre l'avion commençait à me faire peur. Dans le courant de la conversation, je lui dis : "J'ai vraiment envie de revoir mon cousin Chris avant qu'il ne meure, mais les chances sont minces." On s'était aperçu qu'il avait le sida et il y avait plusieurs mois qu'il en avait averti la famille. "Il ne voit plus personne ces temps-ci. Il ne répond plus à mes lettres. Il vit quelque part à Provincetown."

Elle me dit : "Fais-le, c'est tout.

— Que veux-tu dire ?

— Va à Boston. Va à Provincetown. N'y pense pas. Fais-le."

C'était le meilleur conseil qu'on m'eût jamais donné.

Après l'orientation, nous sommes allées dans la maison de famille et j'ai téléphoné à Chris pour lui demander s'il voulait nous voir. J'ai laissé au total huit messages sur son répondeur. C'était l'une de ces années où ma mère ne parlait plus à sa sœur – la mère de Chris – et bien que je fusse adulte et sûre de n'avoir jamais, ou en tout cas pas souvent, été cause de son alcoolisme, j'étais résolue à ne rien faire d'aussi moche que d'appeler ma tante Lorraine.

Et je réentendis Janie : "Fais-le, c'est tout."

Je louai une voiture et dis à ma mère que nous allions, Rachel et moi, essayer de trouver Chris. J'eus l'idée de lui demander : "Tu aimerais venir avec nous ?

— Oui." Depuis qu'elle avait dit adieu à la bouteille, elle était devenue laconique.

Et ainsi, nos destins furent scellés. Aller à Provincetown constituait un défi. Chris n'avait répondu à aucun de mes coups de téléphone et nous ne savions pas où il habitait. Après quelques arrêts dans des *Triple-A* et les inévitables "café et...", nous nous lançâmes, munies de cartes et de tickets de péage, en direction de Cape Cod. Rachel somnolait et ma mère examinait le pare-brise. Nous arrivâmes peu après l'heure du déjeuner.

Je trouvai une cabine téléphonique commodément située devant un restaurant de poisson, et je laissai un nouveau message signalant où nous étions.

Maman, Rachel et moi, nous entrâmes dans le restaurant obscur avec vue sur l'océan. Ma mère prit une bière. Je ne fis pas de commentaire. Je savourai mes coquilles Saint-Jacques. Rachel prit de la salade de homard. La bière commençant à accomplir ses miracles, ma mère échangeait des confidences avec Rachel. Moi, je savourais mes coquilles Saint-Jacques.

Après le déjeuner, je laissai encore un message à Chris, avec un sentiment croissant d'impuissance. Affalée contre la vitre fraîche de la cabine, je regardais ma mère jouer à je ne sais quel jeu dans le sable avec son unique petite-fille.

Je ne savais plus du tout quoi faire.

"Il n'est toujours pas chez lui", dis-je en émergeant de la cabine. Elles me regardaient, en attente. "Bon, on peut se balader un peu. Tant qu'on y est." Elles n'étaient pas contre.

"Droite ou gauche ?" demandai-je. La question me paraissait importante, quoique illusoire. Nous nous trouvions à peu près à mi-longueur d'une rue de marchands de bonbons, hôtels, restaurants et boutiques de souvenirs, la baie derrière nous, les collines devant. Je n'avais aucune idée de ce qu'il y avait dans un sens ou dans l'autre.

Rachel haussa les épaules ; ma mère s'inspectait les ongles.

"D'accord, dis-je. Bon pour la droite." Si ma mère saisit le sarcasme, l'une de ses spécialités, elle l'ignora. Rachel me fit un sourire d'encouragement, et nous partîmes vers la droite.

Ce dont je me souviens, c'est un fouillis de couleurs vives, rouge-orange-bleu, battant et frémissant dans la chaleur, des gosses filant en tous sens parmi des hommes en short et des femmes en robe bain de soleil.

Nous traversâmes en diagonale la rue vide de véhicules, attirées, je suppose, par l'absence de couleurs sur l'hôtel de ville éblouissant, dont les pelouses impeccables se déroulaient vers quelques bancs accueillants à l'ombre de deux arbres. Alors que nous en approchions, ma mère s'arrêta pour lire une pancarte sur le flanc du tramway touristique : des indications relatives au trajet et aux prix.

"Regarde", dit-elle, le doigt pointé. Elle se retourna vers moi et commença à me parler, mais je regardais Rachel, qui regardait quelque chose derrière moi.

"Rachel", dis-je.

"Patti ?" me fit à l'oreille une voix vaguement familière.

Je me retournai et vis mon cousin Chris. Le temps s'arrêta. Ça, j'en suis certaine. Tout Provincetown se figea jusqu'à ce que résonne la sonnette du tram.

"Chris !" m'écriai-je d'une voix aiguë, cette voix haute et perçante qui me vient avec la peur ou l'incrédulité.

"Oui, c'est moi." Il me serra légèrement dans ses bras, tout en protégeant un sac en plastique plein de liquide attaché à sa chemise, avec un tube disparaissant entre deux boutons. Il était maigre comme j'imagine que devaient l'être les matelots britanniques atteints de rachitisme. Ses cheveux étaient clairsemés. Même ses lèvres étaient minces. Il était vêtu d'un short ajusté, décoloré par le soleil, et d'une chemise à carreaux ajustée aussi, avec des lunettes de soleil et ce sac en plastique de vie sur sa poitrine, telle l'étoile jaune des Juifs annonciatrice de l'Holocauste. Il n'était plus mon petit cousin à ce moment, il était tout homme en train de mourir du sida. Il était mon frère, qui mourait en secret du sida. Il était mon cousin, en train de mourir du sida.

J'étais incrédule et ça se voyait sur mon visage. Chris dit : "Voilà mon banc, en le montrant du doigt. Je pensais bien que tu passerais tôt ou tard. Ou pas du tout."

"Tante Mame !" Il cria son affection et étreignit ma mère. "Et ce doit être Rachel…" Encore une étreinte prudente.

Nous nous assîmes sur le banc de Chris pour échanger des propos plaisants et banals, comme si nous n'avions pas de secrets de famille à partager. Rachel parlait très peu mais souriait. C'est une observatrice. Quelques mois plus tard, elle allait, littéralement, regarder mourir son oncle Ronnie.

Ma mère souriait beaucoup, elle aussi. L'effet de la bière était retombé, et elle ne parlait guère. Au bout d'un moment, nous ne trouvâmes plus rien à nous dire. Personne ne posa à Chris de questions sur son traitement. Je peux avoir fait remarquer qu'à mon avis, il n'aurait pas dû sortir au soleil avec un tel traitement. Il peut avoir ri avec dérision. Nous avons tous abouti très naturellement aux "au revoir", nous nous sommes étreints, embrassés. Je sais que j'ai chuchoté : "Je t'aime, Chris." Cela paraissait si peu adéquat. Nous sommes reparties, toutes les trois, et avons marché lentement vers l'enseigne *Authentiques bonbons à l'eau de mer*.

Aucune de nous trois ne s'est retournée pour voir Chris une dernière fois. On est entrées dans la boutique pour acheter des bonbons. Quand on est ressorties, il n'était plus là.

Je me sentais vide. "Allons chercher des coquillages", proposai-je, faisant appel à l'obsession de Rachel enfant, et nous avons traversé la baie, déchaussées, pieds nus dans la fraîcheur du sable.

Rachel a découvert un coquillage qui avait la forme d'un ongle de gros orteil, maman a capturé une coquille de moule violet et argenté et moi, j'ai trouvé un bout de verre, un éclat de bleu meulé, poli et arrondi par des éternités d'eau salée, de sable et de vent. Pendant que nous marchions sur la plage, en retournant à la voiture et, enfin, à Boston, je me suis rappelé, et j'espère leur avoir dit, que c'était Chris qui m'avait montré ces bouts de verre qu'on trouve sur les plages, il y avait tant et tant d'années, quand j'étais une jeune femme en bikini et lui mon petit cousin.

Je garde le morceau de bleu de Chris dans un bocal, en compagnie de "l'ongle" de Rachel et de la coquille de moule de maman.

L'été suivant, la ville de Provincetown a dédicacé à Chris Locke un des bancs devant l'hôtel de ville.

EDWINA PORTELLE ROMERO
Las Vegas, Nouveau-Mexique

POSE TON PETIT PIED

Je détestais que maman me noue un ruban dans les cheveux. Mes cheveux blonds étaient trop fins, et nous savions toutes les deux que le nœud glisserait bien avant la fin de la soirée. Je n'aimais ni les nœuds ni les robes, et ne les portais que si j'y étais contrainte.

Ce soir-là, c'était différent. J'allais à une *barn dance,* un bal dans la grange du village. Je me mis à me balancer au rythme d'une musique imaginaire. Je décidai que je survivrais si je faisais semblant d'être ma cousine Emma.

"Reste tranquille. Il faut que je noue la ceinture de ta robe. Je compte sur toi pour bien te tenir ce soir, et n'oublie pas que ton frère et toi, vous allez danser *Pose ton petit pied.* Je veux que tout le monde voie comme vous apprenez bien à danser, tous les deux.

— Oh, maman, je ne vois pas pourquoi je dois danser avec Raymond. Il n'a pas envie qu'on le voie danser avec sa petite sœur. En plus, tous nos cousins nous regarderont et ils se moqueront de nous."

Il y avait des jours que maman nous faisait répéter *Pose ton petit pied.* A mon avis, c'était une danse simple et qui ne demandait pas beaucoup d'intelligence et moins encore de répétitions. Je ne comprenais pas pourquoi maman en faisait une telle histoire. Tout ce qu'on avait à faire, c'était se tenir debout l'un à côté de l'autre et se déplacer de gauche à droite en fonction de la musique. On faisait passer son pied droit devant sa cheville, on le posait – et puis on changeait de côté. Raymond et moi avions attrapé le coup dès le début, et la seule raison pour laquelle nous avions des problèmes avec cette danse, c'était que nous essayions mutuellement de nous faire tomber ou de nous donner des coups de pied.

Je savais qu'il y aurait des ricanements et des gloussements de la part de nos cousins, que leurs parents n'obligeaient jamais à s'exhiber. Mais maman avait été claire. Le prix que nous avions à payer pour nous coucher tard, regarder les adultes et participer au souper nocturne, c'était *Pose ton petit pied.* Nous nous étions serré la main, mon frère et moi, en promettant de ne pas faire honte à maman. Nous étions également convenus de nous unir pour tabasser nos cousins le lendemain s'ils se moquaient de nous.

C'était un grand bal. On y venait des ranchs et des villages environnants. Toutes les chambres disponibles étaient occupées ainsi que le dortoir. On n'avait plus eu de *barn dance* depuis longtemps. En 1942, l'essence était rationnée et presque tous les hommes partis à la guerre. Cette année-ci, néanmoins, il y avait pas mal d'hommes qui étaient rentrés en permission, et mon oncle et ma tante avaient décidé que tout le monde avait besoin d'une fête – les soldats, les cow-boys, les parents et même les gamins. Il y aurait grande mangeaille et réjouissance.

Les gens arrivaient déjà et je les entendais se saluer : "Comment va ? Content que vous ayez pu venir. Belle nuit pour une *barn dance*." Le violoneux accordait son violon et quelques-unes des dames donnaient au sol de la grange un dernier coup de balai. Je vis ma cousine Emma qui entrait dans la grange et je lui courus après.

"Emma, Emma, attends-moi !"

Elle se retourna et me prit par la main. "Ne cours pas, Anna Bess. Tu vas te mettre en sueur et salir ta jolie robe." Et puis elle se pencha et me chuchota : "D'ailleurs, ta maman ne sera pas contente si ce nœud tombe de tes cheveux."

J'aimais ma cousine Emma. Elle réussissait toujours à me faire rire, et je pensais qu'elle était la personne la plus belle et la plus parfaite au monde. Elle serra ma main quand nous entrâmes dans la grange.

"Va retrouver tes amis, Anna Bess. Je vais voir Betty Sue." Je lançai un regard nostalgique aux jeunes adultes, mais je savais que ma place était avec les enfants. Je me racontai tout de même que j'étais Emma en allant rejoindre ceux-ci dans le coin.

La musique commença. Les danseurs se levèrent d'un bond et la danse battit son plein. Ma mère, qui était veuve, était sur la piste à chaque fois. Je n'avais jamais vu maman danser et elle me paraissait merveilleuse. Elle avait toujours un partenaire et ne se trompait jamais dans les *square dances*. Ma préférée, c'était *The Texas Star*. Je me racontais que j'en exécutais tous les pas. Je battais la mesure avec mon pied, et j'avais du mal à rester tranquillement assise. J'avais complètement oublié *Pose ton petit pied* jusqu'au moment où j'entendis la musique. Je baissai le nez autant que je pouvais, avec l'espoir que maman ne me verrait pas ou que mon frère ne me trouverait pas. J'entendis des pas qui approchaient, mais je ne relevai pas la tête. Je ne voulais pas me trouver confrontée au visage ricanant de mon frère.

Une voix grave dit : "Anna Bess, voudrais-tu danser ?" Je relevai lentement la tête, espérant que le ruban se trouvait encore dans mes cheveux, et je vis là Mr. Hillary Bedford, un des meilleurs amis de mon grand-père. Il était vêtu de ses plus beaux habits et ses cheveux gris brillaient dans la lumière. Il salua, me prit la main et me conduisit vers la piste de danse. Alors il sourit, il m'entoura l'épaule de son bras et nous commençâmes à danser.

Le tempo de valse lente était parfait. Mr. Bedford était élégant. Je ne savais pas que danser pouvait être comme ça. Comme patiner sur la glace : lisse et aisé. Il me guidait et me faisait tourner en douceur, et j'eus bientôt l'impression d'être la plus merveilleuse des danseuses. Tout le monde s'arrêta pour nous regarder. Mr. Bedford était un personnage important dans notre communauté, et il dansait avec moi.

Bientôt, toutes les petites filles dansaient avec leurs pères, leurs oncles ou leurs grands-pères. Mr. Bedford et moi, nous passâmes en tourbillonnant près de mon frère, qui dansait avec l'une de nos cousines. Maman dansait avec mon grand-père. Le cercle s'agrandit et s'agrandit jusqu'à ce que tout le monde fût en piste, avec Mr. Bedford et moi au centre. Quand la musique s'arrêta, tout le monde applaudit et se félicita. Les gens s'étreignaient les uns les autres. Pendant un instant unique, nous faisions tous partie de la même famille. Je me sentais si heureuse au centre de tant d'amour ! Je n'avais plus l'impression d'être une petite fille. Je me sentais adulte, une adulte qui savait danser.

ANNA THORSON
Sarasota, Floride

TANTE MYRTLE

Quand j'étais petite, ma mère nous racontait toujours des histoires vécues concernant nos parents ou nos ancêtres qui vivaient à Point Cedar, dans l'Arkansas rural. En général, ces histoires démontraient quelque chose ou avaient une morale.

Un jour, alors que nous étions adolescentes, à l'école secondaire, nous nous disputions, ma sœur et moi, le miroir de la salle de bains, chacune essayant de se maquiller. Ma mère nous raconta l'histoire de sa tante qui était très belle mais très vaine. Nous avions un peu entendu parler de la tante Myrtle par nos grands-parents, nos oncles et nos tantes, parce qu'elle était morte peu avant en laissant quelques biens, mais pas de testament. Ses héritiers les plus directs étaient ses frères, dont l'un était mon grand-père. Nous avions vu une vieille photographie de la tante Myrtle, ma sœur et moi, et nous la trouvions jolie.

Selon notre mère, tante Myrtle était une femme naturellement belle qui avait toujours pris soin de sa minceur. Elle portait les cheveux courts, à la mode, et les teignait en noir, chose qui était considérée comme choquante dans le sud rural de l'Arkansas au début des années trente. Elle s'appliquait du rouge à lèvres, se maquillait les yeux, se mettait du rouge et du vernis à ongles même si elle restait simplement chez elle. Elle s'habillait des plus beaux vêtements, à la dernière mode, et était sans doute la seule femme de la communauté à dépenser son argent de cette manière. Tante Myrtle avait de nombreux galants, pour la plupart des commis voyageurs, bien que certains, à en croire les rumeurs, fussent des hommes mariés qui habitaient dans la région. Les galants lui offraient des fourrures et des bijoux, et l'emmenaient en voyage dans les hôtels de la ville.

Tante Myrtle était l'institutrice du village quand ma mère commença à aller à l'école, sûrement parce qu'elle était l'une des seules personnes du coin qui avaient fait un an d'université. Ma mère nous a raconté l'histoire d'un travail que tante Myrtle avait donné en classe : dessiner une maison. Maman racontait que mon oncle, qui était en première année, prit son temps et dessina très en détail une maison rose, et tante Myrtle lui donna une mauvaise note parce que, dit-elle, "les maisons ne sont pas roses". Une fois adulte et marié, mon oncle a acheté du terrain et s'est construit sa maison, et les briques qu'il a choisies étaient d'une douce couleur rose.

Quand elle arrêta d'enseigner quelques années plus tard à l'âge de trente-huit ans, tante Myrtle n'était toujours pas mariée. Elle choqua tout le monde lorsqu'elle eut un enfant. Personne dans la communauté, pas même notre arrière-grand-mère, ni le médecin, n'avait eu le moindre soupçon que tante Myrtle était enceinte. Elle n'avait pas pris un kilo, et elle portait un corset pour garder le ventre plat. Le père de tante Myrtle, le grand-père de maman – qui était l'épicier du village –, fut affreusement gêné. Après la naissance, il prit la parole dans l'église un dimanche et raconta à tout le monde que tante Myrtle avait été mariée en secret avec un commis voyageur, mais que leur relation s'était gâtée et qu'on annulait leur mariage.

"Personne n'a de certitude, dit maman, mais tout le monde a pensé que si ma cousine Marcia Lynn est née avec un pied bot, la cause en est le corset serré que tante Myrtle portait durant sa grossesse. Elle était si vaniteuse qu'elle ne pouvait pas supporter de voir son bébé lui arrondir le ventre, et elle voulait garder le secret." A cause du pied bot, tante Myrtle garda son bébé chez elle, loin de la famille et de la communauté. Le docteur lui dit qu'une opération et un appareil pourraient améliorer la jambe et le pied de Marcia Lynn, mais tante Myrtle ne le fit pas faire.

Marcia Lynn restait dans sa chambre et personne n'était autorisé à la voir. Tante Myrtle gardait les fenêtres fermées et les rideaux à peine entrouverts pour la lumière. Quand elle était bébé, Marcia Lynn demeurait dans son berceau sans beaucoup d'attentions. La mère de tante Myrtle aurait voulu voir sa petite-fille, mais elle ne le put pas. Les parents de ma mère suppliaient Myrtle : "Laisse-nous voir Marcia Lynn ! Laisse-la jouer avec d'autres enfants !" Tante Myrtle répondait : "Ne vous mêlez pas de mes affaires." Quand elle grandit, Marcia Lynn ne put jamais venir à l'église, ni à des pique-niques, ni à rien.

La maison de tante Myrtle était séparée de celle de ma mère par un champ, et maman traversait souvent ce champ avec son frère pour regarder par la fenêtre de Marcia Lynn. Celle-ci était toujours en train de babiller toute seule. Les enfants essayaient de lui parler : "Viens, sors et viens jouer, Marcia Lynn !" Si tante Myrtle les entendait, elle sortait avec un balai et leur disait : "Eloignez-vous de cette maison !" Marcia Lynn restait seule dans sa chambre, où on ne lui apportait qu'à manger et un pot de chambre. Les enfants la plaignaient car elle n'était pas autorisée à aller à l'école ni à jouer avec eux.

Ma mère avait environ cinq ans de plus que Marcia Lynn. Quand elle avait douze ans, le docteur fut appelé au chevet de Marcia Lynn. Elle avait de la fièvre. Ma mère et son frère traversèrent le champ en courant et, quand ils regardèrent par la fenêtre, ils virent le docteur se pencher sur le corps sans vie de la petite fille.

Ma mère et mon oncle se retournèrent vers le champ, et ils virent tous deux Marcia Lynn qui courait dans l'herbe. Elle s'arrêta, les regarda et sourit, et puis elle disparut. Ils comprirent qu'ils avaient vu un fantôme, mais aucun des deux n'eut peur. Ils savaient que Marcia Lynn était enfin libérée de sa mère tyrannique et de sa terrible existence solitaire.

LAURA BRAUGHTON WATERS
Eureka Springs, Arkansas

Les choses ont commencé à mal tourner pour nous pendant l'été 1930. C'est alors que mon père refusa d'accepter une diminution de son salaire, et finit par perdre son emploi. Il passa un temps considérable à en chercher un autre, mais il ne trouva aucun travail, même plus mal payé que ce dont il n'avait déjà pas voulu. Finalement, il s'installa dans un fauteuil avec son magazine *Argozy*, et ma mère commença à s'agiter. Au bout du compte, on a perdu notre maison.

Je me souviens d'avoir rêvé que je trouvais des pierres précieuses pour mes parents, et puis qu'en mettant la main dans ma poche, je n'y sentais plus qu'un trou. Je m'éveillai en larmes. J'avais six ans.

Un oncle écrivit du Texas qu'il avait entendu parler d'un restaurant au Kansas qui était une vraie mine d'argent. Mes parents vendirent tout ce qu'ils possédaient et achetèrent une vieille voiture de tourisme et quelques malles en toile. Nous quittâmes la Californie à destination des plaines inconnues du Kansas.

Le Kansas était aussi pauvre que la Californie, il y faisait seulement plus froid. Les fermiers n'arrivaient pas à vendre leurs récoltes, et en tout cas ils n'avaient pas les moyens de manger au restaurant.

Mes parents voyaient que les fermiers pouvaient au moins nourrir leurs familles. Ils décidèrent de devenir fermiers, eux aussi. Les terrains coûtaient moins cher dans l'Arkansas, et c'est donc là que nous nous dirigeâmes. Mais que connaissait mon père à l'agriculture ? Ma mère, mes deux jeunes frères et moi, on s'installa dans une petite maison sur un bout de terrain, et mon père alla travailler pour une dame des environs. On le voyait rarement.

Ma mère devait dire un jour qu'à son avis il s'occupait plus du lit de la dame que de ses champs.

Ma mère troqua ses robes californiennes contre un baril de mélasse de sorgho et un peu de farine.

Pendant tout l'hiver, on mangea des crêpes de farine à l'eau avec de la mélasse de sorgho. Ma mère se tenait devant la fenêtre, les yeux pleins de larmes, en voyant passer ses jolies robes sur le siège du camion de notre voisin.

Au retour du printemps, ma mère bourra une valise de vêtements de rechange pour chacun de nous. Elle prit mon plus petit frère sur une hanche et la valise dans l'autre main. Elle nous recommanda, à mon petit frère de quatre ans et à moi, de ne pas nous éloigner, et nous repartîmes à pied pour la Californie. Il faudrait un gros volume pour raconter tout ce qui nous est arrivé au cours de ce voyage. Je me rappelle tant de choses.

Un jour, comme je m'étais évanouie dans l'Oklahoma, ma mère marcha dans du sumac vénéneux pour arriver au bord d'un ruisseau et tremper pour moi un linge dans l'eau. Quand on arriva au Texas, elle avait les jambes si enflées qu'on dut rester à Dallas en attendant qu'elle puisse de nouveau marcher.

Un jour, un méchant homme nous abandonna en plein désert parce que ma mère avait repoussé l'arrangement qu'il lui proposait pour la nuit. Le soleil se coucha, aucune voiture ne passait. Nous étions à des kilomètres de la moindre ville, de la moindre maison. Il avait choisi un bon endroit pour se venger. Nous avons été sauvés par un employé du téléphone qui nous a emmenés dans un motel et a payé notre nuit.

A un moment donné, nous avons passé quelque temps dans une petite maison près d'un camp de travailleurs agricoles mexicains. Jamais je n'ai connu pareille gentillesse. Ils habitaient des abris faits de bric et de broc. Toujours, tous, ils avaient pour nous des sourires, des caresses sur la tête, des tortillas brûlantes et, le jour de paie, une poignée de bonbons à la menthe.

Enfin, Los Angeles. La sœur de ma mère devait nous retrouver au bord du lac, dans Lincoln Park, et nous montrer où habitait désormais notre grand-mère.

Nous attendîmes toute la journée. Chaque fois que l'un de nous se plaignait d'avoir faim, ma mère montrait du doigt les canards sur le lac ou nous emmenait en balade pour nous faire admirer une fleur rare.

A la tombée de la nuit, un vieux monsieur qui était venu lancer des croûtes de pain aux canards demanda à ma mère quand elle allait nous ramener chez nous.

Elle répondit qu'elle nous avait fait parcourir bien des kilomètres et qu'avec l'aide de Dieu et de quelques personnes charitables, "quelque chose se présenterait".

Il dit qu'il supposait que c'était son tour. Il prit son portefeuille, en sortit deux de ces grands billets d'un dollar de l'époque, et les lui donna. Ce fut assez. Un dollar nous paya une cabane au *Lincoln Auto Court* et l'autre une boîte de haricots au lard et une miche de pain, et il restait encore de quoi prendre une voiture si tante Grace finissait par arriver. J'avais appris tout ce que j'aurais jamais besoin de savoir sur la charité, la foi, la confiance et l'amour.

C'était en 1931, et j'avais sept ans.

JANE ADAMS
Prescott, Arizona

LES PETITS POIS

Mon grand-père mourut quand j'étais encore petit, et ma grand-mère vint habiter chez nous six mois par an environ. Elle occupait une chambre qui faisait également office de bureau pour mon père et que nous appelions "la chambre de derrière". Elle transportait sur elle un arôme puissant. Je ne sais pas quelle sorte de parfum elle utilisait, mais c'était la variété à deux canons, assommeuse garantie, tueuse de gros gibier, qui frappait ses victimes d'inconscience. Elle en avait plein un grand pulvérisateur, et elle s'en aspergeait souvent et abondamment. Il était quasi impossible d'entrer dans sa chambre et de continuer quelque temps à respirer. Quand elle partait de chez nous pour aller habiter pendant six mois chez ma tante Lillian, ma mère et mes sœurs ouvraient toutes les fenêtres, défaisaient le lit et sortaient rideaux et tapis. Elles passaient alors plusieurs jours à tout laver et aérer, dans un effort désespéré pour faire disparaître cette odeur entêtante.

Telle était donc ma grand-mère à l'époque de la tristement célèbre "affaire des petits pois".

Elle eut lieu à l'hôtel Biltmore, qui était à mes yeux de huit ans l'endroit le plus chic de tout Providence pour un repas. Nous y déjeunions, ma grand-mère, ma mère et moi, après une matinée consacrée à faire des courses. Je commandai avec confiance un *Salisbury steak*, assuré que sous ce nom grandiose se cachait un bon vieux hamburger avec de la sauce. Lorsqu'on l'apporta à table, il était accompagné de petits pois.

Je n'aime pas les petits pois aujourd'hui. Je ne les aimais pas alors. J'ai toujours détesté les petits pois. Que quelqu'un puisse de plein gré manger des petits pois, cela constitue pour moi un mystère absolu. Je n'en mangeais pas à la maison. Je n'en mangeais pas au restaurant. Et je n'allais certes pas en manger maintenant.

"Mange tes petits pois, dit ma grand-mère.

— Maman, il n'aime pas les petits pois, laisse-le tranquille", dit ma mère, sur un ton de mise en garde.

Ma grand-mère ne répondit pas, mais la lueur qu'elle avait dans l'œil et l'expression obstinée de son menton signalaient qu'elle n'allait pas se laisser contrarier. Elle se pencha vers moi, me regarda dans les yeux et prononça les paroles fatales qui allaient changer ma vie :

"Je te paierai cinq dollars si tu manges ces petits pois."

Je n'avais pas la moindre idée du destin menaçant qui fondait sur moi, tel un boulet de démolition géant. Tout ce que je savais, c'était que cinq dollars représentaient une somme *énorme*, presque *inimaginable*, et si abominables que fussent les petits pois, il n'y en avait qu'une seule assiettée entre moi et la possession de ces dollars. Je commençai à enfourner tant bien que mal ces choses affreuses dans mon gosier.

Ma mère était livide de colère. Ma grand-mère avait cet air satisfait de soi de quelqu'un qui vient de jouer un atout imbattable. "Je fais ce que je veux, Ellen, et tu ne peux pas m'en empêcher." Ma mère lui décocha un regard furibond. Elle me décocha un regard furibond. Personne ne peut égaler les regards furibonds de ma mère. S'il y avait une médaille olympique, elle gagnerait sûrement la médaille.

Moi, bien entendu, je continuais à enfourner les petits pois. Les regards furibonds me rendaient nerveux, et chaque pois avalé me donnait envie de vomir, mais l'image magique de ces cinq dollars ne cessait de flotter devant moi et finalement j'ingurgitai le dernier. Ma grand-mère me tendit les cinq dollars avec un moulinet du poignet. Ma mère continuait de fulminer en silence. Ainsi se termina l'épisode. C'était du moins ce que je croyais.

Ma grand-mère partit chez tante Lillian quelques semaines plus tard. Ce soir-là, au dîner, ma mère servit deux de mes plats préférés depuis toujours, pain de viande et purée de pommes de terre. Il y avait aussi un grand bol fumant de petits pois. Elle m'en proposa et moi, en cet ultime instant de ma jeunesse innocente, je refusai. Ma mère me fixa d'un œil froid en entassant sur mon assiette une montagne de petits pois. Ensuite vinrent les mots qui allaient me hanter pendant des années :

"Tu en as mangé pour de l'argent, me dit-elle. Tu peux en manger par amour."

O désespoir ! O dévastation ! A ce moment, trop tard, je pris conscience du fait que je m'étais inconsidérément condamné à un enfer d'où je ne pourrais jamais m'échapper.

"Tu en as mangé pour de l'argent. Tu peux en manger par amour."

Quel argument pouvais-je bien opposer à cela ? Il n'en existait pas. Ai-je mangé les petits pois ? Eh oui, je les ai mangés. Je les ai mangés ce jour-là et chaque fois qu'il y en eut par la suite. Les cinq dollars furent vite dépensés. Ma grand-mère disparut quelques années plus tard. Mais l'héritage des petits pois est resté en vie, il vit encore à ce jour. Si je fais mine de froncer le nez quand on en sert (car, après tout, je déteste toujours ces horribles petits machins), ma mère répète une fois de plus les mots fatidiques :

"Tu en as mangé pour de l'argent, dit-elle. Tu peux en manger par amour."

RICK BEYER
Lexington, Massachusetts

LAVER LA FAUTE

Lorsque j'étais adolescente, ma chambre à coucher se trouvait sous les combles à l'étage de notre maison vieille de deux cents ans. Je dormais dans l'un de deux lits jumeaux en fer, près de la fenêtre, et il y avait une petite table à côté du lit pour une lampe et des livres. En été, les grands planchers en sapin du reste de la maison ne cessaient de craquer sous les allées et venues de parents en visite, dont l'un ou l'autre était toujours en train de préparer quelque chose à manger. Ma mère, une mère célibataire qui travaillait de longues heures à l'hôpital, venait souvent faire la sieste dans ma chambre pour échapper à l'invasion. Il n'était pas exceptionnel que je trouve son bloc-notes sur ma table de nuit.

L'été de mes dix-huit ans, pour la première fois de ma vie, je commençai à rentrer trop tard le soir. Je dérivais depuis plusieurs années dans les incertitudes de l'adolescence, mais je commençai alors seulement à donner à ma mère des sujets concrets d'inquiétude. Je sortais après mon job d'été et je passais beaucoup trop de temps avec des amis "peu appropriés". Je savais que ma mère se faisait du souci, mais je connaissais aussi sa crainte de toute confrontation directe. Quand nos chemins se croisaient, en général dans la cuisine vers six heures du soir, sa "scène de colère parentale" consistait en regards glacials et en portes de placards refermées avec bruit.

Une nuit, à mon retour dans la maison obscure, je me glissai dans ma chambre, allumai la lumière à côté du lit et vis que le bloc-notes de ma mère était resté là. En haut de la page, deux mots étaient écrits avec soin de la grande écriture arrondie de ma mère : *"Wash guilt"* ("laver la faute").

Je me détournai aussitôt, enfilai en hâte mon pyjama. Que pouvait-elle vouloir me dire ? Laver la faute. Avant qu'elle se soit mise à travailler le dimanche, le plus près que nous ayons été d'une religion avait consisté en quelques visites à l'Eglise unitarienne de Baltimore. Le ton de ce message paraissait trop baptiste pour ma mère, mais le côté cryptique et abstrait, pensai-je, était bien dans son style. La plupart des mères menaceraient d'une cuiller en bois leurs filles récalcitrantes en disant : "Tu rentres à dix heures ou tu ne sors plus !" Ma mère m'envoyait un message par voie de Buisson ardent avant de s'asseoir avec moi à la table de la cuisine pour discuter d'un couvre-feu.

Je laissai le bloc exactement où il était et n'y fis aucune allusion. Je pensais sans doute que si je n'y touchais pas, je n'aurais pas besoin d'admettre son existence.

Ma mère partit au travail trop tôt pour que je la voie le lendemain matin, mais ces mots me trottaient dans la tête. Laver la faute. En me rendant à vélo à mon boulot, je ne cessais de me les répéter. Laver la faute, laver la faute. Qu'est-ce que cela signifiait ? Qu'est-ce que ma mère essayait de me dire ? Pourquoi ne pouvait-elle pas être normale, se contenter de m'enguirlander ? Quand je rentrai à la maison ce soir-là, le bloc avec la belle calligraphie se trouvait toujours là. Je n'y touchai pas. Quand je rejoignis ma mère dans la cuisine, elle resta silencieuse. M'attendant à me sentir observée, j'inspectai le frigo, prête à recevoir ses regards inquisiteurs. Elle aurait dû épier une réaction, un indice que quelque chose en moi avait changé. Ses yeux ne se posaient jamais sur mon visage, mais ils ne semblaient pas non plus m'éviter. Regrettait-elle le poignard qu'elle m'avait planté dans le cœur, espérait-elle prétendre qu'il ne s'était rien passé ? Dans ce cas, pourquoi ne se bornait-elle pas à reprendre son bloc-notes ? Avait-elle, comme moi, l'impression que si elle le déplaçait elle devrait admettre qu'il s'était trouvé là, tandis que si elle le laissait là, nous pouvions toutes deux prétendre que ces deux mots n'avaient jamais été écrits ? Ha, ha ! Venais-je de deviner un regard curieux ? Venait-elle de tenter d'apercevoir mon visage ? Etudiait-elle mon comportement, en quête d'un signe de changement ? Non. Elle semblait étrangement intéressée par la préparation du repas, étrangement normale.

Le lendemain, je m'habillai en regardant la note. Laver la faute. Je ne la déplaçai pas. Je passai de nouveau la journée avec ces mots en tête. De nouveau, ce soir-là, dans la cuisine, ma mère ne dit rien.

Cela dura une semaine environ. Le bloc-notes resta en place. Ma mère n'y fit jamais allusion. Les mots m'accompagnaient partout. Chaque nuit, je les retrouvais. Parfois, j'avais l'impression d'avoir dans ma chambre un perroquet hurleur en train de répéter sans pitié : "La-a-a-ver la fau-au-aute !" Parfois, j'avais l'impression qu'un moine encapuchonné se tenait, silencieux, au pied de mon lit, ce bloc-notes à la main.

Pendant une semaine, je me vautrai dans ces mots. Ils ne modifièrent pas nécessairement mon comportement, même si je finis par perdre mon petit ami, mais je les portais comme un cilice. Et puis, un jour, un beau jour miraculeux, sûrement clair et ensoleillé, je suis rentrée à la maison, je suis montée dans ma chambre, j'ai regardé le bloc-notes – et j'ai lu : *"Wash quilt"* ("laver la courtepointe").

HEATHER ATWOOD
Rockport, Massachusetts

DOUBLE TRISTESSE

"Je suis inquiète pour Martha", me dit ma mère ; assises dans un couloir de l'hôpital, nous attendions pendant que le médecin examinait mon père. "On l'a laissée jouer dans le jardin sans lui dire où nous allions. J'espère qu'elle n'est pas assise quelque part, en train de pleurer."

Je frottai les larmes qui ruisselaient sur mes joues. "Mais c'est moi, Martha. Je suis ici avec toi, dis-je, essayant de la rassurer.

— Non, non, pas vous, fit ma mère. Ma petite Martha."

Des craintes d'abandon, passées et présentes, nous enveloppaient tandis que nous tentions de nous ajuster à la soudaine invalidité de mon père.

Le coup de téléphone datait de la nuit précédente. Mon père était tombé et s'était cassé la hanche. L'opération du col du fémur était prévue pour le lendemain matin. Une amie passait la nuit avec ma mère. "J'arrive dès que je peux, par le premier avion du matin", avais-je promis.

Mariés depuis cinquante-huit ans, mes parents ne s'étaient encore jamais trouvés dans une situation grave, bien que ma mère eût commencé depuis plusieurs mois à perdre la tête. "Et votre mère vit encore ?" m'avait-elle demandé lors de ma dernière visite, manifestant un intérêt plein de sociabilité pour cette jeune femme qu'elle n'avait jamais rencontrée. A présent, privée de sa routine quotidienne et de la constante compagnie de mon père, elle semblait plus désorientée que jamais.

"Je suis inquiète pour Martha, répéta-t-elle alors que, rentrées à la maison, nous nous apprêtions à déjeuner. Je vais aller la chercher.

— Mais c'est moi, Martha, tentai-je de nouveau. La petite Martha a grandi, elle est devenue moi.

— C'est ridicule", répliqua ma mère. Elle ouvrit la porte de la maison, sortit dans la rue et resta plantée, tendue, cherchant des yeux la petite fille qu'elle était certaine d'avoir vue le matin même. Personne en vue. Alors elle passa derrière la maison et, par les terrains voisins, dans la rue suivante. "Je vais demander à ces gens, là-bas, s'ils ne l'ont pas vue." De plus en plus agitée, ma mère était prête à braver la circulation pour traverser la rue encombrée.

"Rentrons à la maison et téléphonons à la paroisse, implorai-je. Peut-être que là quelqu'un pourra nous aider."

En chemin vers la maison, ma mère dit : "Ça ne ressemble pas à Martha de s'en aller comme ça sans rien me dire. Si au moins elle avait laissé un message."

Un message ! Apercevant un moyen de calmer l'agitation de ma mère, je griffonnai un message dès que nous fûmes rentrées et le laissai à un endroit où il pouvait être découvert d'une minute à l'autre. "Maman, écrivis-je, je vais passer quelques jours chez Mary Ann. Ne t'inquiète pas. Je vais bien. Martha."

“Regarde, m’écriai-je, voilà un message. Qu’est-ce que ça dit ?” Ma mère le lut à voix haute et commença aussitôt à se calmer.

“Dieu merci, dit-elle. Elle va bien. Elle est chez Mary Ann.” La tension disparue, nous pûmes finir de déjeuner et passer un après-midi paisible à la maison.

Le soir, à l’hôpital, ma mère raconta à mon père que Martha était allée passer quelques jours chez Mary Ann mais qu’elle se faisait encore du souci à son sujet. “Ne pars pas à la recherche d’une autre Martha, lui dit mon père. Nous en avons déjà une, et c’est assez.”

Le lendemain, ma mère était encore très préoccupée de l’absence de Martha. “Que peut-elle faire ? se demandait-elle. Elle n’est encore jamais partie comme ça sans s’être arrangée d’avance avec moi. D’ailleurs, je voudrais qu’elle aille voir son père à l’hôpital.”

J’assurai à ma mère que sa fille reviendrait bientôt à la maison. “De toute façon, ajoutai-je, Martha est une gamine intelligente. Elle peut se débrouiller.

— Elle aura besoin d’une robe propre pour l’église, dimanche, dit ma mère.

— On n’est que jeudi, dis-je. On a tout le temps.”

“Où avez-vous appris à prendre possession d’une cuisine de cette manière ? me demanda ma mère ce soir-là, pendant que je préparais le dîner. C’est gentil à vous d’être venue habiter avec moi.” Ayant été acceptée comme compagne, sinon comme fille, je m’installai avec ma mère dans une routine amicale.

Le vendredi matin, nous allâmes chez le coiffeur, chez le chiropracteur et à l’épicerie. J’entendis Lynne, la coiffeuse, qui disait à ma mère : “C’est bien que votre fille ait pu venir habiter chez vous.

— Ce n’est pas ma fille, lui confia ma mère, elle a le même nom mais ce n’est pas ma fille.” Lynne me jeta un coup d’œil rapide pour voir si elle avait mal compris l’une de nous, et je lui adressai un sourire piteux.

Sur le chemin du retour, ma mère me dit : “Lynne croyait que vous étiez ma fille.

— Ça ne te dérange pas ? demandai-je.

— Non”, dit-elle.

Ce n’est qu’après l’arrivée de mon frère, le samedi, que je fus reconnue comme un membre de la famille. “Bob prendra ce lit, et tu peux dormir dans ton ancienne chambre”, me dit ma mère ce soir-là. C’était bon de me sentir à nouveau légitime.

“Tu vois, dit mon père le lendemain, Martha était là tout le temps. Tu n’avais pas besoin de t’inquiéter.

— Mais il y avait ce message, gémit ma mère.

— C’est moi qui l’ai écrit, expliquai-je. Je l’ai écrit pour te rassurer quand tu étais si anxieuse”, et une brève lueur de compréhension scintilla dans les yeux peu à peu éteints de ma mère.

MARTHA RUSSELL HSU
Ithaca, New York

UNE IMAGE DE LA VIE

Mon mariage avec mon avocat d’époux tournait mal. Le 15 novembre 1989, jour de mon anniversaire, il introduisit sa demande en divorce et me la fit signifier. L’une de ses copines, une femme qui avait été mon amie, vint m’annoncer que j’allais devoir quitter la maison dans laquelle nous avions vécu parce qu’il ne voulait pas continuer à payer le loyer. Il clôtura notre compte en banque commun. Je n’avais jamais travaillé que chez moi depuis près de dix ans, avant même d’avoir commencé à attendre l’aîné de nos deux enfants. Je trouvai et louai une grande et vieille maison dans un quartier miteux des Houston Heights et m'y installai en janvier 1990 avec les enfants, mon four à céramique et tout ce que nous possédions. Au bout d'un mois j'avais commencé à fabriquer des pots et à donner des cours de poterie dans cette nouvelle maison. Pendant quatre ans, j'ai enseigné trois ou quatre soirs par semaine, j'ai fait des pots que j'ai vendus à ma vente annuelle de Noël, j'ai expédié chaque matin deux petits garçons à l'école et, le soir, après mes cours, j'ai aidé à faire les devoirs et j'ai lu des histoires au lit. Je préparais trois repas par jour en cuisinant tout moi-même, pour une alimentation saine et pour l'économie, sauf les soirs où, en guise de gâterie, on s'achetait une pizza. Quand il est devenu clair que j'allais survivre financièrement à la rupture de mon mariage, mon mari, un avocat spécialisé dans les problèmes de garde d'enfants, et qui travaillait pour l'Etat, a déclenché une procédure destinée à me faire déclarer incompétente et à m'enlever mes enfants, arguant que j'étais une "maman-à-la-maison" et que je souffrais de dépression à cause de ma situation conjugale. Il me traitait volontiers de "légume".

Mes parents me dirent que je devais engager un avocat, et après avoir vécu leur vie entière avec un budget restreint, ils me prêtèrent quinze mille dollars sur leur retraite. Cette somme ne paya pas un avocat, elle ne fit qu'en piéger un : une juriste très gentille et attentive, qui refusa de laisser tomber l'affaire quand les arrhes furent épuisées. Elle réussit à me faire confier la garde des enfants "à titre temporaire" pendant les six ans que dura le procès. Rien que ça, ça valait les quinze mille dollars. Pendant six ans, nous avons vécu, les enfants et moi, dans un aquarium surmonté d'un nuage noir. Au tribunal, les confrontations se succédaient. Sur ordre de la Cour, psychologues et assistantes sociales passèrent notre passé, notre présent et notre avenir au peigne fin dans l'intention de prononcer un jugement de Salomon sur ma capacité à élever mes enfants.

Notre divorce fut prononcé le 6 juin 1992. Pendant vingt-deux ans, le 6 juin avait été notre anniversaire de mariage.

La bataille pour les enfants continuait de faire rage. Plusieurs années auparavant, lors d'une audience consacrée à la garde provisoire, on m'avait interdit de quitter la ville avec les enfants, sous prétexte que la proximité de leur père était plus importante que leur sécurité. Des cambrioleurs pénétrèrent par effraction dans ma maison et y prirent tout ce qu'ils voulaient six fois de suite avant qu'un policier me conseille de prendre un chien. Les coups de feu nocturnes étaient devenus chose ordinaire dans le parc de l'autre côté de la rue, et je commençai à craindre pour nos vies. Je veillais souvent, assise près des enfants endormis, inquiète à l'idée qu'il leur arrive quelque chose pendant la nuit. A la suite de ma vente de Noël de décembre 1993, j'ai eu les moyens de déménager pour aller habiter la petite ville où j'avais été élevée, où mes parents vivaient toujours et où mes enfants pourraient grandir en sécurité, à trois cents kilomètres de Houston et de leur père. Pendant toute la période de Noël, cette année-là, je ne parlai à personne de mes projets. Le jour de Noël 1993, je laissai les enfants à leur père à midi, ainsi que je le faisais depuis quatre ans, et je me mis dès le lendemain en quête d'un logement temporaire. Le 1er janvier, je me rendis à Houston pour reprendre les enfants à leur père et, heureuse de les avoir récupérés, je les conduisis tout droit chez leurs grands-parents. Le 2 janvier, je louai le premier de deux camions de déménagement et commençai à vider la maison de Houston, avec la seule aide de ma meilleure amie et de son mari, et en toute hâte, de peur de me voir signifier l'obligation de rester en ville. Après être arrivée chez moi avec le second camion, j'avertis le père des garçons. En l'affaire de quelques jours, il avait porté plainte à Houston afin de me contraindre à revenir.

Il me paraît miraculeux, aujourd'hui, que je n'aie pas été arrêtée. Je recommençai à me présenter au tribunal à raison d'une fois par semaine. Je dus envoyer à des assistants sociaux de Houston, pour évaluation, des photos de notre nouvelle maison (la maison que mon grand-père a construite en 1930 et dans le jardin de laquelle je jouais quand j'étais petite). La nouvelle école des garçons, celle dont j'étais sortie avec mon diplôme en 1965, fit l'objet d'une enquête concernant la salubrité et la valeur de l'enseignement. Les enfants et moi, nous nous sommes retrouvés face aux psychologues. Les enfants étaient déprimés d'avoir quitté leurs vieux copains et leur père. J'essayais de me remettre à la poterie et je faisais des remplacements dans des écoles. Je m'occupais de ma sœur, qui était malade, ainsi que de ses jeunes enfants, et j'aidais mes vieux parents qui avaient trouvé difficile de tout gérer tout seuls. Personne, pas même mon avocate si loyale et si bosseuse, ne s'attendait à ma victoire. On me conseillait de commencer à chercher à Houston un endroit où me réinstaller, avec la certitude que les tribunaux ne me donneraient pas raison.

Il y avait des années que j'avais commencé à prier, ou plutôt à parler à quiconque voudrait bien m'écouter. Je priais Dieu, je priais la Grande Mère, je parlais à mes grands-parents disparus. Je leur racontais ce qui nous arrivait. Je leur demandais de m'accorder ce qu'ils pourraient de répit, ainsi que la force et le courage de faire front au reste. Je leur demandais de me rendre plus sage, plus gentille, plus efficace pour avoir traversé tout ça. Je leur demandais de donner à mes enfants la même capacité de distiller de la force et de la sagesse à partir du danger et de la détresse. Je leur demandais de nous permettre la joie et le plaisir au milieu des calamités, car je craignais que sans cela, nous n'arrivions jamais au bout. Il fut décidé que le procès aurait lieu devant un jury, et les jurés furent désignés. Pendant quatre jours, en novembre 1995, je roulai dans l'obscurité du petit matin jusqu'au centre de Houston pour assister au procès, et puis je rentrai chez nous le soir en roulant dans l'obscurité pour retrouver mes enfants et mes parents. Chaque soir, les choses paraissaient aller plus mal. Le quatrième jour, ma mère se leva de bonne heure afin de venir à Houston témoigner pour moi. Ma meilleure amie témoigna pour moi, elle aussi. Et puis, dernier témoin, je vins à la barre. Je m'assis, fière et pleine d'un espoir déraisonnable, persuadée que la salle d'audience était peuplée de mes dieux et de mes grands-parents partis depuis si longtemps, et je racontai simplement mon histoire au jury. On me pria de montrer à celui-ci un portrait de mes enfants et de moi, une photographie prise à Noël l'année précédente. J'y figurais en femme heureuse et rayonnante, entourant de mes bras, d'un geste protecteur, mes deux enfants joyeux et rayonnants, dans une pièce où l'on voyait un grand arbre de Noël décoré et l'appui d'une fenêtre enneigée garni de confortables coussins rouges et verts. Il n'y avait aucune trace de la douleur, du chagrin et de la peur qui nous avaient hantés depuis six ans. Je me souviens que dès la première fois que j'ai vu cette photo, j'ai eu la certitude qu'elle avait quelque chose de magique. Je fis circuler la photo dans le banc des jurés, et j'entendis des exclamations d'étonnement et de compréhension de la part de presque tous. Le jury se retira pour délibérer, et au bout de quelques minutes envoya un message au juge pour lui demander s'il pouvait m'accorder plus que ce que je demandais, qu'il considérait comme insuffisant. Les jurés revinrent, l'un derrière l'autre, et plusieurs d'entre eux me dirent qu'ils avaient cru mon mari jusqu'à ce que je vienne à la barre et que je leur montre la photo.

Je n'ai pas récupéré cette photo. Elle était grande et encadrée de bois rouge et vert. Elle est restée au tribunal des familles, où elle figure comme pièce à conviction. J'en possède d'autres exemplaires, toutefois, et je suis toujours certaine qu'il y a de la magie dedans. Je ne manque jamais de la regarder tous les jours.

JEANINE MANKINS
Orange, Texas

MARGIE

En 1981, quand mon fils Matthew avait treize ans, nous nous sommes disputés à propos d'une rédaction qui lui avait été imposée. Il ne voulait tout simplement pas travailler – c'était un superbe dimanche après-midi – et je refusais de l'autoriser à sortir avant d'avoir terminé ses devoirs. En revenant plus tard, dans la journée, je découvris que Matthew était parti et que la rédaction se trouvait bien en vue sur la table de la salle à manger. Malheureusement, ce qu'il avait écrit était une parodie du sujet donné, et un mot sur trois environ était une obscénité. Mon fils était manifestement furieux contre moi, ce qui n'a rien d'étonnant à treize ans, mais ce qu'il avait écrit me mettait profondément mal à l'aise. Mon mari, Richard – le beau-père de Matthew – m'assura que j'attachais trop d'importance à cet incident. “Viens, insista-t-il, allons nous promener, et je te raconterai ce qu'il m'est arrivé à moi quand j'avais treize ans.”

A cette époque, nous habitions au bord de la plage à Venice, Californie, où “se promener” signifiait devenir un élément d'une carnavalesque foire d'empoigne. Une foule de gens du coin et de touristes traînaillait sur la promenade en planches. Musiciens, mimes, smurfeurs, diseurs de bonne aventure et chanteurs contribuaient à l'embouteillage.

Des vendeurs coréens proposaient des lunettes de soleil, des chaussettes, des bijoux d'argent et des pipes à hasch pendant que des adultes en patins à roulettes se faufilaient à travers la foule à des allures dangereuses. Je me souviens d'un bruit de fond constant produit par des gens qui tambourinaient sur des bongos, des boîtes en fer-blanc et des bouteilles vides. Richard passa son bras dans le mien. Nous nous engageâmes dans le flot, et il commença son histoire.

"Ça s'est passé quand ma famille s'est installée dans le New Jersey. J'étais en huitième – un gamin affreusement maigre qui avait du mal à s'adapter. Le premier jour de classe, j'ai attrapé le béguin pour une jolie rouquine, Margie, qui avait l'air de bien m'aimer aussi. Mais Margie et tous les gamins de cette bande étaient beaucoup plus expérimentés que moi sur le plan sexuel, ou c'est du moins ce qu'il me semblait à l'époque. Je me sentais donc nerveux. Si nerveux que chaque fois qu'elle voulait qu'on s'embrasse, je lui disais que j'avais un rhume ou j'inventais n'importe quelle excuse idiote. J'avais peur qu'elle s'aperçoive que je ne savais pas vraiment embrasser. Bientôt, Margie s'est fatiguée de mes hésitations et m'a préféré quelqu'un d'autre. Ça m'a fait mal, et je lui ai écrit une lettre furieuse en employant tous les mots de cinq lettres auxquels j'ai pu penser. A vrai dire, je me croyais très malin. Et puis j'ai rangé la lettre dans le tiroir de ma table, où ma mère a fini par la trouver. Tu connais mes parents : la famille Panique. Ils n'en croyaient pas leurs yeux. Ils ont voulu tout de suite appeler les parents de Margie pour savoir ce qui se passait. Je dois avoir pleuré et supplié pendant un bon moment avant qu'ils acceptent de laisser tomber. Donc cette lettre est restée sans effet. A la fin de l'année scolaire, Margie et ses parents sont partis à New York et je ne l'ai jamais revue."

A l'*instant* où mon mari prononçait ces paroles, mes yeux se posèrent sur une mince jeune femme rousse d'une trentaine d'années debout juste devant nous. Le troupeau de touristes continuait à aller de l'avant, des gens de toutes couleurs, de tous âges et de toutes tailles se poussaient tant vers le nord que vers le sud au long de la promenade. Tout le monde bougeait, semblait-il, sauf Richard, moi et la jeune femme rousse. Je suppose que les tambourineurs, les frappeurs de boîtes de conserve et les sonneurs de bouteilles n'ont pas cessé leur chahut, mais dans mon souvenir il s'est fait un grand moment de silence quand nous nous sommes trouvés là, tous les trois, immobiles, à nous regarder. "Margie ?" fit Richard, et la jeune femme répondit calmement : "Richard ?" Mon mari s'illumina. "Quelle surprise ! J'étais justement en train de parler de toi à ma femme."

Cette histoire est véridique. Il y avait dix-sept ans que Richard et Margie s'étaient perdus de vue, adolescents dans le New Jersey. Mais ce n'est pas *ma* fin de l'histoire. Dix-sept autres années ont passé depuis ce jour-là, et je sais maintenant que l'apparition quasi miraculeuse de Margie n'est pas la seule conclusion de ce récit. C'est seulement celle que, mon mari et moi, nous racontons dans des soirées. Je crois que pour être vraie, cette histoire doit inclure le fait que mon instinct ne me trompait pas, ce jour-là, à propos de mon fils. Sa rédaction n'était pas seulement une manifestation de colère adolescente, mais aussi un tournant dans sa vie : un tournant vers un avenir plus sombre, difficile, qui ne s'est encore jamais résolu à ce jour.

Au cours des ans, en nous rappelant notre rencontre avec Margie, nous nous sommes souvent demandé, mon mari et moi : Quelles chances y avait-il que cela arrive ? Aujourd'hui, tout ce que j'aimerais savoir, c'est : quelles chances y a-t-il d'un dénouement heureux ?

CHRISTINE KRAVETZ
Santa Barbara, Californie

Je suis arrivée à Los Angeles décidée à réussir dans les métiers du spectacle. J'ai commencé comme actrice et puis, à force de travail, j'ai descendu les échelons. Je croyais pour de bon que je serais la veinarde qui allait rentrer chez elle riche et célèbre et devenir enfin la prunelle des yeux de son père. J'ai échoué misérablement. L'une de mes combines m'a procuré un emploi de réceptionniste dans une agence artistique et littéraire. J'étais motivée par le désir de devenir agent artistique et de faire vendre mon scénario par l'agent littéraire pour lequel je travaillais. Ce boulot payait à peine mes factures.

Pendant ma première année dans cette société, j'ai vécu de mes cartes de crédit. Je tablais sur le fait que, dès que j'aurais vendu mon scénario, je n'aurais plus de soucis d'argent. La deuxième année fut pire. Mes cartes de crédit étaient épuisées. Je me débattais chaque mois pour régler mon loyer, les remboursements de la voiture et le coût élevé de l'assurance auto. J'avais de plus en plus de retard dans mes paiements. La tactique consistant à payer un mois et passer le suivant ne donnait pas les résultats escomptés. Comble de malheur, on m'annonça que je devais déménager dans le mois. Le simple boulot de réceptionniste était devenu beaucoup plus lourd que ce qu'on m'avait dit. Je devais passer mes soirées à terminer l'énorme quantité de travail qu'on me refilait. Produire des photos ou des résumés, classer des fichiers, écrire des lettres et ne rien apprendre du métier d'agent. Les weekends étaient consacrés à travailler au scénario avec mon partenaire. Je n'avais aucune vie personnelle. N'empêche, j'avais le scénario comme source d'espoir. L'agent littéraire le trouvait original et amusant, et je croyais que dès qu'il serait vendu, tous ces efforts seraient récompensés. J'aurais du succès.

Le manque d'argent s'était toujours trouvé au cœur de notre vie, à la maison. Chaque jour paraissait s'achever en combat à propos du coût de la nourriture, des appareils dentaires, des fournitures scolaires, des voyages, des camps, des uniformes de scout. Vers la fin de mon adolescence, les disputes tournèrent autour de la vieille voiture tombée en panne, de mes frais universitaires, de mes voyages à Los Angeles avec la voiture et de mes coups de téléphone. Mon père avait cessé de me frapper depuis que j'étais devenue grande, mais il y avait toujours ses regards noirs ; ils étaient presque aussi percutants que les taloches qui assuraient auparavant la discipline. Mon père était arrivé dans ce pays sans un sou et avec une femme impotente. Ma mère représentait une responsabilité dont il avait promis au gouvernement américain de se charger durant toute sa vie. Il avait même signé un contrat en garantie.

Mon besoin d'argent devint de plus en plus désespéré. Il est bien évident que je ne pouvais pas faire appel à mon père. Il n'avait jamais approuvé aucun de mes choix dans la vie. Je n'avais pas d'autres parents vers qui me tourner. A Los Angeles, tous mes amis m'avaient laissée tomber, soit qu'ils fussent rentrés chez eux, soit par crainte de fréquenter quelqu'un d'aussi nul. J'envisageai de sauter du haut de l'immeuble où je travaillais. Je me mis à rêver tout éveillée que je braquais des banques ou des personnes âgées. Dans mon esprit, je m'étais fixé la somme dont je pensais avoir besoin. Dix mille dollars seraient parfaits, et mille dollars me donneraient une chance de me ressaisir. Il y a des journaux distribués gratuitement qui vivent de l'aspect le plus sombre de la population de la ville. Des publicités pour des prostituées et des annonces proposant à des modèles et à des actrices de travailler dans le porno. Je répondis à une annonce qui se vantait de payer mille dollars.

Un homme me répondit. Il me parut désinvolte, mais *business*. Il commença par me poser les questions standard sur ma taille et mon poids, et puis passa à des choses plus détaillées, plus personnelles, telles que les actes sexuels que j'accepterais ou n'accepterais pas d'accomplir. Tout ça semblait très bizarre. J'avais vingt-six ans à l'époque. J'avais teint mes cheveux bruns en blond et j'entretenais ma minceur et, dans une certaine mesure, mon équilibre grâce aux cigarettes que je fumais sans arrêt. En ce temps-là, je croyais en Dieu mais pas au mal. Au téléphone, je devins nerveuse. C'était quelque chose que je n'avais pas envie de faire. L'homme dut entendre l'hésitation dans ma voix. Il se mit à me raconter comment je pourrais gagner jusqu'à dix mille par semaine. Dix mille dollars, c'était la possibilité de régler toutes mes factures, de finir de payer la voiture, de recommencer à respirer. Je devais passer une audition pour le rôle principal d'un film porno l'après-midi même dans un motel des environs.

Ce type m'avait dit que la star du film était bel homme. Il s'avéra que c'était un petit type à la peau sombre, avec de longs cheveux noirs bouclés et un visage ordinaire, pas beau du tout. Je lui pris la main et la serrai avant d'entrer dans la chambre du motel.

Il me dit de me déshabiller et je fis ce qu'il disait. Il m'informa alors de ce qu'il voulait que je fasse et des gémissements sonores que je devais pousser, et je suivis ses instructions. Je me souviens d'avoir regardé en l'air et vu un grand miroir au plafond. Je me trouvai très belle. Je ne m'étais encore jamais vraiment regardée nue. Quelque part entre le miroir et un autre acte sexuel, j'eus besoin de vomir. Je m'excusai et filai à la salle de bains. Quand je revins, nous achevâmes la scène. Il frappa du poing contre le mur en criant : "Nous avons fini, ici dedans." Devant la porte, il me dit qu'il "me ferait savoir".

Rentrée chez moi, je pris un bain et frottai pour débarrasser mon corps de cet homme. Je pleurais, mais il fallait que je me reprenne rapidement en vue d'un autre entretien. Avec celui-là, je n'allai pas au-delà de la discussion. Je ne pouvais pas faire un film porno. Je ne pouvais pas supporter ce que je venais de faire. Je sortis dîner avec mon second interlocuteur, qui se révéla charmant, bien que metteur en scène de pornos. Il me dit que je m'étais fait arnaquer. Je couchai avec lui, plus tard, ce soir-là. Après tout, qui étais-je pour refuser ?

D'une manière ou d'une autre, je réussis à atteindre la fin du mois sans ces mille dollars. Je déménageai dans une maison que je partageais avec quelqu'un d'autre. J'arrêtai de sortir. Chaque soir, je mangeais et vomissais les chocolats que ma nouvelle colocataire présentait sur la table basse. Je me coupai les cheveux très court et les fis teindre en brun foncé. A part cela, je continuai de vivre ma vie comme à l'accoutumée. Je ne pensai plus à cet incident. C'était arrivé. C'était passé. Ç'aurait pu être pire.

Le mois suivant, je me rendis chez mes parents pour un anniversaire. Ma mère, qui avait perdu l'amour de son mari, avait toujours pris plaisir à dresser des barrières entre mon père et moi. Elle me raconta qu'ils avaient reçu une somme d'argent inattendue environ un mois plus tôt. Il s'agissait d'un millier de dollars. Ma mère avait demandé à mon père de me les donner, mais il avait refusé. Je craquai. Je courus dans le jardin, m'assis dans l'herbe et sanglotai. Je sanglotai sans pensée ni contrainte. Mes parents se tenaient debout près de la porte de la cuisine. Ils m'appelaient, me demandaient de rentrer, mais je ne pouvais pas bouger et eux ne venaient pas à moi. Finalement, je me suis relevée sans dire au revoir et je suis repartie chez moi.

I. Z.
Los Angeles, Californie

Depuis quinze ans, je vis confiné dans une cage de neuf pieds sur sept fermée de barreaux d'acier massif, entre des murs que je peux toucher du bout des doigts si je tends les bras. A ma droite, il y a mon lit. Son matelas est plat comme une crêpe, et juste à côté se trouve la cuvette en céramique avec un couvercle en bois pour bloquer la puanteur.

J'étais au lit, sur le point de m'endormir, quand la grille de ma cellule a grincé. Chaque fois qu'elle s'ouvrait, c'était un soulagement. Je me levai d'un bond, sortis sur la galerie et me signalai au gardien dans la guérite de contrôle à une centaine de pieds de moi.

"Le chapelain veut te voir. Habille-toi", dit-il. Je laçai mes chaussures, attrapai ma veste et me hâtai de sortir. Un appel provenant du bureau du prêtre signifiait généralement de mauvaises nouvelles. En passant à côté de la couchette de mon voisin, je l'entendis demander : "Tout va bien, Joe ?

— Je l'espère, répondis-je. Je crois que je vais passer un coup de fil en urgence."

Je traversai rapidement la cour enneigée, où des prisonniers se tenaient en groupes serrés pour résister au vent glacial. Des Noirs, des Blancs, des Latinos, emmitouflés de capuches, de bonnets, de gants et de moufles de toutes les couleurs. J'en reconnaissais certains, mais dans l'ensemble ce n'étaient que des visages dans une mer d'insignifiance solitaire. Quelques-uns tournaient en rond indéfiniment autour de la cour, d'autres regardaient l'une des quatre télés. Presque tous étaient perdus dans des distractions qu'ils s'imposaient à eux-mêmes, afin de tuer le temps de leur mieux et de la seule façon qu'ils connussent.

A la grille donnant accès à l'unité d'orientation, je glissai mon passe dans la fente minuscule de la guérite en bois du gardien. Celui-ci l'inspecta comme un caissier soupçonneux examinerait un faux billet de cinquante dollars. Ensuite, du ton dont il aurait fait passer un étranger à la frontière, il me dit : "Vas-y." Soulagé, je piquai un sprint jusqu'au bâtiment. Enfin, j'allais parler à ma grand-mère, une rude octogénaire capable de vous agonir d'injures en une minute si vous la mettiez en colère.

On ne s'était plus parlé depuis plusieurs semaines. La dernière fois que j'avais eu mon père, qui venait de tirer les dix ans auxquels l'avait condamné la cour fédérale, il m'avait dit : "Ta grand-mère est à l'hôpital, mais elle devrait être revenue d'ici trois jours."

Bien que sa santé se détériorât, je ne m'attendais pas à un déclin aussi rapide. Je me rappelais notre dernière conversation, quand elle avait pleuré en se plaignant de ses jambes enflées.

"Nan, tu dois essayer de marcher un peu, bouge tes jambes, fais un peu d'exercice, avais-je imploré.

— C'est ce que je fais. Tu ne comprends pas. Mes jambes sont fichues. La semaine dernière, en allant à la banque, je suis tombée sur le trottoir."

J'avais essayé de la consoler en lui parlant du bon vieux temps, quand nous habitions 98e rue et que Grandpa vivait encore. Je me voyais dans la cuisine, en train de la regarder ouvrir le four pour surveiller les miches brun doré du pain sicilien qu'elle faisait cuire pour moi et mon grand-père. A l'époque, l'un de mes plus grands plaisirs consistait en une miche ronde et brûlante de pain fait à la maison fourrée de poulet et arrosée d'un grand verre de lait. C'était le bon temps et moi, désormais, je m'y accrochais tout autant que ma grand-mère.

Mais même pendant que nous parlions des jours heureux, elle pleurait à chaudes larmes. Sa plus grande crainte était de se retrouver obligée de vivre dans une maison de retraite.

"Je veux mourir chez moi. Je ne veux pas habiter chez des inconnus.

— Nan, je te promets que personne ne te fourrera dans une maison de retraite. Ne t'en fais pas, dès que je sortirai, je m'occuperai de toi.

— Tu as parlé à l'avocat ?
— Oui, il se donne beaucoup de mal.
— Je prie Dieu que tu reviennes avant que je parte.
— Je reviendrai, Nan, prends bien soin de toi."
J'avais peut-être réussi à la rassurer, mais mon sentiment de culpabilité me traînait dans la tête comme un goût de lait caillé.

A présent, lorsque j'arrivai devant le bureau du chapelain, un policier me dit : "L'imam veut te voir." L'imam ? me dis-je. Randazzo, mon conseiller, devait s'être arrangé avec lui pour téléphoner à ma grand-mère. Dans la petite pièce, quatre musulmans étaient en train de remplir d'huiles parfumées de petits flacons. La pièce sentait le jasmin, le musc et l'encens de noix de coco, une fragrance âcre et pénétrante comme celle d'une boutique hippie dans les années soixante. L'imam Khaliffa parlait au téléphone. Il écarta le combiné de son oreille et couvrit le micro de sa main. D'une voix contenue, il dit aux quatre hommes de sortir.

Ils passèrent près de moi l'un derrière l'autre et l'imam continua de parler au téléphone pendant que j'examinais la pièce avec impatience. Bien que son bureau fût encombré de bouteilles et de papiers, un document en particulier attirait mon regard ; il ne paraissait pas à sa place. J'y avais remarqué mon nom écrit en grosses lettres au-dessus de celui de ma grand-mère. C'était sur un papier à en-tête du Francisco Funeral Home. L'imam raccrocha et je demandai : "Qu'est-ce qui se passe ?
— Ton frère Buddy a appelé. Il doit te parler."

Deux jours après, à six heures du matin, je fus réveillé par un jeune gardien du nom de Rizzo. Il était mince, avec des cheveux noirs coupés court et une voix qui parlait avec le calme apaisant d'un prêtre dans un confessionnal. Peut-être savait-il, lui aussi, ce que c'est que de perdre quelqu'un qu'on aime. Je lui en fus reconnaissant.

Quand nous traversâmes la cour, il y avait du vent, il faisait noir, il pleuvait des cordes. Dans le bâtiment administratif, un gros Irlandais à cheveux blonds et joues roses vint me dire : “Désolé pour ta grand-mère.” J’enfilai les vêtements fournis par la prison pour le voyage : des jeans, une chemise blanche et un veston brun. Je me jetai un coup d’œil dans le miroir et mon reflet me dégoûta.

Finalement, nous grimpâmes dans un fourgon spécialement équipé, avec une cloison en verre me séparant des gardiens, qui portaient sur la hanche des pistolets calibre trente-huit dans des étuis de cuir. J’avais les jambes entravées par une chaîne de douze pouces solidement fixée à chaque cheville. J’avais aussi des menottes et une ceinture, à laquelle mes menottes étaient attachées par un cadenas. Pour manger, je devais me pencher en avant et tendre le cou afin de picorer un sandwich que je serrais entre mes doigts.

Il y avait quinze ans que je n’avais pas franchi les murs de pierre de la prison. On passa devant des montagnes, des arbres et des fermes avec des vaches noir et blanc qui ruminaient paisiblement sur l’herbe. J’avais l’impression de faire partie d’une photographie en trois dimensions. Bientôt, on entra dans une vallée que recouvrait un brouillard épais. Il nous consumait, telle la fumée dans les bois après un incendie de forêt mal éteint. Tout à coup, une biche surgit du brouillard. Elle sauta sur la route et heurta l’avant du camion qui roulait devant nous. Le chauffeur n’eut pas la possibilité de l’éviter. Je tordis le cou et me glissai au bord de mon siège.

“Vous avez vu ça ?” demanda l’agent Warren.

Je regardai par la vitre latérale, à travers les gouttes de pluie qui se couraient après, et je vis la biche étendue sur le côté de la route. Comme je me penchais en avant sur mon siège, mes chaînes et mes entraves s’enfonçaient dans ma chair. La langue de la biche pendait hors de son mufle doux et velu, et, de sa bouche entrouverte, ses halètements nerveux faisaient s’élever de petits nuages de vapeur.

"*Elle est encore en vie !* m'écriai-je.
— Ouais, mais elle n'a pas l'air bien", dit Warren. J'aurais voulu la voir repartir, bondissante, vers les bois. Mais elle gisait, inerte, aussi immobile que le brouillard qui couvrait la vallée, aussi raide que les arbres.

En milieu d'après-midi, les arbres cédèrent la place aux habitations et aux immeubles commerciaux en briques avec leur assortiment d'enseignes multicolores en grosses lettres. Certains établissements étaient fermés par des planches. Finalement, on a passé Lexington Avenue, les quais de Manhattan, le pont de Brooklyn et on s'est retrouvés dans Atlantic Avenue. La ville me paraissait vaguement familière, comme en rêve.

Je m'imaginais autrefois, appuyé sur l'accoudoir de mon Oldsmobile noire 1983, en train d'écouter de la musique, avec un joint épais brûlant dans le cendrier. En train d'inhaler la fumée de la douce herbe poisseuse, dont l'arôme astringent s'épanouissait sous le toit ouvrant en lents tourbillons. Autrefois, j'avais eu tout ça.

Tout le long d'Atlantic Avenue, il y avait des rangées de boutiques et de *bodegas* et des gens qui allaient et venaient. De belles femmes en pantalon moulant, chaussures compensées et blouson de cuir se promenaient en balançant les sacs contenant leurs achats. Elles ondulaient des hanches au rythme de ce style de séduction qui épelait "attitude" avec un A majuscule dans le *barrio.* Il y avait des magasins de meubles avec des canapés sur le trottoir, un vieux Noir sans domicile qui mendiait, un amputé en chaise roulante qui se dépêchait de traverser la rue.

Quand on s'arrêta devant le salon funéraire, l'agent Warren dit : "Attendez un peu. Faut que j'aille voir."

Deux minutes après, il réapparut et fit un signe de tête à son partenaire. Alors, avec l'aide de Rizzo, je descendis prudemment du fourgon. "Attends, me dit Rizzo en m'arrêtant à mi-course. Enlevons d'abord la ceinture et les menottes."

Il inséra une clé dans le cadenas et l'ouvrit, d'un geste rapide et exercé. Il m'entoura de ses bras pour détacher la chaîne dans mon dos et puis m'enleva les menottes. Je m'étirai et me frottai les poignets. Ils étaient rouges et enflés, avec des marques profondes. Suivi par Rizzo, j'entrai en claudiquant dans le vestibule, en marchant lentement pour éviter de trébucher sur la chaîne encore fixée à mes chevilles.

Mon frère Buddy apparut. Il était grand et fort et impeccablement vêtu d'un beau costume noir. Je me rendis compte qu'il était à la fois choqué et content de me voir. On s'est serré la main et embrassés. Et puis arriva mon oncle, que je n'avais plus vu depuis quinze ans. Il avait beaucoup vieilli et me parut plus petit, et rond comme un tonneau. Il s'arrêta une seconde, m'étudiant comme je l'étudiais. Quinze ans, c'est long.

"Joe", dit-il, avec son accent sicilien caractéristique.

Je l'entourai de mes bras. "C'est bon de te voir, oncle Charlie.

— Je suis grand-père, maintenant, m'annonça-t-il fièrement en sortant une photo de son portefeuille. Ton cousin Joey et sa femme ont eu un fils. Il s'appelle Calogero."

Je pris la photo et y jetai un coup d'œil en me demandant où étaient passées toutes ces années. Je me souvenais de mon cousin Joey, adolescent en pull de footballeur, sortant en courant de sa maison à College Point pour jouer au ballon. A présent, il était père. Je rendis la photo à mon oncle en disant : "Félicitations."

J'entrai dans le salon et je rencontrai mes sœurs, Gracie et Maria. Toutes deux noyées sous les vêtements noirs. On s'embrassa et toutes les deux pleurèrent sur mon épaule. Je fus rapidement entouré d'autres membres de la famille, y compris mon père, que je n'avais plus vu depuis dix ans. Il avait les cheveux d'un blanc pur, fins comme du poil de lapin.

"Tu as pu venir", dit-il.

On s'embrassa. "Oui, dis-je. La sécurité m'a autorisé."

A cause des restrictions, je n'avais pas parlé à mon père depuis qu'il était sorti. Je restai planté devant lui à le regarder, cherchant l'homme que j'avais vu pour la dernière fois lors d'une visite, dix ans auparavant. Je savais que je ne le retrouverais plus jamais.

La salle était tranquille et silencieuse. Il y avait une rangée de chaises le long d'un mur et un canapé contre l'autre, des tables sur lesquelles étaient posées des lampes et d'autres avec des bols de cristal remplis de bonbons à la menthe. Au fond de la pièce, ma grand-mère était couchée, sans vie, entourée de tout un choix d'arrangements floraux colorés. En m'approchant, je reconnus la fragrance familière des roses fraîchement coupées. Je posai la main sur le bord de son cercueil de bronze et contemplai son visage. Elle était plus maigre que la dernière fois que je l'avais vue, cinq ans plus tôt. Elle avait la peau pâle et décolorée, avec une épaisse couche de fond de teint qui lui donnait un aspect peu naturel. Son sourire avait l'air un peu forcé. Elle avait au poignet le bracelet d'or qu'elle portait toujours dans les grandes occasions. Il était lourd et orné de plusieurs médailles qui sonnaient comme des clochettes quand elle marchait. A présent, ces amulettes – de grands cœurs d'or massif et des médaillons gravés de dates et d'expressions bien senties – pendaient avec raideur à son poignet figé. Elle était vêtue d'une belle robe rose en soie et en dentelles, qui lui descendait aux chevilles. Ses pieds étaient chaussés de minuscules souliers roses, couleur de coquillage.

Depuis toutes ces années, je m'attendais à ceci. Mais je n'avais jamais pensé que ça arriverait si foutrement vite. Désormais, il ne me restait que des souvenirs. Des vestiges fragmentés de nos vies, éparpillés sur le couvercle de son cercueil. L'un d'entre eux est une photo prise en 1984, l'année où je suis parti, de ma grand-mère debout sur le ponton de notre maison à Howard Beach. Des bateaux ornés de drapeaux, certains avec des ponts plus hauts que la maison, flottaient à la surface des eaux calmes en attendant de prendre le large. Elle porte un short et des tennis, et elle fait un sourire immense. Et à côté d'elle se trouvent les rosiers qu'elle cultivait, une lumineuse explosion de fleurs.

A la maison, ma grand-mère gardait en général de grands bols de nourriture au chaud dans le four. Il y avait toujours un plat de poulet aux pâtes ou de viande avec des pommes de terre pour les visiteurs qui avaient envie de se mettre à table. Le dimanche, Nan préparait toujours un énorme repas, de grands bols aux couleurs pastel remplis de pâtes, de sauce marinara, d'ail et de basilic frais. Et puis nous nous passions des plats de boulettes de viande, de saucisses, des piles de viande d'un pied de haut. J'essuyais la sauce sur mes lèvres entre une bouchée de nourriture et une gorgée de vin rouge mélangé à de la limonade. Mon grand-père avait sa serviette calée dans sa chemise et un stylo dans sa poche ; il râpait avec énergie un bloc de ricotta sur ses macaronis. Quand il avait fini, je lui prenais le fromage et faisais de même.

Quand, en sortant de l'école, je rentrais à la maison qu'envahissait l'arôme de la sauce en train de mijoter sur le fourneau, je chipais une miche de pain de semoule, j'en arrachais un quignon et je le trempais dans la délicieuse sauce rouge. J'entendais bientôt ma grand-mère : “File de là, tu veux ?” Elle ne disait pas ça méchamment, elle le disait fièrement, ravie de voir combien j'aimais sa cuisine.

Le moment de partir arriva, annoncé d'un hochement de tête par l'agent Warren. Tout le monde s'avança pour m'embrasser. Mon oncle et moi, nous nous étreignîmes une dernière fois et il dit : “Tu étais tout pour ta grand-mère, elle t'aimait plus que n'importe quoi." Et puis mon père me serra dans ses bras et explosa en sanglots violents et convulsifs. On restait là, accrochés l'un à l'autre comme les passagers d'un avion en train de tomber, de se précipiter vers le sol. A cet instant, avec les larmes de mon père qui me tombaient sur l'épaule, j'avais l'impression que j'étais son père et qu'il était mon fils, et que dans la consolation de mes bras il découvrait le réconfort que j'avais un jour trouvé dans les siens.

Je marchai jusqu'au fourgon et tendis les mains à l'agent Rizzo pour qu'il me remette les menottes. Il me dit : "On les mettra plus tard, quand on aura mangé." Cela m'étonna. Je grimpai dans le fourgon, me glissai près de la vitre et regardai dehors une dernière fois, avec l'espoir de figer cet instant qui allait demeurer éternellement au nombre de mes images mentales. Je vis mon oncle plonger la main dans la poche de sa veste, en ramener un cigare et l'allumer, en tirant à petites bouffées rapides. Quand le fourgon démarra, je lui fis un signe d'adieux, et je me demandai si mon expression trahissait ma tristesse.

JOE MICELI
Auburn, New York

UN ACTE DE MÉMOIRE

J'étais une gamine de onze ans et j'habitais Brooklyn. Mon père était mort inopinément cet été-là et les temps étaient durs, soudain, pour ma mère, mes deux frères et moi. Mon frère de dix-huit ans était alors dans l'armée depuis un an. L'autre, qui avait treize ans, travaillait après l'école comme livreur pour gagner un peu d'argent cruellement nécessaire. Maman avait travaillé quelque temps après la mort de papa, mais elle avait dû arrêter quand sa santé avait commencé à se dégrader.

Papa avait toujours fait grand cas de Noël. Aussi loin que remontent mes souvenirs, l'arbre s'était toujours trouvé au cœur de nos célébrations, avec la crèche et le père Noël. Il y avait un petit ornement en particulier, un angelot bouclé entouré d'un cercle de velours rouge, que papa gardait toujours dans sa petite boîte spéciale. Chaque année, au moment où nous commencions à décorer l'arbre de Noël, il le sortait de sa boîte avec cérémonie et le tenait devant moi en disant : "Maria, cette poupée a le même âge que toi." Ensuite il l'accrochait à l'arbre.

Papa avait acheté cette petite poupée l'année de ma naissance et, sans qu'il en ait eu d'abord l'intention, c'était devenu chez nous une tradition qu'il mette en premier l'angelot sur l'arbre, avant toute autre garniture.

Mais cette année-ci, nous ne devions pas avoir d'arbre de Noël.

Ma mère était une femme pratique, et elle avait décidé que l'arbre était un luxe dont nous pouvions nous passer. Je m'étais dit, avec une rancune silencieuse mais vive, que de toute façon, cela n'avait jamais signifié pour elle ce que cela signifiait pour papa. Et si mon frère le regrettait, il ne le montrait pas.

Nous étions allés faire un tour à l'église, ce soir-là, et nous rentrions chez nous en silence. La nuit était limpide, une belle nuit d'hiver, mais je ne voyais que les fenêtres devant lesquelles nous passions, illuminées par les arbres de Noël. Leurs lueurs joyeuses renforçaient mon amertume, car je me figurais dans ces maisons des familles au complet, heureuses, en train de rire ensemble, d'échanger des cadeaux, de bavarder et de plaisanter, assises devant des tables bien garnies. Noël ne signifiait rien de plus profond que tout cela, pour moi, ce soir-là. Et je savais que quand nous serions enfin chez nous, nous serions accueillis par des fenêtres obscures et qu'une fois passé le seuil, nous nous retrouverions ensemble et pourtant seuls, en fin de compte, chacun plongé dans le vide presque tangible qui était venu s'installer sur nous.

En passant devant la maison de ma copine, à quelques portes de chez nous, je remarquai qu'il y avait encore de la lumière dans son living. Je demandai à ma mère la permission d'aller y faire une brève visite, avant de rentrer à la maison. Elle me l'accorda.

La seule chose, c'est que je ne suis pas entrée chez ma copine, ce soir-là.

J'ai attendu que ma mère et mon frère aient disparu derrière notre porte et puis, impulsivement, j'ai fait demi-tour et je suis partie vers le magasin de mon père, à cinq longues sections d'avenue de chez nous. C'était une petite épicerie au coin de la 45e rue et de la 11e avenue. Inconsciemment, j'avais envie d'être devant ce magasin qui avait tant compté pour mon père, même s'il était désormais vide et à louer. C'était comme si, d'une certaine manière, j'allais me sentir plus près de lui.

Il n'y avait pas beaucoup de passants. Il faisait très sombre, mais je remarquai pour la première fois combien la nuit était belle, si froide et pure, avec un ciel si rempli d'étoiles. Derrière les fenêtres, les arbres encore allumés et brillants ne me faisaient plus le même effet que plus tôt dans la soirée. Peut-être à cause de l'audace de me trouver seule dehors pour la première fois, ou de l'impression que j'allais, d'une façon quelconque, me rapprocher de papa. Quoi que ce fût, cela semblait avoir calmé ma rancune et mon chagrin.

Quand j'arrivai enfin près du magasin, je remarquai sur le trottoir de grandes masses sombres aux formes bizarres. Je m'arrêtai net. Mon imagination commença à gamberger et je faillis tourner les talons et rentrer à la maison. Mais quelque chose me poussait à continuer. En arrivant à proximité, je me rendis compte que ces "masses" n'étaient pas du tout des monstres, mais des sapins de Noël provenant du magasin voisin de celui de mon père. C'étaient les sapins invendus, qu'on avait laissés là pour que les éboueurs ou quiconque s'occupait de ces choses-là les ramasse.

Je me souviens que j'ai couru soudain vers les arbres entassés et que j'ai essayé, dans l'obscurité, de choisir le plus beau que je pouvais trouver. Je crois me rappeler que celui que j'ai choisi était énorme, haut de près de trois mètres, mais il ne peut pas avoir été aussi grand. En tout cas, j'ai empoigné mon arbre, contente d'avoir mis mes grosses moufles de laine, et j'ai entrepris, moitié traînant, moitié portant, de ramener mon trésor à la maison.

J'avais l'âme emplie de Noël. Je savais que papa était mêlé à tout ceci d'une manière ou d'une autre. Je ne crois pas m'être jamais sentie plus proche de lui que cette nuit-là. C'était comme s'il se trouvait dans les étoiles au-dessus de moi, dans chaque fenêtre illuminée, jusque dans le sapin que je transportais. Je ne me rappelle pas si j'ai rencontré quelqu'un en chemin. Oui, sans doute, et dans ce cas je devais offrir un spectacle étrange : une petite fille remorquant un sapin qui faisait plus de deux fois sa taille, en chantant doucement des chants de Noël. Mais je sais que ce que pensaient les gens m'eût été bien égal.

Arrivée à la maison, j'ai sonné à la porte, prête à plaider pour entrer avec mon sapin si nécessaire. Mon frère est venu m'ouvrir et une expression surprise a accompagné son "Où t'as trouvé *ça* ?" étonné. Nous avons fait entrer le sapin, il a réussi à dénicher le support et nous avons commencé à l'installer. Ma mère est arrivée et nous a vus, mais elle n'a rien dit. Elle ne participait pas, mais elle ne disait rien non plus pour nous arrêter. Et bien qu'elle eût compris que je n'étais pas allée chez ma copine, après tout, elle ne m'en a fait aucun reproche.

Quand nous avons eu fini, mon frère et moi, nous nous sommes reculés pour admirer le sapin. Il nous paraissait parfait, sans un défaut. J'étais si excitée que j'aurais pu passer la nuit à le garnir, mais ma mère a déclaré qu'il était tard, près de minuit, et que nous devions tous aller nous coucher.

Noël était presque passé. J'étais certaine que maman n'approuvait pas ce que j'avais fait et je commençai même à me sentir coupable, comprenant soudain le chagrin que cet arbre pouvait lui causer, et ma joie perdit de son éclat.

Je me suis apprêtée à me coucher, excitation et tristesse se brouillant dans ma tête. J'ai voulu regarder mon arbre une dernière fois avant que Noël soit passé.

Ma mère était debout devant le sapin, une petite boîte bien connue à la main. Je ne sais pas si elle m'a vue sur le seuil. Avait-elle pleuré ?

Il m'a semblé que ses mains tremblaient quand elle a ouvert la boîte. Elle a tenu l'ornement devant elle ; elle regardait l'arbre, pas moi.

"Maria", a-t-elle dit, presque murmuré, d'une voix un peu différente, bizarre, "cette poupée a le même âge que toi."

Et elle a accroché l'angelot dans l'arbre.

MARY GRACE DEMBECK
Westport, Connecticut

SLAPSTICK

D'UNE CÔTE A L'AUTRE

Au milieu des années quatre-vingt, je travaillais dans une coopérative alimentaire clandestine à Washington DC. Une nuit où j'étais occupée à ensacher des raisins secs, je remarquai qu'une femme me dévisageait. Finalement, elle s'avança et m'interpella : "Michelle ? Michelle Golden ?" "Non, dis-je, je ne suis pas Michelle, mais s'agit-il de Michelle Golden de Madison, Wisconsin ?" et elle répondit que oui, c'était exactement à elle qu'elle pensait. Je lui dis que je connaissais Michelle et qu'on m'avait déjà souvent prise pour elle. Quelques années après, je partis vivre sur la côte ouest. Un samedi matin où je me baladais dans le centre de San Francisco, une femme s'approcha de moi. Elle s'arrêta net, me dévisagea de la tête aux pieds et demanda : "Michelle ? Michelle Golden ?" "Non, répondis-je, mais quelles chances y avait-il que vous fassiez la même erreur deux fois dans votre vie sur deux côtes différentes ?"

BETH KIVEL
Durham, Caroline-du-Nord

Un feutre mou coiffait toujours les courtes boucles brunes de mon père. Il en portait un gris pour travailler – avec parfois de petits grains de blé mêlés d'huile de tracteur nichés dans le bord. Il en avait un brun pour les tenues habillées et un beige pour les balades paisibles du dimanche ou pour regarder un film de Roy Rogers pendant une chaude soirée d'été. Nous n'allions jamais au cinéma qu'en été, sans doute parce que les journées étaient longues et chaudes, ou parce que les nuits mettaient trop longtemps à venir, ou parce que la fraîcheur obscure du cinéma *Star* attirait mon père après une journée passée à travailler la terre sèche et poussiéreuse.

Mon père n'allait jamais nulle part sans l'un de ses chapeaux. Ils étaient alignés sur des patères à l'extérieur de la porte de la cuisine. Même taille, même forme, même odeur – un mélange d'Old Spice, de savon Lifebuoy et d'un soupçon du Brylcream qu'il utilisait pour discipliner ses cheveux rebelles.

Il n'en portait jamais à l'intérieur, mais dès qu'il était dehors il en avait un sur la tête ou à la main. Il le soulevait pour saluer une dame et l'enlevait dès qu'il entrait quelque part, fût-ce au bureau de poste. Il avait des manières impeccables, mais il ne se sentait pas à l'aise sans chapeau. Ma mère l'obligeait à le laisser dans la voiture quand nous allions au cinéma ; il aurait préféré le tenir sur ses genoux.

Bien des années après, nous nous trouvions, mon frère, moi et nos familles, avec ma mère et mon père dans un grand magasin de Portland, Oregon. Nous tentions d'aider mon père à trouver un nouveau chapeau. Il les essayait tous : pas la bonne taille, pas la bonne couleur, bord trop étroit, ruban mal assorti. Ça durait et durait et le vendeur perdait patience. Mon père finit par trouver le chapeau parfait et, avec un grand sourire, le montra à ma mère. Nous poussâmes tous un soupir de soulagement mais elle le regarda et dit : “Ted, vieux sot, c’est ton chapeau !”

JOAN WILKINS STONE
Goldendale, Washington

HOMME CONTRE MANTEAU

Notre première et unique rencontre eut lieu dans un bar chic par une froide soirée de novembre. J’avais répondu à sa petite annonce dans la rubrique “personnel” : “… souhaite rencontrer homme sûr de lui, trente-cinq à quarante-deux ans, aimant se balader dans le parc et bavarder dans le noir… etc.” Son style avait quelque chose de simple et de chantant qui m’attirait.

Elle était grande, mince, brune, dans les trente-cinq ans. Elle était sympathique et parlait en regardant son interlocuteur dans les yeux. Elle était à la fois jolie et élégante, et elle me plut immédiatement. Il ne faisait aucun doute que j’avais envie de la revoir. Mieux encore, je ne sentais pas de réticence de sa part à l’idée de me revoir. Si seulement je pouvais gérer le reste de la soirée sans faux pas ni accident.

Lorsque nous nous sommes préparés à partir, elle a été la première à mettre son gros manteau d’hiver. Elle a ajusté son foulard et enfilé ses gants sur ses doigts longs et élégants. Une fois prête, elle est restée là, patiente, à m’attendre.

J’ai pris ma parka sur le dossier de mon siège et, en serrant fermement le col de ma main gauche, j’ai glissé mon bras droit dans la manche droite. Avec le manteau à moitié mis, j’ai tendu le bras gauche en arrière de manière à attraper la manche gauche. Mais, je ne sais pourquoi, j’ai manqué mon but. J'ai essayé encore, et manqué de nouveau. Plus décidé que jamais, j'ai intensifié mes efforts.

Complètement absorbé par ce que j'étais en train de faire, je n'ai pas remarqué que mon corps commençait à tourner dans le sens inverse des aiguilles d'une montre. Mon corps tournait, et le manteau tournait aussi : la manche restait à la même distance de ma main tendue. Je sentais que des gouttes de sueur commençaient à se former sur mon front.

C'était comme si les manches s'étaient rapprochées l'une de l'autre au cours des quelques dernières heures. En grognant et en gémissant, je m'efforçais de gagner la partie ou, plus exactement, la manche. Comment aurais-je su que j'étais la proie de forces qui allaient entraîner ma déconfiture ? A force de tourner sur moi-même, mes jambes commençaient à s'entortiller.

Personne ne peut rester debout tout en se contorsionnant, un bras tendu en arrière vers une manche qui ne cesse de bouger. J'ai perdu l'équilibre. Lentement, je me suis effondré. Couché par terre, en partie recouvert par mon manteau, j'ai jeté un regard à ma compagne. Nous n'avons rien dit, ni elle, ni moi. Elle n'avait jamais vu un homme plaqué au sol par son propre manteau.

MEL SINGER
Denver, Colorado

ÇA, C'EST DU SPECTACLE !

L'été précédant ma quatrième année d'université, j'ai loué une maison sur la côte avec quelques amis. Un mardi soir, vers neuf heures et demie, je suis sortie et descendue à la plage. Comme il n'y avait personne aux environs, je me suis déshabillée, j'ai laissé mes vêtements en tas et j'ai plongé dans les vagues. J'ai nagé pendant une vingtaine de minutes et puis je suis revenue vers la plage en me laissant porter par un rouleau.

Quand je suis sortie de l'eau, mes vêtements avaient disparu. Je me demandais que faire, lorsque j'ai entendu des voix. C'était un groupe de gens qui marchaient le long du rivage – et qui marchaient vers moi. J'ai décidé de piquer un sprint et de courir jusqu'à la maison, qui se trouvait à une cinquantaine de mètres. La porte me paraissait ouverte, en tout cas j'y voyais de la lumière. Mais en approchant, je me suis rendu compte à la toute dernière seconde qu'il y avait une porte grillagée. Je suis passée à travers.

Maintenant me voilà, au beau milieu d'un living-room. Il y a un père et deux petits gosses qui regardent la télé, assis sur un canapé, et moi je suis debout au milieu de la pièce, sans un voile. J'ai fait demi-tour, j'ai repassé la porte au grillage déchiré et j'ai couru comme une folle vers la plage. J'ai pris vers la droite, j'ai continué à courir et j'ai fini par retrouver ma pile de vêtements. J'ignorais qu'il y avait un courant sous-marin. Il m'avait emportée à bonne distance de l'endroit où j'étais entrée dans l'eau.

Le lendemain, je suis partie sur la plage à la recherche de la maison avec la porte au grillage déchiré. Je la trouve, je monte pour frapper à ce qui reste de porte et je vois le père, à l'intérieur, qui arrive vers moi. Je me mets à bredouiller et finalement je parviens à dire : "Vous savez, je suis vraiment confuse de ce qui s'est passé, je voudrais vous rembourser le grillage."

Le père m'interrompt, lève les mains en un geste théâtral et dit : "Mon chou, je ne pourrais rien accepter de votre part. C'était le meilleur spectacle que nous ayons eu de toute la semaine."

NANCY WILSON
Collingswood, New Jersey

LE GÂTEAU

J'avais quatorze ans et mon frère en avait quinze quand nous sommes allés avec nos parents à la fête organisée en l'honneur du diplôme de notre cousin. Partir de chez nous pour nous rendre à une réunion de famille, ça comportait toujours de la tension et des cris. Mon père détestait sortir. Ça ne le dérangeait pas de se trouver quelque part une fois qu'il y était, mais il détestait y aller et s'y préparer. Il nous avait crié dessus, à mon frère et à moi, pendant presque toute la matinée en nous reprochant d'être des adolescents ricaneurs et ronchonneurs, comme le sont les adolescents. Mon père était un partisan convaincu de la discipline, capable, si on le provoquait, de se servir contre nous de son poing. On ne peut pas dire que ça nous faisait peur, mais il fallait évaluer très soigneusement jusqu'où on voulait aller dans la provocation, et être certain qu'on se sentait prêt à en assumer les conséquences.

Nous nous battions souvent, mon frère et moi : des bagarres méchantes, à coups de poing dans la figure, qui décourageaient les gosses du quartier de se frotter à nous, bien que nous nous battions rarement avec des tiers. Comme si la bagarre avait été un geste intime, réservé aux proches.

La fête avait lieu à Guttenberg, dans le New Jersey. Nous étions arrivés du Bronx et nous attendions, mon frère et moi, debout contre un mur entre la cuisine et le salon, qu'on coupe le gâteau afin qu'on en finisse et qu'on puisse rentrer chez nous et bouder dans nos chambres. On était debout contre le mur comme deux paquets de papier de toilette mouillés qui auraient séché et ressembleraient à présent à une chose difforme surgie du plâtre de l'enduit. Il y avait aussi des petits mômes. Ils couraient partout, entraient et sortaient en poussant des cris et en riant d'avance à l'idée du gâteau et de la crème glacée. Nous nous sentions très au-dessus de ce genre d'excitation, mon frère et moi. On était cool. Et puis, un des gamins avec des dents aux différents stades de chute et de repousse fonça vers le gâteau et tendit la tête au-dessus du glaçage sculpté par une main experte. "Regardez-moi, regardez-moi", criait-il. Je vis mon frère grincer des dents et serrer les poings. Je savais ce qu'il pensait, et d'un hochement de tête silencieux, je le mis au défi de pousser ces dents inégales dans le gâteau. Il sourit malgré ses mâchoires crispées et secoua la tête. Nous connaissions tous deux les conséquences.

Le gamin crieur les connaissait aussi. Il fila vers mon frère et le défia. Et puis il fila de nouveau vers le gâteau, et défia encore mon frère. Celui-ci porta son poids d'un pied sur l'autre et se décolla du mur, prêt à accomplir le geste que j'avais une envie si désespérée de le voir accomplir, et au moment où il changeait de position, mon père entra dans la pièce et passa dans la cuisine pour se servir à boire. Encore en pleine conversation avec quelqu'un qui était resté dans la pièce qu'il venait de quitter, il parlait à voix haute, avec son éternel cigare fiché entre les dents. Le gamin remarqua que mon frère s'était figé contre le mur et reprit ses persiflages : "Je suis au-dessus du gâteau, je suis au-dessus du gâteau..." Mon père rentra dans la pièce, venant de la cuisine et, d'un bref coup d'œil, il saisit la situation. Il devina les intentions de mon frère et comprit qui visaient ces intentions. Il fit un pas rapide. De la même main qui tenait son cigare fumant, il plaqua le visage du gamin dans le glaçage vert du gâteau, étouffant ses railleries à mi-hurlement. Et puis, sans rupture de cadence, il retourna dans le salon continuer sa conversation.

Nous avons eu nos différends, mon père et moi, mais je me souviendrai toujours de lui pour cela. Je l'aimerai toujours pour cela.

GERARD BYRNE
Ringwood, New Jersey

Andy vivait sur sa moto. C'était son unique moyen de transport, et il transportait beaucoup. Ça se passait dans les années cinquante, avant les grandes routières avec malles, fontes spacieuses et poches de rangement dans les carénages, et il trimballait tout dans ses vêtements. Par tous les temps sauf les plus lourds, il portait un grand manteau de cavalier par-dessus un blouson de cuir par-dessus un chandail par-dessus une chemise de flanelle par-dessus un caleçon long. Ses multiples poches étaient bourrées de toutes sortes de choses, et pour les plus grandes il avait de vieilles fontes usées. Bien qu'il ne fût pas gros, son accoutrement le faisait ressembler au bonhomme Michelin.

Andy habitait près du Bronx Whitestone Bridge à New York et travaillait loin de là, comme gardien de passage à niveau, sur Long Island. Je le voyais le week-end chez les concessionnaires Triumph et BSA du quartier ou bien à des cross ou à des courses sur route. Parfois, il passait aussi chez moi les jours de semaine en se rendant à son travail et buvait une tasse de café pendant que je prenais mon petit-déjeuner. Ma mère n'était jamais heureuse de le voir, même si elle se montrait aimable et accueillante. Elle appréciait particulièrement peu de s'entendre appeler "jeune dame" quand elle le rencontrait à la porte de derrière lors de ses visites matinales. Bien qu'elle fût capable de sécheresse et de brusquerie, elle l'avait catalogué comme quelqu'un qui avait besoin d'aide et de gentillesse. Andy avait une trentaine d'années. Il posait sur les gens un regard intense et un peu fou et sa voix avait une résonance geignarde et acérée qui faisait tourner les têtes.

Après quelques visites, Andy se mit à me conduire à l'école. Je fréquentais une école catholique à une dizaine de kilomètres de chez nous dans une direction qui n'était pas du tout celle de son travail.

J'adorais y arriver sur la Triumph Tiger d'Andy plutôt que dans le bus scolaire, même si Andy prenait des virages si rapides que ses pédales raclaient le sol.

Un jour, en arrivant à l'école secondaire, je me rendis compte que j'avais oublié mon repas. "Dommage", commenta Andy. Je le remerciai de m'avoir conduit, et il partit. Vingt minutes après, ma mère entendit frapper à la porte de derrière. Quand elle l'ouvrit, Andy lui dit : "Re-bonjour, jeune dame. Jim a oublié son déjeuner." Ma mère le précéda dans la cuisine, trouva mon déjeuner sur le comptoir et le lui tendit en le remerciant de sa gentillesse. Làdessus, il s'assit et le mangea.

JIM FURLONG
Springfield, Virginie

SOPHISTICATED LADY

J'avais dix-huit ans et j'étais étudiante à l'université du Wisconsin quand mon jeune frère reçut une bourse pour la musique à l'académie militaire St. John. Par un bel après-midi d'automne, il devait donner son premier concert. Ordre m'était venu de la maison d'assister à l'événement. Mes parents avaient prévu de me prendre devant Langdon Hall à onze heures et de me traîner avec eux jusqu'à Delafield. L'idée d'assister à un concert donné par un orchestre de lycéens ne me paraissait pas du tout réjouissante.

Pendant que nous attendions l'arrivée de mon frère dans le hall de réception, je décidai de jouer les sœurs aînées expérimentées, charmantes et raffinées. J'allais sérieusement impressionner ces jeunes freluquets. Tout en tapotant le plancher avec impatience de mon talon de six centimètres, j'affectais une pose blasée, mêlant quelques bâillements à de profonds soupirs, afin de montrer à ces gamins qui jouaient aux petits soldats avec leurs ceintures rouges qu'ils ne m'impressionnaient pas.

Mon frère se faisait attendre, et je m'excusai pour me retirer un instant. Je revins bientôt, accueillie par les ricanements et les sourires de toutes les personnes présentes. Collé à ma chaussure et traînant derrière moi à chacun de mes pas sophistiqués, se déroulait un flot de treize mètres de papier de toilette.

JOAN VANDEN HEUVEL
Madison, Wisconsin

MON PREMIER JOUR EN HABIT ECCLÉSIASTIQUE

C'était une belle journée ensoleillée de la fin d'octobre, et j'avais rendez-vous chez le dentiste. Je n'étais pas prêtre, j'étais séminariste, membre d'un ordre religieux. Il y avait environ deux mois que j'avais prononcé les vœux qui faisaient de moi un membre à part entière de l'ordre. Je deviendrais prêtre un jour, mais pas avant plusieurs années. Au séminaire, nous portions des soutanes, de longs vêtements noirs serrés à la taille et faits de serge (très chaude en été !). Après les vœux, quand nous sortions en public, nous portions le col blanc et le costume noir traditionnels des prêtres catholiques. Je ne l'avais pas encore fait et je n'avais jamais porté mon col et mon costume noir. Mais en ce beau jour d'octobre, je devais me rendre chez le dentiste.

C'était donc le jour de mon apparition publique avec le col.

Je dois dire que je n'ai jamais eu meilleure apparence qu'alors. J'avais vingt ans. J'avais été plutôt dodu du temps de l'école secondaire – vous savez, les tailles "husky" chez les garçons. Mais pendant le noviciat (nos deux premières années de formation), on m'avait encouragé à observer strictement les jours de jeûne. Ç'avait été la fin des rondeurs adolescentes. J'étais mince et en forme et je me sentais bien. En toute modestie, je ressemblais un peu à un Pat Boone jeune. Je n'en étais qu'à peine conscient à l'époque. Rien ne m'encourageait à penser que j'étais mignon ou beau. Il n'y avait pas de filles, pas de sorties, rien de tout ça. Néanmoins, quand je revêtis le col ecclésiastique sur un costume noir qui m'allait étonnamment bien, je me sentis assez impressionné par mon aspect. Mais sortir dans le monde ! Cette perspective me paraissait intimidante et je me sentais très mal à l'aise. Pour aller chez le dentiste, j'ai pris un bus, ce qui a accentué l'impression que j'avais d'être exposé à tous les regards. Je descendis non loin du cabinet du dentiste et me retrouvai en train de marcher dans une rue de la ville. Tandis que, nerveux et timide, je cheminais sur le trottoir, vêtu pour la première fois de façon si étrange, avec l'apparence d'un prêtre, alors que je n'en étais pas un, cinq ou six petits enfants arrivèrent en courant, en dansant et en riant. Ils étaient déguisés ! Un fantôme, une sorcière, un ours… ils venaient de fêter Halloween dans leur école. Mon premier jour en habit ecclésiastique, et c'était Halloween. Nous étions tous en costume.

EUGENE O'BRIEN
Hubbard, Ohio

C'était l'un de ces instants pour lesquels vivent les enseignants. La classe silencieuse écoutait avec une attention soutenue l'un des élèves présenter son exposé de sociologie. Ils avaient choisi de prendre pour sujet de recherche un aspect particulier de leur héritage culturel et Bruce s'était concentré sur le judaïsme, la religion à laquelle il s'était converti quand il avait dix ans. Il expliquait à ses camarades de classe les rituels de la prière dévote, sujet dont seul le plus audacieux des adolescents pouvait se tirer sans embarras.

Bruce était grand et beau, en dernière année d'études secondaires. Un modèle de maîtrise de soi, que ses pairs écoutaient dès qu'il daignait parler. Debout devant la classe, il expliqua que la pose du tephillim était un acte sacré et devait être accomplie dans un silence absolu. A ma fierté et à ma surprise, la classe entière resta immobile, comme retenant collectivement son souffle. Bruce pria en enroulant lentement la mince bande noire autour de son bras et puis, d'un geste délibéré, se posa l'autre sur le front. Je n'aurais jamais osé imaginer un respect aussi complet ni une telle déférence dans une école publique. Quand il eut terminé, les élèves lui posèrent des questions d'une voix timide. Bruce répondit avec une patience toute professionnelle, et puis il alla dans mon bureau retirer les bandes en priant à titre privé. Je me sentais pleine d'une foi renouvelée dans l'adolescent américain, et pendant une semaine je répétai cette histoire de conviction religieuse et de confiance en soi adolescente à qui voulait m'entendre.

L'année suivante, Bruce vint rendre visite à l'école juste avant le congé de Thanksgiving, comme le font beaucoup de jeunes diplômés. Je l'entendis raconter à un groupe d'admirateurs qu'il avait remis à plus tard son entrée au collège et qu'il faisait du rodéo quelque part dans le Sud. Il avait attrapé un accent caractéristique et s'appuyait contre le montant de la porte, en blue-jeans, avec un foulard dépassant négligemment de sa poche-revolver. Il parlait de monter des taureaux comme s'il avait fait ça toute sa vie. Quand les élèves eurent regagné leur classe, ma curiosité fut la plus forte et je pris Bruce à part.

"Bruce, demandai-je, j'ai juste envie de savoir : comment tes copains cow-boys réagissent-ils quand tu quittes le rodéo pour observer le sabbat ?

— Oh, non, m'dame, répondit-il. J'ai renoncé à tout ça. Je suis né à une nouvelle vie, maintenant."

JENNIFER PYE
Rochester Hills, Michigan

COMMENT SE FAIRE DES AMIS ET INFLUENCER LES GENS

Avant qu'on puisse construire un ensemble immobilier à Fort Lauderdale, les plans doivent recevoir l'approbation du Building Department de la ville et d'un architecte de la commission des Hôtels et Restaurants. Rick Reiley était cet architecte, et j'avais rendez-vous avec lui un matin de bonne heure. Comme j'étais en retard, je remontai la file de droite en dépassant une douzaine de voitures qui attendaient que les feux changent, avec l'espoir de partir le premier quand ça passerait au vert. Ma chance voulut que la première voiture de la file fût une voiture de police, et qu'il y eût un panneau indiquant qu'il était obligatoire de tourner à droite.

Je tournai donc à droite et me perdis complètement dans un labyrinthe de sens uniques et de canaux. Je déteste arriver en retard, et j'étais plus préoccupé de retrouver mon chemin vers le centre-ville que de la route. C'est alors que j'ai senti un choc violent. Je suis descendu et j'ai vu un grand chien, mort apparemment, derrière ma voiture. J'ai couru jusqu'à une maison et j'ai sonné à la porte, mais personne n'est venu. J'ai couru jusqu'à la suivante, j'ai sonné, et une jeune femme en tenue de tennis m'a ouvert la porte. "J'ai tué un chien, il faut que j'appelle la police, ai-je dit. Puis-je utiliser votre téléphone ?"

Elle a regardé dehors et dit : "C'est mon chien."

J'ai téléphoné aux autorités et calmé la jeune femme, et puis celle-ci m'a demandé si je voulais une tasse de café. J'ai accepté et me suis assis dans la cuisine. Il y avait un volume de Dale Carnegie sur la table, et je lui ai demandé qui suivait le cours. Je m'occupais de la région pour Dale Carnegie, et je connaissais tous les gens qui étaient inscrits. "Mon mari", a-t-elle dit, et quand je lui ai demandé qui il était, elle a répondu : "Rick Reiley."

Bravo, ai-je pensé. J'ai besoin de l'approbation de ce type, et je viens de tuer son chien.

J'ai expliqué à Mrs. Reiley que j'avais rendez-vous avec son mari, et je lui ai demandé de bien vouloir l'appeler pour lui expliquer pourquoi j'étais en retard. Je suis remonté en voiture et quelques minutes plus tard j'étais à l'hôtel de ville. Je me dirigeais vers le bureau de Rick quand je l'ai vu arriver dans le couloir avec les sourcils froncés. Une fois à ma hauteur, il m'étreignit des deux bras et s'écria d'une voix sonore : "Vous nous avez rendu un grand service, Jerry. Notre chien était vieux et aveugle, il avait le cancer, et ni ma femme ni moi n'avions le courage de le faire piquer. Merci infiniment pour ce que vous avez fait."

JERRY YELLIN
Fairfield, Iowa

Mon père est obsédé par son nez, il en est l'esclave. Dans son for intérieur, il est persuadé que Dieu a créé le nez comme une blague de bureau qu'il a complètement oubliée dans sa hâte de terminer l'univers avant le dimanche, son jour de congé. Mon père et Dieu ont beaucoup en commun : Dieu porte sur ses épaules le destin de toute existence, papa a le rhume des foins. Papa considère que ça revient au même. "Le rhume des foins, il n'en veut pas. Crois-moi." Pas un moment ne se passe sans que toute la maisonnée ne soit préoccupée du nez de papa. Comment pourrait-il en être autrement ? C'est comme une sorte de présence maligne qui vit avec nous. A la moindre distraction que nous projetons – un après-midi au *Dairy Queen*, une partie de Monopoly après le dîner –, le nez de papa oppose son veto. Et les projets que nous parvenons à entreprendre pendant que le geyser sommeille avortent immanquablement quand il se réveille, telle une guêpe en colère collée au visage paternel. Nous interrompons le pique-nique ou sortons du cinéma en plein film pour rentrer chez nous et suivre papa dans toute la maison à la recherche de son inhalateur ou de son spray nasal, comme cinq goules patrouillant dans leurs chambres, menées par papa qui répète sa litanie : "Mon nez, mon nez, mon nez", comme si c'était là l'objet de notre quête. Quiconque regarderait par la fenêtre serait fou de ne pas avertir les autorités.

Debout devant le lavabo de la salle de bains, les deux narines bouchées au-delà de toute raison, il a son arsenal déployé devant lui : spray pour le nez, gouttes pour le nez, tampons pour le nez, crème pour le nez, Vicks VapoRub, huile camphrée, huile d'olive, huile pour moteur, 3-en-1, déboucheur liquide, Destop, casque de démineur. Il a mis au point des combinaisons qui nécessitent l'approbation de l'Agence pour la protection de l'environnement, des permis industriels, l'évacuation du quartier. Je reste sur le seuil pour le regarder mélanger ses huiles de serpent, se les administrer et puis attendre le miracle, dans une immobilité absolue, comme s'il espérait entendre au loin le tonnerre des sabots, l'arrivée de la cavalerie venue le sauver de son nez. Invariablement, la trompette ne sonne pas, l'armée n'arrive jamais.

"Mon nez."

Parfois, c'est une parole de résignation. Etendu sur le canapé avec son mouchoir sur le ventre, à portée de main, vous voyez ça, il gémit : "Mon nez." D'autres fois, c'est une déclaration de guerre, surtout lorsqu'il essaie de faire quelque chose qui exige de la concentration, comme réparer la tondeuse à gazon. Accroupi près de la machine, il manipule une vis pas plus grosse qu'une puce, les yeux larmoyants, le visage écarlate et enflé. Soudain, sans plus d'avertissement que n'en comporterait une invasion d'extraterrestres, il lance le tournevis à l'autre bout du jardin et saute sur ses pieds en plongeant la main dans sa poche-revolver à la recherche de son mouchoir comme si un scorpion lui piquait la fesse. Il se mouche. Il en appelle aux cieux. Il tonitrue : "Mon nez !"

J'ai six ans. Papa essaie de remonter la chaîne de mon vélo. Pour commencer, quel délinquant je suis d'avoir permis qu'elle saute ! Papa grommelle. Je vois une goutte de liquide transparent qui descend de sa narine et y reste suspendue, tel un pendentif que pourrait porter un aborigène. Je recule silencieusement de quelques pas. Il renifle, s'essuie sur sa manche, renifle encore, marmonne une injure au créateur d'un appareillage conçu de façon aussi inepte que le nez humain. Il cligne des yeux à coups répétés, exerce encore une ou deux tractions sur la chaîne pour la forme. Et puis le nez prend les commandes. Papa rugit comme un grizzly blessé, envoie le vélo au-dessus de sa tête et le lance dans l'allée. Hop, voilà le scorpion. Papa se mouche. Les oiseaux s'envolent, les petits mammifères rassemblent leurs jeunes au fond de leurs terriers, dans toute la ville les gens regardent leurs montres en se demandant pourquoi la sirène de midi sonne à dix heures vingt-cinq. Résonnant sur le château d'eau, l'écho de l'explosion accompagne son cri angoissé : "MON NEZ !!!"

Maman en parle à son médecin. Elle le comprend mal et raconte à tout le monde que "Jerry a un septum déviant". Elle ramène des brochures à la maison, en met dans la boîte où il transporte son déjeuner. Comme s'il avait besoin qu'on l'y fasse penser.

C'est l'été de ma neuvième année et nous sommes en vacances en Floride. Maman a envie de visiter les Cypress Gardens, les jardins aux cyprès. Papa est réticent. "Et mon rhume des foins ?" Maman ouvre son sac à main : il y a là-dedans assez de Contac et de Triaminic pour remplir un "sacco". Violations des lois régissant les transports entre Etats, saisies douanières envahissent mon imagination. Je nous vois tous les cinq en position le long du bas-côté de la route, la circulation ralentie au pas, le contenu du sac de maman répandu par terre, des photographes photographiant le magot.

Nous arrivons aux Cypress Gardens. Avant même qu'on ait garé la voiture, papa est en bonne voie de figurer au Panthéon du rhume des foins.

"Mon nez."

Maman sort les remèdes. "Tiens, prends ça." Elle a même emporté un de ces gobelets en plastique télescopiques et un thermos plein de jus d'orange. Elle a vraiment envie de voir ces jardins. "Ça ne servira à rien", dit papa, qui avale néanmoins. Et ça ne sert à rien.

Je m'en souviens comme d'un jour de colère et de gêne. Le nez de papa avait complètement pris le contrôle de notre itinéraire. Maman et nous, les gosses, on avait envie de voir le spectacle de ski ; le nez de papa voulait rentrer à la maison. On avait envie de déjeuner dans l'aire de pique-nique sous les saules pleureurs ; le nez de papa a piqué une crise et nous a demandé si nous avions tous perdu la tête.

Je marche dans les sentiers sinueux, la tête basse, accablé de honte, tandis que papa harcèle les gardiens du parc. "Continuez comme ça. Tuez-nous tous ! Vous n'avez sans doute jamais de votre vie eu besoin d'utiliser un vaporisateur !" Il s'adresse à de parfaits inconnus et leur demande s'ils ont un canif sur eux. "Mon nez !" gémit-il devant les inconnus horrifiés. "Otez mon nez de ma figure ! Coupez-le, voilà. Je meurs, ici. Abrégez mes souffrances !"

TONY POWELL
Murray, Kentucky

LEE ANN ET HOLLY ANN

Quand j'étais en dernière année d'études secondaires, j'ai été sélectionnée pour chanter dans un chœur recruté dans tout l'Etat à l'occasion d'un congrès national des enseignants de musique. Nous étions huit cents choristes, et nous avions donc tous des places désignées. Il y avait trois tableaux situés en des lieux différents. Sur deux de ces tableaux, j'étais placée à un endroit et, sur le troisième, à un rang et un siège devant. Embarrassée, je m'assis à la place qui était indiquée sur deux des tableaux en supposant qu'il y avait une erreur sur le troisième. Dans le courant de la première journée de répétitions, j'entendis quelqu'un appeler : "Heflebower !" Je me retournai et ne vis personne que je connaissais, mais une jeune fille blonde répondait à cet appel. Je compris soudain que je me trouvais devant quelque chose que je n'avais encore jamais rencontré : une autre

Heffelbower. Elle s'appelait Lee Ann Heflebower, et mon nom est Holly Ann Heffelbower. Pas étonnant qu'on ait interverti les places sur les tableaux. Nous avons fait connaissance, nous avons dûment échangé une carte de Noël et puis nous nous sommes perdues de vue.

Sept ou huit ans plus tard, j'habitais encore ma ville natale, un appartement dans un immeuble appelé *The Holly*. Le jour de la Saint-Valentin, je rentrai chez moi pour relever mon courrier avant d'aller assister aux funérailles d'un des membres de mon chœur paroissial. Je mis ma clé dans la boîte aux lettres, et ça ne marcha pas. Je regardai la boîte, elle était marquée "Heflebower", et j'essayai de nouveau ma clé. Elle ne tournait pas. Je regardai de nouveau, la boîte était toujours marquée "Heflebower". Mais celle de gauche l'était aussi : "Heffelbower". Je mis ma clé dans celle-là, pris mon courrier et filai à ces funérailles. Une fois rentrée, je découvris que Lee Ann venait de s'installer en face de chez moi. Elle était revenue de l'Ohio à Lincoln et avait loué le seul appartement qu'elle avait pu trouver où on acceptait les chats. Cette fois-ci, nous sommes devenues les meilleures amies du monde et nous avons fini par habiter ensemble. Il y a deux ans, j'ai chanté à son mariage.

HOLLY A. HEFFELBOWER
Lincoln, Nebraska

POURQUOI JE SUIS ANTI-FOURRURE

Oncle Morris avait des yeux de la couleur du plus bleu des produits à nettoyer les vitres. Il portait des bagues aux petits doigts, des feutres mous et de fastueux pardessus en cachemire. Il sentait la lotion capillaire et les cigares cubains, combinaison qu'à sept ans déjà je trouvais enivrante. C'était un conteur magnifique.

Dans sa jeunesse, il était parti à Toronto où il avait fait une brève carrière de lutteur professionnel sous le nom de Murray. Il y avait rencontré tante Faye et tante Rae. Oncle Morris ne savait pas dire "non" aux femmes et essayait rarement. Il les avait donc épousées toutes les deux.

Tante Rae était si peu aimable que même ses bébés la trouvaient irritante. Elle eut de Morris une fille qui devint le sosie de Whitey Ford et refusa dès sa naissance de parler à l'un ou l'autre de ses parents.

Avec tante Faye, il eut des jumeaux appelés Erwin et Sherwin. A ce qu'on disait, l'un des deux était brillant et l'autre "lent", mais nous n'avons jamais su lequel était lequel. Comme il nous était interdit de poser la question sans détour, mon frère et moi passions des heures à inventer des tests subtils qui révéleraient leurs vraies natures, sans jamais arriver à un résultat concluant.

Les deux femmes habitaient chacune dans son appartement, aux deux bouts de la ville. Elles connaissaient l'existence l'une de l'autre et, sûrement à cause du charme de l'oncle Morris, elles avaient toutes deux décidé de faire avec cette situation. Oncle Morris consacrait un temps et un argent considérables au bonheur de Faye et de Rae. Ce n'était pas chose facile.

Il y avait des bijoux, des appareils dernier cri et des tapis plains à acheter par lots de deux. Mais, en particulier, dans ce climat canadien, les deux femmes voulaient des manteaux de fourrure. Oncle Morris n'avait pas les moyens d'en acheter plus d'un. Par conséquent, il passa un temps fou à aller et venir avec le manteau d'un bout à l'autre de Toronto afin que Faye et Rae puissent l'une et l'autre en profiter.

C'était surtout difficile en hiver. La fourrure courait plus en tant que manteau qu'elle n'avait jamais couru en tant que vison. Cela finit par affecter sérieusement l'oncle Morris. Combinez le stress dû au manteau avec un régime constant de pastrami et de grenadine, et la crise cardiaque paraissait quasi inévitable.

Dans le bref laps de temps durant lequel oncle Morris se leva de table en s'étreignant la poitrine et s'écroula définitivement sur le sol, le manteau disparut. La famille fut aussitôt et irrévocablement divisée. Un vaste nœud gordien de parentèle se répartit en deux camps. Les uns pensaient que Faye avait le manteau, les autres, Rae.

On mentit. On proféra des vérités. Mensonges et vérités faisaient autant de mal. Il y eut des cris. Il y eut des pleurs. Il y eut des vols de menus objets. On ne revit jamais le manteau.

Bien des années après, j'aidais ma mère à ranger sa cave. "Qu'est-ce que c'est que ça ?" demandai-je en retirant des profondeurs d'un placard quelque chose qui ressemblait à une peau d'ours mangée par les mites. J'entendis un silence confondant et respirai des effluves bien identifiables de boules de naphtaline et de *Shalimar*. Je regardai ma mère. Ses yeux évitaient manifestement les miens. "Ah, mon Dieu, balbutiai-je, c'est le manteau de Faye et de Rae ! Tu l'avais pris ! C'était toi !"

De tout son mètre soixante-deux, ma mère se jeta sur moi d'un bout à l'autre de la pièce avec une force et une énergie surprenantes et me plaqua au mur. Elle empoigna ma chemise et dit d'une voix sifflante : "Ne le dis jamais !

— Du calme, geignis-je. Si tu me tues, il ne te restera que mon frère."

Toujours pleine de sens pratique, elle relâcha sa prise et revint à l'affaire en cours. "Qu'est-ce qu'on doit faire, maintenant ?" demanda-t-elle. Je ne savais pas. Si elle avouait, les autres la tueraient.

Je ramassai le manteau. Il était énorme, et d'un poids – Faye et Rae étaient de fortes femmes. Je l'essayai et me tournai vers le miroir. Juste à ce moment, mon gamin de deux ans s'amena sur ses petites jambes. Il me jeta un coup d'œil et se mit à hurler, à hurler et à hurler jusqu'à ce que je l'aie enlevé.

FREDDIE LEVIN
Chicago, Illinois

UNE HISTOIRE D'AÉROPORT

Mes amis Lee et Joyce vivent à North Shrewsbury, dans le Vermont, à quatre heures de route du Logan International Airport de Boston. Dans les années soixante-dix, un oncle de Joyce mourut à Chicago. Elle décida de se rendre à Logan en voiture et de prendre l'avion pour assister aux funérailles.

Elle partit vers l'est à travers les Green Mountains et puis, distraite, tourna à gauche au lieu de tourner à droite et roula dans la mauvaise direction pendant une demi-heure avant de prendre conscience de son erreur. Un peu affolée à l'idée d'avoir pris du retard, elle fit demi-tour et se hâta de traverser le Vermont et puis un coin du New Hampshire ; elle n'était plus qu'à une demi-heure de Logan. Elle vit un grand panneau indiquant l'aéroport et quitta l'autoroute. Elle continua à suivre les panneaux indiquant l'aéroport et finit par arriver… devant une grande étendue d'herbe avec quelques hangars. Elle avait suivi les indications pour l'aéroport local de Manchester, dans le New Hampshire.

A présent elle devait vraiment se dépêcher si elle voulait avoir son avion. Elle retourna à toute vitesse jusqu'à l'autoroute, roula vers le sud jusqu'à Logan, sortit en courant du parking et supplia les passagers au comptoir de lui céder leur priorité parce que son avion allait partir. On la laissa passer devant le premier agent disponible. Elle lui expliqua qu'elle devait prendre le vol pour Chicago, sortit son carnet de chèques – et s'aperçut qu'il n'y restait plus de chèque.

La seule carte de crédit qu'elle avait sur elle était celle d'une chaîne de stations-services.

Tout son argent consistait en un seul billet d'un dollar. Il n'était pas question qu'elle achète un billet d'avion.

Désespérée, prête à pleurer, elle décida d'utiliser son dernier dollar pour téléphoner à sa famille et prévenir qu'elle ne pourrait pas assister aux funérailles. Les larmes aux yeux, elle vit une machine où elle pouvait changer son billet en monnaie pour le téléphone. Elle y introduisit son dollar – et reçut deux billets de la loterie de l'Etat du Massachusetts. Elle s'était trompée de machine. Tandis que ses larmes commençaient à couler, un homme qui passait lui tapota l'épaule en disant : "Vous en faites pas, ma petite dame. C'est le meilleur achat de votre vie."

A présent, Joyce n'avait plus qu'une envie, c'était de se retrouver seule quelque part pour pouvoir pleurer en paix. Elle alla chez les dames.

C'étaient des toilettes payantes automatiques.

Tant pis, se dit-elle. Je n'ai plus d'amour-propre. Tout ce que je veux, c'est être seule pour pleurer. Elle se mit à quatre pattes et entreprit de se glisser sous la porte métallique.

Elle était à moitié passée quand elle entendit une voix de femme : "Je regrette, ma jolie. Celle-ci est occupée."

RANDY WELCH
Denver, Colorado

C'était le mois d'août en Louisiane, le moment de la fête annuelle qu'offrait mon père à ses internes. L'air était immobile et gonflé d'humidité. Je nettoyais du poisson qui devait constituer l'un des ingrédients d'un *gumbo*. Mon père ne faisait pas grands frais de nourriture en cette occasion, le plus gros des dépenses allait à l'achat d'alcools. Les écailles de poisson se collaient au fond de l'évier d'aluminium, brillantes comme des éclats de mica.

De toutes les années que j'ai vécues à la maison, je n'ai jamais vu aucun des jeunes médecins du service de mon père émettre une opinion qui différât des siennes. Ce n'était pas un homme qu'on se serait risqué à contrarier ni à provoquer. Je l'observais par la fenêtre, silhouette à la Dr. Pickwick, très légèrement oscillante, en train d'attendre la venue de ses disciples. Quelque chose attira son attention, et il regarda attentivement le sol tout en décrivant de petits cercles en l'air avec son verre. Le Dr. Hauser arriva en avance ; je le vis s'agiter autour de son mentor. Quand les autres internes arrivèrent à leur tour, en lente procession sur notre chemin au revêtement de coquilles d'huîtres, ils les trouvèrent tous les deux debout sous une maisonnette pour oiseaux à trois étages. Mon père avait entendu dire que les hirondelles pouvaient faire diminuer de moitié la population de moustiques, et il avait donc installé pour elles ce gratte-ciel miniature.

L'un des oiselets était tombé du nid et gisait sur le sol, le bec entrouvert. Mon père l'examinait, très larmoyant après son deuxième gin tonic. Il hochait la tête d'un air triste en faisant claquer sa langue. Je ne fus pas étonnée de l'entendre ordonner à Hauser d'aller remettre l'oiseau mourant près de sa mère.

Hauser considéra la maisonnette perchée à cinq mètres de haut, puis l'oiseau à ses pieds.

"Vous avez une échelle ?

— Bon Dieu, Hauser, vous n'avez qu'à grimper au poteau."

Hauser fit quelques faibles tentatives d'escalade du poteau, l'oiseau à la main, pendant que ses confrères attendaient en demi-cercle, se félicitant de leur arrivée tardive.

Mon père rentra dans la maison, se resservit à boire et ressortit. Il resta un moment debout sous la maisonnette ; les glaçons tintaient dans son verre.

"Mettez la voiture sous le poteau, et puis grimpez sur le toit.

— *Ma* voiture ?

— Certainement", dit mon père.

Hauser amena donc sa voiture sous le poteau. Quand il marcha dessus, le capot puis le toit s'enfoncèrent sous son poids. Il lui manquait encore cinquante centimètres pour atteindre son but.

"Crois pas qu'on peut y arriver, dit-il, en berçant le petit oiseau au creux de sa paume.

— Merde", dit mon père.

Mon petit frère Matt, dix ans, arriva sur la scène en poussant une tondeuse. Sa chemise kaki était noire de transpiration ; des brins d'herbe étaient accrochés en désordre aux revers de son pantalon.

"Matt, dit mon père, monte sur les épaules de Hauser."

Mon frère envoya une claque à un moustique et puis se dirigea docilement vers le groupe des internes. Hauser remonta sur sa voiture et mon frère réussit à se hisser sur ses épaules. Ils faisaient une drôle de paire branlante sur le toit de la voiture, avec les roseaux des marais qui ondulaient à l'arrière-plan. Les hirondelles volaient autour de la maisonnette avec des cris aigus, fondant en piqué et plongeant sur les intrus. L'un des médecins passa tant bien que mal l'oiseau à mon frère. Celui-ci se trouvait à un cheveu de la petite ouverture, il se pencha en avant. Ce faisant, il bascula ; ils basculèrent. Matt d'abord, et puis Hauser, et enfin l'oiseau.

Ils heurtèrent la voiture avec un bruit sourd et puis roulèrent sur le chemin.

"Dieu ! cria Hauser.

— Papa ! Mon bras !"

Le bras de mon frère avait l'air tout de travers, plié comme s'il ne lui appartenait pas. Il mit son autre bras devant sa figure pour cacher ses larmes ; les coquilles d'huîtres lui avaient entaillé la chair.

Les médecins les entourèrent immédiatement et l'un d'eux se précipita vers la maison à la recherche d'une attelle pour le bras de Matt. Un autre courut à sa voiture chercher sa trousse d'urgence. Deux autres s'occupaient de Hauser.

"Ne bouge pas, Don, dit l'un d'eux. Je crois qu'on ferait bien d'appeler une ambulance."

Au milieu de toute cette agitation, mon père restait immobile, il concentrait son attention sur l'endroit où le petit oiseau s'était écrasé sur les coquilles d'huîtres.

"Pauvre petit oiseau, bon Dieu de bon Dieu, dit-il en se resservant un verre de gin. Pauvre petit oiseau."

ALICE OWENS-JOHNSON
Black Mountain, Caroline-du-Nord

LA VOITURE-CLUB

Quand j'étais un jeune marin, frais émoulu du camp d'entraînement des recrues, on m'accorda deux semaines de permission. Je décidai d'aller à Miami voir mon père et mes sœurs, et je pris le train à Norfolk, en Virginie. Au bout d'une paire d'heures, je commençai à avoir faim et, quittant ma place, je me rendis à l'autre bout du train, dans la voiture-club.

C'était un endroit animé, découvris-je, manifestement la seule bonne adresse en ville. Je dévorai un sandwich jambon-fromage, bus au moins deux bouteilles de coca et puis restai là pendant une heure à feuilleter des magazines en essayant d'avoir l'air cool. Telle fut ma première visite. Le lendemain, j'y retournai, pourvu cette fois d'un livre de poche, un roman que quelqu'un m'avait donné à lire. *Le Petit Arpent du bon Dieu*, je m'en souviens. Cette fois, la voiture-club était pratiquement vide et j'avais le choix des sièges. Je choisis de m'installer sur l'une des banquettes circulaires qui se trouvaient aux deux bouts de la voiture. Chacune avait sa table ronde revêtue de formica et était garnie de confortables coussins de vinyle. Je posai mon livre sur la table, allai au bar où je commandai un grand café et un gâteau danois, et puis je retournai dans mon coin. Ainsi paré, je dévorai le gâteau et me plongeai dans ma lecture.

Derrière la banquette se trouvait une grille de radiateur en acier inoxydable, perforée de trous ronds. Après chaque gorgée de café, je reposais le gobelet de carton sur la table et tendais mon bras droit par-dessus le dossier en l'étirant de façon somptueusement suave. Mes doigts se mirent à tapoter la grille. Alors j'en glissai un ou deux dans les trous, les enlevai, les remis. Laissant pour l'instant mes doigts dans les trous, je me concentrai sur ma lecture. Et puis, prêt pour une nouvelle gorgée de café, je voulus ramener mon bras droit et, chose incroyable, mes doigts refusèrent de suivre. Ils étaient coincés dans les trous.

C'est ridicule, me dis-je, ça ne se peut pas. J'avais beau essayer et essayer encore, mes doigts ne sortaient pas des trous. La voiture commençait à se remplir de nouveaux arrivants. A un moment donné, un groupe de quatre vint me demander si je pouvais libérer cette table, car ils en avaient besoin pour jouer aux cartes. Je leur expliquai mon problème. Ils se montrèrent étonnés, mais pleins de sympathie. Des tentatives de libérer ma main suivirent. D'abord, l'application d'un sac de glaçons ; ensuite un peu de vaseline ; ensuite le traitement par la parole : "Détendez-vous, restez calme, respirez profondément !" *Nada !* Un contingent de l'équipage du train entra alors en scène. L'un des hommes traînait un sac de toile rempli d'outils. Ils entreprirent de démonter la banquette, exposant ainsi le radiateur. Ils déboulonnèrent celui-ci, et me voilà au milieu de la voiture-club en uniforme bleu des grands jours, froissé maintenant, attaché à un morceau d'acier inoxydable long de deux mètres. Mes doigts refusaient toujours de bouger. Ils étaient manifestement enflés.

Enfin, le train s'arrêta et on m'emmena, grille comprise, aux urgences d'un hôpital. Un interne perplexe fit de son mieux pour traiter la question, mais en vain. Je finis par me retrouver dans les caves de l'hôpital, où un technicien me libéra en découpant soigneusement la grille à l'aide d'une scie à métaux. Mon soulagement était immense, et je le remerciai du fond du cœur.

Le lendemain, j'arrivai à Miami. Je ne me portais pas plus mal.

JOHN FLANNELLY
Florence, Massachusetts

VIVE LE BRONX

Al était toujours devant chez lui, en pull de golf, à espérer faire une partie. Je suis donc allé lui parler. Il m'a demandé : "Tu es prêt à jouer au golf ?" J'ai dit : "Pas vraiment. Si on faisait un billard dans ta cave ?"

C'est ce qu'on a fait. On est descendus, et on a commencé à jouer sur sa grande table qui occupe presque la moitié de la cave, et il se trouve que, juste à côté de la table, il y avait un pilier en bois qui soutenait les étages supérieurs. Chaque fois que j'essayais de me servir d'une de ces longues cannes, elle tapait dans le pilier en bois.

Je dis à Al : "Je peux pas jouer ce coup à cause du pilier." Il répond : "Pourquoi tu coupes pas cette canne ?" "Bonne idée", que je dis, et c'est ce que j'ai fait.

Ensuite j'ai eu une meilleure idée. J'ai dit : "Al, on devrait peut-être éliminer ce pilier et mettre une poutre en fer à la place." Il a dit : "Ça, c'est une idée."

Donc, Al et moi et les gosses, on monte dans mon break et on va au coin de la 138e rue et de Morris Avenue prendre cette poutre en acier de six mètres pour la maison. La poutre était si longue qu'elle dépassait du break. Elle n'arrêtait pas de heurter la route et de rebondir en faisant des étincelles et de la fumée. Au bout d'un moment, les gosses criaient : "Eh, papa, regarde ! La poutre brûle !"

On a regardé, Al et moi, et sûr qu'on a dû s'arrêter pour la laisser refroidir. Quand on est arrivés chez nous, on a déposé la poutre sur le chemin. Et puis on s'est demandé : "Comment est-ce qu'on va entrer cette grande poutre dans la maison ?"

J'ai dit qu'il fallait découper un trou de cinquante centimètres dans le mur en béton. Alors on pourrait glisser la poutre sous le plafond de la cave.

Donc on a fait le trou. J'ai dit à Al qu'avant de mettre la poutre en place, on devait soutenir le reste de la maison avec des vérins et des supports en bois. Fallait pas que tout s'écroule quand on enlèverait le vieux pilier en bois.

On a travaillé jusqu'à minuit. On était morts de fatigue à ce moment-là, et je suis rentré chez moi. Le lendemain, vers six heures du matin, je reçois un coup de fil d'Al : "Viens m'aider, dit-il. Je crois qu'il y a quelque chose qui cloche. Il y a de l'eau dans l'escalier, et les gosses hurlent qu'ils ne peuvent pas ouvrir les portes de la salle de bains et des chambres pour sortir."

Je traverse la rue en courant, et voilà mon Al, avec ses clubs de golf et son pull de golf, en train de crier à ses gosses : "Fermez les robinets ! Ne tirez pas la chasse ! Votre mère est en bas sur la table en train de retenir le lustre et le plafond avec ses mains."

Ma parole, quand je suis entré dans la maison, c'est exactement ce que j'ai vu. Arlene était debout sur la table, en train d'essayer d'empêcher le lustre et le plafond de s'écrouler. Al est monté en vitesse, et il a ouvert les portes aux enfants pour qu'ils puissent sortir. Moi j'ai couru en bas, dans la cave, et j'ai coupé l'eau. En me retournant, j'ai vu des écureuils qui sautaient par le trou que nous avions fait dans le mur. Les morceaux des cannes qu'on avait coupées étaient encore sur la table, et on aurait dit qu'ils jouaient au billard avec.

Quand je suis remonté, ma femme était là, elle me criait que c'était notre anniversaire. On avait des réservations pour le Canada, disait-elle, est-ce que j'avais oublié ? Dépêche-toi, dépêche-toi, faut qu'on y aille.

J'ai regardé Al, et puis Arlene, qui était trempée comme une soupe, et Al Jr. qui descendait en glissant sur la rampe, et Keith qui descendait l'escalier en marche arrière, sur les genoux, et il était trempé, lui aussi. En haut, les filles gueulaient : "Où sont mes habits ! Mes habits sont tout mouillés !"

Donc, j'ai crié de toutes mes forces : "STOP ! On aide Arlene à descendre de cette table et on essaie de nettoyer tout ça pour qu'Al puisse aller jouer au golf."

A lui, j'ai dit : "Faut que j'aille en voyage d'anniversaire, mais quand je reviendrai, j'essaierai de tout remettre en place."

Quand je suis revenu, bien entendu, Arlene avait déjà mis de l'enduit sur le plafond. Elle m'a demandé de le plâtrer et de peindre le reste de la maison, et c'est ce que j'ai fait. Mais je voulais tout de même savoir ce qui était arrivé, et Al m'a dit : "Juste avant que tu viennes, ce jour-là, j'avais demandé à un menuisier de venir raboter et scier les portes pour les adapter, parce que la maison était de travers." Je n'en avais rien su et donc, tout naturellement, quand on a remis la maison à niveau avec nos vérins et nos supports, on l'a redressée, et c'est pour ça que personne ne pouvait plus ouvrir les portes.

Vous devez comprendre qu'il ne s'agissait pas d'une maison normale. Elle faisait penser à cette ancienne bande dessinée, *La Vieille qui vivait dans un soulier*, avec quarante gamins qui regardaient par les fenêtres. Mais Al, bien sûr, ça ne le dérangeait pas. Il disait à Arlene : "N'oublie pas d'enduire et de peindre les murs. Et n'oublie pas d'aller chercher la peinture et de faire manger les gosses avant l'heure du coucher. Moi, je vais jouer au golf." Elle disait : "D'accord", mais, je ne sais pas, chaque fois qu'elle disait "d'accord", il y avait un gosse de plus qui apparaissait. Il y avait des gosses partout, dans cette maison.

JOE RIZZO
Bronx, New York

UN JOUR A HIGLEY

Un jour, quand j'étais un jeune expert-comptable, je rendis visite à un client près de Higley, en Arizona. Pendant que nous parlions, nous entendîmes gratter à la porte et il me dit : "Regardez ça." Il alla ouvrir la porte et un lynx de bonne taille entra. Mon homme l'avait trouvé tout juste né, dans un champ de luzerne, et depuis lors l'animal faisait partie de la famille. Aussitôt qu'il eut ouvert la porte, le chat courut à la salle de bains et s'accroupit sur le cabinet pour "faire ses besoins". Quand il eut fini, le lynx sauta à terre, se dressa sur ses pattes de derrière et tira la chasse.

CARL BROOKSBY
Mesa, Arizona

INCONNUS

DANSE DANS LA 74e RUE

Manhattan, août 1962

Un après-midi torride, mon troisième jour ici. Le studio est un vrai four. A l'aide d'un marteau et d'un tournevis, je gratte la peinture de l'unique fenêtre. D'une poussée énergique, je relève le châssis, et puis je tourne la tête vers la ligne ininterrompue des maisons de pierre brune.

A côté de chez nous, des voisins se déploient sur les vérandas ; un enfant brun de peau tend les lèvres et cambre le dos avant que maman n'offre son sein. En short turquoise et chaussures de plastique transparent, elle est assise en tailleur, un soulier suspendu au bout des orteils, un journal entre elle et le ciment craquelé et brûlant. Pendant que le nouveau-né tète, maman fait alterner un mince cigare et une bouteille de bière.

Papa apparaît, en tricot de corps, une radio dans une main et, dans l'autre, un marmot traînant un balai. Le minot commence à balayer la véranda mais change d'avis et se met à grattouiller les poils de la brosse. On sort des chaises de cuisine ainsi que des packs de bière et de limonade.

Un fumet de haricots noirs et de riz au safran monte vers moi du *hibachi* sous l'escalier. Maman attache ses cheveux d'un rouge criard, pose le bébé dans un carton du *Gristedes Market* et se met à tourbillonner lentement, les mains sur les hanches. Elle s'arrête, glisse vers son homme et, du genou, lui donne une bourrade sur la cuisse. Enlacé au son de la musique antillaise, le couple esquive, plonge, twiste et fait des embardées. L'enfant les accompagne avec une cuiller et un bol en bois ; son père sourit, approbateur – arborant une étincelante incisive en or. Des joueurs de bongo prolifèrent au long de la rue, et le petit dernier dort dans sa caisse en carton.

Et moi, une fille de vingt ans, partie depuis un an du Nebraska, je regarde, clouée sur place. Soudain, du milieu de ce pandémonium, papa à l'incisive étincelante lève les yeux vers ma fenêtre.

"Eh, *muchacha*, crie-t-il. T'as de quoi fumer ?"

CATHERINE AUSTIN ALEXANDER
Seattle, Washington

CONVERSATION AVEC BILL

Nous nous étions installés, ma femme et moi, dans le Sud du Maryland, où j'étudiais l'écologie marine dans un labo universitaire au bord de la baie de Chesapeake. Nous habitions un petit patelin rural. Le "centre-ville" consistait en quelques établissements : une épicerie, un marchand de vin et un salon de coiffure, entre une poignée d'autres. Il n'y avait qu'un bar, et si je n'avais rien de prévu le vendredi soir, j'y passais souvent pour boire une ou deux bières et éventuellement faire un flipper. Le bar avait un groupe d'habitués fidèles, des gens du coin, pêcheurs de la baie et ouvriers de la centrale voisine ou des entreprises qui construisaient des maisons dans la région. Je n'avais pas vraiment ma place parmi eux, mais j'adorais leurs histoires de pêche et j'étais émerveillé par leurs descriptions de la baie aux temps anciens ; des images mystérieuses naissaient devant moi quand je les écoutais. Ce groupe, aux membres duquel certains des barmen avaient donné le surnom de "cidromanes", occupait toujours le même bout du bar, près de la porte.

On était le 24 décembre et, momentanément seul au bar, je sirotais une Guinness. Je pensais au lendemain et au projet que nous avions, ma femme et moi, d'aller passer Noël avec ma famille dans le Connecticut. Au bout d'un moment, je remarquai que Bill, l'un des membres du groupe des "cidromanes", me faisait signe. On s'était vus des quantités de fois depuis deux ans, Bill et moi, mais on ne s'était jamais parlé. On avait l'un de ces accords tacites entre gens qui ont décidé de ne pas se mêler des affaires de l'autre, mais qui se respectent néanmoins.

Je fus donc assez surpris quand il m'adressa la parole. Ce fut tout à fait spontané. Après une entrée en matière polie et un peu de conversation banale, Bill se lança dans un long récit qui couvrait une bonne partie de l'histoire de sa vie. Il était d'humeur joviale, ayant déjà un peu bu, et tenait à m'apprendre qu'il était pêcheur. Il insistait sur son amour pour la baie et la fascination que lui inspirait l'écologie. Avec un luxe de détails, il me décrivit son nouveau bateau de pêche et me raconta qu'il venait de le sortir du port afin d'y apporter quelques réparations. On en vint à parler de Noël, des projets pour les fêtes de famille, ce genre de choses. Il me confia que sa grand-mère et lui avaient le même anniversaire et qu'ils le célébraient toujours ensemble, malgré l'âge avancé de son aïeule. De plus en plus, il m'ouvrait sa vie, me donnait accès aux fêlures et aux crevasses qui sont en général interdites aux inconnus. J'en étais un peu étonné, mais c'était une saison de fête et j'appréciais cette occasion de faire vraiment connaissance avec Bill.

Notre conversation dura une demi-heure environ. A la fin, il regarda sa montre et me dit qu'il devait rentrer chez lui – sa femme et ses gosses l'attendaient. Il m'entoura de ses bras, me serra les épaules et me dit que c'était formidable de bavarder avec moi et qu'il fallait en tout cas qu'on se parle plus souvent. J'acquiesçai et lui serrai la main, et on se dit au revoir.

Je me rassis au bar. A ce moment, mon ami Carl était arrivé. Je lui demandai s'il connaissait Bill et s'il avait la moindre idée de la raison pour laquelle celui-ci m'avait pris en amitié. Carl n'avait pas de réponse à me proposer. Il me dit seulement que Bill avait toujours été plutôt silencieux.

Bien sûr, on n'a pas toujours conscience du temps qui passe, surtout dans un bar, mais j'avais l'impression que Bill venait à peine de passer la porte quand je remarquai que le barman paraissait effondré, en proie à un chagrin incontrôlable. Les bruits de voix s'étaient atténués, les gens chuchotaient. Manifestement, il était arrivé quelque chose de terrible. J'appris que Bill avait eu un accident en rentrant chez lui. Sorti de la route à grande vitesse, son pick-up avait fait naufrage dans l'épaisseur de la forêt. Il avait été tué sur le coup.

Cette nouvelle me plongea en état de choc. Il est quasi impossible de décrire la stupeur qui était la mienne. Je confiai à Carl que j'étais sans doute la dernière personne à qui Bill avait parlé. Nous ne nous étions encore jamais parlé, et il m'avait raconté tant de choses concernant sa vie, avec un si grand nombre de petits détails personnels. Presque comme s'il avait su qu'il allait lui arriver quelque chose.

Au bout d'un moment, il m'a fallu sortir, m'éloigner des amis et parents désolés de Bill. J'étais dans le parking avec Carl quand plusieurs voitures de police sont passées, revenant apparemment de la scène de l'accident. Une dépanneuse les suivait, traînant ce qui restait du pick-up de Bill. Le pare-brise enfoncé ressemblait à une toile d'araignée dingue, scintillante sous les réverbères. La caisse du pick-up était complètement tordue par la force terrible du choc. La dépanneuse s'est arrêtée un instant au carrefour et puis a repris sa route. Immobiles et silencieux, nous l'avons suivie des yeux jusqu'à ce que les ténèbres l'engloutissent.

JOHN BRAWLEY
Lexington, Massachusetts

GREYHOUND

C'est à la fin du mois de mai ou au début de juin que j'ai pris l'autocar à Reno. L'année, c'était 1937.

Je m'arrêtai devant le premier siège libre. "Je peux… ?" demandai-je. La personne qui était assise côté fenêtre me lança d'abord un regard qui signifiait qu'elle n'avait pas envie de compagnie, et puis elle fit un signe de tête affirmatif. C'était une vieille femme (même si elle avait sans doute une dizaine d'années de moins que moi aujourd'hui), avec une présence imposante et des vêtements coûteux – une dame, comme on disait. Pas le genre qui voyage en Greyhound. Je me demandais pourquoi elle avait préféré l'autocar au luxe du Pullman. Au bout d'un moment, j'osai lui poser la question.

La véhémence de sa réponse me chassa presque de mon siège. "Je veux voir ce pays tant qu'il en reste encore quelque chose. Parce qu'il ne restera rien quand ce Roosevelt en aura terminé !"

J'aimais beaucoup F. D. R., mais je ne dis rien. Les anti-Roosevelt n'écoutaient jamais la logique. D'ailleurs, je ne me sentais pas de taille à discuter à ce moment-là.

J'étais allée à Reno pour la raison qui était habituelle à l'époque : un divorce. A présent, dans le car Greyhound, je ressentais un mélange contradictoire de joie et de honte. Joie de me retrouver libre, et honte d'avoir commencé par faire un mariage ridicule. J'avais vingt-trois ans.

Ma compagne de voyage descendit à la ville suivante. Elle disait vouloir se détendre pendant un jour ou deux, et puis continuer sa tournée d'adieux à l'Amérique. Je m'installai à côté de la fenêtre et une grosse femme vint s'asseoir près de moi. Elle s'endormit aussitôt et ronfla pendant le reste du trajet.

Comment nous sommes-nous trouvées, Jean et moi ? Dans une halte routière, bien sûr. Pendant un long voyage en car, rien n'était mieux venu que ces haltes routières. Quand on arrivait à l'une d'elles, le chauffeur annonçait : "Les dames, c'est à droite, les messieurs, à gauche. On repart dans cinquante minutes." Derrière lui, les passagers bougeaient et murmuraient déjà.

Dans l'autocar, les passagers étaient isolés deux par deux, mais dans la halte routière on pouvait se mélanger. Certains d'entre nous faisaient d'énergiques allers-retours au pas de course, tandis que d'autres mangeaient des hot-dogs achetés au comptoir. Et, tous, nous restions debout, afin de reposer nos derrières douloureux.

Pendant l'un de ces arrêts, je remarquai une jeune fille qui devait avoir à peu près le même âge que moi et qui riait de ce qui me faisait rire. Un rire partagé est la meilleure des introductions, et nous engageâmes la conversation. Jean était une petite brune au sourire charmant. J'étais plus grande – trop grande, à mon avis – et j'avais les cheveux châtains. Nous étions vraisemblablement vêtues de robes en seersucker, cotonnade fraîche et froissée d'avance, avec des jupes larges descendant à mi-mollet (le port du pantalon, pour les femmes, était encore loin dans l'avenir).

Jean me raconta qu'elle avait habité en Californie chez une tante pendant ses études de premier cycle. A présent, elle rentrait chez elle en Pennsylvanie. Je lui dis que j'avais fini mes études et que je songeais à entreprendre une carrière.

Remontées dans le car, nous avons manigancé quelques changements de place afin de nous retrouver assises l'une près de l'autre. Côte à côte, nous avons lu le magazine *Time*, une nouveauté, et Thomas Wolfe, le *vrai* Thomas Wolfe. On prenait la fenêtre chacune à son tour, en geignant à cause de la chaleur terrible. Quand on regardait à travers le vaste pare-brise, devant le chauffeur, on voyait les deux voies de la route se dissoudre en mirages chatoyants, lacs de fraîcheur où nous n'arriverions jamais.

On a bavardé. Et ri. Et bavardé. Parfois, on dormait. On chantait à deux voix, doucement, pour que personne ne nous entende, *Old Mill Stream* et *Stardust*. J'appris que Jean n'avait jamais été vraiment amoureuse – elle n'avait eu que des béguins. Elle voulait enseigner car, disait-elle, “si on est capable d'enseigner, on peut faire n'importe quoi”.

Je lui parlai de mon divorce. Elle parut surprise, mais l'accepta. Je commençai à comprendre que cette jeune fille était remarquablement bien dans sa peau, alors que je me sentais éparpillée et instable.

Au cours de ces longs trajets, les chauffeurs de car avaient tendance à devenir nerveux et de mauvaise humeur. Nous décidâmes, Jean et moi, que nous avions besoin d'une pause et nous passâmes une nuit à Omaha, dans le Nebraska. Là nous nous baladâmes dans de belles collines à l'ombre de hautes montagnes. A Omaha, j'ai appris que respirer pouvait être un plaisir sensuel.

On reprit le car le lendemain matin, et le restant du voyage se passa comme un charme. Arrivées à la destination de Jean, en Pennsylvanie, nous nous promîmes de rester en contact.

Et le plus étonnant, c'est que nous l'avons fait. Pendant soixante-deux ans, nous nous sommes écrit une ou deux fois par an, d'une côte à l'autre du continent. Jean est tombée amoureuse un beau jour d'un GI qu'elle connaissait depuis neuf ans. Ils se sont mariés et sont allés vivre dans le sud de la Californie. Je me suis remariée, à meilleur escient cette fois.

Au début de l'année 1999, mon amie a proposé qu'on se revoie. J'ai hésité, pensant qu'il pouvait être plus sûr de laisser une amitié aussi ancienne reposer dans la mémoire. Mais Jean a insisté, et j'en suis heureuse.

Nous nous sommes retrouvées pour un week-end d'août, veuves et octogénaires toutes deux, une petite et une grande, ni l'une ni l'autre grosse, toutes deux encore féminines, avec des cheveux bien coiffés passant du gris au blanc. Nous étions toutes les deux encore assez belles, pensais-je. A nous deux, nous avions eu trois crises cardiaques, une attaque bénigne, trois opérations de la cataracte, une insuffisance thyroïdienne, de l'emphysème, de l'arthrite dans d'innombrables articulations. Nous prenions ensemble nos pilules, gardions toutes deux nos lunettes à portée de main et marchions avec prudence, mais sans canne. Nous n'avions ni l'une ni l'autre besoin d'un appareil auditif.

Nous avons parlé et ri pendant deux jours, et comparé nos vies. Je parlais de mes deux fils, dont je suis très fière, et de ma carrière, dont je ne le suis pas. Elle a fait long feu après quelques étincelles.

Jean s'était vraiment distinguée. Elle avait fondé et dirigé un service qui aidait les retraités à trouver de nouvelles façons de rester utiles. On l'avait choisie pour un comité national étudiant les personnes âgées dans le monde entier. Elle avait voyagé en Chine, en Russie et en Afrique du Sud.

A notre dîner d'adieux, le dimanche soir, une question se présenta : si nous avions la possibilité de revivre nos vies – exactement telles que nous les avons vécues, sans le moindre changement autorisé –, le ferions-nous ?

Jean dit oui. Je dis non.

Nous nous regardâmes.

“Qu’est-ce que ça signifie ? demanda-t-elle.

— Est-ce que ça doit signifier quelque chose ?

— Je crois que oui, dit-elle.

— Que tu as aimé ta vie.

— Peut-être, dit-elle, et peut-être que tu es trop sévère pour la tienne.

— Peut-être…”

Plus tard, nous avons levé nos verres de champagne et porté un toast au monde. Nous avons porté un toast à nos retrouvailles, et déclaré que cela était bien. Et puis nous nous sommes séparées sans autres fadaises quant à une deuxième vie, affectueusement.

BETH TWIGGAR GOFF
West Nyack, New York

PETITE HISTOIRE NEW-YORKAISE

En 1979, j’habitais à Manhattan, dans l’Upper West Side – au numéro 47 de la 85e rue ouest, entre Columbus et Central Park. C’était à l’époque un quartier de transition. L’ouest de Columbus Avenue restait populaire, mais l’autre côté devenait rapidement très chic. Des pauvres vivaient au coude à coude avec de jeunes médecins ou avocats en une paix un peu inconfortable.

J’arrivais à subsister avec mes maigres revenus parce que j’habitais le même appartement depuis 1976 et que le loyer en était bloqué. C’était dans un vieil immeuble de pierre brune qu’on avait morcelé en petites unités juxtaposées. L’une d’entre elles comptait deux chambres – on l’appelait le *penthouse* – et une autre le seul jardin : à l'arrière de l'immeuble, une cour plantée de platanes, pleine de mauvaises herbes et de pisse de chat. Le propriétaire était un chauve grincheux d'une quarantaine d'années, Mr. Yablons. Il passait son temps à inventer des stratagèmes pour se débarrasser de ses locataires afin de pouvoir transformer l'immeuble en pied-à-terre pour lui-même et sa mère.

Nos relations ne cessaient de se détériorer. Mes finances allaient mal et j'étais presque toujours en retard avec mon loyer. C'en était venu au point où il n'acceptait de moi que des espèces, et lorsque arrivait le jour de payer, j'étais obligée d'aller encaisser un chèque pour apporter l'argent à son chouette bureau dans l'Upper East Side.

J'essayais tout le temps de pousser les autres locataires à se rebeller. Chaque fois que le propriétaire nous jouait un de ses tours scandaleux, j'organisais un meeting d'indignation dans mon appartement. On buvait des quantités de vin blanc, on se défoulait et, d'une manière générale, on passait un bon moment.

J'aimais bien me trouver à New York en été. Il faisait chaud, mais calme et vide. En semaine, j'allais à pied au centre-ville, à un kilomètre et demi environ, pour mon travail au syndicat des acteurs de théâtre, en savourant les rues ombragées et désertes des différents quartiers par lesquels je passais – de Central Park West, avec ses vieux immeubles majestueux, au patchwork de Broadway, avec ses vendeurs cubains et chinois de repas à emporter et ses épiciers-traiteurs juifs. La nuit, je traînais parfois mon matelas sur le toit et, couchée sur le dos, j'écoutais les bruits de la ville en laissant la brise me rafraîchir. Ou bien nous descendions pieds nus, mon chat et moi, nous asseoir sur le perron, ou je buvais une ou deux Budweiser en compagnie d'autres locataires, en écoutant les bruits de la 85e rue. C'était un quartier tranquille et nonchalant, en ce temps-là. De vieilles femmes plantaient des chaises pliantes à l'entrée de leurs immeubles et y restaient assises à s'éventer. En ce temps-là, tout le monde ouvrait grandes ses fenêtres afin que l'air circule, et on entendait les bébés qui pleuraient, les couples qui se disputaient et les télévisions qui hurlaient. Elliot, au premier étage, travaillait les morceaux de jazz qu'il allait jouer dans son club, parfois bien après minuit.

Un chaud jeudi soir de la semaine où les loyers étaient dus, je rentrai tôt, la poche pleine et les bras chargés de deux gros sacs en papier remplis de provisions. Je n'avais qu'une envie, c'était de me retrouver chez moi, de poser ces sacs et d'allumer mon ventilateur. Comme il n'y avait personne pour m'aider sur le perron, j'ouvris la porte extérieure avec mon pied et me glissai devant les boîtes aux lettres. Je me rendais vaguement compte que quelqu'un était entré derrière, mais j'étais distraite par mes sacs que je devais passer d'un bras à l'autre pour attraper ma clé et ouvrir la porte intérieure.

Je marchais dans le vestibule quand j'entendis une voix qui disait : “File-moi tout ton fric.”

C'est à peine si j'enregistrai le sens des mots. Je pivotai sur moi-même et je m'apprêtais à parler quand je le vis : un type grand et fort, armé d'un long couteau.

Je le regardai, abasourdie.

Il répéta : “File-moi ton fric.”

Comment pourrai-je payer mon loyer si je lui donne mon argent ? pensai-je. Je ne peux pas lui donner mon argent. J'en ai besoin.

“Non, dis-je, allez-vous-en.”

Il parut déconcerté. Après tout, j'étais une faible femme et lui, un gros dur armé d'un couteau.

“File-moi tout ton fric, répéta-t-il, mais avec moins de conviction.

— Sortez de cet immeuble ! répliquai-je.

— File-moi… commença-t-il, une fois encore.

— Vous êtes sourd ? le coupai-je. Sortez d'ici. Sortez d'ici tout de suite.”

Soudain, il regarda vers le haut de l'escalier. "Bon, dit-il. OK." et il sortit de l'immeuble aussi subrepticement qu'il y était entré.

Pendant un moment, je restai plantée là, hébétée, et puis mes genoux se mirent à trembler. Je posai mes sacs par terre et montai l'escalier aussi vite que mes jambes en coton me le permettaient. Je tambourinai d'abord sur la porte d'Elliot, mais il ne répondit pas et je cavalai jusque chez Robert, deux étages plus haut. Robert était caméraman pour une station de télévision, il avait donc des heures irrégulières. Il m'ouvrit sa porte.

En balbutiant, je me mis à lui expliquer aussi vite que je pouvais ce qui était arrivé et à le supplier de m'accompagner au poste de police. Ce n'était qu'à quelques rues de chez nous. Mais Robert refusa, disant que ça n'intéresserait pas la police. Ce type ne m'avait rien volé, après tout, et on ne me croirait sans doute pas. Je ne pus que lui donner raison – ça commençait à me paraître invraisemblable, même à moi. Et puis Robert est allé dans sa chambre, et je l'y ai suivi. Il a ouvert le tiroir supérieur de sa commode et en a sorti un revolver. Il avait l'air excité.

"Qu'est-ce que tu as l'intention de faire avec ça ? lui demandai-je.

— Je n'ai l'intention de tuer personne, dit-il, seulement de lui faire peur." Il proposa que nous sortions ensemble pour voir si je pouvais identifier le soi-disant cambrioleur. Je ne devais pas avoir les idées claires, à ce moment-là, car je suivis docilement Robert hors de chez lui, en bas de l'escalier et dans la rue. Mais dès que nous eûmes commencé à marcher dans le quartier, je me rendis compte que je ne serais probablement pas capable de reconnaître mon homme. Robert parut très déçu quand nous revînmes sur nos pas et rentrâmes.

Je ne parvenais pas à imaginer pourquoi l'homme au couteau avait renoncé si facilement. Ce ne pouvait pas être ma petite personne aux cheveux courts et bouclés, au visage rond et aux joues roses qui l'avait intimidé. A cause de qui ou de quoi avait-il fait demi-tour ? Etait-ce sa conscience ? Un ange ? La vieille Mme Yablons ? Je me hâtai de payer mon loyer le lendemain.

Bien des années plus tard, alors que j'habitais dans le Wisconsin, j'ai entendu dire que Robert était devenu très dépressif et passait de longues heures seul dans sa chambre, porte fermée à clé. D'après ce qu'on m'a raconté, il avait toujours son arme.

DANA T. PAYNE
Alexandria, Virginie

PRÉJUGÉ

J'étais chauffeur pour une compagnie de taxis jaunes à Dayton, de service de jour, et je gagnais maigrement ma vie. C'était l'été 1966, la ville était en proie à une vague de chaleur et tout le monde était irritable, moi compris. Ce jour-là, j'attendais à une station de taxis du centre-ville devant l'hôtel Biltmore, un grand palace élégant qui n'était plus tout à fait de première jeunesse. J'avais toutes les vitres baissées pour profiter de la moindre brise dans l'air immobile. J'espérais une course à l'aéroport.

Au lieu de ça, je reçus un appel radio du central. Il fallait que j'aille chez Wilkie, le marchand de journaux, acheter la *Gazette des courses*. Ensuite je devrais m'arrêter dans un supermarché du centre-ville et prendre six bouteilles de bière Schoenling, une petite boîte saupoudreuse d'aliment pour poissons rouges et une caissette de cigares White Owl. Aucune substitution ne m'était autorisée, et je devais payer tout cela de ma poche ; le client me rembourserait, je devais donc conserver les reçus. Le gars du central me chargea de livrer mes achats à l'appartement 3 B d'un immeuble situé à une adresse qu'il m'indiqua, 3e rue, dans un quartier dont je me souvenais comme étant dégradé.

Je protestai, ne voulant pas manquer l'occasion d'une course à l'aéroport – mais ne voulant pas non plus y aller de ma poche, car je craignais de ne pas pouvoir me faire rembourser ou, pis encore, d'être en voie de me faire arnaquer. Le gars du central, qui s'impatientait, m'assura qu'il s'agissait d'un client régulier, qu'il n'y aurait pas de problème de paiement et que je ferais mieux d'y aller ou de ramener la voiture à quelqu'un qui le ferait. Puisque c'était comme ça, j'y allai.

Dans mon for intérieur, je maudissais le client, néanmoins. J'imaginais une sorte de profiteur de la sécu, trop fainéant pour nourrir lui-même son poisson rouge et pour se procurer de quoi satisfaire ses propres vices. Ça m'enrageait de devoir faire ces courses pour quelqu'un qui, à en juger par l'endroit où il habitait, ne pouvait matériellement pas avoir de quoi me payer.

Je me rendis chez Wilkie où j'achetai la *Gazette des courses*, et puis au supermarché du bout de la rue pour l'aliment à poissons rouges, la bière et les cigares. Ensuite je me rendis à l'adresse du client. C'était un vieil immeuble de trois étages datant des années 1890, en briques sombres, en état à peu près vivable. J'entrai, accueilli par l'odeur de tabac refroidi, de lard rance et de moisi qui règne toujours dans ce genre d'endroit. Arrivé dans le couloir du deuxième étage, je frappai à la porte en bois plein de l'appartement 3 B. Il n'y eut pas de réponse immédiate. J'entendais que quelque chose bougeait sur le plancher, mais ce n'étaient pas des pas. Finalement, la porte s'ouvrit, mais je ne voyais personne. Personne, jusqu'à ce que je baisse les yeux.

Là, assis sur une petite plateforme en contreplaqué et le visage levé vers moi, se trouvait un homme. Il était plutôt frêle, ses cheveux noirs s'éclaircissaient, et il était vêtu d'un T-shirt blanc et d'un pantalon de laine grise avec une fine ceinture noire à la taille. En guise de jambes, il n'avait que des moignons – longs comme mes mains, à peu près.

C'était un double amputé, qui se déplaçait dans son appartement d'une seule pièce en se propulsant sur le plancher nu avec sa petite plateforme. Il tenait dans chaque main un cylindre de caoutchouc qui lui servait à se pousser. Ces cylindres, un peu moins gros que des têtes de maillet, étaient surmontés de poignées de caoutchouc.

Il se montra poli et très reconnaissant de mes services. Il me demanda de ranger la bière dans un petit Frigidaire, une relique de la fin des années quarante, et de laisser les cigares sur la table du coin cuisine. Les poissons rouges se trouvaient là, dans un bocal, et il me demanda de les nourrir. Ensuite il me dit de poser la *Gazette* sur une vieille table basse en verre devant le canapé usé.

Je fis avec plaisir tout ce qu'il voulait. Je ne me sentais plus irritable.

En déposant la *Gazette des courses* sur la table basse, je remarquai un étui ouvert, en velours, qui ressemblait à une boîte à bijoux. Pendant que l'homme allait chercher l'argent pour me payer, je regardai dans la boîte. Elle contenait une médaille un peu ternie – un *Purple Heart*. Cela datait certainement de la Seconde Guerre mondiale, puisque l'homme paraissait âgé d'une bonne cinquantaine d'années.

Je me sentais envahi de remords quand il me paya les achats et la course. Le remords se renforça lorsqu'il me donna un pourboire généreux, plus que je n'en aurais jamais touché en allant à l'aéroport.

Cet homme était un taiseux, il n'avait manifestement pas besoin de compagnie. Nous avions terminé notre affaire, il me reconduisit à la porte. Il y avait longtemps qu'il s'était réconcilié avec sa condition et le sacrifice qu'il avait fait. Il n'avait que faire de la sympathie des gens, et ne proposait aucune explication. J'allais recommencer cette course de nombreuses fois encore avant de m'en aller ailleurs, mais je n'ai jamais su comment il s'appelait et nous ne nous sommes pas liés d'amitié, en dépit de nos contacts réguliers.

Malheureusement pour moi, j'aurai deux fois l'âge que j'avais alors quand j'apprendrai enfin que lorsqu'on a des *a priori* sur les gens, on se trompe dans la plupart des cas.

LUDLOW PERRY
Dayton, Ohio

SANS LAISSER D'ADRESSE

Lorsque j'ai terminé mes études de premier cycle, je me suis installé avec mon copain Tom et ses trois colocataires à Somerville, dans le Massachusetts. C'était une maison à deux niveaux, qui était louée depuis des années à des étudiants.

Tom était un ami d'enfance, mais nous ne nous étions plus guère fréquentés depuis l'école. Quand nous étions gamins, nous avions tourné, Tom et moi, un film vidéo documentaire humoristique sur la ferme de mon père dans le Maryland. A présent, à Somerville, nous avons décidé de filmer en vidéo des bribes de notre vie dans cette maison. Avec abondance de commentaires, nous avons tourné des séquences dans les chambres de chacun des cinq colocataires, dans la cuisine, dans mon atelier de peinture en sous-sol et dans la salle de bains, ainsi que toutes sortes de détails d'une existence désordonnée de célibataires.

De nombreux étudiants avaient transité par cette maison au cours des années, et nous avions rassemblé un tas de courrier qui leur était destiné. Un tas, à vrai dire, *énorme*. Nous le conservions dans un grand sac en papier au pied de l'escalier. Il y avait là des lettres, des factures et des imprimés adressés au moins à huit destinataires différents. Nul ne sait pourquoi nous conservions ça, puisque nous ne nous donnions jamais la peine de le faire suivre et que personne ne venait jamais le réclamer. Nous n'avions jamais vu ni entendu parler de ces occupants antérieurs.

A un moment du tournage de notre vidéo longue d'une heure, Tom fit un zoom sur le sac de courrier, et j'en sortis une lettre au hasard. J'annonçai le nom du destinataire, Robert Jaffe, déchirai l'enveloppe et en lus le contenu. C'était un imprimé publicitaire, mais j'improvisai pour l'effet comique.

Nous poursuivîmes dans la cuisine, et je filmai Tom en train de préparer sa spécialité, spaghettis et salade. A ce moment, on sonna à la porte. Je passai à Tom la caméra, qu'il laissa tourner, et je descendis précipitamment. Devant la porte se tenait un certain Robert Jaffe qui venait, pour la première fois depuis qu'il avait habité là, voir s'il y avait eu du courrier pour lui et si quelqu'un s'était soucié de le garder.

JOSH DORMAN
Brooklyn, New York

LA PETITE FILLE D'EN FACE

Il faisait chaud et ensoleillé. Tout était brûlant : les toits, les buissons, l'asphalte, les selles de nos bicyclettes, notre peau, nos cheveux. Le père d'Allison arrosait la pelouse et nous tournions à vélo, Allison et moi, sur l'herbe détrempée et dans les tourbillons d'eau projetés par le tourniquet.

J'habitais Prospect Street. J'avais huit ans et Allison en avait dix. Nous étions les seuls enfants du quartier, et donc amis faute de mieux. J'admirais Allison, même si je ne partageais pas son intérêt pour les poupées Barbie et les musiciens pop. En été, nous passions beaucoup de temps à rouler à vélo, à jouer au Monopoly ou à faire semblant d'être mariés. Mais je ne crois pas qu'elle m'aimait beaucoup, et je ne sais pas si je l'aimais. Je ne me souviens pas non plus de ce dont nous parlions la plupart du temps, mais il y a une conversation que je ne peux pas oublier.

Les roues de nos vélos creusaient dans la pelouse des blessures boueuses et profondes qui ne guériraient jamais tout à fait. Quatre ans plus tard, quand nous avons déménagé, mes parents et moi, on voyait encore les cicatrices dans le sol.

Je fus le premier à remarquer la petite fille au milieu de la rue, chevauchant son vélo, en train de nous regarder. J'avais entendu quelqu'un rire quand j'avais failli entrer en collision avec Allison. J'avais levé les yeux, et elle était là.

J'ai souri. Elle a souri en retour.

Prospect Street se trouvait dans un quartier de petite bourgeoisie blanche. Presque toutes les maisons dataient de soixante-dix ans environ, elles étaient simples et robustes. Il y avait quelques gros arbres aux troncs noueux, mais surtout des buissons trapus qui donnaient peu d'ombre. La fillette était vêtue d'un short et d'un T-shirt vert vif ; elle paraissait toute petite au milieu de la chaussée vide, mais son sourire était large. La maison en face de chez Allison avait été vendue la semaine précédente, et je supposai qu'elle devait s'y être installée avec sa famille.

Allison émergea de sous le jet d'eau et me regarda. Arrêtant sa bicyclette, elle se retourna pour voir à qui s'adressait mon sourire. Au moment où je disais : "Salut" à la petite fille, j'entendis Allison dire : "File, négresse", d'un ton si méprisant que je me sentis paralysé, avec mon sourire figé sur ma figure.

La fillette aussi souriait encore. Allison passa une jambe par-dessus sa selle et se tourna vers l'enfant. En tenant sa bicyclette d'une main, elle désigna de l'autre la maison d'en face. "Je t'ai dit de filer, négresse, ou t'auras une raclée."

Le sourire de la fillette disparut. Je cessai de sourire, moi aussi, et je regardai Allison. Ses yeux étaient réduits à des fentes, et ses longs cheveux dégoulinaient et l'eau lui arrosait le creux du dos chaque fois que le tourniquet se dirigeait vers nous. La lumière du soleil étincelait dans les mèches qui s'étaient détachées de sa queue de cheval, formant comme une sorte d'auréole. L'eau me frappait entre les omoplates, en me poussant vers l'avant à chaque passage.

Je me retournai vers la petite fille et tordis ma bouche en une grimace censée imiter la haine que j'avais vue sur le visage d'Allison. J'évitais les yeux de l'enfant.

Elle dit : "Je pensais qu'on pourrait jouer. Je m'appelle...

— Je ne joue pas avec des nègres", cracha Allison.

Je regardai la fillette pousser sa bicyclette à travers Prospect Street et la laisser tomber sur la pelouse de sa maison. Elle monta les marches du perron, la tête basse, le menton tremblant, et disparut dans la maison. Après un moment, les rideaux de l'une des fenêtres s'écartèrent un peu – pas au point que je puisse apercevoir un visage, mais assez pour sentir les yeux brûlants de la mère de la petite fille. Je me rappelle tout cela si nettement : moi, debout avec mon vélo, les rideaux roses de la maison d'en face qui s'entrouvraient, la grande main brune qui les repoussait juste assez pour permettre de voir dehors.

"Qui c'était ?" demandai-je à Allison, tout en regardant la main descendre et disparaître, et les rideaux retomber l'un contre l'autre.

“On s’en fout, dit-elle. Ils ont emménagé la semaine dernière, et maman dit qu’ils vont pourrir notre maison.

— Comment ils vont pourrir votre maison ?

— Je sais pas. Je veux pas de cette moricaude chez moi, en tout cas.”

Et voici ce que j’ai répondu : “Les nègres sont stupides. Ils vont peut-être déménager.”

On a repris nos vélos et roulé sur la pelouse encore un moment, mais je restais conscient de la maison d’en face comme d’une présence vivante, je me sentais observé. Je pensais tout le temps à la main qui avait écarté les rideaux. Je m’attendais tout le temps à ce que la mère de la petite fille sorte de sa maison et exige que nous fassions des excuses à sa gamine. Mais cela n’arriva pas. Le soleil baissait et je rentrai chez moi pour le dîner, l’estomac complètement noué.

Par la suite, de temps en temps, j’apercevais la petite fille dans son jardin, en train de jouer avec des amis, mais je ne lui ai jamais parlé, je ne lui ai jamais dit que je regrettais. Pendant tout l’été, le nœud dans mon estomac a grossi, devenant de plus en plus serré, impossible à dénouer. Quand la fillette et sa mère déménagèrent, quelques mois plus tard, j’espérai que le nœud disparaîtrait. Ce ne fut pas le cas.

Ça s’est passé il y a vingt ans, et je pense encore tous les jours à cet après-midi. Je n’ai plus jamais parlé à Allison après que ma famille est partie de Prospect Street, mais j’espère qu’elle pense à la petite fille, elle aussi. Et j’espère plus que tout que la petite fille et sa mère m’ont oublié, mais je sais qu’elles se souviennent.

MARC MITCHELL
Florence, Alabama

Pendant trois ans, au début des années soixante, j'ai conduit un trolleybus des transports municipaux de San Francisco sur la ligne 8, Market Street. Market Street est un axe important, qu'un échantillonnage complet de la société parcourt chaque jour. Je travaillais la nuit, mon boulot commençait au début de l'heure de pointe. Mes premiers trajets consistaient à transporter des employés de bureau du quartier financier au quartier résidentiel, à l'ouest du centre-ville. Plus tard dans la soirée, il y avait moins de diversité parmi les passagers : des gens qui travaillaient la nuit, d'autres qui allaient s'amuser, et les "habitués" de Market Street. Habitants de Market Street ou des rues voisines, ils vivaient presque sans exception dans des foyers résidentiels ou temporaires. Le plus grand d'entre eux était un gigantesque immeuble qu'on appelait l'hôtel Lincoln. Il était situé en bas de Market Street, à un pâté de maisons du bord de l'eau.

Le Lincoln était un bâtiment de cinq étages avec quelque chose comme deux ou trois cents petites chambres. J'y suis un jour allé rendre visite à un ami qui était dans une mauvaise passe. Ce n'est pas le sujet de mon histoire, mais mon souvenir de l'immeuble vient de cette visite. En entrant dans le hall exigu, on se trouvait confronté à une petite cage grillagée, dans laquelle s'ennuyait un employé qui s'occupait des rares transactions. A sa droite, il y avait un de ces vieux ascenseurs sans vitres ni cloisons : une autre cage. A droite de l'ascenseur s'étendait un long couloir étroit avec un escalier à chaque bout. Le plancher de bois nu portait les marques d'années d'usure. Le long des murs, à peu de distance l'une de l'autre, des portes s'ouvraient sur des chambres à l'allure de cellules qui étaient les quartiers privés de chacun des résidents.

Des tas de gens très divers habitaient l'hôtel Lincoln. Certains étaient de passage, envoyés par l'Assistance publique pour être logés en urgence. Quelques-uns étaient en liberté conditionnelle. Mais une majorité de résidents à long terme était là depuis des mois ou des années, en général des célibataires qui parvenaient à payer le modeste loyer grâce à une pension, à la Sécurité sociale ou à une allocation d'invalidité. Quelques-uns avaient de petits boulots dont le salaire leur permettait de subsister. La plupart étaient d'âge moyen ou avancé. Presque tous avaient en commun une caractéristique : la dignité. Leurs moyens étaient limités ; leur avenir, sombre, en général. Mais ils se comportaient avec dignité et, habituellement, avec bienveillance les uns envers les autres.

En fin de soirée, j'avais un petit nombre d'habitués qui montaient et descendaient aux mêmes endroits et à la même heure chaque soir. L'un d'entre eux était un Noir qui paraissait avoir à peu près l'âge de la retraite. Il était mince, un peu plus petit que la moyenne, et avait des gestes rapides et sûrs. Si je devais le décrire, je dirais qu'il était "noueux". Etant donné qu'il était peu liant et n'engageait jamais la conversation, j'aurais pu ne pas le remarquer. Mais tous les vendredis soir, à onze heures vingt, il montait dans le bus avec, chargé sur l'épaule, un énorme sac-poubelle vert extra-fort. Ça bringuebalait, ça tintait. C'était gros comme la hotte du père Noël, porté par un petit père Noël maigre et citadin. J'étais curieux de savoir ce qu'il manigançait, mais décidé à respecter la vie privée du bonhomme. Il montait à la 7e rue et descendait à la Grand-Rue, l'arrêt le plus proche du Lincoln.

Chaque vendredi soir, ma curiosité augmentait. Au bout de quatre ou cinq semaines, je me décidai à risquer une question. Quand il monta dans le bus et me montra son titre de transport, je l'interrogeai : "Vous permettez que je vous demande ce que vous trimballez dans ce sac ?" "De la glace", répondit-il. "De la glace ?" "Oui, de la glace."

L'homme n'était manifestement pas bavard. Je ne dis plus rien, m'attendant à ce qu'il s'explique. Les habitués de Market Street sont en général des gens solitaires, prompts à s'ouvrir dès que quelqu'un leur marque de l'intérêt. Celui-ci ne m'en dit pas plus. Je me sentais trop abasourdi pour continuer la conversation. Quelques instants plus tard, il descendait du bus avec sa charge ballottante et sonnante.

Vers le milieu de la semaine suivante, j'avais résolu de saisir la prochaine occasion d'éclaircir le mystère du porteur de glace. L'inquiétude me prit : et s'il ne réapparaissait pas ? Deviendrait-il l'un de ces mystères de la vie, jamais expliqués ? Je vécus la journée du vendredi dans l'attente de notre rendez-vous.

Enfin, en arrivant à l'arrêt de la 7e rue à onze heures vingt, je le vis qui attendait avec LE SAC. Lorsqu'il monta à bord, je le saluai : "Bonsoir." "Bonsoir", répondit-il. Apparemment, notre brève conversation du vendredi précédent avait créé des liens. Je m'engageai dans cette ouverture : "C'est de la glace, là, dans le sac ?" "Oui", fit-il.

Abandonnant toute retenue, j'avouai ma grande curiosité quant à ses raisons de transporter un énorme sac de glace. Il me raconta son histoire. Il travaillait à l'université de San Francisco, dans la cuisine de la cafétéria. C'était lui qui était chargé de passer la serpillière et de vider les poubelles. Le vendredi, la cuisine fermait jusqu'au lundi. Afin d'économiser l'énergie, on déconnectait les congélateurs. Comme la glace aurait fondu pendant le week-end, il était libre d'en prendre autant qu'il voulait.

Presque tous les boulots ont leurs petits avantages annexes. Les aides-cuisiniers reçoivent des aliments ; les enseignants reçoivent parfois des pommes ; les employés de bureau ne sont jamais à court de trombones ni d'élastiques. Lui, c'était toute l'eau gelée qu'il pouvait porter qu'on l'autorisait à emmener chaque semaine.

Arrivé à ce point, cher lecteur, vous pensez sans doute ce que je pensais alors : que c'était un instinct de possession absurde qui poussait chaque vendredi soir cet homme à se charger de ce fardeau manifestement pesant. Je me trompais. Il m'expliqua encore qu'il habitait l'hôtel Lincoln (je m'en doutais). Dans sa chambre, il avait une grande glacière où la glace se conservait pendant le week-end.

De nombreux résidents de l'hôtel touchaient un chèque hebdomadaire et pouvaient parfois s'offrir une pinte de whisky. Ils étaient invités à venir dans sa chambre se servir de glace. Souvent, on lui offrait un verre. Il acceptait parfois, pas toujours. Il était évident, à le voir, qu'il n'avait rien d'un alcoolique. Fréquemment, un petit groupe de ses voisins se retrouvait là, pensionnés, invalides, ratés, pour partager son butin et lui faire partager le leur.

Il jouait un rôle social au sein d'une confrérie. Il transportait de la glace qui, bientôt, allait fondre et disparaître. Pendant qu'elle fondait, les gens se réunissaient pour mettre en commun glace et bouteilles, compagnie et bonne humeur.

Les temps changent.

Aujourd'hui, l'emplacement de l'hôtel Lincoln est occupé par l'immeuble de la Federal Reserve Bank.

R. C. VAN KOOY
San Francisco, Californie

MOI ET LE *BABE*

C'était un samedi d'été en 1947. Le lendemain, des Anciens du base-ball devaient jouer une partie avant le match des Indians dans le vieux stade municipal de Cleveland. Je venais d'avoir treize ans. Comme souvent le samedi, j'avais accompagné mon père à son bureau du centre-ville. Mon père était un juriste spécialisé dans les brevets, et j'aimais bien passer en revue les inventions alignées sur ses étagères.

A midi, il m'envoya chercher des sandwichs au café de l'hôtel Hollenden, de l'autre côté de la rue. En entrant, je reconnus aussitôt Babe Ruth. Le *Babe* en personne, légende vivante, plus grand que nature. Il était assis à une table avec deux autres hommes.

La nervosité et l'excitation m'empêchèrent de réfléchir. Au lieu d'aller lui demander s'il avait, *lui*, un stylo, je sortis en trombe, traversai la rue en courant et montai d'un trait les quatre volées d'escalier jusqu'au bureau de mon père.

"Papa, hurlai-je, je viens de voir Babe Ruth, donne-moi un stylo et du papier !" Presque aussi excité que moi, mon père fourra son stylo et une feuille de papier dans ma main tremblante.

Une minute plus tard, je fonçais dans le café. Le *Babe* s'y trouvait encore ; resté seul, il s'attardait à lire son journal. Je me hâtai vers lui et demandai d'une voix étranglée : "Mr. Ruth, vous voulez bien me donner un autographe ?"

Il se tourna vers moi et sourit. "Bien sûr, petit", dit-il. Et alors, tout en traçant pour moi sa belle signature quasi victorienne, il ajouta : "Dommage que t'aies pas été là il y a cinq minutes, bonhomme. T'aurais pu avoir aussi Ty Cobb et Tris Speaker."

SAUL ISLER
San Rafael, Californie

VIES DE POÈTES

En 1958, quand j'étais encore étudiant à l'université de l'Indiana, je commençai à me rendre à New York pendant les congés et les vacances. Comme d'innombrables artistes avant moi, je "frappais aux portes". Allen Ginsberg m'ouvrit la sienne et me dit qu'il me parlerait si j'allais lui chercher un hamburger. C'est ce que je fis, à la *luncheonette* du rez-de-chaussée, et pendant une heure il me parla sans arrêt de Shelley et de Maïakovski. Ensuite il me conseilla d'aller voir Herbert Huncke en lui disant que je venais de la part d'Allen. Je frappai et me trouvai devant un homme pâle et doux qui m'invita à entrer au salon, où plusieurs personnes étaient perchées en silence sur des meubles fatigués. "On concocte un poème, mon vieux, dit Huncke, viens voir." Il m'emmena dans la cuisine et ouvrit la porte du four. C'était ça ! Un poème tapé à la machine sur une feuille de papier dont les bords étaient en train de brunir dans un four à cent quatre-vingts degrés. Huncke referma la porte et retourna au salon en traînant les pieds. Je le suivis. Tout le monde gardait le silence. Après avoir attendu un moment, je décidai que je n'avais pas faim et je m'esquivai.

CLAYTON ESHLEMAN
Ypsilanti, Michigan

RETROUVAILLES

J'enseigne à l'université, mais au cours d'une de mes vies précédentes j'étais actrice et je jouais de petits rôles dans des téléfilms. Dans les années soixante-dix, j'ai figuré dans un épisode d'une émission pour enfants du samedi matin, *Land of the Lost*. Je jouais une version adulte de la petite fille du film, qui avait remonté le temps pour avertir celle-ci qu'elle était en danger. Nous avions toutes deux de longs cheveux blonds et je portais une robe verte flottante.

Environ cinq ans après, je me trouvais en Birmanie. Les touristes n'étaient autorisés dans ce pays qu'avec un visa valable sept jours. L'avion de Bangkok arrivait le mardi, et je vis peu d'Occidentaux pendant mon voyage de Rangoon à Mandalay et puis à l'Etat du Shan. A part les larges boulevards de Rangoon – reliques de la colonisation britannique –, la Birmanie semblait avoir échappé à l'influence occidentale comme aux appareils du monde moderne. La beauté du pays et l'amicale gentillesse de ses habitants me ravissaient.

Un après-midi, je me promenais dans le Swedagon, la grande pagode aux moines en robe écarlate, avec ses statues dorées du Bouddha et son flot incessant de visiteurs, familles et pèlerins. L'odeur de l'encens flottait partout. Je m'étais arrêtée pour admirer un Bouddha quand un vieux monsieur vint se placer près de moi et se mit à me commenter la statue. Il parlait un anglais parfait. C'était manifestement un homme de grande culture, et je me sentais transportée par l'histoire qu'il me racontait. Il me dit de l'appeler Dr. P., car son nom était très long. Plusieurs heures s'enfuirent pendant que le Dr. P. me parlait d'histoire et de politique, des enseignements du Bouddha, du spiritualisme et du fatalisme du peuple birman.

Et puis il s'interrompit. "C'est l'heure du déjeuner", dit-il, et il m'invita à l'accompagner chez lui pour rencontrer sa famille. J'acceptai, bien sûr.

L'épouse du Dr. P nous accueillit aimablement sur le seuil et nous entrâmes dans sa maison, qui était pleine de ses enfants et petits-enfants. Une petite fille qui devait avoir huit ou neuf ans paraissait m'étudier. Finalement, elle dit quelque chose en birman à son grand-père.

"Ma petite-fille me dit qu'elle possède un portrait de vous", me traduisit le Dr. P.

Je souris avec indulgence. "Ah, oui ?

— Oui, dit-il, elle voudrait vous le montrer."

L'enfant sortit de la pièce et revint un instant plus tard avec un de ces jouets en plastique appelés *Viewmaster*, dans lesquels on peut voir des images en trois dimensions à partir de diapositives montées sur des disques de carton. J'en avais vu un pareil, des années auparavant, dans une boutique de souvenirs de la forêt des séquoias géants. La fillette me tendit son jouet. Quand je mis l'œil à la lentille, je fus stupéfaite : c'était une image de moi que je voyais, vêtue de la robe verte flottante du tournage de *Land of the Lost*.

Le fils du Dr. P. avait été marin sur un cargo. Quand celui-ci s'était arrêté à New York, il avait acheté pour sa fille ce jouet qui, par hasard, était garni d'images de mon épisode de cette série. Ensuite, par hasard, j'étais arrivée en Birmanie et j'y avais rencontré le Dr. P., lequel, par hasard, m'avait ramenée chez lui où, par hasard, sa petite-fille m'avait reconnue. J'étais abasourdie.

Mais le plus étonnant, ce fut la réaction de la famille. Le Dr. P et les siens n'étaient pas du tout surpris. Puisqu'ils possédaient une image de moi, ils trouvaient parfaitement naturel que le destin m'eût amenée chez eux.

ERICA HAGEN
West Hollywood, Californie

Un soir d'hiver, quand Cochran avait environ treize ans et Jennie, six, je les emmenai chez le glacier, un des rares endroits de notre ville où les étudiants de l'université et les habitants réussissent à coexister en paix, parfois même avec cordialité. Je ne m'étais pas rendu compte que c'était la semaine des bizutages jusqu'au moment où, sortant de la nuit glaciale, un jeune homme apparut sur le seuil, claquant des dents, vêtu en tout et pour tout d'un caleçon de bain marron et d'un T-shirt blanc dégoûtant, couvert de traînées de moutarde et de ketchup. Il avait les cheveux saupoudrés d'oignons hachés et on lui avait versé sur la tête quelque chose comme du sirop ou de la mélasse, qui lui coulait sur le visage et dégoulinait des lobes de ses oreilles. Debout dans l'entrebâillement de la porte, soufflant de la vapeur à chaque respiration, ce triste spectacle annonça aux huit ou dix tablées de clients et aux deux femmes derrière le comptoir qu'il devait se trouver une fille disposée à l'accompagner au local de sa fraternité étudiante et à danser avec lui pendant cinq minutes et n'y aurait-il pas quelqu'un – s'il vous plaît... ?

Toutes les femmes présentes le contemplaient avec consternation, elles se tortillaient, mal à l'aise, gloussaient, détournaient les yeux. Les serveuses vêtues de blanc s'écrièrent à l'unisson qu'elles ne pouvaient pas quitter l'établissement. Le malheureux se mit alors à circuler de table en table, mais personne n'osait croiser son regard. Il était impossible de le voir sans être dégoûté.

Il finit par arriver près de nous. "Madame ?" me dit-il, les yeux suppliants. Je pouvais à peine supporter sa proximité. Mais tout à coup j'eus une idée. Je me penchai vers Jennie et lui demandai : "Ça te plairait d'aller à une fête d'étudiants ? C'est une sorte de bal."

Les yeux verts de Jennie s'illuminèrent. "Ouais !" fit-elle, avec un large sourire. Ignorant le regard furieux et horrifié de Cochran, je dis au jeune homme : “Voilà Jennie. Vous devrez marcher lentement, ou la porter. Elle est un peu demeurée, et elle fait de la paralysie cérébrale.”

Un animal pris au piège. “Mais, madame, voulut-il protester, je vais la salir – je veux dire…” et il écarta les bras pour me montrer de quoi il avait l’air, au cas où je ne l’aurais pas remarqué.

“Ça ne fait rien, dis-je. Elle est lavable. Ses vêtements aussi.”

Il jeta un regard éperdu autour de lui, mais il se rendit compte que c’était sa seule chance d’être admis dans la fraternité de ses rêves. Je fourrai donc Jennie dans son anorak à capuche et il la hissa sur sa hanche, en l’écrasant contre les taches criardes de condiments sur sa poitrine. Et puis il l’emporta dans les ténèbres.

A présent, je devais affronter Cochran. Lui qui était toujours le plus farouche des défenseurs de Jennie, il n’avait été empêché de s’opposer à ce désastre que par son gigantesque sens des convenances. Ses yeux bleus étaient immenses et terribles au-dessus de sa coupe glacée.

“Mère ! chuchota-t-il (il ne m’appelait comme ça que lorsqu’il était en colère). Tu ne lui as même pas demandé son nom. Tu ne sais même pas dans quelle fraternité il l’a emmenée. Tu as la moindre idée de ce qu’ils font dans ces fraternités ? Et s’il ne la ramène pas ?

— Oh, ne t’en fais pas, dis-je avec une bonne humeur factice, m’apercevant soudain de mon inconscience. Il va la ramener…”

Mais j’avais le cœur lourd. Cochran avait raison. Plus d’un quart de siècle avait passé depuis le temps fleuri où j’étais la petite chérie de ma classe et je n’avais aucune idée de ce qui se passait à présent dans les fraternités. Jennie est une innocente du bon Dieu, une gosse qui a un jour défini un inconnu comme “un ami que je ne connais pas encore”. N’importe qui pourrait abuser d’elle. Oh,

Seigneur, pourquoi n'avais-je pas pris le temps de réfléchir ? Je contemplais mon île flottante en train de se transformer en un lac mousseux et pollué. Bientôt, celui-ci devint la métaphore de mon existence insouciante. Ma conscience me torturait. Je voyais les titres des journaux : "Fillette kidnappée... Obsédé sexuel se fait passer pour étudiant..."

Je me demandais combien d'entre nous, les clients du glacier, pourraient donner à la police une description exacte du jeune homme. Je pensais qu'il pouvait mesurer un mètre soixante-quinze, et je croyais me rappeler que ses cheveux étaient d'un blond brunâtre. Ou était-ce d'un brun blondasse ?

"Ils vont revenir tout de suite", affirmai-je à Cochran.

Et ils furent bientôt revenus. Le jeune homme, qui avait déjà l'air bien moins misérable, me remercia d'un salut saccadé et tronqué, et redisparut dans la nuit, ne laissant derrière lui que son parfum unique et quelques dés d'oignon flottant dans ma soupe.

"Jennie, m'exclamai-je, délirante de soulagement. Tu t'es bien amusée ?

— Oui, dit-elle. On a dansé, et la musique jouait très fort, et c'était génial. Et, maman, Cochran, vous avez remarqué ? Il avait un arc-en-ciel sur sa chemise !"

KATIE LETCHER LYLE
Lexington, Virginie

SAUVÉE PAR DIEU

Je suis une vieille femme de soixante-treize ans. Durant les cinquante-cinq premières années de ma vie, j'ai souffert de graves crises d'anxiété. Je vivais dans la peur de mourir d'une crise cardiaque ou de devenir folle à lier. Je réussis malgré tout à me marier et à avoir cinq enfants, mais aucun docteur n'avait été capable de diagnostiquer la cause de mon problème.

Finalement, en 1981, je me suis mise à lire des articles sur les crises de panique et c'est avec un grand soulagement que j'ai découvert ce qu'était ce problème. Avec l'aide de ma famille et de nos amis, j'ai commencé à m'aventurer dans un monde qui m'avait terrifiée toute ma vie. Et puis, quelques années plus tard, j'ai dû faire face à ce qui me paraissait un défi insurmontable.

Ma belle-mère avait été hospitalisée et il lui fallait de l'aide à son retour chez elle. J'habitais Chicago et elle vivait à Santa Monica, en Californie. A cette époque-là, j'avais déjà pris l'avion plusieurs fois avec mon mari en voyage d'affaires, mais ce vol-ci serait mon premier en solo. Mon mari me prit un billet de première classe en m'assurant que ça allait me plaire. Une inquiétude monstre m'avait envahie à cette perspective. Je faisais des cauchemars dans lesquels je devenais folle et exigeais du pilote qu'il atterrisse pour me laisser sortir.

Je tremblais si fort quand je pris place dans l'avion que l'hôtesse me demanda si je me sentais bien. J'avais un voisin très agréable, qui me dit que le film projeté pendant ce vol était excellent et en effet, dès le début de ce film, je m'y absorbai complètement. Nous traversâmes un terrible orage, avec éclairs et tonnerre, et je me rendis compte que mon voisin était paralysé de peur. Je finis par lui assurer que tout irait bien, parce que mon mari, qui avait été pilote d'un B24 pendant la Seconde Guerre mondiale, m'avait expliqué que les avions étaient tellement bien isolés qu'ils pouvaient résister à la foudre. Nous avons atterri sains et saufs, et je me sentais assez ravie de mon attitude pendant ce vol.

Je passai plusieurs semaines à Santa Monica, et puis le moment arriva de commencer à penser à mon retour. Le jour de mon départ, je n'étais de nouveau plus qu'une ruine. Je songeai à téléphoner à mon mari pour lui demander de venir me rejoindre pour faire le voyage avec moi. Ce n'était pas une solution, et je repartis donc seule. Mon siège se trouvait près de la fenêtre, au premier rang du compartiment de première classe. Tout en luttant contre l'envie de me lever et de sortir de l'avion en courant, je décidai de dire une prière. Quelque chose du genre : Je vous en supplie, mon Dieu, aidez-moi, aidez-moi maintenant. Tout de suite !

J'étais assise là, les yeux fermés, les mains crispées sur les accoudoirs, quand j'entendis un remue-ménage de l'autre côté de la cabine. Les hôtesses étaient en train de pousser vers l'avant des boîtes noires à roulettes, semblables à celles qu'utilisent des musiciens ou autres gens du spectacle. J'observai un petit vieillard qu'on escortait jusqu'aux places symétriques des miennes. Un jeune homme et une jeune femme l'accompagnaient, et il me tournait le dos. Ils prirent son pardessus, le plièrent et le rangèrent avec son chapeau dans le compartiment supérieur. Le vieillard avait gardé son écharpe, qu'il s'enroula soigneusement autour du cou et tapota sur sa poitrine. La jeune femme s'assit près de la fenêtre et quand le vieillard se retourna et me fit face, il m'adressa le plus beau des sourires. C'était George Burns. Je venais de le voir jouer le rôle de Dieu dans le film intitulé *Oh God*.

Il m'est arrivé plus d'une fois dans ma vie de prier pour demander de l'aide, mais jamais Dieu ne m'a répondu de façon aussi spectaculaire. Je suppose qu'Il s'était dit que j'en avais besoin, étant donné les circonstances. Je n'ai plus jamais eu peur de voyager seule en avion.

MARY ANN GARRETT
Elmhurst, Illinois

Voici mon histoire, celle que je raconte quand je connais suffisamment bien quelqu'un. Aujourd'hui que j'écris ceci, j'ai vingt-trois ans ; lorsque c'est arrivé, j'en avais dix-neuf, presque vingt.

Après ma deuxième année à l'université, je fus engagée pour un boulot d'été par le service des Forêts en Californie. Je n'avais pas envie d'affronter seule toute cette route depuis la Géorgie et je persuadai Anna, ma meilleure amie depuis dix ans, de faire le trajet avec moi et puis de revenir en avion. Nous n'avions jamais traversé le pays, ni l'une, ni l'autre. Mon père bourra la voiture de kilos d'équipements d'urgence pour la route : une hache, une boîte à outils bleu layette "pour dames", des fusées, des éclairages de secours pouvant durer trente-six heures, un cric perfectionné, un bidon de quatre litres d'eau, un cintre à vêtement plié (au cas où on perdrait le silencieux), un petit kit de premiers soins et un téléphone cellulaire qu'on pouvait brancher sur l'allume-cigare. Il passa plusieurs nuits blanches à réfléchir aux moyens de nous protéger de tout ce qui pouvait éventuellement nous arriver pendant le voyage.

On est parties au début de juin, en roulant vite pour quitter le Sud-Est. On a commencé à se détendre un peu en arrivant sur le versant prairie des montagnes de l'Ouest, et on a pris notre temps agréablement une fois qu'on a roulé dans les déserts du Sud-Ouest. Je me revois, conduisant entre les formations de sable doré dans la chaleur, et Anna appliquant les mains contre le pare-brise en s'exclamant qu'elle avait l'impression de tenir en main la lumière du soleil. Ce soir-là, on s'est arrêtées dans un petit village de l'Utah qui s'appelait Blanding. A l'hôtel, on a repéré notre trajet sur la carte et décidé de se lever tôt et de traverser l'Arizona bon train, afin d'arriver le soir à Las Vegas.

On est reparties juste après l'aube, en roulant vers le sud sur la route 81. C'était une route à deux voies et, dès la sortie de Blanding, il n'y avait pas grand-chose à regarder, à part des touffes de *sagebrush* et les montagnes rouges dans le lointain. Je conduisais et Anna filmait avec la caméra vidéo. Juste avant qu'on s'arrête, ce matin-là, j'ai fait une remarque sur l'horreur que ce serait d'avoir un accident de voiture dans ces parages – la solitude semblait palpable, le paysage nu, impitoyable. J'étais impatiente de revoir des arbres.

Soudain, un homme est apparu devant nous à droite de la route. Il paraissait avoir surgi du bas-côté, et il nous faisait signe des deux bras.

"O Seigneur, fis-je, pensant aux histoires de feuilletons télé de ma mère où des femmes se faisaient agresser sur la route, qu'est-ce que c'est que ça ?

— Rachel, dit Anna, la main sur sa vitre, tu as vu son visage ? Tu as vu ça ?"

Je me tournai pour regarder. C'était bien la dernière chose que j'avais envie de voir.

L'homme avait le visage à moitié couvert de sang. A une douzaine de mètres derrière lui se trouvait un camion, renversé et écrasé sur le sable. Je vis des corps éparpillés dans les broussailles, certains à une quinzaine de mètres de la route.

Anna baissa sa vitre. L'homme lui expliqua qu'il y avait eu un affreux accident et qu'ils avaient besoin d'aide. Je me garai sur le côté et allumai les feux de détresse pendant qu'Anna appelait le 911 sur le téléphone cellulaire. J'avais remarqué une pancarte peu avant ; nous nous trouvions à cinq miles au nord de la frontière de l'Arizona. Anna demanda à l'homme combien ils étaient là, en bas. Je l'entendis dire dans le petit téléphone : "Je crois qu'ils sont une quinzaine." Il n'y avait personne aux alentours et rien en vue pendant des lieues. Nous n'avions aperçu aucune autre voiture depuis que nous avions pris la route. Quand Anna raccrocha, il n'y eut plus qu'eux et nous. L'homme nous dit qu'il s'appelait Juan.

Les premiers véhicules de secours allaient arriver quarante minutes plus tard. Dans le courant de la matinée, ils allaient se succéder, tombant l'un après l'autre à court de sparadrap, de civières et de place pour les corps. Quelques personnes s'arrêteraient pour aider. Il y avait un seul véhicule accidenté, un camion bâché qui avait voyagé toute la nuit, en transportant dix-sept immigrés mexicains. Trois d'entre eux sont morts ce jour-là, et quatorze souffraient de contusions internes, de déchirures et de fractures.

Je sortis de la voiture et gagnai le bas du talus, tremblante, en portant le peu d'eau que nous avions. Quand j'atteignis le terrain plat, une jeune fille de mon âge accourut vers moi. C'était la seule femme du groupe, et elle avait bondi du côté d'un jeune homme étendu par terre sur le dos. Elle avait du sang sur le visage et sur la bouche, les yeux fous. Elle parlait en espagnol, et elle me prit l'eau des mains. Ses longs cheveux noirs flottaient derrière elle. Je la suivis et m'agenouillai à côté d'elle près du jeune homme pendant qu'elle lui versait de l'eau sur le visage, sans cesser de répéter en hurlant quelques mots en espagnol. Je relevai les yeux une seconde. Des hommes étaient étendus sur le sable, à plat ventre et silencieux. La respiration du jeune homme était laborieuse et encombrée, et quelque chose me disait qu'il était complètement brisé à l'intérieur. Je retournai à la voiture en courant pour prendre notre équipement.

Quand, arrivée à la voiture, j'en sortis le kit de secours préemballé, qui avait à peu près la taille de deux grosses pommes de terre, je me mis à rire. Je l'ouvris et regardai les petits tampons de gaze et les pansements adhésifs, et je fus envahie par un sentiment subit et violent de haine de moi. J'imaginai un instant de ramper sous la voiture pour y attendre l'arrivée des ambulances. Cet instant m'a paru durer, mais ce n'est pas possible. Un autre sentiment, surgi d'ailleurs, m'a soulevée hors de moi-même et j'ai compris que je retournerais là, en bas, et que rien de ce que je verrais ne me ferait me détourner.

Pendant quatre heures, Anna et moi, nous avons couru d'un corps à l'autre, en nous servant de Juan comme interprète pour dire aux hommes de rester calmes ou leur demander s'ils avaient froid. Nous avons sorti toutes les serviettes et toutes les couvertures que j'avais emportées pour l'été et en avons recouvert les hommes qui commençaient à grelotter à la suite du choc. Plusieurs étaient affreux à voir. Je me suis retrouvée la joue sur le sable afin d'établir un contact visuel, caressant doucement de la main des têtes et des dos, parlant en anglais sur un ton que j'espérais apaisant, car je devinais d'instinct que si on se sent seul, on se résout plus facilement à mourir.

Quand les ambulances sont arrivées, nous avons aidé les ambulanciers à poser les hommes sur les civières et essayé d'empêcher que le sparadrap ne se remplisse de sable, et nous sommes restées avec les hommes qui devaient attendre au bord de la route la tournée suivante. La respiration de l'un d'eux devenait presque impossible à entendre, il avait les yeux comme des billes de verre et la bouche encroûtée de sang. Plaçant mon visage juste au-dessus du sien, je lui frottai doucement la poitrine, pour l'encourager à continuer à respirer.

Le jeune homme brisé mourut pendant que je regardais son épouse de dix-neuf ans lui pousser en hurlant sur les lèvres et les gencives comme si elle cherchait la vie dans sa bouche. Je restai un moment assise, immobile, sonnée et paralysée. Quand je compris qu'il était mort, je courus vers un autre corps silencieux couché le visage dans le sable.

Je me penchais pour parler à un homme qui gisait, écrasé, sur le ventre et dont un avant-bras était cassé en deux, quand je vis en relevant la tête le visage aux rides profondes d'un vieillard aux longs cheveux gris qui me contemplait fixement, la tête sur le sable. Je me précipitai vers lui pour lui fermer les yeux, pour trouver un des draps et l'en recouvrir, pour faire n'importe quoi afin qu'il ne soit pas simplement étendu là, mort et inaperçu.

Il y avait un garçon qui avait été projeté plus loin que tous les autres, et que les ambulanciers étaient en train de sangler sur une civière. Je lui parlai, avec un sourire joyeux, en l'assurant que tout irait très bien ! Il avait les yeux et la bouche pleins de sang, mais il parut me voir et me rendre mon sourire. Il est mort peu après dans l'hélicoptère qui l'emmenait à Grand Junction.

Le temps qu'on enlève tous les autres, Anna et moi étions tombées amoureuses de notre interprète, Juan. Il avait vingt-sept ans et une épaisse chevelure noire et bouclée ; il parlait un anglais parfait. Pendant qu'une ambulancière navajo le soignait, avec Anna et moi de part et d'autre, il nous dit qu'il était gêné d'être resté si longtemps sans se faire couper les cheveux. Anna alla lui chercher son sac dans le camion écrasé, un sac en plastique contenant des chaussettes. Il avait quatre entailles sur le haut du crâne ; l'épaisseur de sa chevelure avait contribué à arrêter le sang. Il commençait à délirer quand on le chargea enfin dans l'ambulance. Quand il réalisa que nous allions être séparés, ses yeux s'emplirent de panique et il tendit le bras vers moi.

"Où allez-vous ?" demanda-t-il, et je dus lui dire que nous reprenions la route. Je dis cela parce que je ne savais pas quoi faire d'autre. Je ne pouvais pas le suivre dans l'univers de l'hôpital. J'avais mon compte. Je me sentais prête à retourner vers un monde sûr, vers du sang et des os proprement contenus dans des corps, vers les arbres, le bien-être et la pitié.

"Je ne peux pas vous payer, dit Juan, mais Dieu vous récompensera."

Je conservai sur moi l'odeur de cet homme en dépit de lavages répétés. Je la sentais émaner de mes poignets pendant que je conduisais, odeur amère de vieille sueur et de pauvreté. Pendant la nuit, nous eûmes des crampes dans les muscles des jambes à cause de ces heures passées à monter et descendre en courant une pente sableuse, et le sable mêlé à ma transpiration est encore incrusté dans les sandales que je portais ce jour-là.

Le soir, nous sommes arrivées à Las Vegas, Anna et moi, épuisées et choquées. J'ai téléphoné à mon père en pleurant, je répétais : "C'était tellement terrible !" C'est la seule fois que j'ai pleuré à cause de cet accident. Un an après, je me suis réveillée au milieu de la nuit, en proie à une sueur froide, avec une voix qui résonnait dans ma tête, en rabâchant : "Tu as vu mourir un homme."

Que peut-on faire de cela ? Que peut-on faire des événements de ce matin-là, engloutis dans le temps lorsque nous nous sommes éloignées, des choses dont on n'entendrait plus parler – rien sur les infos du jour, aucun article dans aucun journal que nous ayons vu. Ç'aurait aussi bien pu être un rêve que nous aurions fait toutes les deux.

Que fait-on d'une histoire comme celle-là ? Il n'y a pas de leçon à en tirer, pas de morale, pas même de dénouement. On a besoin de la raconter, de l'entendre raconter, mais on ne sait pas pourquoi.

RACHEL WATSON
Washington DC

LE MONDE EST PETIT

En été 1983, je venais de terminer ma troisième année d'architecture et je devais me trouver un stage de six mois. J'avais passé toute mon enfance et toute ma scolarité dans le Middle West, mais j'étais allé une fois à New York en voyage scolaire, et j'aimais l'idée d'y habiter. Donc, sans autres armes qu'un ego surdimentionné et mon portfolio d'étudiant, je partis pour Manhattan, oublieux de l'économie maussade et du fait que la ville débordait de jeunes architectes.

Je profitai, pour aller de Kalamazoo à New York, de la voiture d'une ancienne petite amie qui partait s'installer à Boston. Le matin prévu pour notre départ, je m'éveillai avec d'affreuses crampes d'estomac, mais je décidai néanmoins de faire le voyage. Je fus un compagnon de route abominable. Toute la journée, je souffris de diarrhée aiguë. Je pense que ma copine se sentit soulagée quand elle me déposa à la gare routière des cars Greyhound de White Plains, où je pris un bus vers la ville.

Je trouvai une chambre à l'YMCA de la 34e rue, Sloan House. C'était un dimanche après-midi ensoleillé, mais il faisait une chaleur et une humidité terribles. Ma chambre donnait sur une cour intérieure nauséabonde et il n'y avait pas d'air. Esclave des toilettes, je n'osais pas sortir. Je restai dans ma chambre, étendu sur le matelas bosselé, porte entrouverte, sachant que j'aurais dû être en train d'explorer la ville avant de commencer mes entrevues le lendemain.

Pendant que je me trouvais dans cette pathétique position horizontale, on frappa à la porte. Un type à peu près de mon âge, avec des cheveux noirs bouclés et un sac à dos sur l'épaule, passa la tête par l'entrebâillement et s'invita à entrer. Je me sentais assez vaseux, mais sa compagnie me parut bienvenue. Il s'assit au bout du lit et on bavarda. Je lui racontai d'où je venais, où j'avais été à l'école – des trucs comme ça. Au bout d'un petit moment, il y eut une accalmie dans la conversation et, après quelques instants de silence, il me demanda si j'étais d'accord qu'il se fasse une ligne de coke. Bien que surpris, je répondis : "Bien sûr." Je m'attendais à le voir en tirer une ou deux sur ma table, mais je fus témoin d'une chose que je n'avais vue qu'une fois dans un film. Il sortit une cuiller tordue, un briquet et une seringue usagée. Ensuite il enleva sa ceinture. Il m'expliqua qu'en fait il mêlait à la cocaïne un petit peu d'héroïne. "Il s'agit pas seulement d'être *high*, dit-il, c'est un vrai rodéo d'ascenseur."

Tout au long des étapes de la préparation de sa piqûre, il me raconta qu'on l'avait chassé de l'YMCA mais qu'il y revenait en douce de temps en temps quand il n'avait nulle part où aller. Il avait laissé tomber ses études et gagnait sa vie comme chauffeur de taxi. Il espérait se faire assez d'argent pour s'acheter la médaille et avoir son propre taxi. Avant de décoller, il me regarda de sous ses paupières mi-closes et murmura : "Tu sais, mon meilleur ami est à l'université du Michigan et je crois que sa copine est de Kalamazoo." Là-dessus il perdit conscience, affalé au pied du lit.

Entre-temps, j'avais tiré mes conclusions. Tout ça ne m'avait l'air que trop connu. Je savais qui était la copine. Je savais qui était le meilleur ami à l'université du Michigan. Un de mes copains de Kalamazoo y avait suivi des cours, et quand il était rentré pour les vacances, il m'avait parlé de l'un des types qui logeaient dans le même appartement que lui, un New-Yorkais, élève d'une école privée. Le meilleur ami de ce type était entré à Vassar ou dans un autre de ces collèges universitaires friqués de la côte est. En pleine année scolaire, il avait abandonné ses études, rompu avec ses parents et vendu tout ce qu'il possédait pour acheter de la came. Il avait disparu dans New York. J'avais toujours considéré cette histoire comme un de ces récits folkloriques qui circulent sur les campus.

Mais maintenant, je me retrouvais dans l'histoire, et ça me paraissait incroyable. Il n'y avait pas quarante-huit heures que j'étais parti du Michigan, j'étais au cœur d'une ville immense, et l'aiguille dans la meule de foin urbaine m'avait découvert alors que la diarrhée me frappait d'incapacité dans une chambre miteuse de l'YMCA.

Toutes les quinze ou vingt minutes, le gars sortait de sa stupeur. Il reprenait la conversation un petit moment comme si rien ne s'était passé, et puis il repartait. La première fois qu'il revint à lui, je lui dis : "Ton meilleur ami s'appelle Dave et sa copine Stephanie. Elle et moi, on se connaissait quand on était gosses ; on est allés ensemble en camp de musique.

— Ouais, marmonna-t-il. Ouah. Le monde est petit." Et puis il sombra de nouveau.

Au bout d'une heure ou deux, je commençai à me demander comment j'allais me débarrasser de lui. Il finit par se réveiller, s'étirer et remballer son sac. Il me dit qu'il partait à Grand Central Station, où il se ferait passer pour un type qui essaie de quitter la ville sans avoir tout à fait assez d'argent pour son billet. C'était son truc pour se procurer de la monnaie. Il me proposa de revenir plus tard avec un sandwich et me demanda s'il pouvait cacher son aiguille dans ma chambre. Je le laissai faire pour en être quitte plus rapidement, mais dès qu'il fut parti, je jetai la seringue dans les toilettes. Après ça, je gardai ma porte fermée et, le lendemain matin, je m'arrangeai pour changer de chambre.

Je ne l'ai revu qu'une fois, de ma fenêtre qui donnait désormais sur la rue.

Je n'ai pas obtenu de stage, cet été-là, et finalement je me suis retrouvé sans le sou et j'ai dû rentrer à la maison. Je me suis arrangé avec mon copain John, celui qui m'avait raconté l'histoire de ce type, pour qu'on se retrouve dans le nord de l'Etat de New York. J'ai dépensé mes derniers deniers à acheter un billet de train à Grand Central Station. Mais au moins je n'ai pas dû mendier de la monnaie.

PAUL K. HUMISTON
Minneapolis, Minnesota

Un léger crachin tombait quand ma sœur Jill et moi, nous sommes sorties en courant de l'église méthodiste, pressées de rentrer à la maison et de jouer avec les cadeaux que le père Noël avait apportés pour nous et pour notre petite sœur Sharon. De l'autre côté de la rue, en face de l'église, il y avait une station-service Pan American qui était un arrêt du car Greyhound. Elle était fermée pour Noël mais j'ai remarqué une famille debout devant la porte close, serrée sous l'étroit auvent dans l'espoir de rester au sec. Je me suis demandé un instant ce que ces gens faisaient là, et puis je les ai oubliés en galopant pour rattraper Jill.

Une fois chez nous, on a eu à peine le temps de profiter de nos cadeaux. On devait partir chez nos grands-parents pour le repas de Noël annuel. En passant dans la grand-rue, j'ai remarqué que cette famille était encore là, debout devant la station fermée.

Mon père conduisait très lentement. Plus on approchait du carrefour où on devait tourner pour aller chez nos grands-parents, plus la voiture ralentissait. Tout à coup, mon père a fait demi-tour en plein milieu de la grand-route en disant : "Je peux pas !

— Quoi ? a demandé ma mère.

— Ces gens, là, à la station Pan Am, debout sous la pluie. Ils ont des enfants. C'est Noël. Je supporte pas."

Quand mon père s'arrêta dans la station-service, j'ai vu qu'ils étaient cinq : les parents et trois enfants – deux filles et un petit garçon.

Mon père a baissé sa vitre. "Joyeux Noël, a-t-il dit.

— Salut", a fait l'homme. Il était grand et devait se pencher pour regarder dans la voiture.

Jill, Sharon et moi, on dévisageait les enfants, qui nous dévisageaient.

"Vous attendez le car ?" a demandé mon père.

L'homme a répondu que oui. Ils allaient à Birmingham, où il avait un frère et des perspectives d'emploi.

“Eh bien, ce car ne va pas passer avant des heures, et vous êtes trempés, à attendre là. Windborn n'est qu'à quelques kilomètres d'ici. Ils ont un abri couvert, là, et des bancs. Pourquoi ne monteriez-vous pas dans la voiture, que je vous y conduise ?”

L'homme a réfléchi un instant et puis fait signe à sa famille. Ils sont montés dans la voiture. Ils n'avaient pas de bagages, rien que les vêtements qu'ils portaient.

Lorsqu'ils ont été installés, mon père a jeté un regard par-dessus son épaule et a demandé aux enfants si le père Noël les avait trouvés. Trois visages tristes lui ont répondu en silence.

“Ah, je pensais bien que non, a dit mon père, avec un clin d'œil à ma mère, parce que quand je l'ai vu ce matin, le père Noël m'a dit qu'il n'arrivait pas à vous trouver, et il m'a demandé s'il pouvait déposer vos jouets chez moi. On va aller les chercher avant que je vous conduise à l'arrêt du car.”

Du coup, les visages des trois enfants se sont éclairés, et ils ont commencé à sauter sur la banquette arrière en riant et en bavardant.

Quand on est descendus de la voiture devant notre maison, les trois enfants ont couru vers la porte d'entrée et puis droit vers les jouets éparpillés sous l'arbre de Noël. Une des filles a repéré la poupée de Jill et l'a aussitôt serrée contre son cœur. Je me rappelle que le petit garçon a saisi le ballon de Sharon. Et l'autre fille a pris un de mes cadeaux. Tout cela est arrivé il y a longtemps, mais le souvenir en est resté net. C'est la Noël où nous avons appris, mes sœurs et moi, la joie de rendre les autres heureux.

Ma mère a remarqué que la plus jeune des filles portait une robe à manches courtes, et elle lui a donné le seul chandail de Jill.

Mon père les a invités à se joindre à nous pour le repas de Noël chez les grands-parents, mais les parents ont refusé. Même quand on s'est mis tous ensemble à essayer de les persuader, ils sont restés fermes.

Dans la voiture, en allant à Windborn, mon père a demandé à l'homme s'il avait de l'argent pour payer le car.

L'homme a dit que son frère avait envoyé des billets.

Mon père a plongé la main dans sa poche et en a retiré deux dollars, qui étaient tout ce qui lui restait jusqu'à la prochaine paie. Il a fourré les billets dans la main de l'homme. Celui-ci a tenté de les lui rendre, mais mon père a insisté. "Il sera tard quand vous arriverez à Birmingham, et les enfants auront faim avant ça. Prenez-les. J'ai déjà été fauché, et je sais ce que c'est de ne pas pouvoir nourrir sa famille."

On les a laissés à l'arrêt des cars, à Windborn. Pendant qu'on s'éloignait, j'ai regardé par la fenêtre aussi longtemps que j'ai pu la petite fille qui serrait dans ses bras sa nouvelle poupée.

SYLVIA SEYMOUR AKIN
Memphis, Tennessee

BROOKLYN ROBERTS

Il se faisait appeler Brooklyn Roberts. Il avait excité ma curiosité parce qu'il voulait rester caché. Et puis j'ai entendu dire qu'on l'avait tué d'un coup de feu, pour presque rien.

Quand j'avais vingt-trois ans, j'ai fait partie d'une coopérative sans but lucratif, un café où on servait des pâtisseries maison, du café et du thé. C'était aussi le pays du micro éternel. La seule règle à respecter pour jouer là, c'était que la musique devait être acoustique.

Finalement, on allait nous expulser de la maison où nous avions ouvert boutique parce que l'association de quartier n'aimait pas le genre "hippie" de nos habitués. C'était La Nouvelle-Orléans en 1975 : on y avait un peu de retard.

Mais quand le café était encore en pleine activité, Brooklyn Roberts s'inscrivait de temps en temps pour prendre le micro. Il était mince, avec une charpente fine, et perdait prématurément ses cheveux blonds et sales. Je pensais qu'il devait être un peu plus âgé que moi. Il s'amenait toujours, avec sa dégaine de travailleur début de siècle, en tenue du dimanche démodée de la classe ouvrière. Ses performances au piano et à la guitare étaient très soignées. Il jouait des blues des origines, des airs de Robert Johnson, des trucs comme ça. Quand il avait terminé, il rassemblait les pourboires qu'il avait reçus, emballait ses affaires et partait. Non, il disparaissait. Toujours.

Je lui demandai un jour de jouer à l'occasion d'un concert donné au bénéfice de notre café dans un parc de la ville. Il arriva, merveilleusement habillé, à son habitude, avec une valisette en plus de sa guitare. Le chemin menant à notre petit podium traversait une aire de jeu que parcourait le chemin de fer pour enfants. En approchant de notre groupe, il se mit délibérément à marcher entre les rails de la voie miniature. Il me regarda en souriant. Il *était* son personnage, marchant sur une voie de chemin de fer comme un vagabond des années trente.

Il joua une superbe série de blues, ce jour-là, en y intercalant des tours de passe-passe. A un moment donné, il lança en l'air un dollar en argent, le fit rebondir sur le talon de sa chaussure et le rattrapa dans sa main. En l'attrapant, il eut l'air aussi surpris que son public. Il termina son programme et disparut. Des tas de gens voulaient lui parler, mais il s'était volatilisé.

Plus tard, la même année, j'ai assisté à une première manifestation du New Orleans Jazz and Heritage Festival. J'attendais que Muddy Waters passe à son tour, quand j'aperçus Brooklyn Roberts près du bord de la scène, en train de parler à un machiniste ou à un régisseur. Je dus me détourner pour parler à des amis. Un instant après, quand je regardai de nouveau, Brooklyn Roberts était au piano en train de jouer de merveilleux ragtimes. Il joua pendant cinq minutes environ. Je devinai qu'il devait avoir convaincu le régisseur de le laisser jouer jusqu'à ce que Muddy Waters soit prêt à entrer en scène. Il n'y eut aucune présentation, rien. Brooklyn Roberts monta, joua, et puis disparut, c'est tout.

L'année suivante, j'ai aidé à organiser un concert au profit de musiciens de rue de La Nouvelle-Orléans. Mon groupe y participait, ainsi que Brooklyn Roberts. Une fois encore, il joua au piano une formidable série de vieux blues. Il était arrivé vêtu de son habituel accoutrement d'époque, mais plus tard quand je le repérai assis dans le public à quelques rangées de moi, il s'était changé et portait un chapeau mou en tissu style Gilligan. Je l'interpellai car je voulais le féliciter pour sa belle performance. Il resta où il était et me salua d'un sourire. Ensuite il se détourna et enfonça son chapeau un peu plus.

Des années plus tard, bien après mon départ de La Nouvelle-Orléans, j'ai demandé de ses nouvelles à une amie. Elle m'a raconté qu'on l'avait descendu pour son argent et sa veste. Selon ce qu'elle avait entendu raconter, il aurait dit à ses assaillants : "Vous n'allez quand même pas me tuer pour ma veste ?" Et c'est ce qu'ils ont fait.

J'ai cherché à me renseigner. Tout ce que j'ai pu trouver, c'est qu'il avait été un entraîneur apprécié – on l'appelait Coach Bob – au centre local de la communauté juive. J'ai encore sa carte de visite. Il y a dans les quatre coins des motifs de ferronnerie florale, et son nom est imprimé au centre en majuscules : Brooklyn Roberts.

C'est tout ce que je sais de lui.

ADOLPH LOPEZ
La Nouvelle-Orléans, Louisiane

UN DOLLAR TRENTE-HUIT LA NUIT, DEUX PAR CHAMBRE

Un été dans un hôpital de Manhattan, atteint de maux trop ennuyeux pour qu'on en parle. Une prise de conscience. La chambre semi-privée, ce lieu où l'on entrepose tout le monde sauf les très riches ou les très contagieux, est le grand niveleur de la société. C'est là que des gens qui normalement ne se fréquenteraient pas se retrouvent à dormir ensemble – et à partager les toilettes.

"IL Y A SEIZE JOURS QUE JE VAIS AUX TOILETTES QUATRE FOIS PAR JOUR ET QUATORZE JOURS QUE J'AI MAL AU VENTRE !" criait joyeusement mon premier compagnon de chambre à quiconque approchait. Il est vrai qu'il criait tout le temps. Numéro Un était un ex-mauvais garçon de la 42e rue, trente ans et l'air d'en avoir quarante-cinq. Le fait qu'il ne soit pas allé aux chiottes pendant les trente-six premières heures de notre intimité ne semblait pas diminuer sa vigueur. Il s'obstinait à protester à grands cris de sa prétendue diarrhée, jusqu'au moment où il produisit enfin un étron gros comme le Kansas, je le sais parce qu'il ne tirait jamais la chasse. Ses médecins lui dirent qu'il allait très bien. Il cria plus fort. Ils essayèrent de le renvoyer chez lui. Il réagit en portant plainte. Des cris et des scènes s'ensuivirent, jusqu'à la mystérieuse visite d'une infirmière accompagnée d'un homme en blouse blanche.

"On est en train de lui apprendre à faire des piqûres, expliqua l'infirmière tandis que le novice arborait une énorme seringue.

— Ah mon Dieu !" hurla Numéro Un quand l'aiguille manqua son coup.

Le troisième jour, il exigeait encore qu'on l'autorise à rester, quand arrivèrent ses amis aux cheveux mal coupés. Ils emmenèrent Numéro Un en expéditions furtives aux toilettes publiques avec des intentions illicites non précisées, et c'est après l'une de ces excursions qu'il ne revint tout simplement plus. Personne ne parut étonné. On se contenta de préparer son lit pour un autre occupant.

Mon compagnon de chambre numéro deux était un monsignor à la retraite et sous sédatifs puissants. On l'avait transféré d'une maison de repos et il n'avait aucune idée de l'endroit où il se trouvait. "Je pense parfois que je vous aime bien, et parfois que je vous déteste", murmura-t-il d'une voix pâteuse à un aide-soignant qu'il n'avait encore jamais vu. Après avoir pris le temps de réfléchir, il prononça son verdict : "Aujourd'hui, je vous déteste."

Une assistante sociale vint lui crier à l'oreille : "MONSIGNOR ! JE VAIS CHERCHER DE LA CRÈME GLACÉE. VOUS EN VOULEZ ?" Ça le ragaillardit. "CHOCOLAT OU FRAISE ?" Le monsignor préférait chocolat. "BON, JE REVIENS DANS VINGT MINUTES !" et elle fila de la chambre. A peu près deux secondes après, une infirmière entra pour administrer un remède.

"Où est ma crème glacée ? demanda le prêtre.

— Je n'ai pas de crème glacée, rien que des pilules", répondit-elle. Un grondement sourd s'éleva du lit du monsignor.

"Salope", siffla-t-il.

Mon compagnon numéro trois était un ancien camé sans domicile, et n'était plus que des os maintenus ensemble par un sac de peau. "Quarante-cinq kilos", pépia l'infirmière après avoir pesé cet homme d'un bon mètre soixante-dix, qui pouvait avoir n'importe quel âge de vingt-sept à cinquante ans – il était en trop mauvais état pour qu'on pût en juger. Il dormait la plupart du temps, ne s'éveillant que pour se plaindre de la nourriture ou se disputer avec l'infirmier qui essayait de lui faire des prises de sang. "Je sais ce que vous en faites, de ce sang, disait-il d'un ton sinistre. Vous le vendez, cinq dollars le tube, on ne me la fait pas."

Avec une insistance croissante, les médecins de Numéro Trois l'imploraient de donner son accord officiel pour un test HIV, qu'ils ne pouvaient légalement lui faire subir sans son consentement. “Si nous avions un diagnostic, nous pourrions vous prescrire un traitement qui vous soulagerait vraiment”, plaidaient-ils, mais il restait de marbre, apparemment persuadé que les tests HIV faisaient partie de quelque abominable conspiration ourdie par l’établissement médical. Jour après jour, ils suppliaient. Jour après jour, il déclinait. J’avais envie de le supplier, moi aussi, mais je me disais que puisque j’avais entendu des informations confidentielles, ce n’était pas mon rôle. Tout de même, chaque fois qu’il se traînait hors du lit pour aller aux toilettes, je le surveillais attentivement, prêt à appeler l’infirmière au cas où il s’écroulerait. Ça n’arriva pas. Finalement, Numéro Trois fut transféré dans un refuge pour sans-abri à problèmes médicaux. Je priai pour que quelqu’un dans cet endroit le persuade d’accepter l’aide dont il avait besoin.

Numéro Quatre était amène, bavard et couvert de plaies. Il avait aussi une copine qui venait à l’heure des repas. “Je goûte juste pour voir si ça te plaira”, lui disait-elle en engloutissant son déjeuner. Tout en mangeant, elle parlait sans arrêt, de leurs amis, de la télé, de rien du tout. Elle finissait toujours par chuchoter : “J’en ai”, et ils se traînaient ensemble jusqu’aux toilettes publiques avec “ce qu’elle avait” caché dans sa poche.

Quels que fussent les défauts de sa copine, l’attachement que lui témoignait Numéro Quatre était émouvant. Il allait jusqu’à conserver soigneusement ses rognures d’ongles dans un petit flacon, rien que pour elle. “Elle aime ronger des ongles, mais n’a pas envie d’abîmer les siens, m’expliqua-t-il, alors je lui donne les miens.”

“Oooh, ceux-ci sont *bons* !” entendis-je la copine s’exclamer.

Je m’assurais toujours que le rideau séparant nos lits était bien fermé.

Pendant ce temps, Miss Thomas s’était établie de l’autre côté du couloir. Miss Thomas hurlait. Toute la nuit. Toutes les nuits. Et comme sa porte se trouvait juste en face de la nôtre, c'était comme si elle avait été avec nous dans notre chambre. "Evelyne, pleurnichait-elle, Evelyne ! Evelyne ! J'ai mal au derrière. Evelyne ! Oh, j'ai mal. J'ai MAL ! EveLYYNE ! J'ai mal au DERRIÈRE. EVELYYYNE !"

J'avais d'abord eu pitié de cette pauvre cinglée, qui souffrait manifestement le martyre. Jusqu'au lendemain matin, quand je l'ai entendue parler au téléphone d'une voix normale, raisonnable. "Oh, le service est affreux, ici, disait-elle. Cette nuit, j'ai dû hurler. J'ai hurlé et hurlé jusqu'à ce que quelqu'un vienne." La nuit suivante, Miss Thomas avait soif. "Evelyne ! J'ai besoin d'un verre d'eau ! Evelyne ! J'ai SOIF ! EVELYYYNE !" Bravant le règlement de l'hôpital, j'ai fermé ma porte.

Numéro Cinq était une star de feuilletons télé. Blond, les traits ciselés, des dents parfaites – les infirmières l'accablaient de demandes d'autographes. Il avait un téléphone cellulaire, et la direction de l'hôpital à sa botte. "Vous pouvez commander vos repas à l'extérieur si l'ordinaire ne vous plaît pas", lui dirent avec un sourire béat les employés de la réception en lui donnant une liasse de menus de restaurants.

"*Je* suis là depuis trois semaines et personne ne m'a jamais dit ça, à *moi* !" protestai-je, mais ils n'y firent pas attention.

La star souffrait d'une inflammation d'un testicule – situation dont il était heureux d'informer n'importe qui n'importe quand sans la moindre provocation. A un infirmier chargé des prises de sang : "Je savais qu'elles pendaient bas, mais pas *à ce point* !" A moi : "Quand je les ai senties contre mon *genou*, je me suis dit qu'il fallait consulter." Au téléphone : "Le docteur dit que c'est sans doute parce que je n'ai pas baisé suffisamment, mais *ça*, je sais que c'est faux !" Tout le monde était ébloui. Ne manquaient que les 24 x 36 sur papier brillant.

Cette nuit-là, Miss Thomas eut froid. "Evelyne ! Il me faut une couverture. Evelyne ! J'ai si FROID ! Allez me chercher une COUVERTURE ! EVELYYYNE !" Tôt le lendemain matin, la direction manifestement chagrinée informa la star qu'on allait le transférer dans une chambre privée, à bonne distance – aux frais de l'hôpital –, où il se sentirait "plus à l'aise".

"*Je* suis là depuis trois semaines..." commençai-je, mais on m'ignora de nouveau.

La nuit suivante, quand Miss Thomas commença à appeler Evelyne, une voix exaspérée s'éleva pour lui répondre : "Miss Thomas, il faut que vous arrêtiez de hurler comme ça. Tous les soirs, on vous dit de vous servir de votre bouton d'appel, mais vous continuez à faire tout ce bruit ! Il y a des gens qui essaient de dormir, vous savez. Alors, maintenant, si vous ne vous taisez pas, je vais fermer votre porte et ne plus jamais revenir vous aider, et vous savez combien vous détesteriez ça !" Et puis, en se détournant pour faire sa sortie, une dernière flèche : "Et encore une chose. Je m'appelle *Yvonne* !"

Numéro Six arrivait des soins intensifs. Je crois qu'il avait été dans le coma. "Vous vous souvenez de ce qui vous est arrivé ?" lui demanda une assistante sociale. Un long silence, et puis, d'une voix hésitante : "Est-ce que je vis à New York ?" Plus tard, il interrogea l'interne débordé de travail auquel on venait de l'attribuer. "Il y a combien de temps que je suis ici ?" Sans même le regarder, l'interne répondit brièvement : "Sais pas, quelques jours." En réalité, j'avais entendu quelqu'un dire que Numéro Six était là depuis des semaines. "J'ai commencé à me souvenir de quelque chose..." commença-t-il, mais le docteur le coupa : "Ecoutez, je ne peux pas bavarder maintenant, j'ai d'autres malades à voir." Je n'ai jamais entendu ce dont Numéro Six avait commencé à se souvenir.

Une chose que Numéro Six s'obstinait à oublier, c'était qu'on l'avait sanglé dans son lit parce qu'il avait une épaule fracturée. Parfois, en me rendant aux toilettes, je le trouvais suspendu au bord de son lit, empêtré dans ses entraves de toile, l'air misérable et troublé. “Ça ne va pas ?” demandais-je, et il hochait la tête. “Vous voulez que j’aille chercher votre infirmière ?” et je m’en allais à sa recherche. Finalement, on est venu le sangler tellement serré qu’il pouvait à peine bouger et lui, oubliant où il se trouvait, chiait dans ses draps. L’aide-soignante arrivait en trombe et en fureur.

“Qu’est-ce que vous avez ? criait-elle. Pourquoi vous faites des saloperies pareilles, après on doit venir vous nettoyer ? Vous êtes quoi, un bébé ?” Après quelques humiliations de ce genre, il devint un peu craintif. En passant près de son lit, je le voyais couvert de merde et l’air accablé de malheur. “Ça ne va pas ? Vous voulez que j’appelle votre infirmière ?” et il hochait la tête, lentement, en s’efforçant de retenir ses larmes.

Numéro Sept était un vieil ouvrier de Queens. On lui avait fait de la chimiothérapie pour son cancer, et il passa les deux premiers jours à vomir. “J’en ai marre, disait-il à sa femme d’une voix lamentable. A quoi ça sert de continuer si c’est comme ça que je dois vivre ?” Et puis il était repris de nausées. Avec moi, il se montrait cordial et aussi sympathique que possible, mais sa pauvre femme essuyait le plus gros de sa frustration. “Qu’est-ce que c’est que ça, nom de Dieu ? lançait-il après qu’elle avait fait une heure de trajet pour venir le voir. J’ai dit des raisins *dénoyautés* ! Comment peux-tu être aussi stupide ?”

Mais il se mit à aller mieux, et pendant deux jours fut carrément joyeux. Jusqu’au troisième matin ; là, sa diction devint soudain pâteuse, il me présenta sa fille qui n’était pas là et puis il s’endormit pendant que le médecin lui parlait. Quand il se réveilla, tout ce qu’il dit fut : “Paris me manque.” Je n’aurais pu être plus d’accord avec lui. L’après-midi même, on le fit disparaître vers un autre étage.

Numéro Huit arriva en fin de soirée. Il avait une voix profonde, pleine de bonté, et un mélodieux accent latino. Il avait aussi de longs ongles peints et un brushing, et il préférait qu'on l'appelle Cynthia. Il venait d'avoir vingt ans, et faisait une forte fièvre à cause d'un de ses seins implantés. Il avait aussi le sida, vivait de l'aide sociale et s'était coupé de sa famille. Et pourtant, il restait malgré tout cela remarquablement calme et philosophe. Quand je rentrai enfin chez moi, le lendemain, il transmettait avec patience des appels téléphoniques pour Numéro Sept, qu'on avait déménagé si soudainement que personne, même sa femme, ne savait où il était. "Il se trouve à un autre étage, mon chou, disait-il d'une voix apaisante à quelque parent ahuri, appelez le central et ils vous donneront son numéro." Je lui laissai deux magazines qu'on m'avait apportés et tout le jus que j'avais stocké. "Tu pars alors qu'on commence juste à se connaître", dit-il, mélancolique, mais j'étais pressé de rentrer chez moi.

D'ailleurs, je savais qu'il aurait bientôt plein de compagnie.

BRUCE EDWARD HALL
New York, New York

COUP DE FEU EN PLEINE LUMIÈRE

Eté 1978. Je parcourais le Sud-Ouest en vendant des bijoux et des objets cadeaux, une large gamme d'articles allant de cristaux autrichiens à des boucles d'oreilles en plumes. Sur la route de Las Vegas à Los Angeles, je me suis arrêté pour venir en aide à un automobiliste dont la voiture était tombée en panne en plein désert Mojave. Il était dans une mauvaise passe, sans projet ni endroit où aller, et je l'ai pris avec moi.

Il s'appelait Ray et il paraissait un peu plus de vingt ans. Il était petit, musclé, nerveux et un peu hagard, comme mal nourri. Il me faisait pitié et, au cours des trois jours que nous avons passés ensemble, je me suis mis à lui faire confiance. J'ai même commencé à l'envoyer faire des courses pendant que je visitais les boutiques pour vendre mes marchandises. A un moment donné, je lui ai donné des vêtements à moi et il était content d'avoir quelque chose de nouveau à se mettre. Il me semblait calme et plutôt satisfait.

Le troisième soir, on a campé près du réservoir de Puddingstone, à l'est de Claremont. Assis par terre à l'arrière du gros fourgon, je changeais des trucs de place dans les armoires afin de faire de la place pour les vêtements, les livres, les caisses d'échantillons ainsi que pour le sac de marin et les affaires de voyage de mon passager.

Il y eut une violente explosion et je sentis un choc aigu et déchirant au sommet de mon crâne. Le réchaud à gaz avait-il explosé ? Je regardai ; il était intact. Ensuite je regardai Ray, assis à la place du conducteur, et je vis l'arme noire dans sa main. Le bras appuyé sur le dossier du siège, il me visait au visage. C'était une balle qui m'avait frappé ! Je pensai d'abord que ce n'était qu'un avertissement – qu'il allait me dévaliser. Tout à coup, ça me parut très bien. Prends tout, pensai-je. Prends tout. Laisse-moi juste descendre, et tire-toi.

Une deuxième explosion me secoua, et un sifflement terrible et aigu résonna dans mes oreilles. Je sentais du sang me couler sur le visage et le dessus de ma tête palpitait. Ce n'était pas un avertissement, je m'en rendis compte. Il allait me tuer. J'allais mourir.

Il n'y avait nul endroit où me cacher. J'étais coincé dans une position inconfortable, entouré de bacs de rangement. Il n'y avait rien à faire. Je m'entendis murmurer : "Détends-toi. Tu n'y peux rien. Respire. Reste éveillé." Mes pensées se tournèrent vers la mort, puis vers Dieu. "Que ta volonté soit faite, et non la mienne." Je laissai aller mon corps et entrepris de me détendre, de m'affaisser sur le dos. Je surveillais ma respiration, inspire, expire, inspire, expire…

Je commençai à me préparer à la mort. Je demandai à être pardonné par ceux auxquels j'avais pu faire du tort, et j'offris mon pardon à tous ceux qui m'en avaient fait au cours de ma vie. Je voyais défiler à l'envers et à toute allure le film en technicolor de mes vingt-six années. Je pensai à mes parents, à mes frères et sœurs, à mes amours, à mes amis. Je leur dis au revoir. Je leur dis : "Je vous aime."

Une nouvelle explosion secoua le fourgon et mon corps tressauta. Je n'avais pas été touché. La balle m'avait manqué d'une fraction de pouce et s'était logée dans l'armoire à laquelle j'étais appuyé. Je me laissai retomber dans ma rêverie. Ma chance ne pouvait pas durer. Trois balles encore à venir, si c'était un revolver. Je ne pouvais qu'espérer que ce ne soit pas un semi-automatique.

Plus rien n'importait que d'être en paix. Mon fourgon, mon argent, mon affaire, mon expérience, mon histoire personnelle, ma liberté – tout cela devenait sans valeur, dépourvu de sens, simple poussière dans le vent.

Tout ce que je possédais de précieux, c'était mon corps et ma vie, et cela aurait bientôt disparu. Mon attention était concentrée sur l'étincelle lumineuse que j'appelais Moi, et ma conscience commença à s'étaler vers l'extérieur, augmentant ma perception de l'espace et du temps. J'entendais clairement mes instructions : RESTE ÉVEILLÉ ET NE CESSE PAS DE RESPIRER.

Je priai mon dieu, le Grand Esprit, de me recevoir à bras ouverts. Je me sentis inondé d'amour et d'une lumière qui, tel le rayon d'un phare, illuminaient tout aux alentours. La lumière grandissait au-dedans de moi et j'enflais comme un immense ballon, au point que le fourgon et son contenu me semblaient petits. Une sensation de paix et d'acceptation me remplit. Je savais que j'étais près de quitter mon corps. Je sentais la ligne de temps de ma vie, en avant et en arrière à la fois. Je vis la balle suivante, à peu de distance dans l'avenir, surgir du canon de l'arme, projetée vers ma tempe gauche, et ressortir avec de la cervelle et du sang du côté droit de ma tête. J'étais rempli d'un effroi respectueux. Voir la vie sous cette perspective enflée, c'était comme regarder à l'intérieur d'une maison de poupée, en voir toutes les chambres à la fois, tous les détails, si réels et en même temps si peu réels. Je regardais la lumière dorée, chaude et accueillante, avec calme et résignation.

La quatrième explosion brisa le silence en éclats, et ma tête fut poussée violemment de côté. Le bruit dans mes oreilles était assourdissant. Du sang tiède coulait de ma tête sur mes épaules et mes cuisses, dégoulinait par terre. Mais, chose étrange, je me retrouvai dans mon corps, pas dehors. Encore entouré de lumière, d'amour et de paix, je commençai à inspecter l'intérieur de mon crâne, à la recherche des trous. Peut-être pourrais-je voir la lumière à travers ? Je procédai à un contrôle rapide de mes sensations, en quête de ce qui pouvait manquer. Sûrement, la balle m'avait affecté. Ma tête battait, mais je me sentais étrangement normal.

Je décidai de regarder mon assassin, de regarder la mort en face. Je soulevai ma tête et tournai mes yeux vers lui. Il paraissait sonné. Sautant de son siège, il cria : "Pourquoi t'es pas mort, mec ? Tu devrais être mort !

— Je suis là, fis-je doucement.

— C'est trop bizarre ! C'est juste comme mon rêve de ce matin. J'arrêtais pas de lui tirer dessus, et il voulait pas mourir ! Mais c'était pas toi, dans le rêve, c'était quelqu'un d'autre."

Voilà qui était très étrange. Qui a écrit le scénario ? me demandai-je. Je me mis à parler lentement et calmement, dans l'espoir de l'apaiser. Si je pouvais l'amener à me répondre, je pensais qu'il ne tirerait peut-être plus. Il répétait à tue-tête : "Ferme-la ! T'entends ? Ferme-la !" en s'efforçant de voir par la fenêtre dans les ténèbres. Il s'approcha avec nervosité, l'arme au poing, et examina mon crâne ensanglanté en essayant de comprendre pourquoi les quatre balles qu'il m'avait envoyées ne m'avaient pas achevé.

Je sentais toujours le sang couler sur mon visage et je l'entendais s'égoutter sur mon épaule. Ray dit : "Je sais pas pourquoi t'es pas mort, mec. Je t'ai tué quatre fois.

— Je ne dois peut-être pas mourir, dis-je calmement.

— Ouais, mais je t'ai tué ! répéta-t-il d'une voix déçue et troublée. Je sais pas quoi faire.

— Qu'est-ce que tu veux faire ? demandai-je.

— Je voulais te tuer, mon vieux, pour piquer ton fourgon et me tirer. Maintenant je sais plus." Il avait l'air soucieux, irrésolu. Il commençait à s'apaiser, devenait moins nerveux.

"Pourquoi voulais-tu me tuer ?

— Parce que tu avais tout et moi, je n'avais rien. Et j'étais fatigué de ne rien avoir. C'était ma chance d'avoir tout !" Il continuait à aller et venir dans le fourgon et à regarder par les fenêtres la nuit noire au-dehors.

"Qu'est-ce que tu veux faire maintenant ? demandai-je.

— Je sais pas, vieux, geignit-il. Je devrais peut-être t'emmener à l'hôpital."

Mon cœur bondit à l'idée de cette chance, cette possibilité – une sortie. "D'accord", dis-je, ne voulant pas lui donner l'impression qu'il ne contrôlait pas la situation. Je voulais que ce soit son idée, pas la mienne. Je savais que sa colère venait d'un sentiment d'impuissance, et je ne voulais pas provoquer sa colère.

"Pourquoi t'as été si sympa avec moi, vieux ?

— Parce que tu es une personne, Ray.

— Mais j'ai voulu te tuer. Je sortais tout le temps mon flingue et je te visais, quand tu dormais et quand tu ne regardais pas. Mais t'étais si sympa avec moi, je ne pouvais pas."

J'avais perdu le sens du temps. Je me rendais compte que je n'avais aucune idée du temps qui s'était écoulé depuis la première balle. Après ce qui me parut durer plusieurs minutes, Ray vint vers moi, toujours coincé en position recroquevillée, et dit : "D'accord, vieux, je vais t'emmener à l'hôpital. Mais je veux pas que tu bouges, alors je vais fourrer des trucs sur toi pour t'empêcher de bouger, d'accord ?"

Maintenant il me demandait la permission. "D'accord", dis-je, doucement. Il se mit à prendre diverses caisses pleines d'échantillons et à les empiler autour de moi. "Ça va ? me demanda-t-il.

— Ouais, ça va. Un peu inconfortable, mais ça va.

— Bon, vieux. Je vais t'amener à un hôpital que je connais. Bouge plus, maintenant. Et ne me fais pas le coup de mourir, hein ?

— D'accord", promis-je. Je savais que je n'allais pas mourir. Cette lumière, cette force en moi était si forte, si sûre. Chaque respiration paraissait la première, pas la dernière. J'allais survivre. Je le savais. Ray abaissa le hayon, ajusta les courroies et mit le moteur en marche. Je sentis le fourgon reculer sur la terre battue, trouver l'asphalte et avancer vers ma liberté.

Il roula longuement – vers où, je l'ignorais. Etions-nous en route pour un hôpital, comme il l'avait dit, ou vers quelque farce horrible ? S'il était capable de m'abattre à coups de flingue, il était capable de mentir, ou pis. Comment savait-il où aller ? Nous étions à Claremont. Los Angeles se trouvait à plus d'une heure de route. J'employai cette heure à me rejouer les scènes des trois derniers jours et à les analyser, en essayant de comprendre ce qui s'était passé et pourquoi.

Enfin, je sentis que le fourgon ralentissait, se rangeait et s'arrêtait. Le moteur se tut. Le silence emplit l'espace. J'attendais. Il faisait encore noir, dehors.

Nous ne nous étions pas garés dans une entrée. Il n'y avait pas de lumières. Ce n'était pas un hôpital.

Ray revint vers moi, son arme à la main. Il écarta une des caisses et s'assit sur le matelas de mousse, face à moi. Il avait la tête basse, l'air défait. Ses paroles entaillèrent durement mon nuage d'espoir. "Faut que je te tue, mon vieux, dit-il avec calme.

— Pourquoi ? demandai-je doucement.

— Si je t'emmène à l'hôpital, on me remettra en prison. Je peux pas retourner en prison, vieux. Je peux pas.

— On ne te mettra pas en prison si tu m'amènes à l'hôpital", dis-je lentement, feignant toujours la faiblesse, la passivité. Je savais que je pourrais peut-être avoir une chance, un instant où j'aurais la possibilité de le surprendre, de le maîtriser, de lui prendre son arme. Tant qu'il ne savait pas que j'étais valide, j'avais un avantage.

"Oh, si, vieux. On saura que j'ai tiré sur toi et on m'enfermera.

— On n'a pas besoin de le leur dire. Je ne le dirai pas.

— Je peux pas te faire confiance, vieux. J'aimerais bien, mais je peux pas. Je peux pas retourner en prison, c'est tout. Faut que je te tue." Il avait l'air accablé. Ce n'était pas là qu'il voulait se trouver. Il ne se décidait pas. Son arme pendait mollement de sa main, pointée vers le sol. Les caisses étaient toujours empilées autour de moi. Je ne pouvais pas me rendre compte de la force que j'avais, si elle suffirait à me pousser dehors et à le maîtriser. Il était petit mais fort. Etait-il encore plein d'adrénaline ? Ça le rendrait encore plus fort. *Ma* force résidait dans les mots, dans le duel verbal. Si je pouvais continuer à le faire parler, il n'agirait pas.

"Je pourrais peut-être aller seul à l'hôpital, Ray. Tu n'aurais même pas besoin d'y venir. Tu pourrais t'en tirer.

— Non, vieux, fit-il en secouant la tête. Dès que tu leur dirais, ils se lanceraient à ma recherche. Ils me suivraient à la trace."

Je restai silencieux. Ça n'a pas marché, pensais-je.

"Pourquoi t'es pas mort, vieux ? Je t'ai tiré *quatre* balles dans la tête. Comment ça se fait que tu vives et que tu parles encore ? Tu devrais être mort. Je sais que je t'ai pas loupé." Il inspecta de nouveau ma tête, en la tenant d'une main et en la tournant de gauche à droite. "Ça fait mal ?" demanda-t-il. Il avait l'air vraiment soucieux.

"Ouais, ça fait mal, mentis-je. Mais je crois que ça va aller.

— Eh ben, je sais pas quoi faire. Je peux pas t'emmener à l'hôpital. Je peux pas simplement te laisser partir, parce que tu iras à la police. Pourquoi t'as été si sacrément sympa avec moi, mec ? Personne a jamais été aussi sympa que ça avec moi. Ça m'a gêné pour te tuer. T'étais tout le temps à m'acheter des trucs et à me donner des trucs. J'arrivais pas à décider quand je le ferais."

Pas si, mais quand.

"Qu'est-ce que tu ferais de tout ça si c'était à toi, Ray ? demandai-je.

— Je pourrais rentrer chez moi et être quelqu'un, je pourrais faire des trucs. J'aurais assez de fric pour me tirer d'ici, mon vieux." Ray se mit à parler ; il parla de chez lui à Los Angeles, de la pauvreté environnante, de sa colère, des instituteurs qui lui donnaient l'impression qu'il était stupide, de son père qui buvait trop et le battait, et puis de sa vie de voyou dans les rues. Il raconta qu'il s'était engagé, que l'armée aurait dû arranger tout ça, mais qu'il ne supportait pas qu'on lui dise tout le temps ce qu'il devait faire, alors il avait déserté. Il raconta qu'il avait dealé, et que la drogue ça ne marchait pas, et qu'il avait filouté ses copains dealers. C'est pour ça qu'il avait dû filer de L. A., parce qu'ils le recherchaient. Il raconta qu'il avait volé l'arme de son père et de l'argent avant de partir, et puis il s'était rendu compte qu'il n'avait aucun endroit où se cacher, alors il avait décidé de rentrer. Peut-être qu'il pourrait faire encore une filouterie et devenir riche. Il n'avait besoin que d'un coup, d'un gogo. Si sa proie était assez grosse, il pourrait rembourser les dealers et repartir de zéro. Alors il avait décidé de tuer le premier qui s'arrêterait. Le premier qui lui viendrait en aide. Moi.

Le matin succédait à la nuit, le ciel passait lentement de l'indigo au bleu. En entendant pépier des oiseaux, je me sentis reconnaissant d'être en vie.

"Je suis très raide et endolori, Ray, ça irait mieux si je pouvais me lever pour m'étirer." Il y avait six heures que j'étais coincé dans la même position. J'avais les cheveux et le visage pleins de sang coagulé, mes tibias me faisaient mal à force de rester calés contre le bord d'une porte d'armoire, et mon dos était raide et douloureux.

"D'accord, vieux, je vais te laisser te lever, mais ne fais pas de bêtises, hein ?

— D'accord, Ray. Dis-moi ce que je dois faire et je le ferai."

Rappelle-lui qu'il est aux commandes. Ne le laisse pas avoir l'impression qu'il ne maîtrise pas les choses. Guette une occasion.

Il déplaça les caisses qui m'entouraient, recula, l'arme à la main, et ouvrit la porte. Je sortis en rampant du fourgon, me mis debout et m'étirai pour la première fois. Que le monde était beau à mes yeux tout neufs. Tout brillait comme si c'était fait de cristal étincelant.

On était arrêtés dans une rue résidentielle près d'un petit étang au pied d'un talus. Il me fit signe de descendre le sentier qui menait vers l'eau. En descendant cette forte pente, je me demandais : "Est-ce la mort, de nouveau, qui me tape sur l'épaule ? Va-t-il me tirer dans le dos et me pousser à l'eau ?" Je me sentais faible et vulnérable et, en même temps, immortel et inaccessible à ses balles. Je me tenais droit, je marchais sans peur. Il me suivit jusqu'au bord de l'eau et resta debout pendant que je m'accroupissais pour rincer le sang de mes mains et de mon visage, en m'éclaboussant d'eau claire et fraîche. Je me relevai et lui fis face. Il me regardait avec curiosité.

"Qu'est-ce que tu ferais si je te donnais ce flingue maintenant ?" demanda-t-il, en me tendant son arme.

Ma réponse fut la première chose qui me passa par la tête : "Je le jetterais dans l'eau, dis-je.

— T'es pas furieux contre moi, mec ?" demanda-t-il. Il paraissait incrédule.

"Non, pourquoi serais-je furieux ?

— Je t'ai tiré dessus, mec, tu devrais être en colère. Je serais fou de rage, moi. T'aurais pas envie de me tuer si je te donnais ce flingue ?

— Non, Ray. Pourquoi je ferais ça ? J'ai ma vie, tu as la tienne.

— Je te comprends pas, mec. T'es vraiment bizarre, vraiment différent de tous les autres gens que j'ai rencontrés. Et je sais pas pourquoi t'es pas mort quand je t'ai tiré dessus." Silence. Pas de réponse, bonne réponse. Tandis que nous nous tenions au bord de l'eau, je me rendis compte que Ray avait subi une transformation aussi profonde que la mienne. Nous n'étions plus les individus que nous avions été.

"Qu'est-ce qu'on doit faire, maintenant, Ray ?

— Je sais pas, vieux. Je peux pas t'emmener à l'hôpital. Je peux pas te laisser partir. Je sais pas quoi faire."

On a continué à parler ainsi, à chercher une solution à son problème. Nous explorions les possibilités – sur laquelle pouvions-nous tomber d'accord ? Je faisais des suggestions, il me répondait que ça ne marcherait pas. Je faisais d'autres suggestions. Il écoutait, réfléchissait, les rejetait, changeait d'avis. On cherchait un compromis.

Finalement, on a trouvé un marché sur lequel on pouvait se mettre d'accord : je le laisserais aller, et lui me laisserait aller. Je promis de ne pas le donner ni le signaler à la police, mais à une condition : il devait me promettre de ne plus *jamais* faire une chose pareille. Il promit. Avait-il le choix ?

Le soleil apparaissait derrière les collines quand nous sommes remontés dans le fourgon. J'étais assis à la place du passager et il conduisait vers un endroit qu'il connaissait. Il se gara et je lui donnai tout l'argent que j'avais sur moi, environ deux cents dollars, et quelques montres dont je pensais qu'il pourrait les mettre en gage. Nous avons traversé la rue ensemble. Le soleil brillait. Il était encore tôt, mais il faisait déjà chaud. Il portait sa veste militaire et son sac de couchage sous un bras, son sac de marin sur l'épaule. Quelque part dans le paquetage, il y avait un revolver noir.

On s'est serré la main. Je lui ai souri. Il avait toujours l'air troublé. Alors je lui ai dit au revoir et je m'en suis allé.

Aux urgences du L. A. County Hospital, un médecin gratta de petits bouts de métal, de peau et de cheveux et fit quelques points de suture dans la peau de mon crâne. Il me demanda comment c'était arrivé et je le lui dis : "On m'a tiré dessus, quatre fois.

— Vous avez de la chance, me dit-il. Les deux balles qui vous ont touché ont toutes les deux ricoché sur votre crâne. Vous devrez déclarer ça à la police, vous savez.

— Oui, je sais", dis-je. Je savais déjà que j'avais de la chance mais, mieux encore, je me sentais bienheureux. Je n'allai pas à la police. J'avais fait une promesse et reçu une promesse en échange. J'ai tenu ma promesse. J'aime à croire que Ray a tenu la sienne.

LION GOODMAN
San Rafael, Californie

J'ai su qu'il neigeait avant d'avoir ouvert les yeux. J'entendais le raclement des pelles sur les trottoirs, et il y avait ce silence particulier de l'atmosphère qui se produit quand la ville est couverte d'un épais tapis de neige. Je courus à la fenêtre pour jeter un coup d'œil au quartier – mon domaine. Il devait être très tôt. Aucun de mes amis n'était encore arrivé dans la rue ; je ne voyais circuler que des concierges, avec de la neige jusqu'aux genoux. Soulagée de n'avoir rien manqué, je pris conscience du fait que mes frères et sœurs étaient à présent éveillés. Je n'avais pas de temps à perdre. Si je me dépêchais, je pourrais être dehors avant tous mes amis.

Je m'habillai avec un assortiment de lainages d'hiver de deuxième main, mais il n'y aurait pas de moufles pour me tenir les mains au chaud. Je les avais perdues au début de la saison. J'étais vraiment angoissée quant à ce que j'allais me mettre aux pieds, mes chaussures ne tenaient plus dans mes galoches de caoutchouc. Je pouvais mettre les souliers ou les galoches, mais pas les deux. Je me décidai pour deux paires de chaussettes et les galoches.

Pendant que je les bouclais, je sentis la présence de quelqu'un debout près de moi. C'était mon grand frère, Lenny. Il me demanda si je voulais aller avec lui patiner sur la glace de la patinoire couverte de Madison Square Garden. J'abandonnai aussitôt mes autres projets. Mon grand frère de treize ans était bel et bien en train de me proposer, à moi, sa petite sœur de neuf ans, d'aller patiner avec lui ! Si je voulais y aller ? Bien sûr que je voulais. Mais où trouverions-nous l'argent ? Lenny disait que ça coûterait un dollar pour entrer et louer des patins. Deux obstacles seulement se dressaient entre moi et le bonheur d'aller patiner avec mon frère : la tempête de neige de 1948 et un dollar. La neige, j'en faisais mon affaire ; c'était le dollar qui posait problème.

La quête commença. On rapporta quelques bouteilles de lait, on quémanda un sou à notre mère, on mendia à notre père un *quarter* chacun, on récupéra quelque menue monnaie dans des poches de manteau, on découvrit deux piècettes qui avaient roulé sous les lits et on repéra dix cents nichés tout seuls dans un coin d'une des six pièces de notre logement mal éclairé et sans eau chaude.

Enfin, fortifiés par un bol de porridge brûlant et avec au fond de nos poches les sous durement gagnés, on entreprit le long voyage – vingt pâtés de maisons, une lieue urbaine.

La neige balayée par le vent s'accrochait à toutes les surfaces. Lenny et moi, nous nous imaginions dans les Alpes quand nous escaladions les tas de neige d'un mètre de haut qu'on avait amassés au bord des trottoirs. Le monde était à nous – des myriades de flocons minuscules avaient fermé la ville et empêchaient les adultes de sortir. Les gratte-ciel étaient invisibles derrière un voile blanc, et nous pouvions presque nous figurer que New York avait été réduite à notre taille. On pouvait marcher au beau milieu de la 3e avenue sans crainte de se faire écraser. Nous pouvions difficilement contenir notre joie, l'incroyable impression de liberté que nous ressentions là, dans la neige.

Les douze blocs jusqu'à la 49e rue ne furent pas difficiles, mais les longues rues perpendiculaires étaient glaciales. Le rude vent d'ouest venant de l'Hudson rendait notre progression quasi impossible. Je n'arrivais plus à suivre mon frère. Les fantaisies de mon imagination cédèrent la place au froid qui me rongeait les pieds. Je n'avais rien sur la tête, je serrais mes mains nues dans mes poches et quelques-unes des agrafes de mes galoches s'étaient détachées. Je commençai à me plaindre doucement, ne voulant pas embêter Lenny car j'avais peur qu'il ne m'invite plus jamais à l'accompagner.

Quelque part près de la 5e avenue, on s'est réfugiés sous un porche. J'ai dit timidement à Lenny que mes agrafes s'étaient défaites. Lenny sortit de ses poches ses mains nues et rouges et se pencha pour rattacher les boucles de métal incrustées de neige gelée. Honteuse que Lenny soit obligé de s'occuper de moi, je regardais droit devant moi ; je vis la silhouette d'un homme qui marchait vers nous à travers le rideau de mousseline de la neige.

Je n'aurais pas pu dire quel âge il avait – tous les adultes avaient le même âge, à mes yeux – mais il était grand et mince, avec un beau visage doux. Il ne portait pas de chapeau. Il avait une écharpe autour du cou et son manteau, comme les nôtres, était couvert de neige durcie.

Je ne me rappelle pas s'il m'a parlé ou non. Ce dont je me souviens, c'est qu'il s'est agenouillé devant moi, le visage au niveau du mien. Je me suis trouvée le regard plongé dans ses yeux bruns et tendres, étonnée et muette. Quand il est parti, j'ai senti sa chaleur dans la douce écharpe couleur de vin qu'il avait enroulée bien serré autour de ma tête.

Je ne me souviens pas d'avoir patiné ce jour-là, ni de notre retour à la maison. Tout ce que ma mémoire a gardé, c'est la neige, la gentillesse d'un inconnu et mon grand frère, Lenny.

JULIANA C. NASH,
New York, New York

GUERRE

L'HOMME LE PLUS RAPIDE DE L'ARMÉE DE L'UNION

Mon grand-père, John Jones, était un paysan aux longues jambes et aux yeux bleus de Green City, dans le Missouri. Quand la guerre de Sécession a commencé, il avait juste vingt ans. Il est allé trouver sa mère et lui a dit qu'il était contre l'esclavage et qu'il ne voulait pas voir l'Union se disloquer. Elle lui donna la permission de s'engager dans le 18e régiment de volontaires du Missouri. Son unité se trouva au centre de quelques-unes des plus horribles batailles de cette guerre.

A un moment donné, le régiment reçut l'ordre de garder une voie de chemin de fer. Les soldats creusèrent quelques tranchées autour de la voie, et au petit matin un bataillon de la cavalerie confédérée chargea leur position. Ils tinrent bon aussi longtemps qu'il leur resta des munitions. John Jones vit que l'ennemi s'avançait sur le remblai, et que les soldats de l'Union des premières lignes qui sortaient en rampant de leurs abris de terre et se mettaient debout avaient la tête tranchée par les sabres des cavaliers confédérés. Il sauta sur ses pieds et se mit à courir. Il entendit plusieurs soldats sudistes crier : "Ce Yankee est pour moi !" Il regarda pardessus son épaule et, en effet, plusieurs cavaliers galopaient après lui à toute vitesse. Il se dit : "Dieu m'a donné de longues jambes, c'était en prévision de ce moment." Il savait qu'il courait pour sauver sa vie et il réussit à garder de l'avance sur ses poursuivants. Apercevant un fourré, il plongea droit dedans et ressortit en courant de l'autre côté. Les chevaux furent obligés de ralentir quand ils arrivèrent dans les buissons, et John Jones s'en tira.

Les hommes qui ont survécu à cette bataille disaient que c'était la première fois qu'ils voyaient un homme courir plus vite qu'un cheval.

MICHAEL KURETICH
Glendale, Californie

NOËL 1862

D'après les Mémoires de James McClure Scott, C.S.A., *mon arrière-grand-oncle, alors sous les ordres de Jeb Stuart.*

Décembre 1862
J'ai participé avec ma compagnie au célèbre "raid de Noël" de Stuart ; sa ligne de marche contournait le flanc gauche de l'armée yankee, qui se trouvait alors face à Lee, à Fredericksburg ; elle passait donc par Lignum, en traversant au gué de Kelly, par Dumfries et Buckland, près de Leesburg, et puis par Aldies et Middleburg, où une bande de jeunes avaient fêté Noël en brûlant le président Lincoln en effigie.

Juste après la bataille de Dumfries, au cours de laquelle la cavalerie confédérée fut repoussée par l'infanterie des fédéraux, les troupes confédérées restèrent immobiles jusqu'à la tombée de l'obscurité et puis firent mouvement vers Buckram. Je faisais partie de la colonne d'avant-garde et j'avais manqué les pillages de magasins, me trouvant de service ailleurs ; j'étais affamé à la suite de trente-six heures de jeûne et, en plus, mort de fatigue après les heures passées en selle, y compris pour dormir puisqu'on marchait jour et nuit. Je n'avais pas le temps de chercher à manger, ni pour moi, ni pour mon cheval. Il faisait un froid cruel et, entre faim et fatigue, je me sentais désespéré.

Le soir de Noël, alors que je marchais en tête de la colonne, je vis une lumière au bout d'un champ, dans une maison. Je quittai les rangs, sûr de pouvoir rejoindre la colonne avant qu'elle soit passée. Avec un autre homme, on se dirigea à travers champs vers la lumière. Une fois devant la maison, je mis pied à terre et frappai à la porte. On entendait des gens festoyer joyeusement à l'intérieur. Le propriétaire de la maison finit par apparaître. Je demandai si deux hommes pouvaient recevoir à dîner. L'autre répondit par une question : "Qui êtes-vous ?" Je répondis : "Des hommes de Jeb Stuart." L'homme s'exclama : "Alors vous tombez mal parce que ce sont des officiers yankees et leurs femmes, là-dedans" et je répliquai : "A moins qu'ils ne soient fameusement forts, ça pourrait aller encore plus mal pour eux." L'homme hésita encore, disant qu'il ne voulait pas d'histoires, car les troupes de l'Union viendraient lui brûler sa maison. Je répondis : "Je veux à dîner, pas des prisonniers ni des histoires." L'homme retourna alors dans la salle à manger, en disant qu'il allait demander à sa femme. Me rendant compte que cela reviendrait à signaler ma présence aux Yankees qui se trouvaient là, je passai la porte et le suivis, en restant juste derrière lui.

Les convives furent ahuris de voir apparaître sur le seuil un soldat confédéré en armes, manifestement encore chaud du "sentier de la guerre". Je restai immobile, un doigt prêt à la détente sur mon pistolet, pendant que l'hôte expliquait ce que je voulais.

L'un des officiers assis près d'une porte donnant derrière la maison fit mine de se lever. Je lui dis : "Restez assis, tout ce que je veux, c'est mon dîner."

Une femme m'implora de ne pas faire son mari prisonnier. Ma réponse fut : "Je veux mon dîner, et je ne ferai pas de prisonniers, ni d'histoires, mais si on fait des histoires, on doit s'attendre au pire."

Un couvert fut aussitôt mis pour moi à l'extrémité la plus proche de la porte par laquelle j'étais entré. Deux des femmes me servirent avec abondance de *vrai* café, d'huîtres, de dinde et de tout ce qui compose un repas de Noël complet. Avec mon pistolet à côté de moi et les officiers assis à la même table, j'engloutis mon repas en vitesse, presque sans mâcher.

Pendant ce temps, on entendait passer la colonne confédérée. Quand je me sentis tout à fait plein, je me levai et proposai en paiement de mon repas de l'argent confédéré, et comme on me le refusait, je repassai la porte indemne et remontai en selle, avec un profond soulagement que l'aventure se soit bien terminée. Un silence absolu régnait dans la maison quand je repartis à cheval et rejoignis en hâte ma colonne en marche. Mon compagnon avait disparu au premier soupçon d'une présence yankee dans la maison.

GRACE SALE WILSON
Millwood, Virginie

LE MONT GRAPPA

En juin 1917, mon père quitta le campus de Grinnell College sans attendre les cérémonies de remise des diplômes pour s'engager dans le corps des ambulanciers de la Croix-Rouge à Chicago. Presque toutes les ambulances disponibles avaient déjà été envoyées outre-Atlantique. Les hommes suivaient la même formation que les recrues de l'armée et, sans s'être entraînés un seul jour au volant d'une ambulance, étaient expédiés sur les champs de bataille d'Europe.

Mon père se retrouva dans le nord de l'Italie, au pied du mont Grappa. On lui confia, ainsi qu'aux autres chauffeurs, quelques ambulances ancestrales. Après avoir fait deux ou trois allées et venues autour du camp, ils montèrent dans les montagnes vers un col où les soldats italiens livraient durement bataille à des forces austro-hongroises. La route n'était guère plus qu'un sentier de chèvres. Il leur fallait souvent rouler dans l'obscurité, tout en sachant que les conducteurs qui redescendaient maîtrisaient à peine leurs véhicules. L'offensive connut des hauts et des bas en novembre. Finalement, des renforts arrivèrent de France et d'Angleterre et l'ennemi fut repoussé en même temps que l'hiver prenait possession de la région.

L'ennemi se retrancha, et une nouvelle offensive fut lancée au printemps. Les rapports officiels estiment les pertes de ces deux campagnes italiennes à plus de cent mille hommes.

Les blessés étaient si nombreux que les équipements médicaux au pied des montagnes étaient débordés. Le commandement militaire italien donna ordre aux ambulanciers d'ignorer les blessés ennemis et de ne ramener dans la plaine que les soldats italiens. Ce changement de politique fut mal reçu par les ambulanciers, en particulier par mon père. Il était venu là pour sauver des vies.

Peu après la proclamation de cet ordre, mon père ramassa un soldat autrichien et entreprit de le porter vers l'ambulance. Un soldat italien lui ordonna de s'arrêter et d'abandonner le blessé. "Pas question", dit mon père, et l'Italien répliqua : "Alors je devrai vous tuer." Il leva donc son fusil et visa, et l'ambulancier américain resta là, le blessé dans les bras. Ils se regardèrent l'un l'autre, pendant ce qui dut leur paraître une éternité. Tous deux étaient âgés de vingt ans à peine ; aucun des deux ne s'était jamais attendu à se trouver impliqué dans une guerre.

Après Dieu sait combien de temps, ils se mirent à rire, et le soldat fit signe à mon père de continuer. En riant encore, mon père emmena l'Autrichien vers la plaine.

MARY PARSONS BURKETT
Paw Paw, Michigan

SAVENAY

Pendant la Première Guerre mondiale, mon père a été en poste avec l'armée américaine à Savenay, une petite ville de l'ouest de la France. Quand je suis allé à Savenay, il y a quelques années, j'avais emporté quelques-unes des photographies qu'il y avait prises. Sur l'une d'elles, on voyait mon père debout sur une route de campagne avec deux jeunes filles. Il y avait une petite maison dans le fond. Au bord d'une route, non loin de Savenay, j'ai trouvé cette maison – une petite villa en briques entourée d'un mur bas en pierres. J'ai poussé la barrière et frappé à la porte. Une vieille femme a passé la tête par une fenêtre de l'étage et m'a demandé ce que je voulais. Je lui ai montré la photographie en lui demandant dans mon meilleur français si elle la reconnaissait. Elle a disparu dans la maison. Après une longue discussion avec une autre femme à l'intérieur, elle a ouvert la porte. Elle m'a demandé d'où venait la photo. Je lui ai répondu qu'elle appartenait à mon père et qu'elle me semblait avoir été prise sur la route devant chez elle. Oui, c'est vrai, m'a-t-elle dit, et elle et sa sœur – la femme plus âgée qui se trouvait dans la maison – étaient les deux jeunes filles de la photo. Sa sœur se souvenait du jour où la photo avait été prise, m'a-t-elle dit. Deux soldats qui marchaient sur la route s'étaient arrêtés pour demander de l'eau. Je lui ai dit qu'un de ces soldats était mon père – ou est devenu mon père beaucoup plus tard. Malheureusement, a dit la vieille femme, la mère des deux jeunes filles ne leur avait pas permis de donner de l'eau aux soldats. Cela avait fait beaucoup de peine à sa sœur, a-t-elle dit. Je l'ai remerciée du temps qu'elle m'avait consacré et me suis apprêté à repartir. Un instant plus tard, elle me rappelait en disant : "Ma sœur voudrait savoir si vous voulez un peu d'eau."

HAROLD TAPPER
Key Colony Beach, Floride

CINQUANTE ANS APRÈS

Pendant la Première Guerre mondiale, mon père, un pilote allemand, volait en mission de reconnaissance au-dessus de l'est de la France quand il fut attaqué par des chasseurs français dont les mitrailleuses endommagèrent son avion. Privé de moteur, il parvint à franchir la frontière suisse et fit un atterrissage forcé dans un champ de foin au milieu de faucheurs surpris. A la fin de la guerre, il rentra en Allemagne après avoir été interné dans ce pays neutre qu'était la Suisse, reprit ses études, devint géologue et finit par émigrer aux Etats-Unis.

Un demi-siècle après cet épisode du temps de la guerre, peu avant la fin de sa carrière de professeur de géologie dans une grande université américaine, il racontait cette expérience à un groupe d'étudiants réunis autour d'un feu de camp à l'issue d'une journée de travail géologique sur le terrain, lorsqu'un des étudiants l'interrompit en disant : "Permettez-moi de finir l'histoire." Là-dessus, au grand étonnement de tous, l'étudiant donna les détails exacts de la façon dont les fermiers avaient trouvé mort l'observateur-photographe assis derrière mon père, avaient extrait de l'avion mon père sonné mais indemne et lui avaient procuré à manger et à boire jusqu'à l'arrivée de la police suisse qui l'avait interné. Dans sa jeunesse, cet étudiant avait souvent entendu raconter cette histoire par sa mère, qui avait été l'une des faneuses de ce pré suisse.

GISELA CLOOS EVITT
Stanford, Californie

IL AVAIT LE MÊME ÂGE QUE MA SŒUR

J'ai presque soixante-sept ans mais chaque année, en octobre, au changement de saison, j'en ai de nouveau onze.

La dernière année de la guerre, l'automne en Hollande fut froid et humide. Pas de poêles allumés, pas de charbon. Pas de lampes pour donner aux chambres une apparence de chaleur, pas d'électricité. Pas de souper digne de ce nom. La soupe de la cantine centrale, un mélange de pelures de patates et de feuilles de chou dans de l'eau sans sel, était froide en arrivant à la maison.

En ce jour d'octobre, alors que l'obscurité commençait à tomber, des camions militaires bloquèrent notre rue, ainsi qu'ils l'avaient déjà fait très souvent, et une section de soldats allemands entreprit une fouille systématique des maisons ; ils cherchaient les hommes.

"Raus ! Raus !" Chassés par le haut-parleur, nous restions debout sur le trottoir pendant que les soldats parcouraient nos maisons en inspectant greniers et placards. *"Raus ! Raus !"* Mes petits frères avaient

oublié de prendre leurs manteaux. Le petit corps de Jacob me réchauffait.

Notre rue se remplit de femmes et d'enfants. On pouvait parler librement, puisque les soldats ne comprenaient pas le hollandais, mais on ne haussait pas la voix. Des plaisanteries circulaient. Pourquoi y a-t-il si peu d'hommes ici ? Vous n'avez jamais entendu parler de l'Immaculée Conception. Je ne comprenais pas de quoi il s'agissait, mais j'aimais les rires. Ensuite on échangea des nouvelles. Ils sont à Maastricht ! Pourquoi ne viennent-ils pas au nord ?

Il faisait plus froid. Les soldats étaient presque arrivés au bout de la rue, et ils n'avaient trouvé aucun homme. Le silence s'installa. Et puis on entendit pleurer quelqu'un. Toutes les mères se retournèrent. C'était le bruit d'un enfant qui pleure. Sur le seuil de la maison de M. Van Campen, un soldat était assis, son fusil appuyé près de lui, le visage caché dans sa capote. Il tentait de ravaler ses sanglots, et puis il renonça.

Une mère s'approcha de lui et lui parla doucement en allemand. "Qu'est-ce qui ne va pas ?" demanda-t-elle. Elle se penchait vers lui en lui parlant, et quand il eut fini, elle se redressa et nous annonça : "Cette guerre doit être presque terminée. Il a seize ans et il n'a rien eu à manger aujourd'hui." Deux ou trois mères s'esquivèrent du groupe et rentrèrent chez elles. Un officier allemand marchait vers nous dans la rue à peu de distance. J'avais peur – et très froid. Les mères réussirent à revenir à temps. Une pomme de terre cuite, un bout de pain, une pomme ridée passèrent de main en main jusqu'au garçon. L'officier arrivait. Le garçon redevint un soldat. *"Danke"*, dit-il, et puis il se leva et empoigna son fusil.

Les moteurs des camions démarrèrent. Nous pouvions rentrer. Jusqu'à la fin de la guerre, pendant toute ma vie, j'ai gardé le souvenir de ce soldat qui pleurait. Il avait le même âge que ma sœur.

MIEKE C. MALANDRA
Lebanon, Pennsylvanie

Chez les joueurs d'Amsterdam, dans l'Etat de New York, il fut souvent question de mon oncle Louie cette année-là.

Au printemps 1942, oncle Louie – un mètre cinquante-huit, soixante-treize kilos, les pieds plats, de mauvais yeux et presque trente-cinq ans – avait reçu une lettre de convocation pour l'examen médical militaire à Albany. Outre vendeur à temps partiel de journaux et de cigarettes à la gare des bus de Main Street, mon oncle Louie était un joueur. Il m'avait emmenée passer ma première "journée aux courses" à Saratoga pendant la saison précédente, à peu près au moment où j'entrais à l'école primaire et plusieurs mois avant Pearl Harbor. Quand ses collègues joueurs entendirent parler de cette convocation, ils rirent – et puis commencèrent à prendre les paris. Louie était-il à la hauteur de la tâche de défenseur de l'Amérique ? Il n'y avait pas la moindre chance : le seul à parier qu'il serait engagé fut l'oncle Louie en personne. C'est ainsi qu'il put déposer trois cent cinquante dollars à la Caisse d'épargne d'Amsterdam peu avant d'être expédié, d'abord au camp d'Upton, New York, et puis en Europe.

Le premier cadeau qu'il m'envoya était une grande croix rouge entourée de blanc sur fond bleu, un drapeau islandais en rayonne. De temps à autre arrivait une carte postale représentant un volcan noir auréolé d'une fumée blanche. Parfois, il y avait une lettre où il ne donnait pas de nouvelles mais parlait beaucoup du temps. "En Islande, écrivait-il, il fait aussi froid qu'à Amsterdam en hiver, mais il y a moins de neige." Ma mère tricotait des pulls kaki à la douzaine, je roulais en grosses boules le papier d'argent des emballages de bonbons et mon père, réformé en raison de sa cataracte et de son statut familial, donnait du sang chaque mois. Nous écrivions régulièrement à l'oncle Louie pour lui raconter ce que nous faisions et lui envoyer des messages de ses potes du kiosque à journaux. "Demandez-lui, disait par exemple Goody, à quoi il s'occupe, là-bas, en Islande." Faisant d'un geste théâtral tomber de son cigare une longue cendre grise : "Les dés ? Le zanzi ? Le poker ? Ha ha ha !"

Chaque soir, après des programmes radio du genre *Captain Midnight* ou *Portia affronte la vie*, je mettais la table et ma mère servait des bols de salade fraîche ou de soupe brûlante. Et puis nous écoutions les nouvelles de six heures. Mon père notait les pays ou les villes dont il était question et après le dîner nous déplacions les épingles rouges et bleues sur la carte du monde punaisée au mur de la cuisine. Après le jour J, je commençai à remarquer de prudents échanges de regards entre mes parents pendant les infos et de brefs commentaires en yiddish, que je ne comprenais pas. Je surpris une conversation téléphonique à propos d'un cousin de ma mère, on était sans nouvelles de lui depuis plus d'un an et maintenant il était prisonnier quelque part en Allemagne. Je vis deux de nos voisins qui portaient des brassards noirs. Après que les cartes postales eurent cessé d'arriver, à l'automne 1943, nous avons complètement perdu la trace de l'oncle Louie.

Ce n'est que cinq ans plus tard que j'ai découvert où mon oncle Louie avait passé la guerre. Ah, oui, il m'avait envoyé de Paris une petite bouteille de Chanel Numéro 5, et à ma mère une grande bouteille d'eau de Cologne, qu'elle troqua aussitôt contre mon parfum. Et nous avons, c'est vrai, reçu cette belle grande photo sépia faite par l'armée, qui se trouve toujours dans ma bibliothèque. Il est assis de côté, de sorte qu'on voit ses galons de caporal sur sa manche gauche ; son allure est nette, son visage souriant, ses cheveux noirs sont coupés court. Et j'ai bien acheté un rouleau de papier à tapisser blanc en été 1945. Sur la table en bois de notre jardin, avec ma boîte géante de Crayola qui ramollissaient au soleil, j'ai dessiné un bandeau de toutes les couleurs de l'arc-en-ciel que j'ai étendu au-dessus de notre seuil : "Bienvenue à la maison, oncle Louie !"

Mais ce n'est qu'un demi-siècle plus tard, un jour où je le conduisais au cimetière juif aux abords d'Amsterdam pour rendre visite au reste de notre famille, que je lui ai demandé ce qu'il avait fait pendant la Seconde Guerre mondiale. Sur le débarquement en Normandie : "Ce Chinois et moi, on était trop petits pour tenir nos fusils au-dessus de nos têtes et courir dans l'eau : on se serait noyés. Alors le sergent crie : Eh, idiots, laissez tomber les fusils. Courez ou nagez jusqu'au rivage ! Vous ramasserez quelque chose quand vous y serez !" Sur la bataille des Ardennes : "A Liège, c'était terrible. Le pire moment de ma vie. Je travaillais à la radio. Pas un signal, rien que des bombes. Et puis je suis sorti..." Il ne continuait pas, sauf pour indiquer qu'il était l'un des rares hommes de son unité à avoir survécu. Sur l'entrée dans Paris : "Des fleurs, de la musique, des acclamations, des embrassades, encore de la musique ! Rien de comparable dans toute ma vie, même pas mon gros coup à Saratoga après mon retour – quand j'ai misé sur le bon cheval tout l'argent que j'avais gagné sur mon enrôlement ! Mais rien n'a jamais été comme Paris !"

Quand je lui ai demandé pourquoi il n'était jamais reparti d'Amsterdam après la guerre, pourquoi il n'avait jamais profité du *GI Bill* ou d'autres occasions, tout ce qu'il m'a dit, c'est : "Je suis parti une fois, ma belle, en 1942, et ça m'a suffi pour ma vie entière."

JEANNE W. HALPERN
San Francisco, Californie

UN GRAND JOUEUR

C'était le milieu de l'année 1942. Mon escadrille se trouvait à New York, désignée pour le service en Europe. Les sous-marins allemands coulaient des milliers de tonnes de navires alliés tous les mois. Le système de convoyage n'avait pas été amélioré, et la couverture aérienne n'était efficace que pendant environ dix pour cent du voyage. Etre expédié par mer n'était pas une perspective engageante.

Deux de mes meilleurs amis dans l'escadrille étaient Doc Saunders, le médecin, et John Milburn. Nous espérions tous passer ensemble de façon agréable et paisible notre dernière soirée en Amérique. Nous avions envie de rassembler nos idées, de nous retrouver entre amis et de penser à nos familles. Doc réussit à nous obtenir la permission de sortir jusqu'à dix heures – concession mineure à la veille de notre "jour J" personnel. Profitant de ces heures supplémentaires, John nous invita, Doc et moi, à dîner chez ses parents en l'honneur de notre départ.

Nous savions tous deux que la famille de John Milburn était riche. Au cours des années trente, dans le Dakota-du-Nord, être riche signifiait que vous aviez de quoi partager avec les voisins. Mais John avait fait ses études dans des institutions privées, conduit des voitures rapides et obtenu un diplôme à Oxford. Pendant les jours sombres après que la guerre avait éclaté en Europe, John était rentré en Amérique dans une cabine de première classe sur l'*Athenia*. Mais ni Doc, ni moi n'avions vraiment compris à quel point John était riche avant d'arriver chez lui. On roula à travers les terres d'un domaine soigné au quart de poil. Des domestiques nous débarrassèrent à la porte de nos vestes d'aviateurs.

Le repas fut grandiose. Cette famille d'aristocrates américains nous accueillait, Doc et moi, comme si nous étions des siens. Je me demandais si je reverrais jamais l'Amérique après le lendemain. Mais les parents de John excellaient à donner l'impression que nous serions bientôt revenus chez eux, pour savourer les mets et les vins et nous familiariser avec de nouvelles activités – tel le polo.

Comme le sont souvent les gens fortunés – nous l'apprenions –, le père de John était un ardent joueur de polo. Au mur du vestibule, à l'étage de leur imposante demeure, se trouvait un portrait grandeur nature du père de John en grande tenue de joueur de polo. "Mon père est un grand joueur", nous dit John en passant devant ce tableau. Pour un gamin du Middle West, ça ne signifiait pas grand-chose, mais j'appris bientôt que c'était à peu près équivalent à frapper cinquante coups de circuit en une saison ou à gagner les Masters. "Il n'y en a que quelques-uns dans le monde", nous dit-on.

Une année s'écoula. La guerre ne s'était pas particulièrement bien passée pour les Alliés, mais il y avait des signes encourageants. On avait stoppé l'Afrikakorps. Goering n'avait presque plus d'avions. Doc et moi, nous étions toujours ensemble, mais notre ami John Milburn avait été transféré ailleurs. Nous étions sans nouvelles, ainsi qu'il arrivait trop souvent en temps de guerre quand le courrier représentait le seul espoir de garder le contact.

Et puis l'escadrille fut envoyée à une base située au fin fond de la campagne anglaise. Le jour de notre arrivée sur le nouveau terrain, un homme d'allure distinguée nous héla, Doc et moi, de l'extérieur de la clôture. "*Yanks*, dit-il, que diriez-vous d'une tasse de thé ?"

Sa maison était typiquement vieille Angleterre. Un haut toit de chaume en couvrait les parties les plus anciennes, tandis qu'une grande extension plus récente à l'arrière montrait que le propriétaire avait de la fortune. Il nous fit faire un tour. En passant par un vaste bureau meublé dans le style auquel on s'attendrait chez un sportif britannique, je m'arrêtai net. Là, au milieu d'un mur, se dressait un tableau représentant un joueur de polo. C'était le jumeau du portrait du père de John que nous avions vu à Long Island. "C'est le père de John Milburn", m'exclamai-je, surpris. "Ma parole, vous le connaissez ? demanda notre nouvel ami anglais. C'est mon meilleur ami. Il a fait partie pendant des années de mon équipe de polo. C'est un grand joueur, vous savez."

Nous avons pris le thé très souvent, Doc et moi, dans la pièce que dominait le portrait d'un joueur de polo américain. C'est dans cette pièce que notre nouvel ami a reçu une lettre l'informant que John Milburn avait été tué au combat. Pendant que nous lisions sa lettre, le grand joueur nous regardait silencieusement du haut du mur.

PAUL EBELTOFT
Dickinson, Dakota-du-Nord

LA DERNIÈRE DONNE

La plus infernale partie de poker que j'ai jouée de ma vie a eu lieu dans mon bureau sur une île proche de l'équateur dans le Pacifique ouest, pendant la Seconde Guerre mondiale. Des bombardiers japonais interrompirent deux fois la partie pendant la première heure de jeu. Chaque fois, nous devions courir dehors sous la pluie vers un abri de fortune, où nous restions assis dans l'obscurité humide en attendant la "fin d'alerte".

Si désagréable que fût la situation, le plus enrageant était que personne n'avait en main un jeu convenable. Il n'y avait pas eu un pot de dix dollars pendant la demi-douzaine de manches que nous avions jouées. Chacun des participants jouait l'argent qu'il avait gagné pendant le mois, il y avait donc plusieurs milliers de dollars disponibles pour les enjeux.

Finalement, étant l'hôte et celui qui distribuait les cartes, je suggérai une dernière donne pour laquelle chaque joueur avancerait cinq dollars. De cette façon, quelqu'un gagnerait un petit pécule et nous pourrions retourner à nos tentes et nous coucher sur nos lits de camp humides pour une nuit de sommeil agité.

Mais cela ne se passa pas ainsi. Le joueur assis immédiatement à ma gauche ouvrit pour le montant du pot – trente-cinq dollars. Le suivant monta à soixante-dix. Chacun à son tour suivit ou monta. Personne n'abandonna. Quand la parole vint au lieutenant Smith, qui se trouvait à ma droite, il porta l'enjeu à mille dollars. Smitty était un bon copain et un très bon joueur de poker. Je savais qu'il avait gagné beaucoup d'argent au cours des dernières semaines.

Je regardai mes cartes attentivement : trois, quatre, cinq, six de carreau et un neuf de trèfle. Il fallait que je reste et que je tire une carte, même si ça devait coûter au moins mille dollars. C'est ce que je fis, ainsi que deux autres joueurs. Je calculai que le pot était de cinq mille dollars. J'avais du mal à respirer en servant leurs cartes aux joueurs.

L'homme qui avait ouvert refusa de bouger, de même que Smitty. Je pris une carte. J'examinai de nouveau mon jeu, essayant de rassembler le courage de regarder ma main. Quand, jetant un coup d'œil à ma dernière carte, je vis que c'était un deux de carreau, je crus mourir. Une quinte flush. Je n'en avais jamais eu de naturelle dans ma vie. J'espérais que les autres ne voyaient pas ma *poker face*.

Les deux premiers parieurs jetèrent un coup d'œil à Smitty, le relanceur, et Smitty me dévisagea de haut en bas. “Capitaine, fit-il avec un sourire ironique, à voir ta tête on dirait que tu viens d'avaler un canari. Je vais te laisser annoncer ton poison. Mais je ne veux pas laisser voir ma main gratis, alors je parie deux cents dollars.”

Je comptai mon argent sur la table : sept cents dollars. Une grande partie provenait de gains antérieurs, mais deux cents dollars environ étaient mon argent à moi durement gagné. Avec un profond soupir, je poussai le tout dans le pot et articulai péniblement : "Je monte de cinq cents." C'était comme au cinéma. Je suais sang et eau.

Smitty fut le seul à suivre. J'étalai mes cartes en annonçant triomphalement : "Quinte flush !"

Smitty avala sa salive et demanda : "A quelle hauteur ?"

Mon cœur se serra. Je savais qu'il avait gagné. Mon deux à six était la quinte la plus basse qu'on pût avoir. Il me battit avec une quinte flush au sept.

Il ramassa la brassée d'argent dans sa chemise et nous remercia de notre contribution.

Une demi-heure après, un bombardier japonais solitaire laissa tomber sa charge sur la tente éclairée de Smitty. Nous avons ramassé plus de huit mille dollars éparpillés aux alentours, et les avons envoyés chez lui à sa veuve. Pendant ses funérailles, le lendemain après-midi, on nous apprit que Smitty figurait sur la liste des promotions et allait être fait capitaine. Nous avons modifié le rang sur la pierre tombale blanche. C'était vraiment la dernière donne.

BILL HELMANTOLER
Springfield, Virginie

AOÛT 1945

Le colonel nous donnait ses instructions pour une nouvelle mission. Ce serait la septième depuis notre arrivée sur le théâtre du Pacifique, six mois auparavant. Les services de renseignements la décrivaient comme extrêmement risquée, impliquant une invasion du territoire japonais, et des rapports suggéraient que les Japonais étaient au courant de nos plans et se préparaient à nous opposer une résistance massive. Si stupéfiante que fût cette information, nous en absorbions les détails comme s'il s'était agi de simple routine. Nous nous disions que nous avions de toute façon joué depuis des mois nos derniers jetons de survie.

"C'est une mission volontaire, aboya le colonel. Tout homme qui n'a pas envie d'entreprendre cette mission n'a qu'à se présenter à mes quartiers, se mettre au garde-à-vous, me regarder dans les yeux et dire : «Mon colonel, j'ai la frousse !» Et vous serez réexpédiés à la base d'Oahu sur le prochain navire. C'est clair ? Rompez."

Après des douzaines de missions, nous étions épuisés. Bien qu'aucun de nous ne le dise à haute voix, chacun savait ce que l'autre pensait. C'était ce que je pensais, moi aussi. J'aurais souhaité avoir le culot d'aller dire au colonel que j'avais la frousse. Nous étions trop fatigués pour admettre la peur, trop fiers. Nous étions des soldats chevronnés, vétérans de nombreuses batailles qui finiraient sous forme d'étoiles sur nos uniformes et resteraient dans nos placards jusqu'à ce que les mites fassent des trous dans nos revers ou qu'un gosse décroche la veste du cintre à l'occasion d'Halloween. Et nous en savions assez du combat pour avoir vraiment peur. Mais il y avait quelque chose dont j'avais plus peur encore que de regarder le colonel dans les yeux en lui disant que j'avais peur. C'était de me regarder, moi, dans les yeux, même si au beau milieu du Pacifique nous n'avions pas de miroirs, et je savais que, si las des combats et si effrayé que je fusse, je ne pourrais à aucun prix entrer dans la tente du colonel.

Mais un homme, Symes, y alla, chez le colonel. Celui-ci fut fidèle à sa parole et transféra Symes vers une autre unité. Ses ordres étaient d'embarquer sur le *Jasper*, un navire d'intendance qui retournait à Oahu pour refaire ses réserves.

J'en voulais à Symes. Je le détestais. Nous le détestions tous. Nous savions que Symes avait combattu à nos côtés pendant toute la campagne, qu'il avait affronté le feu aussi bien que n'importe lequel d'entre nous, ni plus, ni moins. Mais il était le seul qui avait eu le cran de dire qu'il était un lâche, et maintenant il allait sortir de ce trou d'enfer. Il allait être expédié au loin, manger à une table, dormir dans un lit avec des draps, respirer l'air frais de la mer au lieu de la puanteur constante de la poudre et des cadavres, entendre le rythme apaisant de l'océan au lieu du sifflement des balles et du martèlement de l'artillerie lourde qui nous résonnait dans les tripes. Et il passerait peut-être le reste de la guerre derrière un bureau ou côté récepteur de la radio d'une base. (Et il aurait tout de même ses étoiles : qui saurait, à part nous, ce qu'il avait dit au colonel ? Et dans une semaine nous serions peut-être tous morts, de toute façon.)

Nous nous étions tous arrangés pour avoir autre chose à faire pendant que Symes empaquetait son barda et s'en allait embarquer sur le *Jasper*. Et puis nous avons commencé à faire nos sacs pour la prochaine bataille. Nous avons tous écrit à nos familles, à nos épouses, à nos petites amies, en essayant de leur dire au revoir sans qu'elles puissent savoir où nous allions ni ce que nous pensions.

Et puis, le matin où nous nous préparions à monter dans les camions, un des chauffeurs philippins arriva vers nous en courant, avec de grands gestes excités : "Pas la peine. Vous en faites pas. Grosse bombe ! Guerre finie !" Nous avons allumé la radio et écouté les nouvelles de la bombe qui avait été larguée sur Hiroshima.

Pendant que nous étions en train d'absorber la signification de cette information, nous reçûmes un autre message : le *Jasper* avait été torpillé en pleine mer, il était perdu corps et biens.

ROBERT C. NORTH
récit recueilli par Dorothy North
Woodside, Californie

Mon frère faisait partie de la 82e division aéroportée, dont l'entraînement avait eu lieu près de Columbus, en Géorgie. Nous savions qu'il était allé en Afrique du Nord, mais lorsqu'on nous a informés de sa mort, on nous a dit qu'il avait été tué en France le 21 août 1944. Il avait dix-neuf ans.

Voici le souvenir que j'ai gardé de cet après-midi où j'ai appris le terrible événement.

Je ne pourrais jamais dire que j'avais eu l'intuition ou un pressentiment de la façon dont cette journée se terminerait. Je rentrais à la maison après avoir été déposée par le car scolaire au bout de notre chemin, et je n'avais pas la moindre idée de ce qui m'attendait. Je me souviens que c'était le meilleur moment de l'année, un de ces jours dorés, quand l'été est presque parti, l'automne en train d'arriver. Les feuilles des arbres commençaient à peine à changer de couleur, à préparer leur éclatant chant du cygne avant qu'on passe à la saison plus sombre qu'il annonçait.

On était en 1944 et je venais d'entrer en deuxième année d'école secondaire. Ma mère et moi vivions la plupart du temps seules à la campagne, dans la vieille maison que les parents de mon père avaient laissée à notre famille. Nos quelques arpents étaient entourés de fermes d'élevage laitier, au nord de l'Etat de New York. Mon père travaillait au canal où circulaient les péniches et ne pouvait rentrer qu'en fin de semaine, à cause de la distance, pour une part, mais aussi du rationnement sévère de l'essence qui était imposé. Mon frère, qui s'était engagé dans les parachutistes dès la fin de ses études secondaires, avait été envoyé outre-Atlantique en mars de cette année. Ses lettres venaient d'Afrique du Nord, mais il y faisait allusion à un déplacement imminent.

En entrant dans la maison par la cuisine, je remarquai les signes d'une besogne interrompue. Des bouffées de vapeur s'élevaient de la grosse bouilloire sur la cuisinière, et sur un torchon à vaisselle étendu sur la table étaient alignés des bocaux à conserve vides prêts à être remplis. D'autres instruments *ad hoc*, couteaux, louches et entonnoirs, traînaient çà et là dans la cuisine. La boîte contenant les élastiques rouges qui servaient à fermer les bocaux était ouverte. Quelques élastiques gisaient sur la table. C'était comme si toute activité dans la cuisine s'était arrêtée un instant auparavant. Pourquoi tout était-il si étrangement silencieux ? Où était ma mère ? Elle venait toujours à ma rencontre dans la cuisine quand je rentrais chez nous. Au moment où je partais à sa recherche dans toute la maison, je me rappelle avoir remarqué un rayon du brillant soleil de l'après-midi qui tombait sur un panier de tomates. Elles étaient d'un rouge flamboyant.

Notre salle à manger se trouvait du côté nord de la maison, il y faisait toujours sombre. Dans la pénombre, j'aperçus sur la table un papier jaune froissé, et en un instant terrible, tout me devint évident. Sur ce papier étaient écrits les mots les plus redoutés de ces années de guerre : "Nous avons le regret de vous informer…"

WILLA PARKS WARD
Jacksonville, Floride

JE PENSAIS QUE MON PÈRE ÉTAIT DIEU

Ça s'est passé à Oakland, en Californie, à la fin de la Seconde Guerre mondiale. J'avais six ans. J'ignorais alors ce qu'était la guerre, mais je connaissais certaines de ses conséquences. Le rationnement, d'abord, puisque j'avais un livret de rationnement avec mon nom dessus. Ma mère me le gardait, de même que ceux qui appartenaient à mes frères. Je me souviens du black-out, des alertes aux raids aériens et de la vision des avions de guerre qui volaient au-dessus de nos têtes. Mon père était le commandant d'un remorqueur, et je me souviens de conversations à propos de transports de troupes, de sous-marins et de destroyers.

Je me rappelle aussi de ma grand-mère qui ramenait chez le boucher de la graisse à récupérer et qui allait dans le centre-ville lancer des débris d'aluminium dans les soupiraux du Federal Building qui se trouvaient le long du trottoir.

Mais ce que je me rappelle le mieux, c'est Mr. Bernhauser. C'était notre voisin de derrière. Il se montrait particulièrement méchant et antipathique avec les enfants, mais il était grossier aussi avec les adultes. Il avait un prunier dont les branches passaient par-dessus la clôture. Si les prunes étaient de notre côté, nous pouvions les cueillir, mais que Dieu nous aide si nous franchissions la limite. Il faisait un foin de tous les diables. Il criait et nous insultait jusqu'à ce que l'un de nos parents vînt voir ce qui se passait. D'habitude c'était ma mère, mais cette fois ce fut mon père. Personne n'aimait beaucoup Mr. Bernhauser, mais mon père lui en voulait en particulier parce qu'il gardait tous les jouets et les balles qui avaient le malheur d'atterrir dans son jardin. Donc voilà Mr. Bernhauser en train de nous crier de déguerpir de son arbre, et mon père qui lui demande quel est le problème. Mr. Bernhauser respira un grand coup et se lança dans une diatribe sur les gosses chapardeurs, désobéissants, voleurs de fruits et monstres en général. Mon père devait en avoir assez, j'imagine, parce que ce qu'il fit alors, c'est crier à Mr. Bernhauser de s'écraser. Mr. Bernhauser arrêta de hurler, regarda mon père, devint écarlate, et puis violet, se serra la poitrine des deux mains, devint gris et s'effondra lentement sur le sol. Je pensai que mon père était Dieu. Qu'il pût, en criant sur un misérable vieillard, le faire mourir sur commande, cela passait mon entendement.

Je me souviens de Ray Hink, qui habitait de l'autre côté de la rue. Nous étions dans la même classe et sa grand-mère habitait à l'étage. C'était une petite vieille dame qui portait toujours une robe à col montant. Assise à la fenêtre, elle surveillait le quartier à l'aide de ses jumelles de théâtre. Si nous étions sages, elle nous permettait de regarder dans ses jumelles et de respirer les pétales de rose qu'elle conservait dans une coupe d'albâtre sur sa table. Elle disait que les roses venaient d'Allemagne et la coupe de Grèce. Un après-midi, j'avais été autorisé à manipuler les précieuses jumelles et je regardais la rue. Un taxi s'arrêta, et un grand marin efflanqué en descendit. Il serra la main au chauffeur, qui sortit du coffre un sac de marin, et je compris que c'était mon oncle Bill qui revenait de la guerre. Ma grand-mère descendit en courant les marches du seuil et se jeta dans ses bras. Elle pleurait. Je me souviens des étoiles qui étaient pendues aux fenêtres de certaines maisons voisines. Ma grand-mère me disait que c'était parce que quelqu'un avait perdu un fils à la guerre. J'étais content que nous n'ayons pas d'étoiles à nos fenêtres. Cette nuit-là, nous avons fait une grande fête en l'honneur d'oncle Bill. Je suis allé me coucher heureux que mon oncle soit rentré sain et sauf. Je ne pensai plus à Mr. Bernhauser.

ROBERT WINNIE
Bonners Ferry, Idaho

14 août 1945 – VJ Day, le jour de la victoire sur le Japon, dont la capitulation mit fin à la Seconde Guerre mondiale. Je me trouvais en poste sur une base aérienne aux environs de Sioux Falls, dans le Dakota-du-Nord. Nous fûmes informés de la capitulation en fin d'après-midi et aussitôt tous ceux ou presque qui étaient présents sur la base partirent en ville pour faire la fête. Il n'y avait pas du tout assez de jeeps et de camions et beaucoup d'entre nous partirent en stop. Quelle impression de paix nous ressentions en traversant les champs doucement vallonnés, avec quelques vaches en train de ruminer sous un ciel plus bleu et plus lumineux que jamais, avec quelques légers nuages blancs qui étaient plus blancs et plus légers que jamais.

Quel état de choses merveilleux ! J'avais survécu à soixante-dix-neuf missions de combat au-dessus de l'Europe sans une égratignure, je n'aurais pas à me battre dans le Pacifique et je serais bientôt de retour à l'université de Columbia après quatre années de service militaire. Le monde était en paix, et j'allais en ville pour fêter ça.

Quand j'y arrivai, les réjouissances allaient bon train. Des milliers de soldats s'étaient rassemblés dans le centre, de même que des centaines de civils. L'alcool circulait librement. J'achetai une bouteille de bière et grimpai sur le toit d'un bâtiment sans étage où je me joignis au groupe qui observait la scène bruyante et déchaînée en train de se déroulait au-dessous de nous. Des civils reconnaissants étreignaient et embrassaient les soldats en nous remerciant d'avoir gagné la guerre.

Un fermier arriva dans un vieux pick-up et aussitôt, contre son gré, il vendit son camion à un groupe menaçant de soldats ivres qui avaient fait une quête pour le payer. A peine avaient-ils pris possession du camion qu'ils y mirent le feu. Les pompiers arrivèrent rapidement, toutes sirènes hurlantes, branchèrent leurs lances et furent immédiatement débordés par la foule, qui empoigna leurs haches et coupa les lances. Pendant que le feu consumait le camion, l'assistance, soldats, civils et même pompiers compris, hurlait son approbation.

Comme le centre de l'action se déplaçait au long de la rue, je descendis du toit et suivis le mouvement. Les hommes soûls étaient de plus en plus soûls et bruyants, et ce qui avait commencé comme une joyeuse célébration de la fin de la guerre la plus sanglante et la plus terrible de l'histoire de l'humanité devint une scène sauvage, chaotique et violente. On fracassait des vitrines, on se battait. Les quelques policiers présents étaient impuissants à ramener l'ordre. Il n'était même pas apparent qu'ils le veuillent.

Une bagarre éclata, six ou huit soldats blancs tabassaient un soldat noir. Il y eut des cris de "Tuez ce nègre" et "Tuez ce salaud de Noir". Il réussit à se dégager et à s'enfuir dans une rue transversale avec une expression de terreur nue, une expression que je n'oublierai jamais, jusqu'à la fin de mes jours. La foule le poursuivait en brandissant des bouteilles de whisky vides. Le soldat noir s'aperçut avec stupéfaction que cette rue était une voie sans issue, et qu'il ne pouvait s'en sortir. Je sentais que j'aurais dû aller à son secours, mais j'avais peur de la foule.

Dès qu'il eut atteint le fond de l'allée, il se retourna, face à ses poursuivants, et attendit de pied ferme ce qu'ils allaient faire. Il dégoulinait de sueur. Son visage n'exprimait plus la terreur mais une détermination farouche. Ses poursuivants s'arrêtèrent net, sauf un soldat qui s'avança vers lui, lança le bras et eut la surprise de sa vie quand il se retrouva mis K.-O. d'un seul coup de poing. Enjambant le corps inconscient de son agresseur, le Noir serra les poings et dit : "Maintenant je m'en vais." Le silence était total. Tout le monde s'écarta pour le laisser passer. J'eus la tentation de le féliciter, mais je craignais qu'il ne me demande : "Où étais-tu quand j'avais besoin de toi ?" Après cela, je me désintéressai de la fête et repartis en stop vers la base.

En pensant à ce désagréable incident, je me sentais coupable de n'avoir pas pris la défense de cet homme. Ce remords me rappela quelque chose que j'avais un jour lu dans une nouvelle. Un homme assiste en silence au lynchage d'un autre homme, dans le Sud profond. Il est à la fois choqué et fasciné par ce dont il est témoin.

La foule se disperse, abandonnant le corps qui se balance à la branche d'un arbre, et l'homme rentre chez lui, honteux d'avoir eu trop peur pour intervenir. Dès qu'il passe la porte, sa femme remarque son air coupable et déconfit et s'exclame : "Tu es allé chez une femme, n'est-ce pas ?"

REGINALD THAYER
Palisades, New York

NOËL 1945

La guerre était finie depuis quelques mois et notre unité se trouvait en garnison au Japon, à Kyôto. Noël promettait d'être pour nous aussi morne que le camp où nous vivions. C'était à *nous* que pensait l'empereur Hirohito quand il avait dit : "Nous devons supporter l'insupportable." Le 22 décembre, nous envoyâmes un camion chercher un arbre de Noël et un lot d'ornements au quartier général.

Les cinq gaillards les plus vicieux du 569e furent chargés de décorer l'arbre. Nous espérions une mutinerie qui nous pemettrait de les envoyer tous au bloc. Il n'arriva rien de pareil. A vrai dire, ils firent du bon boulot. Mais jamais arbre de Noël n'a été garni sous une telle avalanche de gros mots. Merton Mull, star des "cinq impossibles", dut renoncer ce jour-là à ses espoirs d'être réformé pour raisons médicales. Il pouvait à peine marcher. Sa colonne vertébrale, selon lui, n'était qu'une guirlande de disques déplacés. Par une minuscule fente dans la porte du mess, j'observai Merton, pendu par un bras à une poutre de la charpente, en train d'attacher à la pointe de l'arbre une étoile argentée.

C'était triste. La compagnie, longtemps fière de son unité et de sa citation dans la 6e armée, s'était scindée quand arriva Noël. Parmi ceux qui avaient participé à ses campagnes en Nouvelle-Guinée et à Luçon beaucoup étaient rentrés chez eux, remplacés par des nouvelles recrues venues des Etats-Unis. La vieille garde trouvait intolérable la jactance de ces bouillants gamins de dix-neuf ans. Même leurs haines sonnaient faux.

Il fallait un coup de relations publiques pour rétablir la situation. Il y eut des murmures et de l'agitation dans les rangs quand nous affichâmes le tableau de service pour le jour de Noël. Toutes les corvées les plus basses avaient été attribuées aux sous-officiers, tous chevronnés, tous des vieux de la vieille. Plus le rang était élevé, plus la tâche était humble. Le sergent-chef, après avoir servi à table, ferait la plonge, le plus méprisé de tous les travaux domestiques. Le sergent en second, malgré ses quatre galons, passerait une grande partie de sa journée de Noël à nettoyer les toilettes. La corvée de pluches reviendrait aux adjudants et on confia aux caporaux de fastidieux postes de garde. Beaucoup protestèrent : "Ces gamins ne méritent pas ça." Brièvement infidèle à son personnage, le sergent-chef "décora" pendant le repas les cinq affreux qui avaient garni l'arbre. La citation parlait de "services rendus dépassant le cadre des obligations militaires".

La guérison se produisit ce jour-là – en grande partie – mais surtout grâce à des visiteurs inattendus que nous accueillîmes la veille de Noël. Par des voies mystérieuses, ils instillèrent dans l'hypocrisie de nos relations publiques un plus authentique esprit de Noël. Je vous raconte ça brièvement.

J'étais dans le bureau en train d'écrire chez moi quand le caporal Duncan, le secrétaire de la compagnie, entra précipitamment, porteur d'une incroyable nouvelle : un groupe de Japonais dans un camion à plateau équipé d'un harmonium se trouvait devant notre barrière et demandait l'autorisation d'entrer. Ils étaient vêtus de tuniques blanches et se disaient chrétiens. D'après Duncan, deux des femmes étaient incontestablement des anges.

Accorder la permission revenait à enfreindre nos règles de sécurité les plus strictes. Après quelque hésitation, le camion, qui fonctionnait avec un carburant de bas étage, entra en crachotant dans l'enceinte. L'organiste commença à jouer et un chœur juvénile composé de sept femmes et trois hommes chanta en japonais des chants de Noël familiers. Le chauffeur et l'organiste, des hommes tous les deux, complétaient peut-être une douzaine symbolique. Avec les gestes gracieux d'une cérémonie du thé, les chanteurs allumaient des bougies qu'ils passaient aux soldats assemblés autour d'eux. Pendant leur finale, ils distribuèrent des cadeaux – des mouchoirs de soie.

Nous ne pouvions pas faire moins. Avec l'aide d'un de ses cuisiniers, notre intendant juif opéra une razzia dans la cuisine en quête de surplus. Ils déposèrent sur le camion des cartons pleins de provisions. Le caporal responsable des véhicules passa discrètement au chauffeur cinq gallons d'essence. D'autres se précipitèrent à la recherche de ci ou de ça. Chewing-gums, barres de chocolat, dentifrice, crème à raser, lames de rasoir, papier de toilette, innombrables savonnettes à différents degrés d'usure et quelques yens épars furent lancés dans une corbeille à papier que je soupçonnai avec raison de m'appartenir : ce voyou de Duncan l'avait volée dans le bureau. Un délit de plus ou de moins, cela n'avait guère d'importance. Du début à la fin, toute l'affaire avait été illégale. En tant qu'ennemis, les Japonais nous avaient donné de la cohésion. Alors que nous étions en train de la perdre, une petite bande de chrétiens japonais nous l'a rendue.

Il est dit dans le Livre que la pluie tombe pareillement sur le juste et sur le méchant. Il ne peut y avoir d'autre explication. Un mois ou deux après ce Noël mémorable, Merton Mull fut bel et bien réformé pour raisons médicales. Je me souviens vaguement d'avoir lu quelques mots signifiant à peu près : "Le soldat Mull est atteint d'une aberration mentale chronique qui le porte à croire qu'il souffre du dos."

LLOYD HUSTVEDT
Northfield, Minnesota

UNE MALLE PLEINE DE SOUVENIRS

La première fois que j'ai lu qu'on projetait d'établir à Washington un musée de l'Holocauste, j'ai aussitôt eu à l'esprit une grosse malle bleue qui se trouvait dans la cave de mon immeuble de Greenwich Village, remplie de souvenirs de la guerre. Il y avait quarante-cinq ans que je n'avais plus regardé le contenu de cette malle, et l'idée me vint que j'avais peut-être enfin trouvé l'usage à en faire. J'écrivis au directeur du musée, et deux jours plus tard l'une des curatrices me téléphona pour dire qu'elle aimerait venir à New York pour voir en quoi consistait le matériel. Prenant mon courage à deux mains, je remontai la malle de la cave et l'ouvris. La première chose que j'aperçus était mon vieux sac de toile. J'en sortis deux pesants casques allemands, avec le nom de leur propriétaire sur la doublure, et un énorme drapeau rouge orné d'une croix gammée noir et blanc. Je me rappelais que lorsque ma division d'infanterie avait pénétré en Allemagne, on nous avait donné l'ordre de confisquer toutes les armes, et que quand nous "libérions" la réserve d'armes d'officiers allemands attachée à une caserne, nous devions démolir les râteliers et les armoires et emporter leur contenu. On nous avait dit que nous pouvions conserver en souvenir toutes les armes blanches de cérémonie, et je m'étais octroyé une épée et une dague dont les poignées portaient des insignes nazis.

Outre le sac de toile, je trouvai deux boîtes brunes fermées avec de la ficelle. Elles contenaient quelque deux cents photos que j'avais prises, mon reportage personnel sur notre avance à travers la France et l'Allemagne. A côté des habituelles photos de groupe de mes copains et des ruines et décombres de la guerre, il y avait des photos que j'avais prises lorsque ma division avait capturé Franz von Papen, le vice-chancelier d'Hitler, le premier nazi de haut vol capturé par les Alliés. En regardant rapidement le reste du paquet, j'arrivai aux photos que j'avais peur de voir.

Juste avant la fin de la guerre, quelque part dans la Ruhr, près d'une ville du nom de Warstein, nous sommes tombés sur un camp entouré d'un mur et de fils barbelés. C'était l'un des camps moins connus mais tout aussi horribles où les prisonniers russes étaient maintenus en vie comme esclaves. Aucun ne survécut. Quand la nourriture manqua, les SS forcèrent les Russes à creuser leurs propres tombes et les abattirent. Nos hommes trouvèrent les tombes béantes avec les corps dénudés dedans et sur les bords. Nos officiers exigèrent à juste titre que l'on fasse faire le tour du camp à chaque citoyen de cette ville.

Le dernier objet que je découvris dans la malle n'avait rien d'allemand. C'était quelque chose que j'avais acquis juste après l'armistice. Ma compagnie était cantonnée dans une ville appelée Lüdinghausen. Un jour, un colonel du quartier général me convoqua pour que je l'accompagne en tant qu'interprète – j'avais étudié le français et l'allemand à l'école – à une conférence avec ses homologues britanniques et français dont le sujet ne me fut pas révélé.

Nous partîmes tôt, un matin, et roulâmes vers le nord-ouest dans des paysages dévastés. Vers trois heures de l'après-midi, nous arrivâmes au lieu prévu pour la rencontre, une auberge, et le colonel entra pour s'annoncer. Il ressortit bientôt pour m'informer que la réunion allait se passer en anglais et qu'il n'aurait pas besoin de moi.

Je restai assis dans la jeep et pendant une heure environ, je lus un roman en édition de poche que j'avais apporté. Soudain, le silence fut brisé par le bruit du galop d'un cheval. Je sortis de la jeep en tenant fermement la courroie qui maintenait la carabine à mon épaule. Le cheval arrivait rapidement, un énorme animal, portant un cavalier en uniforme. Je mis ma carabine en position et déclenchai la sûreté.

Quand le cavalier me vit, il arrêta son cheval. Ils étaient tous les deux immenses. Leur silhouette se détachait devant le soleil couchant, ils avaient l'air d'une statue équestre. Je restai immobile, l'arme à la main, pendant que le cavalier mettait pied à terre.

Je voyais à présent qu'il ne portait pas un uniforme allemand. Il était vêtu d'une tenue kaki en laine, avec de hautes bottes d'équitation en cuir : sa casquette et le col de sa veste étaient garnis d'insignes rouges. Que peut-il être ? me demandai-je. Il était beaucoup plus grand que moi, beaucoup plus gros et plus fort. Mais il n'eut aucun geste de menace et son visage s'éclaira d'un large sourire lorsqu'il vint vers moi, révélant une denture tout en or.

Il m'adressa ce qui ressemblait à une question : étais-je français ? anglais ? Je répondis d'un seul mot : "Américain."

“Américain ?” Il n’arrivait pas à le croire. “Américain. Américain !” répétait-il. Et puis il se désigna. *“Russki”*, dit-il, ou quelque chose comme ça.

Je savais qu’il était sans espoir d’essayer de découvrir ce qu’un cavalier russe solitaire faisait sur cette route. “Américain, américain !” répéta-t-il encore. Ses yeux bleus lançaient des éclairs. Alors il se mit à desserrer la large ceinture qu’il portait autour de la taille.

Un instant plus tard, il en sortait l’énorme sabre qui y était glissé, le prenait à deux mains et, cérémonieusement, me le tendait. Je fis un pas en arrière, mais il insista. Je pris le sabre et fendis l’air deux ou trois fois, au grand ravissement du Russe. Il me fit clairement comprendre par signes que c’était un cadeau.

Je me rendis compte qu’il fallait que je fasse quelque chose pour lui. Mais que pouvais-je lui donner ? Ah ! j’avais ma montre. Je la détachai et la lui tendis. Avec un sourire radieux, il la mit à son poignet velu. Ensuite il ôta sa casquette, me salua de la tête, réenfourcha sa monture et, avec un grand geste du bras et au galop, s’en fut sur la route.

MORTON N. COHEN
New York, New York

UNE MARCHE AU SOLEIL*

Nous autres toubibs du 3e détachement du bataillon médical du 351e régiment d’infanterie, cantonnés à la caserne San Giovanni dans la banlieue nord de

* Le titre anglais de ce récit, *A Walk in the Sun*, est celui d’un film réalisé en 1945 par Lewis Milestone, avec, entre autres, Dana Andrews et Richard Conte, dont la version française est intitulée *Le Commando de la mort. (N.d.T.)*

Trieste, nous menions une existence assez pépère pour des militaires en alerte devant la menace que représentait encore le maréchal Tito après la guerre. Contrairement aux procédures normales de l'armée, nous commencions nos consultations à 16.00 h – quatre heures de l'après-midi – et non le matin. Pas étonnant que peu de soldats viennent réclamer des soins médicaux après que les obligations de la journée étaient terminées et que les hommes pouvaient sortir avec un sauf-conduit pour la soirée. Il y avait toujours au moins l'un d'entre nous en charge de notre dispensaire et nous étions donc à tous moments prêts à nous occuper de tout homme qui avait besoin de nous. Néanmoins, à part une maladie ou une blessure grave de temps en temps, nous n'avions pratiquement rien à faire dans la journée. Le réveil ne sonnait pas pour nous comme pour le reste du bataillon, nous apparaissions juste à temps pour le petit-déjeuner. Parfois même, on n'y apparaissait pas et quand on s'éveillait, on envoyait quelqu'un chez le charcutier italien chercher des sandwichs et de la salade.

Un autre privilège qu'on s'accordait, c'était celui d'embarquer dans l'ambulance chaque fois que le bataillon partait pour la journée faire une marche avec équipement complet. Le lieutenant William A. Reilly, médecin-chef de notre bataillon, n'y voyait pas d'inconvénient.

L'inévitable se produisit. Vers la fin d'une de ces marches, le lieutenant-colonel Dured E. Townsend, qui commandait le bataillon, se tenait au bord de la route pour observer ses troupes au passage. Il vit notre ambulance, mais remarqua qu'on ne voyait pas un toubib. Il arrêta l'ambulance, ordonna au chauffeur d'ouvrir les portes arrière et passa la tête à l'intérieur. Nous étions là, confortablement installés sur les civières, ne manifestant pas le moindre signe de fatigue. Le choc de son apparition soudaine nous rendit muets et nous nous attendions tout à fait à une engueulade immédiate. Mais non.

En termes mesurés, il dit seulement : "Sergent, je veux vous voir demain matin, vous et ces hommes, à 07.00 h à la porte principale, avec l'équipement de combat complet."

Nous nous trouvions en temps et lieu au moment précis où le colonel arrivait. "Bon, dit-il, vous allez faire, à pied, le même trajet que le bataillon a fait hier, plus cinq miles supplémentaires, comme indiqué sur cette carte." A ces mots, il confia la carte à notre sergent, Joe Grano, qui salua et répondit : "Oui, mon colonel." Là-dessus, nous passâmes tous les neuf la barrière la tête haute, en colonne par deux, et, après avoir exécuté un quart de tour à droite, nous partîmes en direction des hautes terres de Venezia Giulia.

Une fois franchie la crête de la première colline, on est descendus dans une petite vallée. Sous la conduite de notre sergent Grano, un homme plein de ressources, on a tourné à gauche de la route. En file indienne, on a suivi un sentier qui, après un passage dans les broussailles, émergeait dans un terrain plat et ouvert, entouré de tous côtés de pentes raides qui en faisaient un petit coin bien protégé. Là, notre guide nous a fait arrêter et on s'est aisément débarrassés des sacs à dos. Je dis aisément, parce que s'ils paraissaient remplis de façon experte et conforme au règlement, ils étaient en réalité modelés par des boîtes de carton vides qui nous avaient permis d'emporter nos affaires de sport : balle, gants, une batte et aussi un ballon de football. Dédaignant les rations militaires, nous nous étions acheté la veille un véritable déjeuner à la charcuterie. Lui aussi faisait partie de nos faux chargements.

La première heure, on l'a passée à bavarder de choses et d'autres et aussi à se reposer de nos vingt minutes de grimpette. Ensuite, on s'est mis en caleçon, on a délimité un terrain de jeu et on a choisi son camp pour une partie assez excitante de soft-ball. Nous faisions tous partie de l'équipe de notre ligue militaire, les Blue Medics. On faisait le raisonnement que ce jeu contribuerait à développer notre caractère, notre compétitivité et notre esprit sportif. On a joué jusqu'au moment où on a eu faim, et alors on a savouré nos déjeuners, qu'on a fait descendre avec le vin que certains d'entre nous avaient apporté dans leurs paquetages. Après cela, selon l'expression militaire, on a piqué un roupillon sous le ciel ensoleillé de l'Italie.

On a calculé qu'on devrait vraisemblablement réapparaître à la caserne vers 16.00 h. Donc, en début d'après-midi, on a réenfilé nos tenues de combat, on a de nouveau choisi son camp et on a commencé une partie de football américain brutale à souhait. On y allait carrément, en suant dans nos uniformes terreux et en éraflant nos godillots, sans parler de l'acquisition de quelques bleus et éraflures.

A la fin de la partie, on a liquidé ce qui restait du vin, refait nos sacs trompe-l'œil et repris nos charges pour la marche de retour. A la porte principale, on a trouvé le colonel Townsend, qui attendait évidemment notre arrivée, et il a pu voir un détachement suant, puant et sale descendre de la montagne d'un pas lourd de fatigue, exécuter assez mollement un quart de tour à gauche et venir en colonne s'arrêter juste devant lui. Son immense satisfaction, pendant qu'il nous inspectait, n'était que trop apparente. Il n'avait pas besoin de le dire, mais il l'a dit : "Je pense que je vous ai infligé une leçon que vous n'oublierez pas, hein, toubibs ?"

Personne ne lui a répondu tout haut, bien sûr. Mais nous étions tous d'accord avec lui.

DONALD ZUCKER
Schwenksville, Pennsylvanie

COUP DE FEU DANS LA NUIT*

J'étais un jeune marine au Viêtnam, cantonné à quatorze miles seulement de Danang, mais c'était si éloigné de toute civilisation qu'on avait l'impression de se trouver au bout du monde. Nous habitions dans de vastes tentes à quatorze lits, avec un sol en terre battue et des bougies pour s'éclairer le soir. La base des opérations tenait tout entière dans un village vietnamien abandonné, entouré d'une forêt dense aux feuillages généreux. La végétation nous protégeait de la chaleur intense du soleil et aussi du feu des francs-tireurs.

Les jours et les nuits se passaient en patrouilles, à l'occasion desquelles on rencontrait des francs-tireurs, et à garder le contact avec la population indigène. Après deux ou trois jours sur le terrain, nous étions autorisés à revenir à la base pour un jour et une nuit. Lorsque nous étions dans notre zone "de sécurité", nous ne faisions pas grand-chose d'autre qu'essayer de rester au frais, écrire chez nous et, parfois, regarder un film.

On passait les films dans un théâtre de fortune fait d'un toit en métal supporté par des poteaux en bois. C'était ouvert de tous côtés, et les bancs n'avaient pas de dossier. L'écran était un panneau de contreplaqué peint en blanc maintenu par deux poteaux solides, avec, à son pied, une scène surélevée.

C'est une loi de la guerre, un fait scientifiquement vérifié, une règle empirique que des hommes au combat ne doivent jamais se tenir debout, assis ou couchés à proximité les uns des autres, car ils deviennent alors une cible tentante pour l'ennemi. Si, dans une situation particulière, un homme doit se trouver dans un groupe de deux personnes ou plus, il devrait au moins rester immobile et silencieux.

* Le titre anglais de ce récit, *A Shot in the Dark*, est celui du deuxième film de la série *La Panthère rose*, réalisé en 1964 par Blake Edwards, et dont la version française est intitulée *Quand l'inspecteur s'en mêle. (N.d.T.)*

La nuit tombait et le théâtre était presque plein. Le film commença, mais après quelques secondes la pellicule sauta des pignons et l'opérateur arrêta la projection. Après quelques minutes, le film reprit. Et puis, de nouveau, la bande sauta. L'opérateur arrêta de nouveau son projecteur afin de réparer. L'obscurité était totale dans le théâtre. Nous avions tous emporté nos lampes de poche afin de retrouver le chemin de nos tentes après le film. L'électricité était rare sur la base et on ne s'en servait que pour la réfrigération et autres usages indispensables. Nous avions de la chance qu'un peu de courant soit disponible pour le luxe d'un film de temps en temps.

Pendant les quarante minutes suivantes, il y eut un certain nombre de tentatives infructueuses de commencer la projection. Le public devenait bruyant et impatient. Quand quelques-uns d'entre nous se mirent à crier et à siffler, le bruit provoqua l'inquiétude des autres. Finalement, des hommes quittèrent le théâtre. Une autre fraction commença à éclairer l'écran avec les lampes de poche en dessinant des courbes de lumière, ou à diriger leurs rayons vers ce qui restait du groupe.

Dans le corps des marines, quand quelqu'un crie *"CORPSMAN"* pendant le combat, chacun sait que quelqu'un a été touché, blessé ou tué. Ça nous arrête net, saisis par la conscience immédiate qu'il vient peut-être d'arriver quelque chose de tragique.

D'abord, nous l'entendîmes à peine. Et puis, comme toujours dans l'urgence du combat, la rumeur se propagea. Ce fut un instant étrange et irréel. Une, et puis dix, et puis quarante lampes de poche dirigeaient leurs rayons vers l'avant du théâtre. C'était de là qu'était venu le cri. Manifestement, quelqu'un était blessé. Au pied de l'écran, au milieu d'une zone obscure sur la scène, un marine en tenait un autre dans ses bras. Le second marine était sans vie. Il avait été touché à la tête.

Plus tard, après que nous eûmes tous réintégré nos quartiers, il s'avéra qu'un seul coup de feu avait été tiré. Un franc-tireur solitaire, tenté par les lumières et le bruit, avait tiré une seule balle vers la foule. Malgré le feuillage épais qui nous entourait, nous savions que la lumière s'aperçoit de très loin. Nous n'avions même pas entendu le coup de feu à cause de tout le bruit que nous faisions. Nous avions été imprudents. Nous en avions subi les conséquences.

Certains offrirent leur aide, et puis quelqu'un prit les choses en main et déclara d'une voix autoritaire que la séance était annulée. Nous reçûmes l'ordre de nous disperser. Méfiant, je décidai d'attendre que presque tous les autres soient partis avant de retourner dans ma tente.

En passant à l'arrière du théâtre, je vis le projectionniste debout à côté de son appareil. Je lui demandai le titre du film que nous venions de voir. C'était un film avec Peter Sellers et Elke Sommers, me dit-il, un film intitulé : *A Shot in the Dark*.

Je frissonnai dans l'obscurité humide et oppressante de cette nuit tragique. C'était en 1966. Trente-quatre ans plus tard, cette nuit reste dans ma mémoire plus présente qu'aucune autre.

DAVID AYRES
Las Vegas, Nevada

A JAMAIS

Mon frère Ralph est mort au Viêtnam en juin 1969. Il avait vingt et un ans. J'en avais dix-neuf. Nous étions les seuls enfants de la famille, et les meilleurs des amis.

Le perdre a été l'un des événements les plus importants de ma vie. Il se trouvait au centre de mon univers, et tout ce que je suis est lié à ce qu'il était.

Ce n'est que maintenant, à cinquante ans, que je comprends quel profond impact il a eu sur moi et combien ma vie a changé à cause de ce qui lui est arrivé.

Quand il a été incorporé dans l'armée, pas une fois je ne lui ai dit : "N'y va pas. Tu risques d'être tué, ou de te retrouver en train de tuer des gens. Sauve ta vie. Pars au Canada ou deviens objecteur de conscience."

Si je pouvais faire reculer les horloges, c'est ce que je lui dirais maintenant.

Mon frère était issu de la classe ouvrière où les gens faisaient ce qu'on leur disait de faire. Moi aussi, j'appartenais à cette classe passive, non contestatrice. J'étais jeune, alors, et je n'avais pas encore commencé à réfléchir par moi-même.

C'est seulement de nombreuses années plus tard que j'ai essayé de comprendre ce qui s'était passé au Viêtnam et de me renseigner sur cette tragédie nationale qui nous hante encore aujourd'hui.

J'avais environ trente-cinq ans quand je suis allée à la bibliothèque chercher des livres sur la guerre. J'en ai pris un qui s'appelait *Fire in the Lake* ("Le Feu dans le lac"). Il me dépassait un peu à l'époque, et je n'en avais lu que quelques pages quand je suis partie un jour marcher sur une piste de montagne près de chez moi. Par hasard, j'ai rencontré au départ de la piste un homme qui était bavard et amical. Il m'a raconté qu'il avait pour ambition de devenir correspondant de guerre. La conversation a porté alors sur le Viêtnam et sur la mort de mon frère.

On s'est liés d'amitié et, quelques jours plus tard, il m'a offert quelques livres sur le Viêtnam. Ils étaient écrits pour et par le simple soldat américain, ce que mon frère était devenu. Ils venaient du cœur et des tripes. Et je suis donc entrée dans les cœurs et les tripes de ces jeunes gens qui s'étaient trouvés confrontés à des actes d'une indicible cruauté et qui avaient commis eux-mêmes de tels actes. Et qui avaient connu en même temps des amours et des affections profondes.

L'un de ces livres, *Everything We Had* ("Tout ce que nous avions"), m'a particulièrement subjuguée. Pendant un bref instant, Ralph m'a paru vivant à nouveau dans le récit d'un des soldats. C'était dans une partie du livre intitulée "Le GI noir". Chaque témoignage était précédé du nom du soldat, de son rang, de sa division, de son temps de service et des batailles auxquelles il avait participé. Le GI noir parlait des liens d'amitié profonde entre les hommes au combat. La couleur de la peau, disait-il, perd sa signification lorsqu'on est ensemble dans les tranchées. Il racontait alors l'amitié qui s'était nouée entre lui et un soldat blanc qu'il appelait le Sicilien. Il disait que ce soldat voulait l'inviter chez lui pour rencontrer sa famille quand ils rentreraient du Viêtnam. Il disait qu'ils étaient si proches que chacun savait quand l'autre avait besoin de se soulager. Il terminait de façon abrupte, en disant : "Alors il est mort." Il disait encore qu'après cela, il ne s'était plus jamais laissé devenir proche de quelqu'un au Viêtnam.

J'entendais battre mon cœur en lisant ce passage. J'étais tout à fait sûre que ce Sicilien pouvait être mon frère. Je pris contact avec l'auteur du livre, qui me donna l'adresse du soldat noir. J'écrivis à celui-ci pour lui demander de confirmer ma conviction profonde que l'ami dont il avait parlé était mon frère Ralph.

Peu après, je me trouvais dans un aéroport, en train de passer le temps entre deux avions devant une boutique de livres et de journaux. J'y ai découvert par hasard un autre livre au sujet du simple soldat américain. Il y avait des photos et, sur une de ces photos, mon frère. Il était avec un groupe de soldats, debout au dernier rang, on ne voyait que sa tête.

Tous ces événements se sont produits dans le cadre de trois ou quatre semaines. Je n'ai jamais eu de nouvelles du soldat noir, et ma lettre ne m'a pas été retournée. Je ne saurai donc jamais avec certitude. Ç'aurait été si bien. J'avais si grande envie de parler à cet homme.

Peut-être l'importance ultime de cette expérience fut-elle la découverte de ce que mon frère avait vécu, et ça, j'en suis reconnaissante. Je n'ai plus l'impression d'être passive. Je me sens éveillée, sobre et vivante, même si je pleure encore mon frère aujourd'hui. Il me manque encore, et il me manquera à jamais.

MARIA BARCELONA
Santa Fe, Nouveau-Mexique

UTAH, 1975

Mon ami D. raconte qu'alors que la guerre du Viêtnam tirait à sa fin, son petit garçon lui dit qu'il voulait célébrer le jour où elle serait vraiment finie. "Comment ?" demanda D. Et son fils lui répondit : "Je voudrais faire sonner le klaxon de ta voiture."

Quand la guerre se termina, les Américains n'en firent pas grand cas. Pas de parades. Pas de fanfares, et peu de signes extérieurs d'excitation. Sauf dans un quartier des faubourgs de Salt Lake City, où un gamin de neuf ans avait reçu la permission d'appuyer sur le klaxon de la voiture de son père jusqu'à épuisement de la batterie.

STEVE HALE
Salt Lake City, Utah

AMOUR

SI SEULEMENT…

J'ai reçu mes papiers de démobilisation le 25 avril 1946. J'avais survécu à trois ans de service militaire dans la Seconde Guerre mondiale, et je rentrais à présent chez moi dans un train à destination de Newark, dans le New Jersey. La dernière chose que j'avais faite à Port Dix avait été l'achat au *Post Exchange* d'une chemise blanche – symbole de mon retour à la vie civile.

J'étais impatient de mettre en œuvre mes projets d'avenir. J'allais reprendre les études, commencer une carrière et chercher la femme de mes rêves. Et je savais exactement qui ce serait. J'avais le béguin pour elle depuis l'école secondaire. La question était : comment pourrais-je la trouver ? Nous n'avions plus eu de contacts pendant quatre ans. Eh bien, cela prendrait peut-être du temps, pensais-je, mais je la trouverais.

Quand le train s'arrêta à la gare, je rassemblai mes bagages, fourrai la nouvelle chemise sous mon bras et me dirigeai vers l'arrêt des cars – dernière étape de mon voyage de retour. Et, miracle entre les miracles, elle était là, telle que je me la rappelais : petite, mince, noire de cheveux, charmante, une beauté. Je m'approchai d'elle et la saluai, espérant qu'elle ne m'avait pas oublié. Elle ne m'avait pas oublié. Elle me lança les bras autour du cou et m'embrassa sur la joue en me disant combien elle était contente de me voir. La fortune me souriait, pensai-je.

Il se trouve qu'elle avait voyagé dans le même train que moi : elle rentrait chez elle pour le week-end de Rutgers University, où elle faisait des études d'institutrice. Le bus qu'elle attendait n'était pas le mien, mais ça n'avait pas d'importance. Je n'allais pas laisser échapper cette occasion. Nous avons pris le même autocar – le sien – et, assis ensemble, nous nous sommes rappelé le passé et avons évoqué l'avenir. Je lui ai parlé de mes projets et lui ai montré la chemise que je m'étais achetée – premier pas vers la réalisation de mon rêve. Je n'ai pas ajouté qu'elle était censée constituer le deuxième.

Elle m'a dit que j'avais beaucoup de chance d'avoir trouvé cette chemise, car les vêtements civils pour hommes étaient très rares. Et puis elle a ajouté : "J'espère que mon mari aura autant de chance que toi quand il sera démobilisé de la marine le mois prochain." Je suis descendu à l'arrêt suivant, sans un regard en arrière. Hélas, mon avenir n'était pas dans ce car.

Trente-deux ans après, en 1977, je l'ai rencontrée à nouveau lors d'une réunion d'anciens élèves – plus tout à fait aussi noire de cheveux, plus tout à fait aussi mince, mais toujours charmante. Je lui ai raconté que ma carrière marchait bien, que j'étais marié avec une femme merveilleuse et que j'avais trois enfants adolescents. Elle m'a raconté qu'elle était plusieurs fois grand-mère. Je me suis dit qu'il était passé suffisamment de temps pour que je puisse rappeler cette rencontre, trois décennies plus tôt – ce qu'elle avait signifié pour moi, et comment ses moindres détails étaient gravés dans ma mémoire.

Elle m'a regardé d'un air ébahi. Et puis, énonçant la coda d'une demi-vie de "Si seulement...", elle dit : "Je regrette, je ne m'en souviens pas du tout."

THEODORE LUSTIG
Morgantown, Virginie-Occidentale

Il y avait plusieurs mois que nous nous fréquentions, Brian et moi, et je ne lui avais encore jamais fait à manger. C'était un chef professionnel, avec une formation classique, et ça m'intimidait affreusement. J'étais un public enthousiaste et j'essayais tout ce qu'il préparait quand il venait chez moi avec son wok, ses couteaux et ses sauteuses afin de me séduire par sa cuisine. Mais l'idée de cuisiner pour un chef me terrifiait. Surtout parce que les plats que je savais comment préparer étaient à base de boîtes et de bocaux, avec une livre de viande, au choix, qu'on jetait dans une casserole et qu'on intitulait "repas". Un frichti. Des lasagnes. Ou la spécialité de ma colocataire : des côtes de porc mijotées dans de la crème de champignons. Menus standard de notre Ohio natal. Mais rien qu'on pût servir à un chef californien.

Je commençais à me sentir coupable. Alors un mercredi, après qu'il m'avait régalée d'un de ses repas, je lui annonçai que je préparerais le dîner le samedi soir. Il parut impressionné et me dit qu'il viendrait à sept heures.

J'achetai au drugstore un livre de recettes italiennes et j'en trouvai une qui avait l'air faisable : des tortellinis. Entièrement à la main.

Le samedi après-midi, je préparai la farce. Pas de problème. Je fis la pâte avec, d'abord, l'œuf dans un puits de farine, et ça se transforma comme par magie en un monticule de pâte. Je commençais à me sentir assez sûre de moi. Même un peu suffisante, à vrai dire.

"Keryn, où est le rouleau à pâtisserie ? demandai-je à ma colocataire, qui avait promis de disparaître pour la soirée.

— Quel rouleau à pâtisserie ? cria-t-elle du salon.

— Tu sais, dis-je, le rouleau en bois.

— Nous n'avons pas de rouleau à pâtisserie", cria-t-elle.

Figée, les yeux fermés, je me rappelai où se trouvait ce rouleau. Dans la cuisine de ma mère. A trois mille kilomètres de chez nous. Et il était six heures et demie.

En jurant sous cape, je parcourus la cuisine du regard. Mes yeux se fixèrent sur une bouteille de vin que j'avais achetée pour accompagner le repas. Pas aussi bien que le rouleau à tarte de ma mère, puisqu'il n'y avait qu'une poignée, mais ça devrait faire l'affaire. Je roulai de mon mieux, en transpirant malgré la climatisation. Ensuite je découpai la pâte avec un verre, et à partir de là je me sentis remise en piste. Je couvris une plaque du four avec les tortellinis fourrés et entortillés comme il faut.

J'avais à peine terminé que la sonnette retentissait. Je flanquai la plaque dans le frigo et accueillis mon hôte, les vêtements saupoudrés de farine, le visage luisant et écarlate. Il avait apporté une bouteille de vin pétillant et une rose pour célébrer l'occasion.

Un verre de champagne plus tard, je m'étais suffisamment reprise pour commencer à cuire les tortellinis. L'eau commençait à bouillir dans la casserole. Il me regarda avec intérêt sortir la plaque de cuisson du réfrigérateur, et fit de grands yeux quand il vit les rangées de petites formes tordues. "Tu as fait ça ? A la main ? Je n'en fais jamais, et pourtant j'ai une machine."

Je jetai les tortellinis dans l'eau bouillante et puis les servis. Ils avaient l'air superbes. Nous nous assîmes et je le regardai en mettre un dans la bouche et le mâcher. Et mâcher. Et mâcher. J'en essayai un. Ils étaient compacts comme une gomme à crayon.

C'était fini. Je le savais. J'avais quelque chose de bien qui commençait – et maintenant, il allait survivre au repas et puis partir tôt en prétextant un mal de tête et disparaître dans le soir d'été, et plus jamais ses couteaux et ses casseroles ne passeraient la nuit dans mon appartement.

Mais il a mangé mes tortellinis. Tous, en admettant que, oui, ils étaient un peu denses, mais vraiment pas mauvais. Alors j'ai avoué l'histoire du rouleau à tarte. Il n'a pas ri. Son regard m'a dit que ce type était l'homme de ma vie.

Lorsque les gens nous demandent quand nous avons su que c'était sérieux, Brian répond : "La première fois qu'elle m'a préparé un repas. Elle avait fait des tortellinis. Elle-même." Et moi, je dis : "La première fois que je lui ai préparé un repas : il a mangé mes tortellinis."

KRISTINA STREETER
Napa, Californie

UNE AIDE INVOLONTAIRE

Il l'appelait Bumps. C'était un petit nom tendre – elle avait des pommettes saillantes. Quand elle souriait, ses joues devenaient encore plus larges, plus roses, quasi resplendissantes. Elle penchait la tête en rougissant, non qu'elle fût gênée mais parce qu'elle avait la timidité naturelle d'une paysanne. Elle souriait beaucoup avec Kevin.

Kevin et moi, nous habitions ensemble, à l'université, et Bumps était sa petite amie. Kevin se considérait comme civilisé, raffiné, spirituel – destiné à une existence supérieure et distinguée. Le mariage avec une fermière timide aux joues de pomme d'api ne correspondait pas à sa vision de son avenir. Il décida de rompre avec elle avant que leur relation devienne trop sérieuse.

Quelques mois plus tard, je rencontrai Bumps un après-midi. Nous nous assîmes pour discuter de ce qui tombe sous le sens : comment allait Kevin, est-ce qu'il voyait quelqu'un ? Je lui dis qu'il allait bien et qu'il n'avait vu personne plus d'une ou deux fois. (Je savais qu'elle lui manquait, mais il n'était pas encore prêt à l'admettre, ni à lui-même ni à quiconque.)

Soudain, et ceci n'est pas facile à expliquer, une idée, ou une scène, me vint à l'esprit. Pendant un instant, je fus ailleurs. Je suppose qu'on pourrait appeler ça une vision, mais c'est trop dramatique, trop pareil à une épiphanie. Quelque part, très haut, en l'air, je voyais le mariage de Kevin et de Bumps au bord d'un lac que je ne connaissais pas. Une incroyable impression de paix se dégageait de cette scène.

Lentement, je me rendis compte que Bumps parlait. Je ne savais que penser de ce qui venait de se passer. J'étais troublé et, en même temps, étrangement détendu. Je ne lui en dis rien. Si elle et Kevin devaient se retrouver, ce ne serait pas parce que je leur aurais raconté que j'avais eu une "vision" de leur mariage. Je résolus de n'en parler à personne.

Plus tard, en rentrant chez nous, je m'arrêtai un instant sur le seuil en me répétant ma résolution de ne pas évoquer ce qui était arrivé. J'ignorais alors qu'à l'intérieur, Kevin venait de demander à son ami Jerry : "Crois-tu que je devrais recommencer à sortir avec Bumps ?" Avant que Jerry ait pu répondre, j'ouvrais la porte entre eux et disais : "Je crois que tu devrais recommencer à sortir avec Bumps." C'était comme si je ne pouvais pas maîtriser ma bouche, comme si quelqu'un d'autre parlait. J'étais un spectateur regardant un acteur dans une pièce en train de dire son texte. Kevin était aussi étonné que moi. On a ri, on est convenus que c'était très bizarre, et on en est restés là. Des années plus tard, je m'interroge encore.

Je ne leur ai jamais raconté ce que j'avais vu. Je n'ai jamais parlé à personne du lac ni de la scène du mariage. L'été suivant, Kevin et Bumps se sont mariés au bord de ce lac.

C. W. SCHMITT
Phoenix, Arizona

UN PETIT BOUT DE TERRAIN

Quand j'avais vingt ans, je suis tombée amoureuse d'un homme qui en avait quarante-trois. C'était en 1959, et la nouvelle causa un choc à toute ma famille. J'étais élève infirmière, et John avait été soigné dans notre service. Mes parents menacèrent de cesser de payer mes études si je n'arrêtais pas de "voir cet homme".

Il avait été marié, il était divorcé et n'avait pas d'enfants. Pour moi, John était l'essence de la virilité. Gary Cooper et Randolph Scott réunis. Nous habitions au Colorado, et tout en lui semblait appartenir à l'Ouest : son allure, sa façon de parler, son amour du pays. Il avait la démarche assurée de quelqu'un qui sait qui il est et ne présente pas d'excuses. J'aimais son fort menton et j'aimais ses hanches étroites et fières. Jamais homme ne fut plus séduisant en blue-jeans.

Dès qu'il me souriait, et dès qu'il commençait à m'exposer ses pensées avec son accent de personnage de western, il me semblait que j'allais fondre.

Un jour où nous roulions sur la route qui longeait le cimetière local, il me dit : "Oh, à propos, j'ai acheté une concession aujourd'hui. Ce serait bien que tu saches où elle est.

— Tu as fait *quoi* ? demandai-je.

— Eh bien, fit-il, un gars faisait du porte-à-porte, ce matin, pour vendre des emplacements dans ce nouveau coin. Il y avait celui-ci, juste à côté de la statue de Jésus et Marie. J'étais très proche de ma mère, alors j'aime assez l'idée d'être enterré ici."

J'étais abasourdie qu'il pensât à la mort à son âge. A ce que je savais, il était en excellente santé. Je ne comprenais pas.

"Ecoute, ma poulette, dit-il, t'excite pas. J'ai aucun problème. J'ai simplement trouvé que c'était un bon prix, le gars était là, j'aimais l'endroit, alors pourquoi pas ?"

Il y avait un an qu'on sortait ensemble, et je savais qu'une fois qu'il avait pris une décision, elle était prise. On n'y reviendrait pas. C'était comme ça, voilà tout.

Une deuxième année commença, et de tous côtés la pression montait autour de moi. Mes parents avaient embauché mes copines à l'école, mon pasteur, ma tante préférée et mes sœurs, afin de me persuader de sortir avec des garçons de mon âge. Je savais que John m'aimait vraiment. Il voyait toute l'agitation que cela provoquait pour ma famille et pour moi, alors un jour il me dit que nous devrions peut-être tenter une brève séparation. Je pleurai pendant des jours, mais à la fin j'acceptai. Au bout de quelque temps, je commençai à sortir avec un camarade de l'hôpital qui avait à peu près mon âge. Mes parents étaient ravis.

Nous étions convenus de ne pas nous voir pendant trois mois. Nous étions censés n'avoir aucun contact, mais John, mon bel amour, m'appelait de temps en temps, et nous parlions encore au téléphone.

Avant la fin des trois mois, je m'aperçus que j'étais enceinte – et pas de John. C'était en 1960. Il n'y avait que deux possibilités : se marier ou faire adopter le bébé. Je décidai de me marier. J'écrivis à John, mais il ne répondit pas à ma lettre.

Le bébé devait naître en septembre. Le 25 août, je pris un journal et lus que John était mort dans un accident de voiture sur l'I-25. On l'avait enterré la veille.

Je savais où était sa tombe, et je suis allée tout de suite au cimetière.

Il y a quarante ans de cela. Vingt ans après, mon père est mort, et ma mère a choisi pour lui un emplacement qui se trouvait tout près de celui de John. Elle ne se doutait pas que John était enterré là, ni que je connaissais l'endroit depuis un an avant sa mort.

Chaque année, au *Memorial Day*, je dépose une rose sur sa tombe.

BEV FORD
Aurora, Colorado

A l'époque où John et moi, nous passions notre temps à rompre, nous prîmes la décision de ne plus nous voir que de temps à autre. Sortir ensemble, d'accord, mais pas plus d'une fois par semaine. Nous allions vivre chacun notre vie, en nous retrouvant à l'occasion, lorsque l'envie nous en prenait, mais sans nous préoccuper de l'avenir.

Un jour, au début de cette période, nous étions assis ensemble sur le plancher de son studio. Il se tricotait un chandail et je lisais le *Dernier théorème de Fermat.* Régulièrement, j'interrompais son tricot pour lui lire des passages de mon livre.

"Tu as entendu parler des nombres sympathiques ? C'est comme les nombres parfaits, mais au lieu d'être la somme de leurs diviseurs propres, ils sont la somme des diviseurs l'un de l'autre. Au Moyen Age, on gravait des nombres sympathiques sur la moitié d'un fruit. On mangeait alors une moitié et on faisait manger l'autre par la personne aimée. C'était un aphrodisiaque mathématique. J'adore ça – un aphrodisiaque mathématique !"

John paraissait peu intéressé. Il n'aime pas beaucoup les maths. Pas comme moi. C'était une des raisons pour que nous soyons indifférents.

Noël tombait à ce moment-là et, ayant horreur de courir les magasins, je fus content de rayer John de ma liste. Nous étions trop indifférents pour nous faire des cadeaux. Mais en cherchant quelque chose pour ma grand-mère, je vis un recueil de mots croisés à énigmes et je l'achetai pour John. Nous avions toujours fait les mots croisés à énigmes à la dernière page de *The Nation*, et il me semblait que je pouvais me fendre de cinq dollars pour le lui offrir.

Quand Noël arriva, très indifférent, je donnai le livre à John – non emballé. Il ne me donna rien du tout. Je n'en fus pas surpris, mais je me sentais un peu blessé, même si je n'étais pas censé y accorder d'importance.

Le lendemain, John m'invita chez lui. "J'ai ton cadeau de Noël, me dit-il. Désolé pour le retard."

Il me tendit un paquet maladroitement emballé. Quand je le défis, un rectangle de tricot fait main me tomba sur les genoux. Je le ramassai et le regardai, complètement ébahi. Sur une face était tricoté le nombre 124 155 ; sur l'autre, 100 485. Quand je relevai les yeux vers John, il arrivait à peine à contenir son excitation.

"Ce sont des nombres sympathiques, me dit-il. J'ai mis au point un programme informatique et je l'ai laissé travailler pendant douze heures. Ce sont les plus gros que j'ai trouvés, et je les ai incorporés en maille double. C'est une manique. Je n'ai pas pu te la donner hier soir, parce que je n'avais pas encore trouvé comment la terminer. C'est un peu bizarre, mais je me suis dit que ça te plairait peut-être."

Après ce Noël, nous avons été beaucoup de choses, mais plus jamais indifférents. Le vieil aphrodisiaque mathématique avait de nouveau fonctionné.

ALEX GALT
Portland, Oregon

UNE TABLE POUR DEUX

En 1947, ma mère, Deborah, avait vingt et un ans et étudiait la littérature anglaise à l'université de New York. Elle était belle – à la fois fougueuse et introvertie – et passionnée de livres et d'idées. Elle lisait avec voracité et espérait devenir un jour écrivain.

Mon père, Joseph, était un peintre débutant qui gagnait sa vie en enseignant le dessin dans une école secondaire du West Side. Le samedi, il peignait toute la journée, soit chez lui, soit à Central Park, et s'accordait un repas au restaurant. Le samedi soir en question, il choisit un établissement de son quartier qui s'appelait *The Milky Way* ("la Voie lactée").

Il se trouve que le *Milky Way* était le restaurant préféré de ma mère ; ce samedi-là, après avoir passé la matinée et une grande partie de l'après-midi à travailler, elle s'y rendit pour dîner en emportant un vieil exemplaire des *Grandes Espérances*, de Dickens. Il y avait foule dans le restaurant, et on lui donna la dernière table. Elle se prépara à une soirée de goulasch, vin rouge et Dickens – et perdit bientôt tout contact avec ce qui l'entourait.

Une demi-heure après, la salle était pleine de gens debout. L'hôtesse débordée vint demander à ma mère si elle voulait bien partager sa table. En ne quittant qu'à peine son livre du regard, ma mère accepta.

"Une vie tragique pour ce pauvre cher Pip", dit mon père en apercevant la couverture éculée des *Grandes Espérances*. Ma mère releva la tête et à cet instant, raconte-t-elle, elle vit dans les yeux de cet inconnu quelque chose d'étrangement familier. Des années après, comme je la suppliais de me raconter l'histoire une fois encore, elle soupira tendrement et dit : "Je me suis vue dans ses yeux."

Mon père, entièrement captivé par la présence qu'il avait devant lui, jure ses grands dieux qu'il entendit dans sa tête une voix qui disait : "Elle est ton destin" et qu'aussitôt après il sentit comme un picotement monter du bout de ses orteils jusqu'au sommet de son crâne. Quoi qu'ils aient vu ou entendu ce soir-là, mes parents ont compris l'un et l'autre qu'il venait de se passer quelque chose de miraculeux.

Tels deux vieux amis qui se retrouvent après une longue séparation, ils parlèrent pendant des heures. A la fin de la soirée, ma mère inscrivit son numéro de téléphone sur la page de garde des *Grandes Espérances* et donna le livre à mon père. Il lui dit au revoir en l'embrassant gentiment sur le front, et ils s'en furent dans la nuit, chacun de son côté.

Ni l'un ni l'autre ne put dormir. Même les yeux fermés, ma mère ne voyait qu'une chose : le visage de mon père. Et mon père, qui ne pouvait arrêter de penser à ma mère, passa toute la nuit à peindre son portrait.

Le lendemain, dimanche, il alla rendre visite à ses parents à Brooklyn. Il avait emporté le livre pour lire dans le métro, mais il était épuisé après sa nuit sans sommeil et commença à s'assoupir après quelques paragraphes. Il glissa donc le livre dans la poche de son manteau – qu'il avait posé sur le siège à côté de lui – et ferma les yeux. Il ne se réveilla que lorsque le train s'arrêta à Brighton Beach – à l'autre bout de Brooklyn.

Le train était désert à ce moment-là, et quand il ouvrit les yeux et voulut saisir ses affaires, le manteau n'y était plus. On l'avait volé, et comme le livre se trouvait dans la poche, le livre était parti, lui aussi. Ce qui signifiait que le numéro de téléphone de ma mère avait également disparu. Désespéré, il se mit à fouiller le train, en regardant sous tous les sièges, non seulement ceux de sa voiture mais aussi ceux des deux voisines. Dans l'émotion de sa rencontre avec Deborah, Joseph avait sottement négligé de s'informer de son patronyme. Le numéro de téléphone était son seul lien avec elle.

Le coup de téléphone auquel ma mère s'attendait ne vint pas. Mon père alla plusieurs fois la chercher au département d'anglais de l'université de New York, mais il ne la trouva jamais. Le destin les avait trahis tous les deux. Ce qui avait paru inévitable ce premier soir dans le restaurant ne devait apparemment pas être.

L'été suivant, ils partirent tous les deux pour l'Europe. Ma mère alla en Angleterre suivre des cours de littérature à Oxford et mon père alla peindre à Paris. A la fin de juillet, disposant de trois jours de vacances, ma mère prit l'avion pour Paris, décidée à absorber toute la culture qu'elle pourrait en l'espace de soixante-douze heures. Elle emportait un nouvel exemplaire des *Grandes Espérances.* Après sa triste aventure avec mon père, elle n'avait pas eu le cœur de le lire mais à présent, assise dans un restaurant plein de monde après une longue journée de tourisme, elle l'ouvrit à la première page et recommença à penser à lui.

Elle n'avait lu que quelques pages quand elle fut interrompue par le maître d'hôtel qui lui demanda, d'abord en français, puis dans un anglais approximatif, si elle voulait bien partager sa table. Elle accepta et reprit sa lecture. Un instant plus tard, elle entendit une voix familière : "Une vie tragique pour ce pauvre cher Pip", disait la voix, et alors elle leva les yeux, et il était là, de nouveau.

LORI PEIKOFF
Los Angeles, Californie

LE PREMIER BOUTON

Mes parents avaient des idées strictes en ce qui concerne les boutons de col. Ils étaient de l'école qui considère que, avec ou sans cravate, le col de chemise d'un garçon doit être boutonné. A la maison ou à d'autres moments de détente, cela n'avait pas d'importance. Mais pour les cours et les occasions particulières, le col devait être fermé. Ce n'était pas une simple affaire de style. Cela avait à voir avec les convenances, et cela pesait de tout le poids d'un impératif moral.

La dixième année était la première de l'école secondaire. Etant un fils obéissant, je respectais encore les règles et j'arrivais chaque matin avec mon col boutonné. Mais les règles ne comptaient pas pour Miss Scott. Mon prof de maths était une grande jeune femme à la longue chevelure qui, bien souvent, croisait les jambes et s'asseyait à demi sur le devant de son bureau pendant qu'elle parlait. Je me hâte d'ajouter qu'elle portait des jupes au-dessus du genou – pas loin au-dessus, mais au-dessus. La chaussure du pied de la jambe supérieure pendait, accrochée à ses orteils, sans jamais tomber tout à fait.

Par un effet du hasard, ma place se trouvait au premier rang, juste devant son bureau. J'étais très en retard pour mon âge. Je connaissais les différences entre garçons et filles (ma mère était infirmière et m'avait expliqué la plomberie), mais tout le reste était pour moi un mystère. En vérité, au nombre des recrues potentielles pour la révolution sexuelle de cette décennie, j'étais indiscutablement un cancre. Et pourtant, par quelque force alchimique en œuvre dans nos cerveaux, je savais que Miss Scott avait quelque chose de spécial.

Un matin, peu après le début de l'année scolaire, Miss Scott se pencha en avant du haut de son perchoir et, à ma profonde stupéfaction, avança la main droite et déboutonna mon col. Un choc électrique me parcourut le corps et me brûla jusqu'à l'âme. Ma mère m'avait touché souvent, bien entendu, mais cela ne m'avait jamais fait pareille impression. Miss Scott lança dans ma direction un coup d'œil rapide et continua à faire son cours sans avoir perdu la cadence.

Sachant que ma mère voulait le col fermé, je le reboutonnai. Cette femme avait beau être mon professeur, elle n'avait pas le droit de passer outre à une directive maternelle. Mais on ne contredisait pas Miss Scott. De nouveau, elle se pencha pour défaire le bouton – et puis elle rectifia mon col des deux mains. "Tu es beaucoup mieux comme ça", me dit-elle. Si elle m'avait embrassé sur les lèvres, je ne crois pas que j'aurais pu me sentir plus euphorique que je ne l'étais alors.

Le col resta ouvert toute la journée, mais ce n'était pas là le genre de choses qu'on raconte à sa mère. A partir de ce moment, je boutonnai mon col avant de sortir de chez nous, mais à peine avais-je fait quelques pas dans la rue qu'il se rouvrait toujours.

EARL ROBERTS
Oneonta, New York

DES GANTS DE DENTELLE

Mon père, Joseph Cycon, est entré à l'armée en 1943 et a été assigné à la compagnie F du 262e régiment de la 66e division d'infanterie, entrée en action en avril 1943. En décembre 1944, il avait atteint le rang de sergent-chef.

Fin novembre 1944, la division est partie en Angleterre pour se préparer au combat en Europe. Quand la bataille des Ardennes a saisi tout le monde par surprise en décembre de la même année, le régiment de mon père a été rapidement mobilisé en renfort. C'est ainsi qu'il se trouvait à bord du transport de troupes belge *Léopoldville*, qui fut torpillé ce soir-là par un sous-marin allemand. Huit cent deux vies furent perdues. Il y avait cent quatre-vingt-dix-sept hommes de la compagnie F, dont dix-neuf seulement ont survécu. Mon père est l'un des cinq hommes de la 2e section qui s'en sont tirés.

Ma mère, Margaret Gill Cycon, se trouvait alors au pays, à Sydney, New York ; elle habitait chez ses parents et attendait un enfant pour juin. Elle reçut de mon père une lettre datée du 11 janvier, mais les censeurs lui avaient interdit d'écrire quoi que ce fût de significatif à propos de ce qui s'était passé. Entre-temps, ma mère recevait des coups de téléphone et des lettres de parents anxieux d'hommes appartenant à la même compagnie que mon père, demandant si elle pouvait obtenir par lui des renseignements à propos de leurs fils et de leurs maris, dont on était sans nouvelles depuis Noël. Elle-même était très déprimée et soucieuse, et elle ne fit pas grand-chose de plus qu'ouvrir un paquet qu'elle avait reçu de mon père. Il contenait une paire de gants bleus en dentelle de France. Quelques semaines s'écoulèrent avant qu'elle finisse par les essayer, encouragée par une amie. Quand elle tenta de les enfiler, un doigt refusa d'aller jusqu'au bout. Quelque chose était bloqué à l'intérieur. Un petit rouleau de papier journal, calé au fond du doigt. C'était un bref article sur le *Léopoldville*, qui avait été coulé la veille de Noël. Ainsi, mon père avait pu tromper les censeurs et faire savoir à ma mère qu'il avait survécu au naufrage où tant de ses bons amis avaient disparu.

KAREN CYCON DERMODY
Hamilton, New Jersey

UN BONJOUR DE SUSAN

J'avais vingt et quelques années, je vivais seule, et j'avais l'habitude d'envoyer des cartes de vœux à Noël. Je me faisais photographier au cours de l'année dans des poses variées, et je choisissais la meilleure photo pour la carte.

Sur ces photos, j'étais toujours nue.

J'acquis de nombreux fans. Des hommes m'arrêtaient au passage en disant : “Un bonjour de Susan ?” J'ai envoyé ces cartes de Noël pendant six ans, et la dernière année ma liste comptait deux cent cinquante noms.

L'un d'entre eux était celui de l'homme qui s'occupait de ma voiture, Ted. Il avait trente ans de plus que moi et buvait énormément, mais c'était un mécanicien formidable. Il avait aussi un cœur d'or. Je savais qu'il avait des petites amies, mais je ne les ai jamais rencontrées.

J'avais besoin de Ted et je lui envoyais donc une carte chaque année. Il commença à m'envoyer, lui aussi, des cartes avec sa photo, mais sur celles-ci il avait toujours un énorme poisson à la main.

J'ai quitté la ville et je n'ai plus vu Ted, mais nous avons continué à échanger des cartes jusqu'à ce que je mette fin à cette habitude.

Avance rapide de vingt-trois ans. De retour dans mon ancien quartier, je fais installer une radio dans ma voiture. Pendant que je suis dans la salle d'attente, un homme vient vers moi et me dit : "Susan ? Je suis Paul, le fils de Ted.

— Oh, bien sûr, dis-je, comment va ?"

Paul m'a raconté que Ted était mort en automne. Lui et sa sœur avaient dû choisir le costume dans lequel leur père serait enterré.

La sœur ouvre un tiroir et y voit ma photo de Noël. "Eh, dit-elle à Paul, papa doit garder ça", et elle glisse la photo dans sa poche de poitrine. Ce qui veut dire que Ted a été enterré avec moi, nue, sur son cœur. Ça lui plairait.

Une semaine après, chez moi, je retrouve une des cartes de Ted. C'est une photo où il tient un poisson et me sourit. Des mulots ont rongé les coins de la photo.

Je la retourne, et là, de la main de Ted, je lis : "Susie, il y a dix-sept ans que tu occupes mes pensées et mon cœur. J'espère que tu vas bien et je t'envoie mes meilleurs vœux. Amitié, Ted."

SUSAN SPRAGUE
Willamina, Oregon

Elle s'appelait Edith, mais personne n'utilisait jamais ce nom. Derrière son dos, on la nommait "Edie" ; et en sa présence, c'était toujours "Miss Burgoyne". Elle vivait seule avec son père et sa mère à l'ouest du village. Plus tard, j'ai appris qu'ils n'étaient pas vraiment son père et sa mère. Ils étaient son oncle et sa tante maternels et elle était la fille illégitime de la sœur de sa tante. La tante et son mari n'avaient pas d'enfants à eux, et ils avaient recueilli cette petite fille peu après sa naissance en 1906 et l'avaient élevée comme leur propre enfant.

Cela veut dire qu'elle devait avoir à peu près quarante-six ans quand j'étais un gamin de dix ans. Elle était déjà une légende dans la communauté. Peut-être était-ce la noble sonorité de son nom – Burgoyne – qui ressortait dans un village où les patronymes, tous norvégiens, finissaient tous en *-son*. Sans doute était-ce plutôt la distance sociale qu'elle maintenait avec les autres habitants. Vieille fille dans un univers de femmes mariées, elle n'appartenait à aucune des sociétés religieuses ni à aucun club féminin. Et elle avait fait des études. Elle était sortie de l'université du Dakota-du-Sud en 1928 avec un diplôme en musique. Pour fêter son diplôme, son père lui avait acheté une Buick neuve et pendant tout l'été elle s'était baladée dedans d'un bout à l'autre du village, allant de maison en maison donner des leçons de musique à cinquante cents l'heure. Nous avions tous envie de jouer du piano, mais nous détestions la discipline du travail, l'humiliation des leçons et la contrariété de s'entendre appeler *"Dear"*. Elle était fagotée de façon si démodée qu'on eût dit qu'elle portait encore les mêmes vêtements qu'au collège. C'était suffisant pour qu'on la considère comme excentrique, mais il y eut aussi l'histoire de la bande adhésive collée sur le compteur de sa voiture. Un jour, après ma leçon, je sortis en courant pendant qu'elle prolongeait sa visite à ma grand-mère, je me glissai dans sa voiture et je décollai la bande. Le compteur de sa Buick 1928 indiquait qu'elle avait parcouru à peine cinq mille deux cents miles (un peu plus de huit mille kilomètres). Cinq mille deux cents miles en vingt-quatre ans !

Un jour d'été où je traînaillais dans la station-service, Miss Burgoyne passa par là, en route vers le bureau de poste et son après-midi de leçons de musique. Oncle Pete, le frère de mon grand-père, se trouvait de service ce jour-là.

"Je me demande ce qui est arrivé au cheminot d'Edie, marmonna-t-il, presque comme s'il se parlait à lui-même.

— Quel cheminot ?" demandai-je.

Et c'est alors que j'ai entendu l'histoire que tout le monde en ville connaissait depuis des années.

Naples était un petit patelin au bord de la route. On disait : "Ne clignez pas des yeux, vous le manqueriez !" Il se trouvait à environ cinq miles au nord et un poil à l'ouest de Vienna. Une dérivation de la voie du Milwaukee Railroad allait de Sioux Falls à Bristol en passant par Vienna et Naples ; à Bristol, le train faisait demi-tour pour revenir à Sioux Falls le lendemain. A l'époque où Miss Burgoyne commença à prendre ce train, l'été 1935, le Milwaukee était depuis des années un élément familier du paysage.

"Ouais, dit Pete, elle a pris ce train de voyageurs un soir de cet été-là, et elle l'a repris trois fois par semaine pendant un an. Elle descendait à Naples, et elle rentrait chez elle à pied.

— Pourquoi elle faisait ça ?

— Personne ne le sait vraiment. L'agent du dépôt dit qu'elle était amoureuse d'un contrôleur de ce train, un nommé Bill, mais que Bill avait une famille. Personne ne sait très bien. Mais elle a fait ça pendant un an, plus ou moins, et puis elle a arrêté aussi brusquement qu'elle avait commencé. Même les soirs de plus grand froid, elle faisait trois fois par semaine ces cinq miles à pied pour rentrer chez elle de Naples.

— Comment avait-elle rencontré ce Bill, le contrôleur ?

— Personne ne sait très bien, dit Pete. Je ne crois pas qu'il y avait une histoire d'amour entre eux. Je crois qu'elle était simplement une femme solitaire dans la trentaine qui prenait le train en rêvant que le contrôleur était son bon ami. Mais je ne sais pas. Personne ne sait très bien."

Il n'y a plus de train aujourd'hui. Le dépôt aussi a disparu. Il y a des années qu'on a enlevé et récupéré les rails, et renoncé au droit de passage. Le père de Miss Burgoyne est mort au début de 1950 et sa mère quelques années plus tard. Miss Burgoyne a continué à habiter le bungalow sur la propriété familiale et à donner des leçons de musique aux enfants de la région. Vieille fille sexagénaire, elle est partie un beau jour quelque part dans l'Iowa, d'où sa famille était réputée originaire et était désormais enterrée, et elle n'est jamais revenue. Vers le milieu des années soixante-dix, les gens d'ici ont entendu dire qu'elle était morte. Des commérages suggéraient qu'elle avait vécu avec un homme, mais personne ne savait vraiment. Aujourd'hui, même la maison où elle vivait a été rasée, et le terrain récupéré pour l'agriculture.

J'ai quarante-six ans maintenant, à peu près l'âge qu'elle avait quand j'ai regardé en douce le compteur de sa Buick 1928, que cachait un petit morceau soigneusement découpé de bande adhésive.

Quand l'impatience et l'incertitude de la quarantaine me saisissent, je revois souvent en esprit cette universitaire, ce professeur de musique au nom aristocratique, son allure royale, son raffinement et son air citadin.

Je me la représente au dépôt, quand vient le soir, attendant le Milwaukee. Celui-ci arrive dans un nuage de fumée et de furie du sud. Elle monte et, dix minutes après, à Naples, elle descend et rentre seule chez elle dans le soir tombant sur la route en terre battue – chez elle où l'attendent, à la lumière des lanternes, sa tante-mère et son oncle-père. Pendant les dix minutes entre les deux arrêts, je l'imagine observant intensément son cheminot, le contrôleur, tout beau dans son uniforme bleu avec des parements rouges et l'insigne quasi militaire "Milwaukee Road", qui fait trois fois par semaine l'aller-retour entre Sioux Falls et Bristol.

Assis devant mon piano, dans mon bureau installé à la cave, je joue quelques accords presque oubliés, je me souviens de Miss Burgoyne et, comme tout le monde au village, j'imagine.

Mais personne ne sait vraiment.

BILL FROKE
Columbia, Missouri

L'ENVOL DES ÂMES

J'étais occupée à ranger le linge quand j'ai su tout à coup que mon mari était mort. Il était en voyage d'affaires et, bien que j'aie eu de ses nouvelles deux jours avant, la certitude m'envahit à ce moment-là qu'il nous avait quittés.

Il y avait dix ans que nous étions mariés. Nos trois enfants jouaient dans le jardin, ignorant que leur mère, à l'étage, était en train de perdre la tête. J'avais le vertige, je ne trouvais plus mes repères. Je posai par terre le panier de caleçons et de T-shirts qu'il n'avait pas emportés dans ses bagages et m'assis au bord de notre lit. Cette sensation était arrivée de nulle part, telle une énorme vague de tout ce que nous avions partagé depuis que nous avions tous deux vingt ans. Elle m'écrasa, me suffoqua, je ne parvenais plus à respirer. J'avais le cœur serré, la bouche sèche. Tous les rires, toute la joie d'avoir des enfants ensemble, toute la paix et la sécurité de notre vie commune se retrouvaient comprimés en quelques millisecondes.

J'avais éprouvé le même sentiment quand la femme de notre voisin, Michèle, était morte. Nous assistions au mariage de son fils et elle était chez elle, en train de mourir d'un cancer. La famille avait décidé de procéder au mariage, laissant Michèle à la maison avec sa mère et ses médications antidouleur. Au moment où le célébrant demandait à Darin : "Qui donne cet homme en mariage ?", son père, Hugh, se leva de sa place au premier rang et répondit : "Sa mère et moi." Et au même instant, un rayon de lumière d'une impossible intensité passa entre les nuages noirs de cet après-midi de février et à travers les vitraux représentant Jésus et ses brebis, et je me souviens que j'ai serré si fort la main de mon mari qu'il a failli crier, en pleine cérémonie. Quelques heures après, en arrivant à la réception, nous avons appris que Michèle était morte à l'instant précis où Darin était donné à Ellen. Devant la maison de Michèle, les jonquilles fleurissent tous les ans ce jour-là.

C'était aussi ce sentiment que j'avais éprouvé quand ma grand-mère était morte. Je campais dans la forêt avec mon mari et les enfants, pas loin de chez ma mère. Nous en avions assez de donner le bain aux gosses dans la rivière glaciale et nous nous sommes entassés dans la jeep pour aller chez ma mère prendre des douches chaudes. Ma grand-mère était malade depuis quelque temps, mais on venait de la transporter de chez elle à l'hôpital de Penticton. Je demandai de ses nouvelles à ma mère, qui me dit qu'elle avait parlé à mon grand-père le matin et que grand-mère tenait le coup. A ce moment, je me rappelle avoir eu l'impression que j'allais m'évanouir. Je fondis en larmes et étreignis ma mère, qui me serra dans ses bras jusqu'à ce que la sensation passe. Nous avons découvert par la suite que grand-mère était morte à cet instant précis.

Vous pouvez donc comprendre mon trouble et ma panique. J'étais certaine qu'il s'agissait de la même sensation, mais j'étais aussi assez sûre que mon mari était vivant, même si je pouvais le "voir" affalé en tas sur le sol à côté de notre lit. Je me sentais projetée sur son corps encore tiède mais sans vie, et toutes les fibres de mon corps reconnaissaient cette impression d'irrévocabilité.

Je réussis à le joindre à son hôtel le soir même. Trop embarrassée pour lui parler de mes craintes, je fis la conversation, racontant ce que les enfants avaient fait ce jour-là, lui demandant quel temps il faisait à Lima. Notre quatrième enfant, Claire, allait naître six mois plus tard.

Il resta quatre mois au Pérou, jusqu'à la fin de son travail d'ingénieur, avec un bref séjour à la maison pendant lequel la situation entre nous semblait normale. Après son retour définitif, il m'expliqua qu'il avait rencontré une femme au Pérou vers la fin de ce voyage. Il me raconta que c'était une ancienne Miss Pérou, et qu'elle avait été sa femme dans une autre vie. Il m'avoua qu'il avait fait une erreur terrible en m'épousant au lieu de l'attendre. Il disait qu'il regrettait et s'excusa de me demander le divorce. Il a épousé la reine de beauté péruvienne, qui aime beaucoup les Etats-Unis. Ils ont une ravissante petite fille dont les boucles brun-noir ressemblent à celles de sa demi-sœur Claire. Mais il ne nous voit pas souvent, ses autres enfants et moi, bien qu'il ne vive qu'à quinze miles de chez nous.

Il me fallut plusieurs mois pour comprendre ce que j'avais ressenti, ce jour-là, en rangeant le linge. C'était la mort d'une partie de lui. Son âme s'était enfuie de notre nid familial et envolée vers le nid de cette femme, et ça s'était passé si vite qu'il n'avait pas eu le temps d'envisager de rester.

LAURA MCHUGH
Castro Valley, Californie

Je suis facteur à Charlotte, en Caroline-du-Nord. Un jour, il y a quelques années, je me dirigeais vers une boîte aux lettres. Christy, la jeune divorcée qui habitait là, attendait au bord de la route. Elle me dit qu'elle avait une histoire à me raconter.

Six mois plus tôt environ, je lui avais apparemment délivré une lettre adressée au même numéro que sa maison, mais dans une autre rue du quartier. Comme elle avait des courses à faire, elle avait décidé de déposer la lettre à la bonne adresse.

Il se trouve que cette lettre était destinée à Stan, qui était célibataire. Ils avaient bavardé un moment, et plus tard il avait téléphoné. Ils avaient commencé à sortir ensemble et n'avaient plus cessé depuis.

Je me sentais embarrassé d'avoir délivré une lettre à la mauvaise adresse, mais content d'avoir réuni ces gens sympathiques.

Quelques mois plus tard, une affiche "A vendre" apparut dans le jardin de Christy, et puis les invitations au mariage furent expédiées. En peu de temps, la maison fut vendue, le mariage eut lieu, et Christy et ses gosses emménagèrent dans la maison de Stan.

Quelques mois plus tard encore, je vis une affiche "A vendre" dans *leur* jardin. Craignant que leur mariage ne marche pas, je trouvai une excuse pour aller frapper à leur porte afin de voir ce qui se passait.

Christy m'ouvrit la porte avec un large sourire et, me montrant du doigt son ventre énorme : "On attend des jumeaux, dit-elle. Cette maison ne sera plus assez grande, il faut qu'on déménage."

En retournant à ma camionnette, je me sentis submergé par l'idée que mon unique erreur de livraison donnait à présent une chance de vie à deux petits êtres encore à naître. Impressionnant.

JOHN WILEY
Charlotte, Caroline-du-Nord

LE JOUR DU CERF-VOLANT

C'était en Floride, il y a vingt ans ; il faisait chaud, ce jour-là, et le vent soufflait de l'ouest. Paul et moi, nous tentions de devenir sobres. Nous nous étions soûlés ensemble, nous nous étions regardés l'un l'autre foutre nos vies en l'air, nous nous étions mutuellement soutenus et laissés tomber, nous nous étions aimés. Paul était mon ami, mon frère spirituel. Désormais, nous nous efforcions de transformer en vies normales des comportements qui, longtemps, avaient été anormaux.

Paul mesurait près de deux mètres, il avait un rire sonore et un sourire épanoui. Il était surfeur à cette époque, avec le poil blond et le muscle bronzé qu'ils ont tous, semble-t-il. Et, bien sûr, c'était un nouveau-né de sobriété, juste comme moi.

Moi, j'étais une petite institutrice blonde en bikini minuscule. Mais à dire vrai, j'avais encore de l'alcool à la commissure des lèvres et pas la moindre notion de la façon de passer une journée sans une bière.

Nous allions à la plage. Que pouvait-on faire d'autre, par un chaud week-end d'été en Floride, en 1980 ? Nous remplîmes notre petit frigo de bouteilles d'eau, prîmes quelques serviettes et partîmes. Paul avait un cerf-volant. Je me rappelle que je pensais : Pourquoi emporte-t-il un cerf-volant à la plage ? Et, d'ailleurs, pourquoi voudrait-on faire voler un cerf-volant ? Quel est l'intérêt de faire voler un cerf-volant ? Paul a toujours été un peu braque.

Il avait une ligne mince, transparente et solide, et elle était très longue.

On s'installa à l'ombre d'un groupe de palmiers sur les dunes et Paul commença à monter son cerf-volant. Je ne me rappelle pas ce qu'il utilisait pour la queue, mais ce dont je me souviens, c'est que le cerf-volant était rouge et pas très grand… un simple petit cerf-volant rouge ordinaire. Il y fixa la ligne, accrocha la queue et lâcha tout. Le vent venait de derrière nous, il soufflait fort, de l'ouest, vers le large. Nous n'avons pas dû courir avec le cerf-volant pour le lancer. Nous n'avons rien eu à faire du tout. Paul l'avait lâché, et il s'était envolé. Il volait vraiment. Paul avait un sourire épanoui.

Nous avions une très longue ligne, elle devait bien faire un mile. Paul laissait filer le cerf-volant en tiraillant sur la ligne, et le cerf-volant plongeait et dansait, sautait et tourbillonnait – de plus en plus loin audessus de l'océan. Finalement, le petit losange rouge se perdit dans le bleu éblouissant du ciel. La seule chose qui nous permettait de savoir qu'il était encore là était la forte traction exercée sur la ligne que nous tenions à deux. Nous fixions le ciel en essayant de repérer le cerf-volant et en riant de sa disparition, et puis Paul attrapa deux boîtes de bière vides que quelqu'un avait attachées ensemble avec une ficelle. Il les noua autour de la ligne, qui était tendue à travers la plage, montant vers le ciel.

Les boîtes semblaient danser en l'air. La lumière était si forte qu'il était impossible de voir la ligne à laquelle elles étaient suspendues – elles dansaient et se balançaient dans le vent comme si elles ne tenaient à rien. Un promeneur passa dessous et remarqua ces deux boîtes, là-haut, dans le ciel. Il regarda, regarda encore, fit des allers et retours, regarda autour de lui et, finalement, nous repéra et comprit qu'il se passait quelque chose – sans trop savoir quoi. Nous étions jeunes, et nous riions. Une belle femme en costume de bain noir moulant aperçut les boîtes et les suivit des yeux un bon moment. Elle n'avait pas honte de nous laisser voir qu'elle se demandait comment elles étaient arrivées là-haut. Elle vint vers nous et demanda à Paul quelle était l'astuce. Il ne voulut pas le lui dire, et elle ne trouva pas. Elle reprit enfin sa marche au long de la plage, toujours intriguée. Nous aurions pu le lui dire – ou peut-être pas. Les boîtes paraissaient magiques.

Nous passâmes la journée ensemble avec ce cerf-volant, à regarder les boîtes suspendues dans les airs et les gens qui allaient et venaient dessous. En réalité, nous ne revîmes plus le cerf-volant, nous ne savions qu'il était là qu'à cause de la tension de la ligne. Quand il fut temps de rentrer, nous ne pûmes ni l'un, ni l'autre, supporter l'idée de le ramener… et nous le laissâmes donc, loin au-dessus de la mer, avec les boîtes qui dansaient joyeusement sur la ligne juste hors d'atteinte des passants.

Plus tard dans la soirée, Paul revint pour mieux attacher le cerf-volant et le perdit. Il s'envola loin, très loin sur l'océan – peut-être jusqu'aux îles Canaries. Le vent ne souffle presque jamais de l'ouest sur la plage. Il est possible qu'il ne l'ait plus jamais fait depuis ce jour-là. Ça m'est assez égal, car il le faisait ce jour-là.

Paul était mon ami alors, et il l'est aujourd'hui. Nous avons tous les deux la cinquantaine et nous vivons à des milliers de miles l'un de l'autre. Lui se trouve dans le nord glacial de l'Etat de New York, endroit bizarre pour un grand surfeur blond. Moi, je vis encore en Floride. Nous avons d'autres amours, mais nous ne nous perdons jamais complètement. En juillet de cette année, il y aura vingt ans que nous sommes sobres. Je crois qu'aujourd'hui encore, nous sommes toujours sur cette plage, en train d'accrocher nos boîtes à une ligne solide que personne ne peut voir, sachant toujours que le petit cerf-volant rouge est là-haut à cause de la forte traction que nous sentons tous les deux.

ANN DAVIS
Melbourne, Floride

Mon premier amour s'appelait Doris Sherman. C'était une vraie beauté, avec des cheveux noirs bouclés et des yeux noirs flamboyants. Sa longue chevelure flottait et dansait dans le vent chaque fois que je lui courais derrière dans la cour de récréation à l'école de village où nous étions élèves. Nous avions sept ans et la maîtresse, Miss Bridges, nous distribuait des gifles à la moindre infraction.

A mes yeux, Doris était la plus jolie fille de ma classe de première et de deuxième année combinées, et j'entrepris de gagner son cœur à la façon fiévreuse d'un amoureux de sept ans. Il y avait beaucoup de compétition pour l'affection de Doris. Mais cela ne me décourageait pas, et ma ténacité fut finalement récompensée.

Par une douce journée de printemps, je découvris dans la cour de récréation un badge en ferblanc. Ce devait être un badge électoral (peut-être Roosevelt). La face était encore brillante et colorée, mais la rouille commençait à envahir l'autre côté. Un peu hésitant, je décidai d'offrir à Doris le trésor que je venais de trouver, en témoignage de mon amour. Quand je lui présentai le badge (face brillante au-dessus) sur ma main tendue, je vis qu'elle était impressionnée. Ses yeux noirs scintillèrent, et elle le saisit aussitôt. Alors vinrent ces paroles mémorables, en me regardant droit dans les yeux, et en un chuchotement solennel, elle dit : “Alvin, si tu veux que je sois ton amoureuse, à partir de maintenant tu dois me donner tout ce que tu trouves.”

Je me souviens d'y avoir réfléchi. En 1935, un simple penny représentait une petite fortune pour un garçon de mon âge et dans ma situation. Que se passerait-il si je trouvais quelque chose d'important – un nickel, par exemple* ? Pourrais-je le cacher

* Un penny = un cent ; un nickel est une pièce de cinq cents. *(N.d.T.)*

à Doris, ou lui dirais-je que j'avais trouvé un penny et garderais-je pour moi un bénéfice de quatre cents ? Doris avait-elle imposé le même arrangement à mes nombreux rivaux ? Elle pouvait devenir la fille la plus riche de l'école.

Confrontée à ces questions, mon admiration pour Doris souffrit d'un lent déclin. Si elle avait demandé cinquante pour cent, nous aurions pu nous entendre. Mais cette impérieuse exigence *totale* dès le début de nos relations les étouffa dans l'œuf.

Donc, Doris, où que tu sois et quoi que tu sois devenue, je voudrais te remercier pour cette première leçon sur l'amour – et, surtout, sur cet équilibre délicat de l'équation amour-économie. Je voudrais aussi que tu saches que de temps en temps, quand le sommeil me prend, je te cours après, de nouveau, dans cette cour d'école, en tentant d'attraper tes boucles noires et dansantes.

ALVIN ROSSER
Sparta, New Jersey

LA BALLERINE

Elles disent toutes que je les rends folles, surtout ma femme. Je ne lui dis jamais qu'elle est belle, ou jolie. Je lui dis qu'elle est bien. Elle dit que sa mère est bien. Je dis : "bien", c'est bien, c'est très bien, ça me convient. Que dire si elle est belle un jour, et encore plus belle le lendemain ? Je n'aurais plus rien à dire. Il faut toujours avoir quelque chose en réserve.

Je vois toute la journée des gens qui n'ont pas de réserve. De là vient mon intérêt pour la douleur. Ce que la douleur a de remarquable, c'est qu'on ne peut pas raconter des blagues. Pas besoin de passer beaucoup de temps à discuter. Quand ils viennent me voir, les malades ont été abandonnés par tous les autres. Il ne reste plus de chair sur l'os. J'admire la douleur. Il faut lui rendre hommage. Il n'existe pas de peur plus fondamentale que la peur d'une douleur constante, interminable.

L. est arrivée à mon cabinet à cause d'une douleur dans la jambe gauche. Elle est tout sourire. Je me dis : Cette femme est toquée. En l'examinant, je constate non seulement qu'elle souffre, mais qu'elle marche difficilement parce que sa jambe s'est raidie. Elle et son mari sourient tous les deux comme des niais. Je soupçonne une tumeur de la moelle épinière, et les indices me donnent raison. Je demande au neurochirurgien de pratiquer une biopsie de sa moelle épinière, et il le fait. Après la biopsie, sa moelle épinière a encore moins de réserve et elle apprend à utiliser une sonde, commence un programme intestinal et n'a plus trop l'usage de son autre jambe. La biopsie revient, pas concluante. Ça me paraît incroyable. Je passe un temps fou à téléphoner au pathologiste, qui est renommé dans le monde entier, pour lui demander s'il ne peut pas revoir ça pour moi. J'appelle le neurochirurgien, qui me dit : "Je crois que j'en avais pris un bon bout."

"Eh bien, c'est des choses qui arrivent", dit-elle en souriant.

Je déclenche le grand jeu. Je la présente à mes confrères, on lui prend du liquide rachidien, on examine sa peau, ses poumons, son cerveau et son sang. A part une tumeur non expliquée de la moelle épinière et le fait qu'elle pisse et chie au lit, elle est en parfaite santé. Pendant quelques mois, sa tumeur ne grossit pas et je lui balance quelques drogues. Des pilules pour réduire les spasmes de sa vessie et de ses jambes, et quelques stéroïdes pour me sentir mieux.

Son mari sourit avec enthousiasme et me dit qu'il est tellement content de m'avoir. J'ai des envies de verrouiller la porte et de les garder enfermés pour toujours afin qu'ils ne sortent pas dans les rues. J'ai bien besoin de ça, lui hilare et elle maigre comme un squelette dans sa chaise roulante avec sa tumeur, annonçant à qui veut les entendre : "Regardez, voyez quel docteur épatant nous avons. Nous sommes si contents de l'avoir !"

On ne peut pas faire grand-chose de plus. Rien n'a changé depuis des mois. Je me dis qu'elle aura une sorte de vie, mais au moins ce sera la sienne. J'ai de leurs nouvelles de temps en temps. Des ordonnances à renouveler, des demandes de physiothérapie supplémentaire. Ils habitent à cent miles de chez moi, et viennent parfois pour une visite d'un quart d'heure. On parle pendant treize minutes et puis je l'examine. J'essaie de prévoir ça quand il n'y a personne. Je suis toujours leur docteur préféré.

Un vendredi, son mari m'appelle. Les symptômes semblent différents. Je leur dis de venir à la clinique – cent miles en voiture. Au scanner, on voit une tumeur large de deux pouces à l'arrière de son cerveau, là où trois mois plus tôt on ne voyait que du cerveau. Quelques minutes de plus, et la pression la tue. Son mari arrive en courant et me secoue la main en disant : "Je suis si content que vous soyez là." Elle a la migraine et les yeux qui tressautent à cause de la tumeur, mais elle est contente de me voir, elle aussi. Ce soir-là, le neurochirurgien lui décalotte le crâne. Elle commence très vite à se sentir mieux. Plusieurs pathologistes et cancérologues de la ville déclarent qu'il s'agit d'une tumeur peu commune, mais pas rare.

Elle a commencé ses traitements et revient me voir aujourd'hui. Ils sont tous deux épanouis. Elle a les jambes maigres et rouges, avec des taches. Il n'y a plus dessus ni poil, ni peau. Les ongles de ses pieds font peur à voir. Elle dit : "Ah, regardez, regardez !" Elle remue les pieds d'avant en arrière dans sa chaise roulante pour me montrer. Et puis elle dit : “Regardez ça.” Elle se soulève en poussant fort sur ses mains. Ses pieds et ses orteils pointent vers le bas parce qu'à la suite des dégâts subis par sa moelle épinière, ses tendons d'Achille ont rétréci et lui tirent les talons vers le haut. Son visage est large et rond, une face de lune à cause des stéroïdes. Une fine toison le recouvre. Ses sourcils sont arqués et son front ridé au maximum. Elle est tout sourire et ses yeux, qui tressautent toujours, regardent ses pieds pour me montrer qu'elle se tient debout sur les coussinets et les doigts de ses pieds. Elle a l'air d'une petite fille. Une ballerine. Son mari est fier et regarde ses pieds, lui aussi. Et puis elle se rassied et se plaint : “Ah, si je pouvais seulement me débarrasser de ce gros visage !

— Non, lui dis-je. Vous êtes belle.” Et c'est vrai.

NICOLAS WIEDER
Los Angeles, Californie

LA BONNE AVENTURE

Pendant de nombreuses années, mes parents ont gardé le message d'un *fortune cookie* – un bonbon dans l'emballage duquel on trouve sa “bonne aventure” : “Vous et votre épouse vivrez heureux ensemble.” Ils le gardaient dans une photographie encadrée où on les voyait tous les deux, souriants, sur une plage près de Cuba. J'ai toujours aimé voir cette photo et la prédiction, ça me donnait une impression de stabilité. Comme s'ils disaient à qui voulait regarder qu'ils étaient heureux et bien décidés à le rester. Je dirais qu'ils ont eu vingt-six merveilleuses années de mariage. Ils ont eu, bien sûr, de bons et de mauvais moments, mais ils ont su s'arranger ensemble pour se faire la vie qu'ils voulaient. A mon avis, on ne peut guère en demander plus.

Quand ma mère avait cinquante et un ans, on s'est aperçu qu'elle avait sur la langue un cancer d'une forme agressive. Une opération l'aurait rendue muette et l'aurait obligée à se nourrir à l'aide d'une sonde pour le restant de ses jours. Elle choisit de se faire soigner par rayons, mais le cancer se déplaça sur ses ganglions lymphatiques. Elle se fit opérer le cou pour les enlever. Un an après les premiers diagnostics, la tumeur revint sur sa langue. Elle était si faible et si maigre qu'elle n'avait plus le choix : il fallait l'opérer. Quelques semaines plus tard, elle dut subir une trachéotomie, ce qui signifie qu'elle perdit la voix et qu'elle dut commencer à se nourrir avec une sonde. Elle décida avec mon père de renoncer à tout traitement et de rester à la maison. Pendant cette période extrêmement difficile, j'ai épousé mon mari. Nous nous sommes installés chez mes parents afin d'aider mon père et d'être auprès de ma mère. Cinq semaines après mon mariage, ma mère est morte à la maison en présence de toute la famille (je pleure en écrivant ceci).

Le lendemain de sa mort, nous sommes sortis manger en famille – on ne se sentait vraiment pas de taille à préparer un grand repas. Mon père a choisi un restaurant vietnamien. Nous avons dîné en parlant de ma mère et en échangeant des souvenirs. C'était un moment doux-amer. Nous l'avions tous tellement aimée, mais en même temps nous étions soulagés qu'elle ait cessé de souffrir. Après le dîner, nous avons déballé nos *fortune cookies*. Dans la papillote de mon mari se trouvait cette prédiction : "Vous et votre épouse vivrez heureux ensemble." Nous la conservons dans une photo encadrée de nous deux, souriants, le jour de notre mariage.

SHARLI LAND-POLANCO
Providence, Rhode Island

MORT

CENDRES

Ma mère est morte le 18 août 1989. Cette femme charmante, douée d'un grand magnétisme, quoique pas toujours des plus commodes, avait vécu "plus qu'une vie". Elle était née en Suède, mais le sang gitan qui coulait dans ses veines l'avait poussée à courir le monde ; elle avait eu quatre maris et quatre enfants. Son premier mari était un urbaniste suédois. Le deuxième était un artiste russe, le suivant un charpentier de Cape Cod et le dernier un communiste irlandais. Je suis le produit de son troisième mariage qui fut aussi le plus court.

Après sa mort, je l'ai fait incinérer. Mon cousin a fabriqué un beau coffret en bois pour les cendres. Je n'avais pas décidé ce que j'allais faire d'elle, donc en attendant je la gardais dans un tiroir d'une commode. Il y avait plusieurs possibilités. L'une était de l'envoyer en Suède. Une autre, de la jeter dans les eaux du Rio Grande – ou bien de l'éparpiller dans le vent du haut d'une colline à San Francisco, où elle avait vécu le plus longtemps.

Pendant que je réfléchissais encore à ce que j'allais faire, des cambrioleurs entrèrent chez moi une nuit et volèrent le coffret. La police me dit que les recéleurs étaient devenus si efficaces dans le coin qu'il y avait beaucoup de chances que ma mère finisse par se retrouver quelques jours après dans un marché aux puces en Arizona. Je pensais tout de même qu'une fois qu'il se serait aperçu de son erreur, le voleur reviendrait peut-être déposer le coffret devant ma porte. Après tout, il n'y avait pas de bijoux là-dedans, seulement un petit tas de cendres. Mais cela n'arriva pas, et peu à peu je fus bien obligée de conclure que ma mère continuait à courir le monde dans la mort comme elle l'avait fait dans la vie. C'était un tour étrangement poétique.

Cinq ans après, je trouvai sur mon répondeur un message d'un certain père Jack Clark Robinson, de l'église catholique de la Sainte-Famille. Il y avait une autre Sara Wilson qui habitait dans les environs, et je recevais souvent des appels qui lui étaient destinés. J'avais découvert en écoutant ces messages qu'elle était active à l'église et qu'elle entraînait des gosses au football. Je pensai naturellement que le bon père s'était trompé de numéro. Je le rappelai et tentai d'expliquer à la téléphoniste que je n'étais pas la bonne Sara Wilson, mais elle transféra mon appel et je dus répéter mon explication. Le père me demanda si j'étais la fille de Kerstin Lucid. "Oui", fis-je, lentement. On avait découvert un coffret contenant des cendres dans la crypte de l'église, me dit-il, et dans les cendres, il y avait une plaque d'identité du Visa Verde Mortuary grâce à laquelle on m'avait retrouvée. Le père Jack n'était dans cette église que depuis deux ans et ne savait pas quand ce coffret était arrivé. Il en avait parlé au prêtre qui travaillait là avant lui, mais celui-ci ne savait rien.

Plus tard, ce jour-là, je suis allée chercher ma mère dans la South Valley d'Albuquerque. Elle qui avait été une telle païenne toute sa vie, il y avait une certaine ironie à la retrouver dans une église catholique. Le père Jack, en robe brune de franciscain, m'emmena dans son bureau. La réapparition de ma mère était plutôt déconcertante, et je pense qu'il lut cela sur mon visage. Pendant qu'il me la rendait avec gentillesse, je décidai de la garder. Ma famille et moi, nous décorons désormais son coffret les jours de fête et quand nous recevons des amis, et nous nous assurons toujours qu'elle est sur le piano quand nous dansons.

SARA WILSON
Corrales, Nouveau-Mexique

HARRISBURG

Le 27 août 1996, ma mère me réveilla au milieu de la nuit en me demandant d'appeler le 911. Une ambulance arriva à la maison et emmena mon père à l'hôpital voisin, à South Jersey. Le soir, il entra dans le coma et les médecins décidèrent de le transférer d'urgence dans un hôpital de Philadelphie. Quand nous y arrivâmes, ma mère et moi, il était déjà en salle d'opération.

Douze heures plus tard, les médecins appelèrent la salle d'attente. "Il a une rupture d'anévrisme dans le cerveau, dirent-ils. Nous ne pensons pas qu'il se réveillera."

Peu après qu'on l'eut ramené dans sa chambre au service des soins intensifs, nous allâmes le voir. Pendant que nous lui parlions, je lui dis : "Salut, papa" et, à cet instant, il ouvrit les yeux.

Les médecins entrèrent dans la chambre et lui posèrent plusieurs questions. Quel âge avez-vous ? En quelle année sommes-nous ? Qui est le président des Etats-Unis ? Il répondit correctement aux trois premières questions. Mais quand ils lui posèrent la quatrième – où êtes-vous ? –, il répondit : "Harrisburg."

Pendant quelques jours, il parut faire des progrès. Et puis, le 4 septembre, premier jour de ma dernière année d'école secondaire, on vint m'y chercher avant l'heure. Quand j'arrivai à l'hôpital, ma mère m'attendait. “Il a eu une rechute, me dit-elle. Les médecins ont déclaré la mort cérébrale.”

Quelques minutes plus tard, une infirmière approcha et nous pria de nous asseoir. Elle voulait savoir si nous avions des questions. Nous prononçâmes des mots que personne dans notre famille n'avait jamais prononcés. Ces mots étaient “dons d'organes”. Nous savions que cela donnerait à d'autres personnes une chance de vivre, et nous voulions être utiles.

Une semaine environ après l'enterrement, nous reçûmes une lettre du Gift of Life Donor Program, l'institution qui gérait les dons d'organes, nous donnant des informations sur les receveurs : d'où ils étaient et comment ils allaient.

La liste commençait par le foie et les reins. A la ligne suivante, nous lûmes : “Un homme de cinquante-trois ans, père de trois enfants, a reçu le cœur de Raymond. Il habite Harrisburg, en Pennsylvanie.” Des frissons me parcoururent et je laissai tomber le papier.

Je crois que mon père savait qu'il allait mourir, et je crois aussi qu'il savait que son cœur ne mourrait pas avec lui. Se pourrait-il qu'il ait su qu'il continuerait à vivre à Harrisburg ?

RANDEE ROSENFELD
Egg Harbor Township, New Jersey

UN SUJET DE RÉFLEXION

Pour mon anniversaire, en 1970, mon père m'avait offert une bague porte-bonheur, ornée de ma pierre de naissance. C'était un saphir d'un bleu intense, flanqué de petits diamants sur un anneau d'or blanc.

Le mot FOI était gravé sur la face intérieure de l'anneau. Je tenais beaucoup à cette bague et je la portais souvent.

En novembre 1991, j'allai voir un médecin et j'oubliai malencontreusement ma bague dans sa salle d'examen. J'appelai son cabinet un quart d'heure après en être sortie afin de demander qu'on la cherche. La pièce ne put être fouillée tout de suite car le médecin était en train d'examiner quelqu'un. Après le départ de cette personne, on fit le ménage dans la pièce : l'anneau avait disparu. Je déclarai la perte au bureau de police en donnant une description détaillée de ma bague. J'affichai des avis dans l'ascenseur de l'immeuble. Je fis passer des annonces dans le journal local, avec promesse d'une récompense si on me la rapportait. Au fil des années, je cherchai dans de nombreuses bijouteries, chez des prêteurs sur gages et chez des antiquaires pour voir si je pouvais trouver une bague ressemblant à la mienne, mais sans succès. Mon père était mort depuis 1978.

Ma mère avait une bague avec une aigue-marine, qu'elle avait reçue de son grand-père. Elle la portait tout le temps et me disait que, lorsqu'elle ne serait plus là, je devrais "la mettre à mon doigt et ne plus jamais l'enlever". En octobre 1991, elle avait été atteinte d'une maladie grave et avait dû entrer en clinique.

Début mars 1995, un responsable de la clinique prévint ma famille que ma mère n'avait plus que quelques jours à vivre. Le 5 mars, je portais sa bague enfilée sur un collier. J'avais peur, si je la mettais à mon doigt, de la perdre comme j'avais perdu celle que mon père m'avait donnée. Dans sa chambre, ce jour-là, assise auprès d'elle qui était dans le coma, je lui dis silencieusement : "Maman, quand tu arriveras de l'autre côté, tu pourras peut-être m'aider à retrouver ma bague, comme ça je n'aurai plus peur de perdre la tienne." Ma mère est morte le 7 mars.

Le jeudi 30 mars, une des infirmières de la clinique où je travaille était occupée à des paperasseries. J'entrai dans son bureau pour lui parler ; sa main bougeait sous la lampe et d'une bague qu'elle portait jaillit un éclair de lumière bleue. Je dis : "Oh, Gloria, quelle belle bague !" En la regardant avec plus d'attention, je me rendis compte tout de suite qu'elle était identique à celle que j'avais perdue en 1991. Je demandai si je pouvais la voir de près. Et là, sur la face intérieure de l'anneau, un peu usé mais toujours lisible, se trouvait le mot FOI. Gloria m'expliqua que son copain avait trouvé la bague dans une voiture d'occasion qu'il nettoyait pour un revendeur. Elle l'avait depuis quelque temps et l'avait déjà portée. Je travaillais souvent avec elle, mais je ne l'avais jamais remarquée. Je lui racontai mon histoire, et elle me rendit l'anneau sans hésiter. Depuis, nous sommes devenues très amies. Je devrais peut-être signaler que le saphir est également sa pierre de naissance : son anniversaire est en septembre, deux jours avant le mien.

Inutile de le dire, j'ai beaucoup réfléchi à la signification de cet incident. Ma mère a-t-elle en quelque sorte "entendu" mes pensées du fond de son coma ? Arrivée "de l'autre côté", a-t-elle "su" où chercher la bague ? Est-ce mon désir de la retrouver qui a mis en branle la suite d'événements qui me l'ont rapportée ? Je ne puis résoudre cette énigme. Peut-être était-ce un message pour moi de la part de mes deux parents. Ma seule certitude, c'est que cette aventure me dit d'"avoir la foi".

P. ROHMAN
Charlottesville, Virginie

BONNE NUIT

C'était une de ces soirées d'été parfaites où les enfants supplient de pouvoir rester dehors encore un peu et où, se souvenant de leur propre enfance, les parents cèdent. Même des instants aussi idylliques doivent avoir une fin, néanmoins, et les petits furent mis au lit.

Assis dans le minuscule patio devant notre chambre, nous savourions le calme et la tiédeur persistante. Alors vint la musique. Sans précédent, d'abord hésitantes, les notes préliminaires d'une trompette. Et puis, prenant de l'assurance, le son s'épanouit en une douce mélodie sentimentale, issue du cœur avec sincérité et talent à la fois.

Notre maison se trouvait sur un terrain d'un demi-arpent à l'écart de la rue, laquelle n'était en réalité qu'une avenue courte et étroite. Il y avait devant nous deux terrains encore inoccupés, parallèles à la propriété plus vaste de notre voisin, et des bois de noyers. Intrigués, nous regardions la maison juste au-dessus de la nôtre sur la colline, qui était manifestement la source de la musique.

C'était une vieille maison en bois, sans doute la première du quartier, à deux niveaux, cachée sous les grands arbres. Nous n'y étions jamais entrés, mais nos enfants y étaient allés, de même que leurs enfants, tous les cinq, étaient souvent venus chez nous. Leurs âges encadraient ceux des trois nôtres. L'aîné, un garçon d'une douzaine d'années, était le membre le plus âgé de la communauté d'enfants qui vivaient et jouaient dans ce quartier protégé, défini par la route et par les collines couvertes de chênes à l'ouest. Leur seule fille, meneuse des filles du quartier, était à la fois féminine et audacieuse, jamais à court d'idées. Tous leurs enfants étaient polis, disciplinés et pleins d'entrain.

Nous ne connaissions pas bien les parents. Le père était représentant et donc souvent en voyage ;

à l'occasion de nos rares contacts, il semblait paisiblement aimable, quoique lointain. La mère, dont le doux accent sudiste désavouait leurs origines familiales, était une femme sympathique, toujours charmante, mais réservée.

Aux premières notes indécises, nous pensâmes qu'un des enfants avait commencé à apprendre cet instrument, mais presque tout de suite il devint évident qu'il s'agissait d'un exécutant plus mûr et plus exercé. C'était une musique du passé, poignante, pleine d'âme, le produit d'un talent et d'une passion que nous n'avions jamais soupçonnés. Belle et éphémère, la musique se tut bientôt. Peu après, nous éteignions les lumières et allions nous coucher. Dans le silence de la nuit paisible, nous nous endormîmes.

Mais le silence ne dura pas. Un peu avant l'aube, nous fûmes réveillés. Des sirènes, très proches, et puis des éclats de lumière à travers la porte du patio, rouges et blancs sur les dessins de feuillages du mur. Des sons étouffés, encore des sirènes. Et puis de nouveau le silence.

Le matin, nous avons su. Les enfants ont été les premiers à savoir. Le père de la famille voisine, source de cette sérénade inattendue, avait eu une crise cardiaque pendant la nuit et n'y avait pas survécu.

ELLISE ROSSEN
Mt. Shasta, Californie

CHARLIE LE TUEUR D'ARBRES

C'est une histoire que mon ami Bruce m'a racontée à propos de son grand-oncle Charlie. Nous l'appelons Charlie le tueur d'arbres. Quand Bruce était petit, il a passé de nombreuses vacances chez l'oncle Charlie, un fermier prospère, et sa femme. Ils avaient élevé ensemble une belle famille dans une maison heureuse.

Dans sa jeunesse, Charlie avait planté un mur de jeunes arbres autour de ses terres, les avait arrosés à la main pendant plusieurs étés de sécheresse et avait tondu avec soin autour de leurs troncs au printemps et à l'automne afin de dissuader les souris de dévorer leurs écorces tendres. A l'époque où Bruce avait commencé à venir chez lui, les arbres avaient grandi. Droits et élevés, ils arboraient tapageusement leurs festons de feuillage en été ; l'hiver, en atours plus conventionnels, c'étaient de dignes compagnons.

Mais il arriva quelque chose à Charlie quand il prit de l'âge. Les arbres qui avaient fait sa fierté et sa joie lui devinrent une source d'irritation. Il râlait à l'idée qu'ils allaient lui survivre, jurant qu'il ne le supporterait pas, par Dieu ! Quand Bruce évoquait ces scènes, son visage était un torrent d'émotions, et je pensais voir l'oncle Charlie aiguiser sa hache et s'en aller d'un pas lourd dans le matin glacial.

En quelques semaines, de nombreux arbres furent abattus. Leurs cadavres gisaient en désolantes formations, avec leurs têtes et leurs épaules détournées de la maison. La femme de Charlie, hors d'elle, passait ses journées chez un fermier voisin. Elle ne supportait plus d'être témoin de la détresse de Charlie, ni d'entendre résonner les coups de hache, ni les gémissements des arbres pliant sous les coups avant de perdre l'équilibre et de s'écraser par terre.

Un soir, la femme de Charlie rentra chez elle dans une maison obscure. Charlie n'était pas dans son fauteuil. Elle le trouva dehors, couché par terre, le crâne enfoncé par le poids d'un arbre qui était tombé sur lui.

Des amis vinrent à la veillée de plusieurs miles à la ronde. Bientôt, la femme de Charlie partit habiter en ville. Des voisins traînèrent le plus gros des troncs à la scierie et en coupèrent les bouts pour faire du bois à brûler. La ferme fut vendue. Des arbres de l'oncle Charlie, ne restent que les souches coupées à ras du sol et aujourd'hui envahies par la végétation, et une douzaine environ de rescapés dont les branches se sont étalées depuis – de sorte que la maison reste fraîche en été.

FRANK YOUNG
Staten Island, New York

LE BLUFF DU MORT

Quand j'étais gamin, nous habitions un appartement minuscule à Queens. C'était dans un immeuble neuf, entouré de terrains vagues. Mon père nous avait amenés dans ce pays perdu afin d'échapper au Lower East Side de New York, aujourd'hui le coin le plus *in* de Gotham. Ma naissance avait déclenché la décision de se rapprocher des faubourgs.

Tous les vendredis soir, les amis de mon père venaient jouer aux cartes. Le living était métamorphosé en coin de rue animé. Avec deux sœurs dans un appartement ne comptant que deux chambres, je dormais toujours dans le living. Le vendredi, quand la partie de *pinochle* (une sorte de belote) se prolongeait jusqu'aux petites heures, je me couchais très tard pour un gosse de dix ans. Mon père installait dans la cuisine un bar temporaire : eau et boissons gazeuses, scotch et rye. Un bac de glaçons à côté des bouteilles. On prenait un verre et on se servait. Ma mère découpait un ananas et décorait le plat en entourant les tranches jaunes de cerises rouges. Elle donnait au tout la forme d'un bateau prêt à prendre le large.

Je tournais autour des hommes, élève avide d'absorber tout ce que les maîtres pouvaient lui apprendre. Un nuage de fumée s'accumulait au-dessus de la table. Leo Gold soufflait toujours ces ronds de fumée sereins et lents. Quand les ronds se brisaient et dérivaient, la partie commençait. Une fois les cartes distribuées, tout le monde se concentrait. Un tel silence régnait qu'on pouvait entendre la glace fondre dans les verres.

J'adorais regarder mon père manipuler les cartes. Elles prenaient vie dans ses mains, ses doigts habiles mêlaient et donnaient avec une précision parfaite. Chaque fois, les sons et les rythmes m'hypnotisaient. L'homme qui faisait des ronds de fumée, Leo Gold, était le partenaire préféré de mon père au *pinochle*. Mon père jouait aux cartes avec Leo depuis plus de vingt ans.

J'ai grandi, je me suis marié, j'ai élevé mes enfants, et mon père est devenu un vieillard fragile. Finalement, on l'a installé dans une maison de retraite. Quand j'allais lui rendre visite, s'il n'était pas trop fatigué, nous jouions aux cartes. Ça me faisait de la peine de le voir s'étioler, mais les cartes continuaient à le rattacher à la vie.

Un samedi, après un après-midi de poker, mon père semblait heureux. Je l'ai embrassé et lui ai dit au revoir. Il est mort le lendemain.

L'enterrement avait lieu loin de là, à Long Island. Nous avons suivi le corbillard en limousine. Etrange moment pour voyager dans le luxe. C'était une journée d'été, chaude et belle.

Amis et parents se sont retrouvés devant la tombe de mon père. Sa caisse en sapin est descendue dans le sol. J'ai jeté la première pelletée de terre sur son cercueil. Quand j'ai relevé la tête, la lumière du soleil m'a ébloui.

J'ai cligné des yeux. Et puis j'ai remarqué que la stèle voisine de la tombe de mon père portait le nom de Leo Gold. Se pouvait-il que ce fût le Leo des parties de cartes ? Reculant d'un pas, je me suis penché vers ma mère. "Leo est là", ai-je chuchoté.

Elle a parcouru la foule de ses yeux pleins de larmes. “Où est Leo ? demanda-t-elle. Je ne le vois pas.

— Non, maman, ai-je dit. Il repose près de papa.”

Leo Gold, gravé dans le granit, à quelques pieds à peine de mon père – côte à côte, tous les deux, dans un cimetière au bout du monde.

Ma mère s’est écriée : “Si c’est notre Leo, alors papa ne se sentira pas trop seul, là-bas. Au moins ils peuvent jouer aux cartes.”

J’ai souri, en pensant aux tours que nous joue la vie. Ou était-ce la mort ?

Ce soir-là, ma mère a téléphoné chez Leo Gold. Nous avons appris de sa femme que Leo était mort depuis à peu près six mois, et qu’il était en effet enterré dans ce même cimetière.

JOEL EINSCHLAG
Queens, New York

MA MEILLEURE AMIE

Bien que nous ne fussions pas du même sang, je considérais Patty Minehart comme ma sœur. Nous avons fait connaissance en 1943, quand nous étions toutes les deux en deuxième année à la Victory High School. Dès le début, nos âmes se sont accordées. Il y a toujours eu entre nous quelque chose qui faisait savoir à l’une quand l’autre était en peine. Lorsqu’elle a eu une attaque en 1996, j’étais ravagée. Et lorsqu’on lui a découvert, quelques jours plus tard, un mal fatal, j’ai cru que ma propre vie s’arrêtait.

Pendant le temps qu’elle a passé à l’hôpital, nous nous sommes relayés à son chevet, les membres de sa famille et moi. Un lundi, j'ai promis d'être là à deux heures le lendemain pour libérer sa fille Barbara. Mais le mardi matin, après m'être douchée et habillée, j'ai commencé à me sentir très mal à l'aise. Je marchais sans but dans ma maison et je n'arrivais pas à me concentrer sur quoi que ce fût. Et puis, à onze heures, une impulsion irrésistible m'a poussée vers l'hôpital.

Quand je suis arrivée à l'étage de cancérologie, la sœur aînée de Patty, Thurza, était assise dans la salle d'attente. En me voyant, elle s'est levée d'un bond et m'a dit : "Ah, on t'a appelée !"

J'ai répondu : "Non, on ne m'a pas appelée. C'est elle.

— Mais elle est trop faible pour former le numéro, a protesté Thurza.

— Elle ne m'a pas appelée par téléphone", ai-je dit.

Thurza paraissait intriguée. Ensemble, nous sommes allées vers la chambre de Patty.

Plus tard, cet après-midi-là, Becky, la sœur cadette de Patty, m'a dit : "J'ai essayé toute la matinée de quitter son chevet pour t'appeler ; mais vers onze heures Patty m'a dit : Ne te tracasse pas, je m'en suis occupée."

Comme toujours, j'avais reçu le message de Patty.

OLGA HARDMAN,
Clarksburg, Virginie-Occidentale

JE NE SAVAIS PAS

Mon mari est mort subitement à l'âge de trente-quatre ans. L'année suivante fut remplie de tristesse. La solitude me faisait peur, et je me sentais désespérément peu sûre de ma capacité d'élever sans père mon fils de huit ans.

Ce fut aussi l'année des “je ne savais pas”. La banque faisait payer des frais de fonctionnement sur les comptes courants qui descendaient à moins de cinq cents dollars – je ne savais pas. Mon assurance vie était trimestrielle et non pas annuelle – je ne savais pas. La nourriture coûtait cher – je ne savais pas. J'avais toujours vécu protégée, et à présent je ne me sentais pas du tout préparée à gérer seule ma vie. Je me sentais menacée à tous les niveaux par tout ce que je ne savais pas.

En réponse au coût élevé des aliments, je plantai un jardin au printemps. Ensuite, en juillet, j'achetai un petit congélateur, avec l'espoir qu'il m'aiderait à maintenir le budget alimentation dans des limites raisonnables. Quand il arriva, on m'avertit : “Ne le branchez pas avant quelques heures, me dit le livreur. Il faut que l'huile ait le temps de se poser. Si vous le branchez trop tôt, vous risquez de faire sauter un fusible ou de brûler le moteur.”

Je ne savais rien de l'huile ni des congélateurs, mais les fusibles, je connaissais. Dans notre petite maison équipée par un électricien fou, des tas de fusibles sautaient.

En fin de soirée, j'allai au garage pour mettre le congélateur en marche. Je le branchai. Je reculai de quelques pas et attendis. Il vint à la vie en bourdonnant, sans fusible sauté, sans moteur surchauffé. Je sortis du garage et marchai dans l'allée pour m'imbiber de l'air doux et tiède. Il y avait moins d'un an que mon mari était mort. Je restai là, dans les lueurs diffuses de mon quartier, à regarder scintiller au loin les lumières de la ville.

Soudain, les ténèbres – les ténèbres, partout. Il n'y avait plus de lumières dans ma maison. Il n'y avait plus de lumières dans le quartier, plus de lumières en ville. Je revins sur mes pas pour regarder dans le garage, où je venais de brancher mon petit congélateur, et je m'entendis m'exclamer à haute voix : "Oh, mon Dieu, je ne savais pas..." Un vertige m'avait saisie. Avais-je fait sauter les fusibles d'une ville entière en branchant trop tôt mon congélateur ? Etait-ce possible ? Avais-je fait ça ?

Je rentrai en courant dans la maison et je réglai mon transistor sur la fréquence police. J'entendais des sirènes dans le lointain, et j'avais peur qu'elles viennent pour moi, "la veuve au congélateur". Alors j'entendis à la radio qu'un conducteur ivre avait renversé un pylône au bord de la grand-route.

Le soulagement me submergea en même temps que la gêne – soulagement de n'avoir pas provoqué la panne, gêne d'avoir cru cela possible. Immobile dans l'obscurité, je sentis aussi que quelque chose prenait la place de la peur avec laquelle je vivais depuis la mort de mon mari. C'était une sensation à mi-chemin entre la légèreté et la joie. J'avais ri de m'être attribué une telle puissance, et dès lors je compris que j'avais retrouvé le moral. Je venais de vivre une triste et craintive année de "je ne savais pas". La tristesse n'avait pas disparu mais, tout au fond de moi, je pouvais encore rire. Le rire me donnait une impression de puissance. Après tout, n'avais-je pas à l'instant plongé une ville entière dans les ténèbres ?

LINDA MARINE
Middleton, Wisconsin

ARRÊTS CARDIAQUES

On l'a amené aux urgences en plein arrêt cardiaque. Les ambulanciers lui faisaient de la réanimation cardio-pulmonaire. Il avait reçu deux séries de remèdes

– adrénaline, atropine et bicarbonate de soude. Sa trachée avait été intubée sur place. A son arrivée, il faisait de la fibrillation ventriculaire. Un supplément d'adrénaline et un choc électrique sont restés sans effet, et on l'a déclaré mort : un homme de soixante et onze ans, qui vivait seul dans un mobile home. Cause présumée de la mort : crise cardiaque.

On l'a amenée aux urgences en plein arrêt cardiaque. Les ambulanciers lui faisaient de la réanimation cardiopulmonaire. Elle avait reçu deux séries de remèdes – adrénaline, atropine et bicarbonate de soude. Sa trachée avait été intubée sur place. A son arrivée, elle faisait de la fibrillation ventriculaire. Un supplément d'adrénaline et un choc électrique sont restés sans effet, et on l'a déclarée morte : une femme de quarante-deux ans, qui était venue de la ville pour enterrer son père. Elle logeait chez lui dans son mobile home. Sans goût, sans odeur : elle aussi était morte empoisonnée au protoxyde de carbone.

DR. SHERWIN WALDMAN
Highland Park, Illinois

LES FUNÉRAILLES DE GRAND-MÈRE

Après la mort de mon grand-père, ma grand-mère avait perdu toute espèce d'intérêt pour la vie. Elle vécut encore dix ans, bien au-delà de ses quatre-vingts ans, mais elle passait la plupart de son temps dans le souci et la peur, à prévoir sa propre mort. Deux terreurs la préoccupaient : celle de mourir seule et celle d'être, malgré la ferveur de ses prières et la fermeté avec laquelle elle évitait le péché, consumée par le feu infernal de sa foi religieuse. Elle avait organisé d'avance ses funérailles.

Elle habitait avec son fils et sa belle-fille dans une maison de style ranch à Indianapolis. Elle vivait entourée des peintures religieuses de sa sœur, dont un immense tableau représentant Jésus le jour des Rameaux. Moins à son goût, mais lui tenant tout de même compagnie, il y avait plusieurs chats et deux chiens. Mon oncle et ma tante avaient une affaire de postiches pour hommes à l'arrière de la maison. Comme ils travaillaient sur place, ils ne laissaient pratiquement jamais ma grand-mère seule.

Un dimanche après-midi, une amie qui habitait tout près de chez eux invita mon oncle et ma tante à rendre visite à son mari, qui venait de rentrer de l'hôpital. Ma grand-mère faisait la sieste. Ils ne s'absenteraient que pendant une demi-heure, et ils y allèrent donc.

Que ce soit vrai ou non, les pompiers assurèrent à mon oncle et à ma tante que grand-mère ne s'était sans doute pas réveillée. Elle était morte dans son sommeil étouffée par la fumée. La cause de l'incendie, qui avait dû couver longtemps à l'abri de l'isolation et décider de s'enflammer justement ce dimanche-là, était un branchement défectueux. Les animaux n'avaient pas survécu. Les tableaux étaient détruits.

Le jour des funérailles, toute la famille était en état de choc. Je cherchai quelque chose à dire à ma sœur aînée, qui marchait à côté de moi dans le cimetière. Finalement, je lui dis que je trouvais particulièrement jolie la robe blanche comme neige qu'elle et ma mère avaient choisie pour grand-mère.

"Nous ne l'avons pas choisie, me répondit-elle. Tu n'es pas au courant ?

— Au courant de quoi ? demandai-je.

— C'était très étrange. Ça me donne encore le frisson."

J'attendis qu'elle s'explique.

"C'était la robe que grand-mère avait prévue pour son enterrement, dit-elle.

— Et alors ?

— Elle était dans la maison, dans le placard du couloir. Tout ce qui se trouvait dans ce placard a été détruit par la fumée, le feu ou l'eau – tout, sauf cette robe."

MARTHA DUNCAN
Surry, Maine

HIGH STREET

Quand je me suis remariée, il y a quinze ans, je suis partie du Massachusetts pour aller habiter Hall Avenue, à Henniker, dans le New Hampshire, où mon nouveau mari avait (et a toujours) un cabinet dentaire. A cette époque, mes parents vivaient en Floride et je recevais régulièrement des lettres d'eux. Sur celles de mon père, notre adresse comportait en général une rature devant "Hall Ave.". Je finis par penser à demander à mon père pourquoi il y avait presque toujours cette rature. Il répondit qu'il faisait un blocage sur notre adresse ; il avait toujours envie d'écrire High Street au lieu de Hall Avenue. Quelques années après mon installation dans cette ville, j'ai fait des recherches historiques à la bibliothèque. C'est alors que j'ai découvert que Hall Avenue avait été appelée High Street jusqu'à ce que, après la Seconde Guerre mondiale, on l'eût rebaptisée en l'honneur d'un jeune homme d'ici, un nommé Hall, qui avait été tué à la guerre.

JUDITH ENGLANDER
Henniker, New Hampshire

Tomas est un photographe de presse de renom. Il parle de ses expériences au sein de la tragédie. Sans fanfaronnade, il parle de régions en guerre, d'événements politiques, d'amis disparus et de passants anonymes. Ses paroles hachées sont soulignées par son accent suisse. Bien qu'il parle couramment, il lutte quand il croit que son vocabulaire l'empêche de communiquer la force d'une situation. Il ne devrait pas s'en inquiéter. Les événements sont simples, les implications évidentes.

Du temps où il était à Sarajevo, il raconte qu'il a dû laisser tomber son appareil afin d'aider un bébé à naître, pour voir aussitôt ce bébé chassé de son lit d'hôpital par un enfant mourant dont un obus avait fait exploser la tête. Du temps où il était en Amérique, il raconte que des lépreux lui ont bandé les yeux et collé de la bande adhésive au bout des doigts afin d'illustrer leur pénible situation. La soirée passe ; notre discussion porte sur le suicide d'un autre photographe.

"Les photographes sont hantés, dit Tomas. On est témoin de tout, et puis les images ne s'en vont plus du cerveau. Elles sont comme des cauchemars."

Je lui demande : "Tu fais des cauchemars ?" Il hoche la tête en silence et commence son histoire :

On est en 1994 et Tomas est parti en Afrique du Sud couvrir l'élection de Nelson Mandela. Tout le pays est en proie à des soulèvements ; avec plusieurs autres journalistes, il se rend en voiture dans une région d'une grande pauvreté où des rebelles défendant la suprématie blanche préparent un affrontement avec la population noire, qui s'agite pour obtenir le droit de vote.

En arrivant dans la région, Tomas et ses collègues se retrouvent par inadvertance dans un convoi de rebelles blancs. Des balles volent autour de leur véhicule, mais personne n'est blessé. Soudain, la colonne s'arrête. Des soldats noirs attaquent les rebelles. Un échange de coups de feu s'ensuit. Les photographes terrifiés se cachent sous leur voiture.

Lentement et dans le sang, les soldats ont le dessus. Presque tous les rebelles ont fui ou sont morts. Ceux qui ont survécu gisent, blessés et indignés, maudissant et insultant ceux qu'ils étaient venus tuer.

Thomas émerge de la terre poussiéreuse de sa cachette. Il prend en hâte des photos de la sinistre défaite qui vient de se produire. Personne ne sait ce qui va se passer.

Un soldat noir, le fusil dressé, s'approche des rebelles.

Un coup de feu éclate et un corps blanc tombe sans vie sur le sol desséché. D'un autre coup, le soldat tue un deuxième rebelle. Tomas, hébété, ne peut qu'observer et enregistrer cette scène horrible. Impossible d'intervenir. Les exécutions continuent, le chaos empire. Les photographes finissent par s'enfuir, terrifiés de ce qui peut encore arriver.

Plusieurs jours après, les photographes reçoivent un coup de fil d'un caméraman de presse qui s'est trouvé sur le lieu des exécutions.

"Venez, leur dit-on, il y a quelque chose que vous devez voir."

Quand Tomas entre dans la salle de montage, le film est en train de passer. La scène de bataille se rejoue lentement. Il voit les rebelles et les soldats. Et puis il voit quelqu'un d'autre : lui-même.

On les voit, lui et un autre photographe, en train de prendre photo sur photo de la sanglante exécution. Et puis une silhouette apparaît derrière eux : un soldat noir. Son arme n'est pas pointée vers les rebelles, mais vers les photographes inconscients. Il lève son arme d'un geste saccadé, presse la détente et… Clic. Rien ne se passe. Le soldat hésite et examine son arme. Elle est bloquée. Un coup brusque éjecte la balle. Le soldat recharge. Clic. De nouveau, rien. Deuxième coup, deuxième balle éjectée, deuxième recharge. Clic. Toujours rien. A ce moment, hors du champ de vision, une distraction se présente. Le soldat sort de scène en courant, laissant les photographes terminer leur travail.

Tomas s'affale dans le box du monteur. Il vient de voir sa propre mort.

DAVID ANDERSON
New York, New York

LE FANTÔME

A quinze ans, j'ai fait partie d'une association qui réunissait des gens d'origine mexicaine et mexico-américaine. Mon père, un Mexicain, en était membre, et j'ai participé à des danses folkloriques à l'occasion des célébrations du *Cinco de Mayo* et de la fête de l'Indépendance du Mexique, le 16 septembre.

La jeune femme qui nous enseignait les danses décida de m'en apprendre une qui ne comportait que deux danseurs. C'était, plus que probablement, parce que je n'étais pas très douée, mais elle voulait que chacun fasse de son mieux. Quoi qu'il en soit, la danse que j'ai apprise était un jeu entre un garçon qui essayait d'entraîner sur la piste une fille qui, jusqu'à un certain point, refusait de danser avec lui. Pendant quelques années, cette danse devint la mienne, et je l'exécutais toujours lors des fêtes. La seule chose qui changeait d'une fois à l'autre, c'était mon partenaire, en fin de compte j'en ai eu trois différents. Ils étaient tous mes aînés de quelques années et, parce qu'ils connaissaient mon père, beaucoup trop respectueux à mon goût. Finalement, activités scolaires et amis prirent de plus en plus de place dans mon existence d'adolescente et ma participation à ces célébrations diminua. Quand j'ai atteint dix-huit ans, je ne dansais plus depuis longtemps mais mon père me donnait des nouvelles des jeunes gens qui avaient été mes partenaires.

Un soir, en rentrant de l'école, je m'apprêtai à aller dans ma chambre pour me changer. Je suis assez vieille pour avoir été l'une de ces filles qui auraient trouvé fantasque l'idée d'aller aux cours en pantalon. J'ouvris la porte de ma chambre et, au moment d'entrer, je me figeai sur place. La chambre était petite et, en ce début de printemps, il y faisait déjà sombre à six heures du soir. Avant d'avoir pu allumer la lumière, j'avais vu une silhouette assise sur mon lit, mais cette silhouette était inscrite dans mon imagination. Je reculai vivement et fermai la porte. Mon cœur battait, j'avais vraiment peur. J'avais senti une présence dans ma chambre et, ce qui rendait la chose plus étrange encore, c'était que la silhouette aperçue était celle d'un jeune Mexicain vêtu de la tenue traditionnelle consistant en un pantalon noir moulant, un boléro et un grand sombrero de feutre noir. Inutile de dire que j'étais étonnée de mes propres pensées et assez déconcertée de n'être pas capable d'entrer dans ma chambre. Littéralement, je ne pouvais pas y entrer.

A l'époque, la maisonnée comprenait mes parents, moi et ma grand-mère maternelle, qui ne parlait que l'espagnol. Bien qu'habitant depuis près de quarante ans aux Etats-Unis, elle restait un produit culturel du Mexique. Elle me racontait des histoires à propos de sa maison natale et de sa famille, dont tous les membres étaient morts longtemps avant ma naissance. Malheureusement, ses parents défunts semblaient avoir la terrible habitude de venir lui rendre visite, c'est du moins ce qu'elle prétendait. "Ton père, disait-elle à ma mère, est venu me voir hier soir. Il s'est arrêté juste sur ce seuil et il m'a dit…" Je regardais fixement le seuil, sans vraiment la croire mais tout de même effrayée à l'idée qu'un fantôme était venu dans ma maison pendant que je dormais. Je raconte ça pour expliquer qu'une jeune

Américaine ordinaire ait pu accepter si facilement l'idée d'une présence invisible. Pour moi, cette présence était aussi réelle que la porte que je ne parvenais pas à ouvrir.

Tout au long de cette soirée, je tentai d'entrer dans ma chambre et, à chaque tentative, il y avait cette même image du jeune Mexicain assis en train de m'attendre. Je ne savais pas exactement ce qu'il attendait, et j'avais trop peur pour chercher à le savoir. Je passai une soirée inconfortable et franchement bizarre à éviter ma chambre, mais finalement, vers dix heures, je décidai qu'il fallait absolument que j'y entre. J'allai devant ma porte et, en retenant mon souffle, je l'ouvris d'une poussée et tendis la main vers l'interrupteur. Dès que la chambre fut éclairée, la silhouette disparut. Je me mis au lit, et le lendemain j'avais tout à fait cessé d'y penser.

Le lendemain soir, je rentrai à l'heure habituelle et me rendis directement dans ma chambre pour me changer. J'eus bien un instant d'hésitation juste avant d'ouvrir la porte, mais tout se passa bien et j'ouvris sans problème. Un peu plus tard, j'allai dans la cuisine voir mes parents, qui préparaient le dîner. En me voyant, ma mère me dit qu'elle avait de mauvaises nouvelles pour moi. L'un de mes anciens partenaires de danse, José, un jeune homme d'environ vingt-cinq ans originaire du Mexique, venait de mourir. Je savais qu'il était à l'hôpital parce que mon père était allé le voir, mais on m'avait dit qu'il était sous traitement et espérait s'en sortir. Ma mère me dit alors qu'il était mort la veille, vers cinq heures de l'après-midi.

G. A. GONZALEZ
Salt Lake City, Utah

CHIRURGIE CARDIAQUE

Je suis chirurgien cardiaque dans un Etat de l'Ouest. Il y a quelques années, j'ai pratiqué sur un vieux monsieur un pontage coronarien à haut risque. Il devait avoir entre soixante-dix et quatre-vingts ans. L'opération paraissait réussie mais, au bout de trois jours, une arythmie s'est déclarée et le cœur de mon patient a cessé de battre. Je lui ai fait la respiration artificielle pendant trois heures et, chose étonnante, nous avons réussi à le ressusciter. Son cerveau avait néanmoins été endommagé. Il se croyait à présent âgé de cinquante ans. Pendant les trois heures qu'avait duré la réanimation, il avait perdu plus de vingt ans de sa vie.

J'ai suivi ce patient pendant quelques mois, au cours desquels il a paru reprendre à peu près dix de ces années. Quand j'ai perdu sa trace, il était convaincu d'avoir soixante ans. Il avait la force et l'énergie d'un homme de vingt ans de moins que son âge chronologique.

Un an et demi après, environ, je jouais au golf avec un de mes bons amis. Il avait amené avec lui l'un de ses amis, qui se trouvait être le gendre de mon patient. Me prenant à part, cet homme m'apprit que son beau-père était mort peu de temps auparavant. Je lui présentai mes condoléances. Alors il me raconta une histoire que je n'oublierai jamais.

Avant son opération du cœur, mon patient était alcoolique, il brutalisait sa femme et était impuissant depuis une vingtaine d'années. Après l'arrêt cardiaque et la résurrection – et la perte de vingt années de souvenirs –, il avait oublié tout cela. Il avait arrêté de boire. Il avait recommencé à coucher avec sa femme et était devenu un mari affectueux. Et puis, une nuit, il était mort dans son sommeil.

DR. G.
sans adresse

Au début des années soixante, alors que j'avais quatorze ans et que je vivais dans une petite ville du sud de l'Indiana, mon père mourut. Pendant que ma mère et moi, nous étions partis rendre visite à des parents, une crise cardiaque inattendue et très soudaine l'avait emporté. En rentrant à la maison, nous avons découvert que c'était fini. Pas une chance de dire "je t'aime" ou simplement "au revoir". C'était fini, pour toujours. Une fois ma sœur aînée partie au collège, notre heureuse et active maisonnée de quatre devint une maison où vivaient deux personnes étourdies de chagrin.

Je livrais un terrible combat contre la tristesse et le sentiment de solitude résultant de cette perte, mais je me faisais aussi beaucoup de souci pour ma mère. Je craignais que, si elle me voyait pleurer mon père, son chagrin en devienne plus intense encore. En tant que nouvel "homme" de la maison, je me sentais responsable de lui éviter toute autre peine. Je mis donc au point un plan qui me permettait de pleurer sans affliger ma mère. Dans notre ville, les gens portaient leurs ordures dans de grandes poubelles placées dans les ruelles derrière les jardins. Là, elles étaient brûlées ou ramassées par les éboueurs une fois par semaine. Chaque soir après le dîner, je me portais volontaire pour sortir les poubelles. Je parcourais la maison avec un sac dans lequel je récoltais des bouts de papier ou tout ce que je pouvais trouver, et puis j'allais dans la ruelle jeter mon sac dans le conteneur. Ensuite je me cachais dans l'obscurité des buissons et c'est là que je restais jusqu'à ce que j'aie pleuré toutes mes larmes. Dès que j'avais récupéré suffisamment pour être certain que ma mère ne verrait pas ce que j'avais fait, je rentrais à la maison et me préparais à me coucher.

Ce subterfuge fonctionna pendant plusieurs semaines. Et puis, un soir, après le dîner, quand ce fut le moment des corvées, je sortis la poubelle et allai me cacher dans les buissons à mon endroit habituel. Je n'y restai pas longtemps. Une fois rentré, je cherchai ma mère pour lui demander si elle avait besoin que je fasse autre chose. Après l'avoir cherchée dans toute la maison, je finis par la trouver. Dans la cave obscure, derrière le lave-linge et le séchoir, elle pleurait toute seule. Elle cachait son chagrin, afin de me protéger.

Je ne sais pas quel chagrin est le plus grand : celui dont on souffre ouvertement, ou celui qu'on endure seul afin de protéger quelqu'un qu'on aime. Ce que je sais, c'est que ce soir-là, dans la cave, serrés dans les bras l'un de l'autre, nous avons épanché toute la douleur qui nous avait poussés, l'un et l'autre, vers nos cachettes solitaires. Et nous n'avons plus jamais éprouvé le besoin de pleurer seuls.

TIM GIBSON
Cincinnati, Ohio

LEE

En janvier 1944, mon neveu Lee est mort d'une mort subite et inattendue après avoir participé à un match de hockey. Il avait douze ans. C'est la chose la plus terrible qui soit jamais arrivée à notre famille. Quand ma mère m'a appelée pour m'en informer, j'ai aussitôt imaginé ma sœur au fond d'un puits profond. Je n'avais jamais fait l'expérience d'un tel niveau de chagrin. Un chagrin écrasant.

Ma sœur et moi, nous avions été enceintes en même temps de nos premiers enfants, et ceux-ci étaient nés à quatre mois l'un de l'autre – d'abord ma fille, et puis son fils. Nous étions des "mères âgées" (vingt-huit et trente et un ans) et nous avons toutes les deux cessé de travailler pour rester chez nous avec nos bébés. Nous les nourrissions au sein et, un jour où je m'occupais de lui et où il ne voulait pas d'un biberon, j'ai même allaité mon neveu. Lee a pris mon sein, a levé les yeux vers moi avec une expression de soulagement et m'a permis de prendre la place de sa mère. C'était quelque chose de très intime. Je le raconte pour bien marquer combien le lien entre nous était fort et à quel point sa mort m'a traumatisée.

Il est mort un samedi, et les funérailles (avec son équipe de hockey au complet et en tenue) ont eu lieu le mercredi. Le vendredi matin, j'ai de nouveau pleuré avec violence et j'ai demandé à Dieu de m'aider. Aide-moi à comprendre, implorais-je, aide-moi à accepter – donne-moi un signe que tu m'entends, que tu existes, que tout s'arrangera un jour. Il gelait, ce matin-là, et j'étais dans un état de grand épuisement émotionnel, mais j'ai emmené mon chien en promenade. Perdue dans mes pensées, je n'avais pas conscience de ce qui m'entourait. J'étais à peine sortie de mon jardin qu'un jeune homme m'a rejointe dans la rue. J'avais l'impression qu'il avait surgi de nulle part. Il se montrait amical et bavard, et me posait plein de questions à propos de mon chien. Je ne l'avais encore jamais vu, et je lui ai donc demandé s'il venait de s'installer dans notre quartier. Non, m'a-t-il répondu, il y a seize ans que je vis ici, dans une maison au bout de la rue. Je lui prêtais à peine attention. J'étais dans le brouillard, et je ne réagissais guère à son flot ininterrompu de conversation. Quand nous sommes arrivés devant chez lui, nous nous sommes dit au revoir, et je me suis détournée pour continuer de mon côté. Soudain, je l'ai entendu crier derrière moi : "A propos, je suis Lee."

Il ne pouvait imaginer l'effet que cela m'a fait. Je venais de demander un signe, et voilà que j'en recevais un. J'avais demandé de l'aide et on m'avait entendue. Je continuai mon tour du quartier, le visage inondé de larmes. Il n'avait pas dit : "Oh, à propos, je m'appelle Lee." Il avait dit : "Je suis Lee." Quelle probabilité y avait-il qu'il se trouvât là, dans la rue avec moi, par ce vendredi matin glacial, alors qu'il n'y avait personne d'autre en vue ? Il avait vécu au bout de ma rue pendant la totalité des onze ans que j'avais passés dans ce quartier, et je ne l'avais encore jamais vu.

"Je suis Lee." Ces paroles m'ont été d'un grand réconfort, et ma foi s'est renforcée à cause d'elles. Chaque fois que je doute de moi-même ou de la vie, je me souviens de ce qui est arrivé ce jour-là, et cela m'aide. Cela a aussi aidé ma sœur.

JODI WALTERS
Minneapolis, Minnesota

DAKOTA-DU-SUD

Dans les années soixante-dix, j'étais adolescente et je vivais dans un faubourg d'Atlanta avec mes parents qui allaient bientôt divorcer. Fille d'un fermier et de sa femme, ma mère avait passé son enfance dans les plaines du Dakota-du-Sud. Elle était de souche robuste, allemande et danoise : des gens qui étaient arrivés dans ce pays avec leurs maigres biens avaient reçu de grandes étendues de terre et s'étaient attelés à une vie d'agriculteurs. Ce n'était pas une vie facile, même aux meilleures périodes. Le climat régnait en maître sur ces plaines, tout tournait autour de lui. Presque chaque dimanche, à l'église, le pasteur faisait allusion au climat, en général pour demander un changement : la fin de la sécheresse afin que les cultures puissent pousser, la fin des pluies afin qu'on puisse commencer la moisson, la fin de la neige afin qu'on puisse sauver le bétail. A la longue, mon grand-père se lassa d'implorer Dieu à propos du temps et s'engagea dans la patrouille routière. Ce qui ne l'empêchait pas de s'en jeter un régulièrement au club de Mansfield et puis de reprendre la route dans sa voiture de police. De nature grégaire, il aimait faire des blagues, danser, les fêtes et les femmes. Ma grand-mère, au contraire, était timide, discrète et travailleuse. Elle s'occupait de la ferme quand mon grand-père s'absentait, c'est-à-dire souvent, et n'hésitait à affronter aucune tâche difficile. Un jour, elle s'aperçut que les moutons étaient entrés dans un silo où ils s'étaient gorgés de grain. Gonflés comme des ballons, ils poussaient des bêlements de souffrance. Sachant qu'ils allaient mourir si elle ne faisait pas ce qu'il fallait, elle se mit en devoir de dégonfler adroitement chaque mouton en lui perçant le flanc d'un couteau de cuisine bien aiguisé. Je me la représentais, avec son chignon de cheveux bruns et doux, sa robe de tous les jours et ses grosses bottes, en train de pourfendre ses moutons tandis que l'affreuse odeur du grain en fermentation et des tripes de mouton se répandait dans un sifflement.

Ma mère était la plus jeune de trois filles. Sa sœur aînée avait été dans l'US Navy et s'était mariée avec un jeune homme choisi par mon grand-père. En réalité, elle en avait aimé un autre, qui avait le malheur d'être catholique. Il aurait aussi bien pu être un sauvage avec un os en travers du nez, tant mon grand-père trouvait inadmissible l'idée qu'une de ses filles pût épouser un catholique. Du fait de son appartenance à la police locale, mon grand-père avait réussi à lui rendre la vie impossible et à l'obliger à quitter la ville. L'autre sœur de ma mère avait sagement épousé un fermier et demeurait avec lui dans le Dakota-du-Sud, où ils élevaient quatre garçons et continuaient à exploiter leurs terres.

Les trois sœurs restaient en contact étroit. Un jour, ma mère parlait à celle de ses sœurs qui habitait le Dakota-du-Sud. Il était souvent question, lors de ces coups de téléphone, de quelque événement tragique : la cousine Bernice a glissé en essayant de sortir du siège arrière de la voiture le lot qu'elle avait gagné à la tombola du repas paroissial, elle s'est cogné la tête et elle est dans le coma ; ou bien : une vache a été prise de panique en mettant bas son veau, elle s'est mise à courir dans le pré avec son utérus qui pendait, elle a perdu tout son sang et elle est morte. Ma mère paraissait éprouver une certaine jouissance à rapporter ces histoires lamentables. Ce jour-là, par contre, elle avait écouté en silence et répondu en peu de mots et, lorsqu'elle avait raccroché, elle était manifestement secouée. Ma tante lui avait raconté qu'on avait retrouvé Diane Wellington.

Diane Wellington avait été dans la même classe que ma mère à l'école secondaire. Elle était la gosse de riche du patelin et les autres filles, pour la plupart filles de fermiers qui arrivaient à l'école sur des chevaux de labour, lui empruntaient souvent vêtements ou bijoux pour des occasions spéciales. Ma mère disait que Diane était silencieuse et réservée. Même si elles lui empruntaient ses jolies robes, les autres filles n'étaient pas vraiment ses amies. Sa famille partait en avion passer des vacances dans des endroits avec des plages et des restaurants chic. Les familles de fermiers ne prenaient jamais de vacances. Ma mère et la majorité de ses amies n'étaient jamais sorties du comté ni montées dans un avion, sauf ceux qui pulvérisaient les champs. Elles admiraient Diane, mais celle-ci ne paraissait pas à sa place. Un jour, Diane ne vint pas à l'école. Plus tard, le même jour, ses parents téléphonèrent à l'école en disant qu'elle avait disparu. Les professeurs interrogèrent les élèves, en quête de détails permettant de la retrouver. Mais personne ne la connaissait si bien que ça. Personne ne savait où elle pouvait être partie.

Le pupitre de Diane resta inoccupé pendant des jours, puis des semaines. Finalement, on vida son casier, dont on envoya le contenu à ses parents. La possibilité d'un acte criminel fut écartée. A part un cas occasionnel de violence domestique – que, de toute façon, l'on ne considérait pas alors comme un délit concernant la police –, le crime n'existait pas dans cette petite communauté. La police déclara que Diane avait fait une fugue et classa le dossier. Ma mère et ses camarades de classe inventèrent des histoires passionnantes autour du départ de Diane pour la ville. Elles se la représentaient actrice ou modèle, vivant une vie nouvelle en vêtements magnifiques. Elles imaginaient qu'elle s'était inventé une identité et qu'elle vivait dans un *penthouse* loin des odeurs du fumier et du diesel des tracteurs. Ou qu'elle était peut-être devenue la femme d'un homme riche. Les seuls garçons qu'elles l'avaient vue fréquenter étaient des étudiants venus de la ville. Peut-être y avait-il à sa disparition quelque cause scandaleuse. Peut-être s'était-elle enfuie avec un homme mûr ou, mieux encore, un homme marié. Elles l'imaginaient au bras d'un bel étudiant de l'Ivy League ou d'un homme d'affaires vêtu avec élégance, visiblement plus âgé qu'elle. Mais, à la longue, au fil des événements distincts de leurs vies à elles, elles l'oublièrent toutes, ainsi que sa mystérieuse disparition. Elles trouvaient étrange qu'elle n'ait jamais écrit ni téléphoné à ses parents, mais personne ne le dit jamais à haute voix. Maintenant, ma tante venait de lui dire qu'elle était restée là depuis le début.

C'était une pratique courante de laisser de temps en temps les champs en jachère. Epuisée par des années de plantations et de récoltes, la terre restait en friche le temps de récupérer sa richesse en substances nutritives. En quelqués années de pluie, de neige et de soleil, la nature lui rendait sa fertilité. C'était un de ces champs qu'un fermier avait fini par retourner. Et en fendant la croûte noire intouchée depuis longtemps, les disques de la charrue avaient fait remonter des os. Non pas les os d'un coyote ou d'un veau mais, indiscutablement, des os humains. Ces os, découvrit-on, étaient ceux de Diane Wellington. Ce qui me glaça le sang, cependant, ce fut ce que ma mère me raconta en chuchotant, la voix alourdie par la honte du passé : parmi les os de l'adolescente dans sa tombe peu profonde se trouvait une poignée d'ossements minuscules, pareils à ceux d'un oiseau : les os d'un fœtus.

L'avortement n'était devenu légal et sans danger que quelques années avant la réapparition de ces os. J'essayais de ne pas y penser : une fille de mon âge dans une chambre obscure et sale, avec l'avorteur et ses instruments ; sa terreur et sa souffrance pendant que, secouée par la voiture roulant sur les champs défoncés, elle mourait sur le siège arrière, sentant s'échapper d'elle sa jeune vie. Ou était-elle morte dans cette horrible chambre ? Le garçon était-il avec elle ? Ou était-ce un homme, quelqu'un qu'on connaissait ? Est-ce que quelqu'un lui tenait la main ? Ou était-elle restée là, toute seule, couchée dans la terre et les mauvaises herbes, à regarder les lumières rouges des feux arrière rapetisser et disparaître en cahotant ? Etait-elle restée seule, couchée dans l'obscurité profonde, à regarder le vaste ciel du Dakota-du-Sud ? J'espérais que si tel était le cas, la lumière des étoiles avait été là pour elle. Qu'elle l'avait un peu consolée, que le ciel s'était penché sur elle et lui avait tenu compagnie jusqu'à la fin.

NANCY PEAVY
Augusta, Maine

C'est arrivé en 1991, mais j'ai parfois l'impression que ça fait partie d'un passé lointain. D'autre part, je me souviens comme si c'était hier du trajet en voiture jusqu'à la maison quand ma femme est venue me chercher à l'hôpital.

Je me sentais psychologiquement et physiquement épuisé par mon étrange après-midi, dont le point culminant avait été les deux heures d'angoisse dans la salle des urgences. Quand les ambulanciers étaient arrivés, mon visage n'avait plus de couleurs. Mes mains étaient froides et moites, et la transpiration avait trempé mes côtés et mon dos. J'avais peur : je me croyais en train de mourir. Les ambulanciers avaient pris mon pouls et ma tension artérielle et, bien qu'ils ne m'eussent rien trouvé d'anormal, ils avaient décidé de m'emmener à l'hôpital. Quelques minutes après, je me trouvais dans une ambulance roulant à pleine vitesse, avec un masque à oxygène sur le nez et la bouche.

Plus tard, pendant qu'elle me ramenait chez nous, ma femme m'a demandé si ça allait. Bien entendu, j'ai répondu non, et puis j'ai essayé de lui décrire exactement ce qui s'était passé, même si je n'en étais pas très sûr. Quant à la raison pour laquelle c'était arrivé, je n'en avais aucune idée. Je lui ai raconté que tout avait commencé par un vague malaise qui m'avait fait marcher de long en large dans la maison comme un chat énervé. Sans raison particulière, j'avais cru que j'étais en train d'attraper un rhume et je m'étais mis à prendre ma température toutes les cinq ou dix minutes. Le moins qu'on puisse dire, c'est que mon comportement était bizarre.

Alors était arrivée la douleur, d'abord au ventre, et puis au bas du dos. C'est alors que j'avais commencé à avoir peur – à cause de la douleur au bas du dos. Mon frère Phil avait perdu l'usage de ses reins et était en dialyse depuis plusieurs années. J'avais tenté de me rappeler comment Phil était tombé malade, mais mon cerveau refusait de coopérer ; il sautait d'une pensée à l'autre et je ne parvenais pas à le maîtriser. J'avais l'impression de filer à toute vitesse sur une paire de rollers. Et puis j'ai eu des vertiges et j'ai décidé de m'asseoir. Il se trouve que je me suis posé sur une chaise à côté du téléphone. D'une main tremblante, j'ai formé le 911.

Je regardais par la fenêtre de la voiture, l'esprit tout embrumé. A peu près à la moitié du trajet, ma femme se tourna vers moi et me dit que Phil était mort.

Phil, mort ? Comment cela se pouvait-il ? Je lui avais parlé au téléphone la veille au soir.

Phil était parti vivre en Floride onze ans plus tôt et, depuis, nous ne nous étions rendu visite qu'une poignée de fois. Mais lorsque sa santé avait mal tourné, j'avais pris l'habitude de lui téléphoner toutes les deux semaines environ. Récemment, il y avait eu dans sa voix quelque chose qui suggérait qu'il prenait conscience de sa fragilité et avait très peur de la mort.

Néanmoins, pendant que nous nous parlions, la veille, Phil m'avait semblé pareil à lui-même, détendu, joyeux, plus vivant qu'il ne l'avait été depuis des années. J'avais raccroché en me sentant de nouveau proche de lui, comme si quinze cents miles ne nous séparaient pas.

Et le lendemain, pendant que les ambulanciers me plaçaient le masque à oxygène sur le visage, mon frère Phil cessait de respirer.

Dès que j'avais compris qu'il n'avait plus longtemps à vivre, je m'étais promis de me trouver auprès de mon frère à la fin. Mais la possibilité qu'il meure de mort subite ne m'avait jamais effleuré. Peut-être n'était-ce qu'une coïncidence, mais quelle est la probabilité que j'aie été saisi d'une crise de panique à l'heure même où on a trouvé Phil mort dans sa salle de bains ? Je préfère croire qu'il m'a envoyé sa souffrance et sa peur car je ne pouvais pas tenir ma promesse.

TOM SELLEW
Wadsworth, Ohio

LA LETTRE

J'étais troisième officier sur un pétrolier géant qui chargeait du brut dans le golfe Persique et le déchargeait alternativement dans des ports de Corée du Sud ou à Bonaire, dans les Antilles néerlandaises. C'était en 1980. Le navire retournait vers le golfe Persique après s'être arrêté à Bonaire. Nous traversions l'Atlantique sud et six jours plus tard nous allions passer au Cap, en Afrique du Sud. Etant au bout de ma période de travail, j'allais prendre l'avion au Cap pour rentrer chez moi dans le Massachusetts.

Un jour, après le repas de midi, j'emportai du carré un numéro vieux de six mois d'un journal intitulé *Singapore Straits Times.* J'avais l'intention de faire des heures supplémentaires l'après-midi et je me dirigeai vers ma cabine pour me reposer un peu avant de remonter sur le pont. Toutes les cabines étaient équipées d'une chaise longue ; nous appelions ces chaises longues les “mangeuses d'heures sup” car elles avaient le chic pour nous empêcher de retourner au travail.

Prêt à défier les pouvoirs du fauteuil, je m'y installai avec mon journal rempli de nouvelles défraîchies. Un article attira particulièrement mon attention. C'était un entretien avec le directeur d'un salon funéraire américain. Il disait que le plus difficile, dans sa profession, consistait à aider les gens à affronter leur chagrin. L'un des facteurs les plus courants et les plus pénibles du chagrin, disait-il, était le sentiment de n'avoir pas dit au défunt tout ce qu'on aurait voulu. Il avait découvert qu'écrire une lettre à la personne qui venait de mourir et la mettre dans son cercueil pouvait considérablement alléger ce tourment.

Quand j'eus terminé la lecture de cet article, je mis le journal de côté et m'allongeai, les yeux fermés. C'est à ce moment que m'apparut l'image de ma mère couchée dans un cercueil. Je m'efforçai de la chasser, mais elle restait forte et vive, et je me sentis soudain envahi de chagrin. Dans cette vision, je lui écrivais une lettre.

J'ai oublié la plupart des mots que j'utilisais, mais je puis encore sentir la signification de cette lettre. Je me souviens que j'y exprimais un amour débordant pour ma mère, chose que je ne m'étais encore jamais permis de faire. Dans cette vision, je me rendais compte que le fait de ne lui avoir jamais dit que je l'aimais serait pour moi une source d'angoisse quand elle mourrait. Je passais un certain temps à formuler cela dans ma lettre et pendant tout ce temps l'image de ma mère dans son cercueil demeurait fraîche. Je me vis fermer la lettre et la placer dans son cercueil, et finalement mon chagrin s'apaisa. Je commençai à réfléchir au travail que j'aurais à faire quand je remonterais sur le pont.

Plus tard, dans la soirée, je m'éveillai et me préparai à prendre mon quart sur la passerelle. On frappa à ma porte. J'ouvris et me trouvai face au commandant, un homme imposant dont la stature remplissait mon seuil. Il entra dans la cabine et me demanda de m'asseoir. Ensuite il dit que c'était la plus pénible de ses obligations. Je n'écoutais qu'à moitié ce qu'il me dit ensuite car je m'étais mis à passer en revue tout ce que j'avais fait pendant ce voyage. Quelle faute pouvais-je avoir commise au cours de ces trois mois, justifiant qu'il me renvoie ?

Et puis, m'obligeant à faire attention, je le regardai ; je le vis, les larmes aux yeux, en train de me lire le télégramme qui m'informait de la mort de ma mère.

BRIAN F. MCGEE
Pensacola, Floride

RÉPÉTITION GÉNÉRALE

Ma mère avait quatre-vingt-neuf ans quand on lui découvrit une insuffisance cardiaque congestive. Les médecins nous dirent qu'étant donné son âge et son état de santé, on ne pouvait espérer la sauver et qu'ils lui assureraient "le maximum de bien-être possible". Personne ne savait pour combien de temps elle en avait encore : des jours, des semaines ou des mois. Nous avions eu des rapports houleux. Elle n'avait jamais été facile à vivre, surtout lorsque j'étais enfant. Peut-être que, moi non plus, je n'étais pas facile. Finalement, à quarante-deux ans, j'avais renoncé à tout espoir qu'elle devienne le genre de mère dont j'avais toujours eu envie. La veille de Noël, pendant que je rendais visite à elle et à mon père, j'ai coupé en fanfare le cordon ombilical. Je ne lui ai plus parlé pendant un an et demi. Ensuite, quand nous avons renoué le dialogue, je m'en suis tenue à des sujets superficiels. Ça lui convenait tout à fait ; en vérité, elle m'a un jour écrit une lettre pour me dire combien elle se réjouissait que nous soyons devenues si proches.

La maison de retraite où elle vivait se trouvait à quatre heures de chez moi. Quand j'ai appris qu'elle était mourante, j'ai commencé à passer beaucoup de temps auprès d'elle. Le premier mois après avoir entendu le pronostic des médecins, elle était très déprimée et distante. Elle dormait ou contemplait le mur, silencieuse, le visage semblable à un masque douloureux. Elle avait insisté pour qu'on lui place une sonde afin qu'elle n'ait plus jamais besoin de sortir de son lit, et puis elle s'était installée dans la perspective de sa mort. Un jour de ce mois-là, j'étais assise à côté de son lit. Le soleil était couché et il faisait presque tout à fait nuit. Je tirai ma chaise et appuyai mes coudes au bord de son lit. Elle tendit la main pour toucher mon visage et le caressa très doucement. Ce fut une chose merveilleuse.

Au cours d'une autre de mes visites, quelques semaines plus tard, ma mère vécut la première des six petites morts qui ont précédé la vraie. Après que j'étais arrivée, mon père était sorti faire quelques courses. Je jouais au gin-rami avec ma mère et elle trichait effrontément, quand elle m'annonça qu'elle voulait aller aux toilettes. Je l'aidai à sortir du lit et la tins à l'œil pendant qu'elle avançait lentement vers le cabinet de toilette à l'aide de son déambulateur. Au moment où nous entrions dans la minuscule salle de bains, elle poussa un long soupir et s'effondra. Je la rattrapai et l'allongeai par terre. Elle avait la respiration difficile d'un agonisant et était inconsciente, les yeux ouverts mais blancs. Je me sentais paralysée. Enfin, elle poussa une longue expiration et n'inspira plus. Je vis son visage devenir bleu et ses lèvres violacées. Et puis je regardai le pouls de son cou, ce qui était facile car elle était maigre à fendre l'âme. Pendant que je le regardais, le pouls cessa de battre. Elle était totalement immobile. Je la tins un moment, figée. Je lui demandai à haute voix si elle était morte et, évidemment, elle ne répondit pas. Je pensai à l'honneur qu'elle me faisait en choisissant de mourir en ma présence, et puis… oh, non ! oh, non ! oh, non ! Je posai doucement sa tête sur le sol et lui expliquai que je devais donner un coup de fil et que j'allais revenir tout de suite. J'allai au téléphone et appelai le bureau central. Ensuite je retournai dans la salle de bains et la regardai. Elle paraissait petite et abandonnée. Je m'assis par terre derrière sa tête, la hissai en position mi-assise et la tins ainsi dans mes bras en me demandant combien de temps il faudrait pour que quelqu'un arrive.

Soudain, son corps tressauta. J'eus l'impression de bondir hors de ma peau. Et puis je me dis : Ce n'est que le système nerveux. Quelques minutes après, il y eut une nouvelle et violente secousse. Et puis la douloureuse respiration reprit.

Ça me semblait incroyable : elle vivait. Je m'efforçai de m'ajuster à cette nouvelle réalité, pendant qu'elle se mettait à ahaner, à gesticuler, en heurtant du bras le lavabo et le mur. Elle pleurait et gémissait. Je tâchai de la calmer, en lui disant où elle était. Enfin, elle reprit conscience, ses yeux redevinrent clairs, et elle vit qu'elle se trouvait par terre dans la salle de bains. J'avais poussé son déambulateur dans un coin et elle tendait le bras vers lui en disant : "Mets-moi debout ! Il faut que je me lève !

— Je ne peux pas te mettre debout toute seule, maman, dis-je. On va venir nous aider. Reste tranquillement ici avec moi jusqu'à ce que quelqu'un arrive."

Elle finit par céder et s'écroula contre moi, en respirant bruyamment. La sonnette de la porte retentit, et l'infirmière de service et l'employée du bureau entrèrent et se précipitèrent à la salle de bains, s'attendant à y trouver ma mère morte. Mais nous étions là, par terre, deux personnes bien en vie, l'une tenant l'autre. A trois, nous avons mis ma mère sur le cabinet, nous l'avons nettoyée et l'avons remise au lit. Dix minutes plus tard, ma mère me battait au gin-rami en trichant effrontément.

Plus tard encore, le même jour, j'étais assise au bord du lit de ma mère. Je ne peux qu'imaginer à quel point je devais avoir l'air sonnée et épuisée, car elle me dit : "Bien, ma chérie, quand je mourrai vraiment – pas l'une de ces répétitions générales par où je semble passer, mais quand je m'en irai vraiment –, je veux que tu saches que je te donnerai des baisers partout." Elle fit alors voleter ses mains autour de ma tête. Les yeux débordants d'amour, elle disait : "Bisous, bisous, bisous…"

Je ne l'avais jamais vue si joyeuse.

Le lendemain, je devais partir, bien que je n'en eusse nulle envie. A l'instant où je passais la porte, le téléphone sonna. C'était sœur Pat, une religieuse qui travaillait pour l'organisation hospitalière qui s'occupait de ma mère. Elle me dit que l'infirmière lui avait raconté ce qui était arrivé à ma mère et me demanda si je pensais que ce serait une bonne idée qu'elle lui rende visite. Comme mes parents détestaient l'un et l'autre que l'on parle ouvertement de Dieu ou de spiritualité, je lui répondis que je ne pensais pas. Je lui dis, néanmoins, que j'aimerais bavarder avec elle au téléphone.

Je racontai à sœur Pat que ma mère semblait s'être complètement transformée au cours des dernières vingt-quatre heures. Je lui racontai à quel point elle avait paru malheureuse et inconsolable, et qu'à présent, après ce qui lui était arrivé, elle paraissait heureuse et satisfaite. C'était la nuit et le jour, dis-je.

Il y eut un long silence. Et puis sœur Pat dit : "Votre mère a beaucoup de chance.

— Ah ?" fis-je, pensant : Elle est mourante – c'est de la chance, ça ?

Sœur Pat poursuivait. En vingt-quatre années au chevet des mourants, elle avait observé, me dit-elle, que ceux qui passaient par de telles "petites morts" devenaient très paisibles pendant le reste de leur vie. Elle disait que c'était comme s'ils avaient jeté un petit coup d'œil de l'autre côté et constaté qu'il n'y avait là rien à craindre.

Nous avons eu encore six mois, après ça, ma mère et moi. Elle a connu encore quatre répétitions générales, et toutes faisaient sa fierté. Un jour, je lui ai téléphoné et, en décrochant, elle me dit : "Devine ce que j'ai fait aujourd'hui.

— Quoi, maman ?

— Je suis morte encore une fois !"

Nous ne parlions jamais de grand-chose – le temps, les dernières nouvelles – mais cela n'avait plus d'importance. Nous vivions dans un petit œuf de lumière bleue, et l'amour allait et venait entre nous dans cet œuf. J'avais enfin la mère que j'avais attendue.

ELLEN POWELL
South Burlington, Vermont

LE FACTEUR DÉCISIF ANONYME

Je viens d'une famille d'entrepreneurs de pompes funèbres. Mon grand-père, mon oncle et mon père en étaient tous, et j'ai grandi dans une maison où l'incinération, la hausse du prix des cercueils et le sursaut soudain d'un membre mort en train d'expulser une poche d'air faisaient partie des sujets de conversation ordinaires.

"Vous vous souvenez de Morgan, les gars, disait l'un ou l'autre, ce gros quincaillier dont le cœur a fini par s'écraser sous trois pouces de lard gras ? Eh bien, j'avais à peine fini de le vider que le voilà qui s'assied tout raide sur la table. Il devait avoir gardé une sacrée poche d'air dans c'te bedaine en cellulose. J'ai bien failli laisser tomber par terre mon sandwich au thon. Passez-moi les patates, s'il vous plaît."

Je n'étais jamais allée dans la cave de l'entreprise de mon oncle et de ma tante. Et voilà qu'un jour ma tante m'en proposa la visite. Je la suivis de près dans l'escalier étroit. Mon appréhension, ma terreur montaient à chaque marche que je descendais. Une image de cadavres pareils à des momies, entassés en piles précaires, me passa par la tête. Je m'imaginais, avec ma maladresse bien à moi, heurtant un membre entouré de gaze et provoquant la dégringolade de centaines de corps raides et exsangues qui m'écrasaient de leur poids mort.

Ensuite – soulagement. Nous étions entrées dans une pièce tiède, au sol recouvert de tapis et où flottait une légère odeur de fumée de cigare et de moisissure. Tout autour de moi, sur des supports hauts d'une vingtaine de centimètres, étaient exposés, splendides et luisants, des conteneurs de mort. Chaque cercueil était aussi luxueux qu'une Mercedes et, dans ce show-room souterrain humide, mon oncle était le suave marchand.

Je dus me tenir sur la pointe des pieds pour jeter un coup d'œil à l'intérieur de ces boîtes coûteuses. Leurs capitonnages moelleux étaient faits de satin blanc ou rose brillant, garni de dentelles délicates. Qu'ils paraissaient confortables ! Pendant un instant, oubliant leur véritable destination, j'eus envie de me glisser dans l'un d'eux et de sentir contre mon visage la douceur du petit oreiller de satin. Je me choisis un joli cercueil blanc.

"Oncle Jim, quand je mourrai, tu me mettras dans un cercueil de princesse comme celui-ci ?"

Mais mon oncle et ma tante avaient disparu. Je les suivis dans la pièce à côté.

Nus sous l'éclairage fluorescent froid et bleuté, deux cadavres féminins étaient étendus sur de grandes tables en inox. Une forte envie me prit de retourner dans la pièce aux cercueils.

Ma tante s'approcha du premier corps. En respirant avec précaution et en m'efforçant de ne pas laisser voir sur mon visage à quel point je me sentais choquée, je la suivis.

La morte avait la peau fine, presque translucide, d'un gris pâteux parsemé de taches d'un rouge noirâtre dues à l'âge. Ses seins s'affalaient de part et d'autre de sa cage thoracique, avec une permanence inerte, comme s'ils avaient toujours occupé cette position étrange sous ses aisselles. Son estomac présentait l'enflure caractéristique des corps embaumés, assortie de deux plis supplémentaires de graisse gélatineuse. Je détournai vivement les yeux de la maigre touffe de poils gris, gênée pour cette vieille femme couchée là, nue, devant des inconnus. Je suivis des yeux les longues traînées des varices pourpres qui parcouraient ses jambes lourdes.

Alors c'est ça, la mort.

Je lui touchai le bras. Il était froid, et aussi lourd et raide qu'une bûche. C'est à ce moment que toute ma peur s'apaisa. Cette chose, devant moi, n'était plus une momie ou un zombie détestables et effrayants, mais une carapace vide ; pas plus une personne que la table en inox sur laquelle elle gisait.

Je peignis chacun de ses ongles cyanosés avec du vernis couleur pêche et je regardai en silence ma tante coiffer sa chevelure grise. J'appliquai de la poudre pêche sur le visage livide du cadavre et, grâce à l'addition de rouge aux joues et aux lèvres, elle fut transformée en quelque chose qui me rappelait un mannequin que j'avais vu un jour dans une vitrine, chez Sears.

L'habillage d'un mort n'est pas tâche aisée. Le corps paraît deux fois plus lourd que dans la vie, et absolument rien ne plie. Je regardai mon oncle soulever cette femme rigide afin qu'on puisse lui glisser jusqu'à la taille une modeste combinaison. L'angle auquel il amena le torse fut juste suffisant pour qu'un dernier petit filet d'urine s'échappe de la vessie de la femme sur le tablier et la jupe de ma tante. Cela nous fit tous rire.

Ce soir-là, je parlai à mes parents avec une intensité inhabituelle. Je demandai à mon père si, dans l'éventualité de ma mort, je pourrais être incinérée.

En me regardant d'un air sérieux, il répondit : "Bien sûr que tu peux, si c'est vraiment ce que tu veux." Dans cette réponse, je reconnus le ton d'un professionnel qui avait rassuré quant à leurs derniers désirs d'innombrables inconnus angoissés. Je reconnus aussi un père attentif qui venait d'entendre sa fille exprimer sa première décision importante concernant la vie et la mort.

"Oui, papa, dis-je. C'est vraiment ce que je veux."

HOLLIE CALDWELL CAMPANELLA

RÊVES

QUATRE HEURES CINQ DU MATIN

Mon sommeil est profond la plupart du temps et j'ai rarement besoin d'un réveil pour m'en tirer le matin. Mes rêves ont en général mon travail pour sujet, et j'essaie de les oublier le plus vite possible. Les rêves que j'aimerais me rappeler, je n'y arrive presque jamais. De toute ma vie, je n'ai que rarement fait des cauchemars.

Ce rêve avait commencé simplement. Je conduisais un camion sur l'autoroute du Kansas. Je n'avais jamais conduit de camion et, quoique habitant à Kansas City à l'époque, je n'avais jamais emprunté l'autoroute du Kansas. C'était la nuit dans mon rêve, et je ne voyais que mes mains sur le volant et ce qu'éclairaient les phares du camion. Soudain, devant moi, illuminé par les phares, je voyais un bras humain. Horrifié, je donnais un coup de volant pour éviter de le toucher, tout en m'efforçant frénétiquement d'appuyer sur le frein, mais je ne parvenais pas à ralentir le camion et chaque fois que je réussissais à contourner un morceau de corps, un autre apparaissait devant moi. Plus j'avançais, plus je voyais de morceaux de corps. Ils ne cessaient d'arriver, de plus en plus vite, jusqu'à ce qu'enfin j'en heurte un dans un choc sinistre. L'instant d'après, je m'asseyais dans mon lit en hurlant. Je compris que j'avais fait un cauchemar. Je respirai un grand coup et regardai ma montre, pour me rassurer plus que pour savoir l'heure. Il était quatre heures cinq.

Le samedi, je passai une bonne journée et oubliai mon rêve. Le dimanche, j'achetai le journal du week-end et le parcourus à ma façon habituelle, sans me presser. Près de la fin de la première section, il y avait un article de deux paragraphes racontant qu'un camionneur avait roulé sur un corps qui se trouvait sur l'autoroute du Kansas. L'accident avait eu lieu le samedi à quatre heures cinq du matin.

MATTHEW MENARY
Burlingame, Californie

AU MILIEU DE LA NUIT

En 1946, mon père acheta une petite épicerie dans un faubourg de Cincinnati. Le magasin était ouvert six jours par semaine de sept heures du matin à six heures du soir et mon père s'y trouvait presque tout le temps, c'était donc un endroit qu'il sentait bien. Il en connaissait parfaitement tous les équipements.

Une nuit, vers la fin des années cinquante, ma mère s'éveilla et vit mon père tout habillé, avec son chapeau et son manteau. Quand elle lui demanda ce qu'il faisait, il répondit : “Il se passe quelque chose au magasin”, et là-dessus il partit. Par la suite, il devait lui expliquer qu'il avait été réveillé par un bruit d'explosion et il avait su d'instinct que quelque chose était arrivé dans le magasin.

Celui-ci se trouvait à un mile environ de la maison, mais mon père n'était pas parti depuis plus d'une minute quand le téléphone sonna : “Max est-il là ?” demanda une voix. Ma mère répondit qu'il était sorti et demanda qui appelait. Son interlocuteur se présenta comme un agent de la police locale et dit : "Il y a de l'eau qui coule sous la porte de derrière du magasin." Elle lui dit que mon père allait arriver.

L'arrière-boutique était pleine d'appareils de réfrigération fonctionnant à l'eau, et l'interrupteur d'une des valves avait sauté pendant la nuit. Dans son sommeil, mon père l'avait entendu sauter et il avait su qu'il fallait qu'il fasse quelque chose.

STEVE HARPER
Fayetteville, Caroline-du-Nord

SANG

Au cours de l'été 1972, je suis retourné chez nous, à Burnsville, dans le Minnesota, pour rendre visite à mes parents pendant quelques semaines. Je dormais en bas, dans la cave. Un gamin de quatorze ans nommé Matthew venait régulièrement tondre la pelouse. Un jour que j'avais couché là, je l'entendis, au petit matin, en train de couper l'herbe. Je n'y fis pas attention et me rendormis.

Je rêvai que je me trouvais dans la salle de bains, à l'étage ; debout devant le lavabo, je regardais mon visage dans la glace. Cela ressemblait à mon visage, mais en même temps il y avait quelque chose de bizarre : je voyais mes cheveux noirs, mes yeux bleus, ma moustache, mais la forme de mon visage était différente. Je regardai dans le lavabo, où l'eau coulait dans le sens opposé à celui des aiguilles d'une montre avant de disparaître dans le trou de vidange. Tenant mes mains sous l'eau, je commençai à les frotter avec le savon. De nouveau, je regardai le visage qui n'était pas le mien. Il y avait quelque chose de différent, mais cela ne me perturbait pas.

Je continuai à me frotter les mains, mais j'avais mal au pouce gauche. C'était une douleur assez vive, et je me demandais ce que j'avais fait pour provoquer une telle douleur. J'avais l'impression de m'être tordu le pouce.

Je regardai à nouveau le lavabo, et je vis du sang mêlé à l'eau, tournant toujours en rond dans le sens opposé à celui des aiguilles d'une montre. "Qu'est-ce qui se passe ?" me demandai-je. Le sang jaillissait de mon pouce ; issu de la partie charnue juste au-dessous de l'articulation, il descendait le long de mon bras et s'écoulait de mon coude dans le lavabo. Je saisis ma main blessée et me demandai : "Qu'as-tu fait, Jim ? Qu'as-tu fait, Jim ?"

J'entendis une voix qui m'appelait : "Jim ! Jim !" Je m'éveillai et me rendis compte que c'était ma mère qui m'appelait du haut de l'escalier. Elle me dit de venir vite. J'enfilai quelques vêtements et la rejoignis en toute hâte. Matthew s'était coupé en tondant l'herbe, me dit-elle, et elle voulait que j'aille à la salle de bains pour l'aider.

Encore à moitié endormi, j'entrai dans la salle de bains et découvris avec stupéfaction Matthew debout devant le miroir, tenant sa main gauche au-dessus du lavabo. Du sang jaillissait d'une coupure entre le pouce et l'index. Il descendait le long de son bras, coulait dans l'eau et tournait en rond avant de disparaître dans le trou de vidange.

JAMES SHARPSTEEN
Minneapolis, Minnesota

J'étais un enfant tardif et je n'ai jamais connu les parents de mon père. Tous deux sont morts avant ma naissance.

Ma sœur, qui avait vingt ans de plus que moi, avait pour hobby l'interprétation des rêves. Un jour, quand j'avais dix-huit ans, elle me demanda de lui raconter un de mes rêves, disant qu'elle m'en expliquerait la signification.

La seule chose qui me vint à l'esprit fut un rêve récurrent que je faisais depuis que j'avais environ dix ans. Je lui dis que je faisais ce rêve à peu près tous les deux ou trois mois, et qu'il devenait chaque fois plus long et plus précis.

Dans ce rêve, lui dis-je, je suis assis à la place du passager dans une voiture rouge qui roule à travers champs. Je ne vois jamais qui conduit cette voiture. Nous arrivons à une maison dans un beau pré vert. Nous nous arrêtons en haut du chemin. Il y a une maison blanche à étage, avec des marches en ciment qui ont commencé à s'enfoncer dans le sol d'un côté. Deux marches mènent au perron et sur le perron se trouve une vieille balançoire.

En pénétrant dans la maison, je vois à ma gauche une salle à manger (où je ne suis jamais entré), devant moi un escalier (que je n'ai jamais monté) et à ma droite une chambre. Cette chambre m'a l'air d'être quelque chose comme un salon, et sa couleur, dans mon souvenir, est bourgogne. Il y a un antique radassier et un bureau à tambour, avec une photographie d'une de mes sœurs accroupie à côté d'un vieux camion. Au-delà de la chambre bourgogne, je vois la cuisine à l'arrière de la maison, et je peux voir par la fenêtre de derrière. Je remarque un étendoir à linge, bien qu'il n'y ait pas de linge dessus.

Pendant que je racontais cette histoire à ma sœur, je m'aperçus qu'elle me regardait fixement, d'un air stupéfait. Quand je lui demandai ce que signifiait mon rêve, elle ne me répondit pas tout de suite. Finalement, elle dit : "C'était la maison de notre grand-mère. Tu as décrit à la perfection la maison de notre grand-mère, jusqu'à la photo sur le bureau à tambour."

Ma grand-mère est morte trois ans avant ma naissance. Tout de suite après sa mort, la maison a été démolie.

V. FERGUSON-STEWART
Indianapolis, Indiana

HALF-BALL

Quand j'avais neuf ans, au début des années cinquante, mes frères et moi passions presque tout notre temps libre à jouer à un jeu que nous appelions *"half-ball"*. On commence par couper en deux une balle de caoutchouc creuse. Comme notre "terrain" était le jardin minuscule de notre maison pour deux familles à Boston, on lançait bas et les lancers rapides n'étaient pas admis.

Mais même en lançant doucement, on la faisait danser, cette balle. Si on la présentait bien, elle se remplissait d'air et tombait vers l'extérieur, voire montait vers l'intérieur. C'était merveilleux de la voir s'éloigner rapidement du batteur et de voir celui-ci fendre l'air avec la canne de hockey sciée que nous utilisions comme batte.

Les points étaient calculés en fonction de la hauteur à laquelle on parvenait à toucher la maison de deux étages – bien que nous mentions à notre grand-mère, qui vivait au rez-de-chaussée, en lui prétendant que nous n'essayions pas de toucher la maison. Le rez-de-chaussée comptait pour un simple, le premier étage pour un double, etc.

Un jour d'été, du balcon du premier étage, je regardais mon frère aîné jouer une partie avec ses amis. Ces gars-là étaient des grands – des garçons d'une quinzaine d'années – et nous, les plus petits, nous étions en général relégués, quand ils jouaient, au ramassage des balles.

J'avais pour rôle de récupérer les balles envoyées sur le balcon du premier étage, y compris celles qui roulaient loin et allaient aboutir dans la gouttière qui l'entourait. On passait notre temps à sauter par-dessus la balustrade et à se pencher, en se tenant à l'un des barreaux, pour déloger la balle de la gouttière.

J'avais fait ça souvent, ce matin-là, et puis il arriva quelque chose. L'un des barreaux de la balustrade était descellé, et il se détacha dans ma main. Mon poids m'entraîna de côté et me voilà tombant, la tête la première, vers les marches en bois et l'allée en béton quelque trois mètres plus bas.

Ce qu'il y avait d'étrange, c'est que je n'avais aucune idée de ce qui m'arrivait. J'étais dans un autre monde. Alors même que je tombais, je me souviens d'avoir pensé que je devais être en train de rêver.

Je commençai à passer en revue tout ce que j'avais fait ce matin-là, en examinant lentement et soigneusement chaque activité et en tentant de décider si je l'avais rêvée ou non. A la fin, j'arrivai à la conclusion que, en réalité, je ne rêvais pas. Avant de pouvoir réagir, je touchai le sol.

Le tout n'avait pas pu prendre plus d'une seconde, mais cela m'avait paru durer dix minutes.

Mon épaule droite atterrit sur l'allée en béton. Mes fesses heurtèrent la marche en bois, ce qui provoqua une bizarre ecchymose en ligne droite. Par chance, ma tête évita le béton de justesse.

Ma mère voulut absolument que j'aille à l'hôpital, mais je n'avais rien de cassé. Le médecin expliqua que si je l'avais ainsi échappé belle, c'était parce que je croyais rêver. Mon corps était détendu pendant ma chute, me dit-il, et avait "rebondi" quand j'avais touché le sol.

A l'époque, je n'y ai guère pensé. J'étais content de ne pas m'être fait plus mal, et c'était tout. Mais quand j'y repense aujourd'hui, je m'interroge. Pourquoi ai-je cru que je rêvais ? Mon inconscient "savait-il" que je serais protégé si, consciemment, j'étais occupé à me demander si cette chute était réelle ? Si mon inconscient pouvait faire cela, était-il capable de déplacer mon corps de façon à changer l'endroit de mon atterrissage ? Etait-ce la chance ou était-ce autre chose qui a évité à ma tête de heurter le béton ?

JACK EDMONSTON
East Sandwich, Massachusetts

VENDREDI SOIR

Quand j'étais au collège, j'habitais, dans une résidence universitaire, une aile où tout le monde était très sympathique et s'entendait bien. L'atmosphère était décontractée et nous entrions sans nous annoncer dans les chambres les uns des autres. Le garçon qui occupait la chambre voisine de la nôtre, Andy, avait un frigo et la télé, choses rares dans les logements d'étudiants en 1972. Avec générosité, il nous autorisait à nous en servir quand nous voulions.

C'était un paisible vendredi soir d'octobre. Je passai la soirée à travailler, me couchai tôt et dormis profondément. A un moment donné, je m'éveillai pendant la nuit, sortant d'un rêve étrange et réaliste. Je m'y étais vu sortir de ma chambre et aller à côté prendre une bouteille d'eau gazeuse dans le frigo d'Andy. En entrant dans la pièce, je voyais plusieurs personnes assises sur les lits et les sièges.

Parmi ces personnes, assis au milieu de la chambre, la tête basse, se trouvait le frère d'Andy, un type obèse que je n'avais rencontré qu'une fois, environ un an auparavant. Je reconnaissais aussi Andy, sa petite amie et quatre autres étudiants qui habitaient notre aile. Tous avaient la tête basse et l'air déprimé. Quand je leur demandais ce qui n'allait pas, tous relevaient la tête pour me regarder, sauf le frère d'Andy. Au bout d'un moment, tous détournaient les yeux et recommençaient à fixer le sol en silence.

Je ne pensai plus à ce rêve avant le milieu de l'après-midi suivant, quand je décidai d'aller à côté prendre un soda dans le frigo d'Andy. Quand j'entrai dans la chambre, il y avait là plusieurs personnes assises dans les mêmes positions que dans mon rêve. La seule différence était que le frère d'Andy ne se trouvait pas dans le fauteuil au milieu de la pièce. Je demandai ce qui n'allait pas et ne reçus pour réponse que les mêmes regards embarrassés et silencieux que dans mon rêve. Je posai à nouveau la question et Andy détourna les yeux. Sa petite amie releva la tête, elle avait le visage tout rouge à force d'avoir pleuré. "Le frère d'Andy a eu un accident horrible ce matin, dit-elle. Il conduisait quelque part un couple d'amis et leurs deux petits enfants, et il est sorti de la route. Les deux enfants ont été tués."

Je sortis de la chambre, sonné. En retournant dans la mienne, je ne cessais de repasser dans ma tête la chronologie du rêve et de l'accident. Obstinément, je me répétais que le rêve avait eu lieu vendredi soir et que nous étions samedi. Je me le répétais parce que je n'avais pas envie de me tromper. Je voulais être sûr que je ne commencerais pas, des années après, à me demander si j'avais inversé les deux événements. La mémoire fait parfois ce genre de choses, et je voulais être certain que le rêve était venu en premier.

STEVE HODGMAN
Bedford, New Hampshire

Mon cousin s'appelait Farrell. Il était atteint d'épilepsie incontrôlable et vivait dans une petite chambre brune à l'arrière de la maison de sa mère. Il y avait peu d'espoir pour les épileptiques en ce temps-là, et il ne put jamais garder un emploi. Deux fois par semaine, il marchait jusqu'au *Bluegrass Grill*, au bout de la rue, pour s'acheter une tarte aux fraises. A part ça, il sortait rarement de la maison.

Quand j'étais petit, je ne voyais Farrell qu'une fois par an. Le jour de Noël, nous nous entassions tous dans la Plymouth et allions chez sa mère pour leur apporter un cake aux fruits. Farrell sortait de sa chambre et s'efforçait, avec une intensité gênante, de faire la conversation. Le plus souvent, il finissait par raconter des histoires interminables. Il devait les trouver drôles, car il pouffait beaucoup en les racontant, mais j'avais de la peine à suivre et mon attention dérivait. A partir d'un certain point, je commençais à regarder la porte en me demandant quand nous allions partir. Enfin, mon père plaquait ses deux mains sur ses genoux et se levait en disant : "Eh bien, nous avons d'autres visites à faire ce soir. Joyeux Noël." Et alors, dans un envol de manteaux, de chapeaux et de longues écharpes de laine récupérés sur le canapé en crin dans la pièce de devant, nous étions partis pour une année encore.

En grandissant, je prêtai de moins en moins d'attention aux histoires de Farrell. Elles me passaient par-dessus, sans plus d'effet que le vacarme de la télévision que sa mère laissait allumée pendant tout le temps de notre visite. La voix de Farrell n'était qu'un bruit de plus à subir jusqu'à cette bienheureuse claque sur les genoux qui annonçait mon salut jusqu'à l'année suivante.

Finalement, les visites s'arrêtèrent. Je fis des études, obtins mon diplôme, revins, mais il ne semblait plus y avoir la même nécessité d'offrir des cakes aux fruits. Sans la visite, Farrell disparut de mon univers. Il était désormais pour moi un souvenir d'enfance plutôt qu'un être humain vivant.

Ce fut donc avec une très grande surprise que je me trouvai réveillé une nuit par un cauchemar terrifiant. Dans ce rêve, Farrell était debout en face de moi, de l'autre côté d'une large rue. D'un mouvement du bras exagéré, il m'invitait à traverser les quatre voies de circulation qui nous séparaient. Son visage était totalement inexpressif, mais je savais qu'il voulait me dire une chose de la plus grande importance. Plusieurs fois de suite, je m'avançai sur la chaussée pour essayer de le rejoindre.

Mais, chaque fois, la circulation reprenait. Des klaxons hurlaient, des camions, des voitures et de grands cars jaunes se pressaient entre nous. Le passage m'était bloqué, et je ne pouvais pas aller vers lui.

Le lendemain matin, mon père téléphona pour m'apprendre que Farrell était mort inopinément pendant la nuit.

Je crois que je peux accepter l'idée que quelque chose de Farrell a tenté de m'atteindre à l'instant de sa mort. Mais pourquoi n'ai-je pas pu traverser la rue ? J'aimerais croire qu'il existe un fossé entre les vivants et les morts, un gouffre que la chair mortelle ne peut franchir, même dans le sommeil. Mais il se peut que pendant ces interminables visites, il y a si longtemps, j'aie trop bien appris à ignorer un être humain, un homme qui vivait sa vie dans une chambre brune à l'arrière de la maison de sa mère.

STEW SCHNEIDER
Ashland, Kentucky

"JILL"

J'avais rencontré Ali un été sur Internet, et depuis nous bavardions presque tous les jours par courrier électronique. Nos sujets de conversation allaient de l'école (elle était en avant-dernière année d'études secondaires et moi en dernière année) au théâtre, en passant par les textes que nous échangions sur le Net dans le cadre d'un club d'écriture.

Un soir de l'été dernier, Ali m'envoya un message décrivant son projet de suicide. Sa vie était devenue *"too much"*, disait-elle, et elle poursuivait en décrivant ce qu'elle avait l'intention de porter la nuit où elle ferait quitter la route à sa voiture. Je lui retournai aussitôt un message où j'essayais de la dissuader. Bien qu'elle m'eût demandé de n'en parler à personne, je pris contact avec sa meilleure amie, en espérant qu'elle pourrait l'aider.

Je passai au moins trois heures en conversation avec Ali. J'avais, moi aussi, connu des états suicidaires, et cet échange de messages fut pour moi une expérience fatigante et traumatisante.

En m'endormant, j'eus une image mentale d'Ali faisant quitter la route à sa voiture. Pour me rassurer, je la remplaçai par une image mentale de moi devant la voiture, les mains levées, essayant de l'arrêter. Cette image demeura en moi pendant que je m'endormais.

Si seulement je pouvais avoir cet effet sur elle dans la réalité, pensais-je.

Sa lettre de suicide mentionnait la date à laquelle elle avait l'intention de se tuer. Ce jour arriva, et je découvris avec soulagement qu'elle était encore là. Elle n'y fit plus allusion, mais une semaine plus tard j'en trouvai un récit romancé dans un message qu'elle avait envoyé à notre groupe d'écriture. Dans ce récit, elle avait changé mon nom en "Jill" et donnait l'impression que j'habitais près de chez elle en Floride au lieu de lui parler de Virginie grâce au Net.

Quoi qu'il en soit, le vrai choc, je l'éprouvai en lisant sa description d'un rêve qu'elle avait fait pendant la nuit où nous avions eu notre conversation de trois heures. Dans ce rêve, elle était sur le point de faire quitter la route à sa voiture quand, surgissant de nulle part devant elle, "Jill" s'efforçait de l'arrêter. Le rêve l'avait réveillée et le choc ainsi que la peur, disait-elle, avaient suffi à la persuader de reconsidérer ses idées de suicide.

KARA HUSSON
Williamsburg, Virginie

LE JOUR J

Pendant la Seconde Guerre mondiale, mon cousin de New York, Morty, qui était plus âgé que moi, fut incorporé dans l'armée. Après un premier entraînement, on l'envoya dans une école de médecine au Dakota-du-Sud. En 1944, à l'insu de toute la famille, Morty et toute sa classe furent mobilisés, embarqués sur un navire et envoyés grossir les rangs de l'infanterie dans l'invasion de l'Europe qui était en préparation.

Un mois environ après le jour J, à la table du petit-déjeuner, ma mère nous a raconté, à mon père, mon frère et moi, qu'elle avait fait un rêve troublant. Elle avait rêvé que son père, mort depuis des années, était venu la trouver en lui faisant signe de le suivre. Il l'emmenait à travers un champ de bataille dévasté, défoncé par des trous d'obus, voilé d'une brume de fumée. Soudain, il levait une main en disant : "Tu ne peux pas aller plus loin ; attends-moi ici", et il disparaissait dans la fumée. Il réapparaissait bientôt et disait : "C'est Morty. Il est grièvement blessé, mais il s'en sortira." Le rêve s'arrêtait là.

Quoique bouleversée par ce rêve, ma mère n'a ni écrit ni téléphoné à la famille de Morty.

Quelques mois plus tard, nous avons reçu de la mère de Morty une lettre dans laquelle elle nous racontait qu'il avait été grièvement blessé en Normandie mais qu'il allait s'en sortir (texto).

Sur notre insistance, ma mère a écrit pour demander quand Morty avait été blessé. Sans être tout à fait sûre de son exactitude, la meilleure estimation que pouvait proposer sa famille (qui ne savait rien du rêve) était que Morty avait été blessé le matin du jour où ma mère avait fait ce rêve.

Vous apprécierez le fait que le milieu de matinée en Normandie correspond à juste après minuit en Californie, compte tenu des neuf heures de différence.

Pour ma part, je ne crois ni à la voyance ni aux phénomènes parapsychiques, et je ne fais donc pas bon accueil à des expériences comme celle-ci, qui demandent des explications sortant des champs de la physique ou de la neurophysiologie. Mais, comme disent les Anglais, *there it is* : c'est comme ça.

RICHARD R. ROSMAN
Berkeley, Californie

LE MUR

Elle m'attendait quand je suis entrée dans la classe. Le grand éventail blanc entourant son visage ressortait vivement sur son habit noir flottant et le chapelet noir jais accroché à sa taille. C'était une petite nonne française de quatre-vingts et quelques années, avec des yeux noirs et chaleureux et une petite moustache qui tremblait quand elle parlait.

“Fermez la porte, s’il vous plaît”, me dit-elle en français, en me montrant la porte du doigt. Elle avait en anglais un accent si prononcé que c’était tout aussi facile, sinon plus facile, de comprendre son français.

C’était l’été après ma dernière année d’école secondaire, et je m’étais inscrite à un cours de français élémentaire au Barat College, une petite institution catholique tenue par des sœurs du Sacré-Cœur. J’étais la seule élève de la classe, et nous faisions des progrès rapides. Nous parlions français presque tout le temps, mais nous recourions souvent aux gestes et les heures que nous passions ensemble étaient toujours ponctuées de beaucoup de gaieté et de rires. Chaque fois que je lui faisais remarquer une incohérence de la grammaire française, elle me regardait d’un air amusé et répondait avec son fort accent : “Mon petit, pourquoi dites-vous en anglais *box-boxes* (une boîte, des boîtes) et *ox-oxen* (un bœuf, des bœufs) ? Maintenant, continuons !”

Un matin, je me réveillai avec les yeux bouffis, et le cou et la gorge très enflés. Même ma mère, qui n’appelait le médecin que lorsqu’on semblait à l’article de la mort, décida que je devais rester à la maison. Je gardai le lit pendant des jours avec un mal de tête lancinant et une forte fièvre. Un soir, je dis à mes parents que j’avais peur, si je me laissais aller au sommeil, de ne plus être là le lendemain matin. Ma mère n’y fit pas attention, mais mon père, qui devait se lever à cinq heures afin de prendre son train pour Chicago, resta toute la nuit assis près de moi à me faire la lecture. Je n’avais pas la moindre idée de ce qu’il me lisait, mais dans mon délire je me voyais debout sur un haut mur de pierre qui s’était presque fendu en deux. Je savais que s’il se fendait complètement, mon corps et mon âme seraient séparés. Mon professeur de français se tenait de l’autre côté de la fente, la main tendue vers moi. Je saisis sa main, franchis la fente d’un pas et me retrouvai auprès d’elle. Après cela, je sombrai dans un sommeil profond ; je savais que je ne risquais plus rien. Le lendemain matin, avant de partir à son travail, mon père dit à ma mère : “Fais venir un docteur.”

Les examens en laboratoire révélèrent que j'avais la “mono”, une fièvre glandulaire découverte depuis peu. On me donna des antibiotiques et je dormis presque tout l'été. Un matin, je me réveillai avec le sentiment d'être neuve, fraîche, consciente soudain des oiseaux qui chantaient dehors. Je me hâtai d'aller reprendre mes cours de français au Barat College avec mon cher professeur, mais les nonnes m'apprirent qu'elle était morte en mon absence. Elle avait quitté ce monde la nuit même où elle m'aidait à franchir ce mur.

VICKY JOHNSON
Great Falls, Montana

LE PARADIS

Ça m'est arrivé quand j'avais six ans. J'en ai plus de soixante-quinze aujourd'hui, mais ça reste aussi frais dans ma mémoire que si ça s'était passé hier.

Ma sœur Dotty avait huit ans de plus que moi, et elle était chargée de s'occuper de moi après l'école. Elle détestait cette obligation, mais moi j'aimais beaucoup l'accompagner quand elle allait voir ses copines. Un après-midi, Dotty devait aller chez l'une d'elles pour faire un devoir et me traîna consciencieusement jusqu'à son immeuble et en haut des trois volées d'escalier. Je savais que j'allais m'ennuyer. Quand elles faisaient leurs devoirs dans la cuisine, je me sentais tout à fait négligée. Elles me traitaient de bébé et de peste, et me taquinaient souvent jusqu'aux larmes.

Ce jour-là, je ne savais pas à quoi m'occuper. Après tout, je n'avais que six ans. J'essayai d'attirer leur attention, mais elles étaient absorbées dans leur travail et ne voulaient pas me regarder. Alors je décidai de piquer une crise. Je me couchai par terre et commençai à lancer des coups de pied en tous sens. Je hurlais, je tapais, je faisais tout le bruit que je pouvais. La locataire de l'appartement du dessous trouva ce bruit insupportable et, empoignant un bâton, se mit à en frapper son plafond. Ça me fit peur, mais je continuai obstinément à hurler et à gesticuler. Quel horrible chahut je faisais ! Mais ma sœur continuait à m'ignorer, son amie et elle se bornaient à rire pour manifester leur indifférence à mes agissements. Et la dame du dessous, dans sa cuisine du deuxième étage, continuait à frapper son plafond en criant à tue-tête. Je finis par arrêter de pleurer – par pur épuisement – mais la dame continuait à frapper. Je sentais les vibrations dans mon corps, et puis je l'entendis crier : "Je monte ! Gare à vous quand je serai là-haut !"

Ma sœur et sa copine furent prises de panique – et moi aussi. Dotty m'attrapa par la main, me tira vers la porte et l'ouvrit, en écoutant pour s'assurer que cette femme n'était pas en train d'arriver sur notre palier. "Tais-toi", me dit-elle, et elle me pinça le bras pour s'assurer que je me tiendrais convenablement. J'avais une telle peur que je pleurnichais, mais elle me pinça le bras jusqu'à ce que je me calme. Tandis que nous restions là, sur le palier, à guetter la dame, je sentis que Dotty tremblait de peur. Nous ne pouvions pas sortir de l'immeuble en descendant l'escalier, parce que cela aurait signifié passer devant la porte de la dame. Dotty était inquiète à l'idée qu'elle nous attende. La seule issue était vers le haut. Elle me traîna au quatrième, au cinquième, au sixième étage, et là nous nous trouvâmes devant une porte de fer. Heureusement pour nous, Dotty réussit à l'ouvrir. Nous débouchâmes sur le toit de l'immeuble, mais je l'ignorais. Je n'avais jamais mis les pieds sur un toit, et je ne savais pas où nous étions. Je ne savais pas ce que c'était que cet endroit. Je me souviens que nous avons escaladé des murs et couru d'un toit à un autre. Enfin Dotty s'est arrêtée devant une autre porte de fer, l'a ouverte et m'a précédée en bas des escaliers, vers la sécurité.

Nous sommes arrivées sur le trottoir d'une rue inconnue. Je ne sais pas pourquoi, pas même aujourd'hui, quand nos pieds ont touché ce trottoir, j'ai cru que nous étions arrivées au paradis, j'ai imaginé que nous étions au paradis. En regardant autour de moi, j'ai vu avec étonnement des enfants qui sautaient à la corde, juste comme nous, et tout paraissait pareil – sauf que ça ne se pouvait pas, puisqu'on était au paradis. Quand nous avons tourné le coin, j'ai vu des magasins et des gens qui y entraient et en sortaient chargés de paquets, et ça m'a étonnée. "Alors c'est comme ça, le paradis", ai-je dit à ma sœur, mais elle ne m'écoutait pas. Chaque nouveau pâté de maisons me paraissait plus excitant que le précédent. Je croyais que nous avions atteint le paradis en grimpant des escaliers et en traversant des toits. J'étais si contente d'être là, où les enfants jouaient comme moi. Et puis nous avons tourné encore un coin, et nous étions dans la rue où nous habitions. "Comment notre rue est-elle montée au paradis ?" ai-je demandé à ma sœur. Mais elle ne m'a pas répondu. Elle m'a tirée à l'intérieur de notre immeuble en disant : "Tais-toi."

J'ai gardé pour moi cette expérience pendant de nombreuses années. C'était mon secret. Je croyais vraiment que j'étais allée au paradis. Seulement je n'arrivais pas à comprendre comment j'y étais arrivée, ni comment j'avais trouvé le chemin pour rentrer chez nous. Ça s'est passé dans le Bronx. Nous habitions Vyse Avenue.

GRACE FICHTELBERG
Rancho de Taos, Nouveau-Mexique

Il y a de nombreuses années, mon père a rêvé qu'il volait. Son rêve m'a tellement impressionnée que je l'ai raconté à tous mes amis. Avec le temps, j'ai si souvent répété cette histoire que je me suis mise à la considérer comme une chose qui m'était arrivée, à moi.

Mon père était le chef du rayon photo chez Macy. Dans son rêve, il prenait dans sa poche de poitrine son stylo à bille bleu afin d'inscrire quelque chose sur son bloc-notes. Lorsqu'il appuyait sur le poussoir au bout du stylo, il s'élevait dans les airs. En moins d'un instant, il se retrouvait en train de flotter au-dessus des vitrines en montant vers le plafond. Il se sentait très content de lui, très heureux.

Ensuite, il pressait le clip sur le côté du stylo. Dans certains modèles, ce clip peut faire rentrer la bille. A sa grande surprise, mon père s'apercevait qu'il avançait en ligne droite. En manipulant le stylo, il découvrait qu'il pouvait contrôler la vitesse et la direction de son vol ; en touchant de nouveau le clip, il allait en marche arrière. Il était ravi, rempli d'une immense sensation de bien-être. Il se mit à voleter çà et là dans le magasin et il était si haut que personne ne remarquait ce qu'il faisait.

Enhardi par ce nouveau talent, il adressait des gestes de la main et des sourires à ses collègues lorsqu'il passait au-dessus de leurs rayons – petit homme volant à moustache, en complet sombre et nœud papillon à pinces. Aucun des clients ne le voyait évoluer au-dessus des têtes. Ils étaient trop occupés à examiner les marchandises dans le magasin.

Au petit-déjeuner, le lendemain matin, il raconta son rêve à la famille. Il nous dit que c'était merveilleux de pouvoir voler comme ça, d'être puissant, libre et heureux. Quelqu'un lui avait un jour expliqué que rêver qu'on vole est un signe de santé mentale. Il avait l'impression que son rêve confirmait cette théorie.

J'ai pensé bien souvent au rêve de mon père au cours des années. Ce qui me plaisait le plus, là-dedans, c'était sans doute l'air épanoui qu'il avait en racontant cette histoire, la façon dont son visage s'illuminait quand il décrivait la joie et la secrète liberté de planer au-dessus des têtes de ses collègues.

Mon père a maintenant quatre-vingt-sept ans et il ne se rappelle pas avoir volé en rêve. Ce n'est plus qu'un des multiples rêves non répertoriés qu'il a faits dans sa vie. Il en a parlé pendant quelques semaines, et puis il l'a oublié. Mais les plus petites choses impressionnent un enfant, et son rêve m'est resté présent. J'en sentais l'allégresse, et je me le suis approprié.

Dans ma version, je m'élève, le stylo à la main, et je vois des vagues d'herbe verte, des champs labourés d'un brun profond, les Grandes Plaines et de sauvages torrents de printemps passer au-dessous de moi qui navigue dans les airs. Je virevolte au-dessus de villages africains miroitant dans la lumière et de vastes étendues de neige bleuâtre sans sentir ni le chaud ni le froid. Je vois au bord de l'Antarctique des armées de manchots empereurs qui attendent le printemps, pareils à des statues, et des tourbillons de masses humaines qui se pressent dans les stations de métro. Quels que soient les écarts géographiques, mon paysage imaginaire est toujours et à jamais ensoleillé, et je peux suivre à la trace mon ombre mouvante qui court à la surface rugueuse et accidentée de la Terre.

Je pense que mon père avait raison en ce qui concerne le pouvoir des rêves où l'on vole. Bien que je ne puisse affirmer que ces rêves sont des indicateurs de ma bonne santé mentale, ce que je sais, c'est que j'en sors reposée, quel que soit le nombre de kilomètres que j'ai parcourus. Je me sens souveraine, capable et un rien sournoise. Comme si j'avais volé en cachette.

MARY MCCALLUM
Proctorsville, Vermont

J'ai toujours envié les gens qui peuvent retourner au lieu de leur enfance, ceux pour qui existe un endroit où ils se sentent chez eux.

Pendant quelque temps, j'ai possédé un tel lieu, moi aussi. C'était à Mundelein, Illinois, dans la partie de la ville connue sous le nom d'Oak Terrace, au 244, Elmwood. Construite dans les années quarante, la maison se dressait sur un terrain d'une trentaine d'ares entouré d'arbres. La propriété était contiguë à un chenal artificiel qui aboutissait dans un petit lac. Peu après le divorce de mes parents, ma mère me demanda si je serais d'accord qu'elle vende la maison et que nous allions habiter à Madison, Wisconsin, afin qu'elle puisse terminer ses études. Comment aurais-je pu dire non, surtout à l'âge curieux de seize ans ?

Depuis ce jour-là, je me suis senti fortement relié à mon ancienne maison. Pendant des années, j'y suis retourné presque toutes les nuits dans mes rêves.

La vie m'a entraîné dans son tourbillon, de plus en plus loin d'Oak Terrace, et j'ai pris l'habitude de déménager. Je suppose que je cherchais un endroit où je me sentirais pousser des racines. Peu importe où j'atterrissais, je me sentais toujours comme une branche cassée sur l'asphalte.

Je suis parti en Californie pour suivre la chance. Je suis parti à Chicago pour suivre la naissance des jumeaux de ma sœur, Joey et Alexandra. Je suis parti en Europe pour foutre le camp. Je suis parti au Texas pour suivre un boulot. Je suis parti au Colorado pour suivre la carrière de ma femme. Peu importe où je vivais, la maison restait intacte dans ma mémoire grâce à ces rêves lumineux. Gens inconnus, gens connus, une occasionnelle traversée des murs de la maison vers une autre dimension où tout est inversé. Rêves impressionnants, où je suis debout sur la tombe d'un animal favori de mon enfance tandis que la maison est dévorée par les flammes. Rêves où, tombé dans l'herbe, je sens la fraîcheur familière et l'odeur des feuilles pourrissantes.

De temps à autre, je retournais voir la maison, voir ce que ses propriétaires en avaient fait. La première fois que j'y suis allé, la famille était en train d'embarquer dans son bateau pour descendre vers le lac. Ne voulant pas m'imposer, je suis remonté en voiture et j'ai roulé jusqu'au pont sur l'embouchure du chenal. Quand leur bateau est passé au-dessous, je me tenais du côté du lac et le père, la mère et le petit garçon regardaient tous du même côté. Mais la petite fille, qui était couchée au fond de la barque, regardait en l'air. Nos regards se sont croisés et quelque chose dans le sien m'a surpris et ému. Il y avait un contact entre nous, comme si nous nous étions connus toute notre vie, ou plus encore.

Quelques années ont passé, et je me suis retrouvé à Austin, Texas. J'avais rencontré ma future femme, Melissa, au cours d'un de mes voyages, et elle était venue à Austin en septembre pour vivre avec moi. Le soir de son arrivée, nous avons entendu un coup sur la porte. La chienne de Melissa, Luna, s'est mise à agiter la queue et à flairer la fente sous la porte. J'ai regardé par la fenêtre, mais je ne voyais rien. Tout à coup, la porte s'est ouverte et un gros labrador chocolat est entré. Le chien m'a jeté un regard qui semblait signifier : "Je suis chez moi." Luna et ce chien inconnu mais amical ont aussitôt commencé à faire les fous ensemble. En examinant le collier du chien, j'ai découvert avec étonnement que l'adresse gravée sur sa plaque était 914, Jones Street, c'est-à-dire mon adresse. Le nom inscrit de l'autre côté était Zoey. Nous aimions bien ce chien et nous avons fini par découvrir la cause de la confusion. Après avoir déménagé, la locataire précédente avait oublié de faire modifier l'adresse sur la plaque de son chien. Celui-ci s'était échappé et était revenu à son ancienne maison.

Un an plus tard exactement, nous avons fait, ma femme et moi, un voyage à Chicago. Tant que nous y étions, j'ai décidé de lui montrer la maison de Mundelein. Quand nous avons arrêté la voiture au bord du trottoir, le père était là, devant la maison. Je lui ai expliqué que j'y avais habité quand j'étais enfant, et il m'a très aimablement invité à entrer pour qu'il puisse me montrer ce qu'il en avait fait. J'étais très ému.

Nous sommes entrés. La maison me semblait beaucoup plus petite. La femme du propriétaire m'a emmené à l'étage et un flot de souvenirs m'a envahi. Sur une étagère à jouets, j'ai aperçu des cubes alphabet arrangés de façon à former les prénoms de ses deux enfants : Alexandra et Zoey. Nous nous sommes regardés, Melissa et moi.

Cette femme était-elle branchée sur la longueur d'onde de mes rêves ? Nous étions si stupéfaits que j'ai commencé à m'ouvrir à elle. Je lui ai dit que je rêvais tout le temps de la maison et que j'espérais que ça ne la dérangeait pas. Elle avait toujours senti une présence dans la maison, nous a-t-elle confié, mais personne ne la croyait.

J'ai calculé que son premier enfant, Alexandra, était née à peu près au moment où ma sœur Alexandra était venue me rendre visite. Cette visite avait été importante et significative pour elle et moi, et nous avions renoué après des années de séparation. Le fils de cette femme, Joey, était né presque en même temps que le Joey de ma sœur. Pour comble, cette famille avait choisi un chiot labrador chocolat et l'avait baptisé Zoey un mois après qu'un chien de la même race avait frappé à ma porte au Texas.

On m'a un jour expliqué que la synchronie existe lorsque notre ange personnel nous dit que nous nous trouvons au bon endroit. Miettes de pain sur le sentier de notre destinée.

TIMOTHY ACKERMAN
Erie, Colorado

J'ai passé mon enfance dans une confortable zone résidentielle au centre de la Caroline-du-Nord. Notre quartier était modeste et, pour la plupart, nous vivions dans de petites maisons vieillottes : pères ouvriers durs au travail, mères de famille actives et enfants énergiques de tous âges.

Dans l'une des maisons habitait cependant une personne singulière du nom d'Anna May Poteat. C'était une femme âgée et elle n'avait, à notre connaissance, aucune famille. Les plus imaginatifs des enfants la croyaient sorcière.

En vérité, Anna May Poteat était quelqu'un de bien, qui se suffisait à elle-même. Chaque matin, elle allait d'un pas traînant relever son courrier et son journal au bout de la brève allée menant à sa porte, mais le reste du temps elle restait à l'intérieur de sa petite maison carrelée de blanc.

Quand j'étais petit, j'étais l'un des rares habitants du quartier qui avaient fait connaissance avec Anna May. Les mères de notre rue lui offraient lors des périodes de fêtes des gâteaux et des tartes de leur fabrication, mais moi, je la voyais régulièrement. Une fois par semaine, en été, je tondais sa pelouse. Je recevais trois dollars pour ma peine.

Lorsque j'avais terminé la pelouse, elle engageait toujours la conversation avec moi. Debout dans son salon, tout transpirant à cause de la chaleur et de l'humidité, j'attendais qu'elle me paie mon salaire en respirant les odeurs étranges qui imprégnaient sa maison et, inévitablement, elle se mettait à parler de son sujet de prédilection. Je me souviens que l'âge lui faisait la voix fragile, mais c'était avec une sorte d'excitation juvénile qu'elle exhibait son album pour m'y montrer la preuve de son dernier triomphe. L'album contenait la chronique de ce qu'elle appelait volontiers son "don de Dieu".

Ce don était le don de prophétie. Elle prétendait faire des rêves qui annonçaient la mort de personnages célèbres, et elle enregistrait avec méticulosité ces rêves et les dates auxquelles ils étaient survenus. Elle notait ses souvenirs sur une page de l'album et, lorsque le sujet du rêve décédait, elle découpait sa notice nécrologique dans le journal et la collait sur la page à côté de ces notes. Dans son esprit, cela prouvait de manière indiscutable que son rêve avait précédé la mort de tel politicien ou de telle célébrité.

Je me souviens qu'elle m'a montré les pages concernant Eisenhower, Marilyn Monroe et Martin Luther King Jr. Le livre rapportait encore de nombreux cas mais, dans leur majorité, c'étaient des gens d'un autre temps et leurs noms ne me disaient rien. Je la soupçonnais d'être assez fière de son talent, car elle me gardait souvent là pendant au moins une heure, en tournant les pages de ses doigts arthritiques tout en me racontant ses anciennes prédictions avec une excitation croissante lorsqu'elle en constatait la justesse, ou alors en s'étendant avec tristesse sur la perte de personnages héroïques et exemplaires.

J'étais à peine adolescent à cette époque et je me rappelle que ce qui m'intéressait surtout, c'était de recevoir mes trois dollars et de sortir poliment de chez elle. Mais plus souvent que je ne m'en souviens, je restais assis à côté d'Anna May Poteat dans son petit salon et j'écoutais ses récits en dissimulant mon impatience. Lorsque je parlais à mes parents des révélations d'Anna May, ils profitaient de l'occasion pour m'instruire des phénomènes de sénilité et de sénescence. Ils me rappelaient aussi mon devoir de faire preuve envers elle de respect et de bonnes manières, quelle que fût son infirmité. Suivant leurs recommandations, je continuais à tondre sa pelouse, à subir le plus poliment possible ses étranges ruminations et à encaisser mon dû.

Et puis, un après-midi d'été, je suis arrivé chez Anna May avec ma tondeuse. Selon mon habitude, je me suis mis à tondre sa pelouse. Quand j'ai eu terminé, j'ai frappé à sa porte, mais sans réponse. C'était étrange. Depuis toujours, c'était le signal du moment où elle me faisait entrer chez elle et m'offrait du thé froid et sa conversation. Au dîner, ce soir-là, j'ai raconté à mes parents qu'Anna May ne m'avait pas ouvert. Mon père a paru inquiet et, à ma grande surprise, il est allé dans la soirée rendre visite à Mrs. Poteat. J'ai bientôt appris qu'Anna May était gravement malade.

La nuit même, la police et une ambulance ont été appelées chez elle. Anna May était dans le coma quand on l'a trouvée et presque morte. On l'a emmenée à l'hôpital, mais elle n'a pas vécu jusqu'au matin.

Pendant les jours qui ont suivi, les membres d'une des églises locales se sont portés volontaires pour vider sa maison et emballer ses affaires, qu'on a ensuite envoyées à l'un de ses parents à Juneau, en Alaska.

Deux ans plus tard, alors que j'étais à l'école secondaire, mes parents m'ont raconté ce qu'ils avaient appris de l'une des personnes qui avaient participé à cet effort. On avait trouvé et lu l'album d'Anna May Poteat et les fidèles avaient entendu parler de son "don de Dieu". Dans ses dernières notes, elle avait, semble-t-il, fait état de rêves annonçant sa propre mort. Elle les avait inclus dans sa chronique, en décrivant certains détails de ces rêves et puis, en bas de la page, elle avait ajouté quelques mots pour se rappeler de laisser de l'argent pour mon travail.

JEFF RAPER
Gibsonville, Caroline-du-Nord

Jimmy est mort en 1968, mais je n'ai commencé à le pleurer qu'il y a quatre ans, lorsque j'ai trouvé son nom sur le site Internet du Vietnam Veterans Memorial. Je ne pensais pas que le fait de le voir sur un écran d'ordinateur serait pour moi un tel choc, une telle douleur. Trente années, c'est long, sept ans de plus que la vie de Jimmy. Mais pas assez long, apparemment. J'avais l'impression que la nouvelle venait à peine de me parvenir.

Cette nuit-là, j'ai rêvé que j'avais une énorme blessure au ventre. Elle avait la forme d'un de ces cratères provoqués par des obus de mortier. Dans la salle des urgences, le médecin secouait la tête en disant : “Il faut faire quelque chose sans attendre, mais vous devrez trouver un autre médecin. Ceci est trop gros pour moi.”

Les gens qui étudient les rêves disent parfois que chaque personnage représente un aspect différent de la psyché du rêveur. Donc, étant à la fois le docteur et le patient, je me dis que s'il m'a fallu si longtemps pour regarder en face la mort de Jimmy, c'est parce que c'est trop gros pour moi et qu'il va me falloir de l'aide.

Pendant six mois, j'ai regardé des documentaires et des films et j'ai lu des livres sur la guerre du Viêtnam – comptes rendus historiques, Mémoires, chroniques verbales, lettres au pays, courrier info-clubs sur le Net, confessions d'une rage et d'une amertume sans fond, d'une confusion et d'un désespoir incurables même chez ceux qui avaient cru à la guerre.

Un ancien du Viêtnam, qui vit dans le sud de la Louisiane, craint de voir s'épanouir les bayous au printemps parce que cela annonce la venue de l'été, aussi chaud et humide, aussi oppressant que dans les jungles tropicales de l'Asie du Sud-Est. Les orages estivaux font un bruit d'artillerie et, quand les éclairs illuminent l'obscurité, il voit les visages et les corps d'amis décédés, comme tous les étés depuis vingt-neuf ans.

"Il fut un temps où je croyais que j'allais finir par oublier ces souvenirs terribles, a-t-il écrit à un groupe Internet d'anciens combattants. Mais je me rends compte à présent que cela n'arrivera jamais."

Un autre ancien soldat, qui vit dans un faubourg bourgeois, souffre de flash-back si convaincants qu'il s'est retrouvé une nuit "en tenue de camouflage, le visage noirci, dans un jardin que je ne connaissais pas et où je venais de trancher la gorge à un chien".

La guerre du Viêtnam n'appartient pas au passé ; elle est encore en nous, telle la blessure profonde, sombre et sanglante de mon rêve.

Pendant des mois, je me suis endormie chaque soir avec l'espoir d'un rêve d'une autre espèce, un rêve qui me permettrait de faire mes adieux à Jimmy. Et puis j'ai appelé sa sœur Ann, qui était l'une de mes meilleures amies à l'école secondaire, et nous avons bavardé pour la première fois depuis trente ans. Il y avait longtemps que je n'avais fait pour moi-même quelque chose d'aussi bien. Nous avons passé une heure à rire et à manquer de respect envers nos professeurs et nos camarades de classe, juste comme en-ce-temps-là.

Ann a un fils appelé Jim, qui vient de lui briser le cœur en s'engageant dans le corps de réserve des marines. Elle m'a raconté que Jimmy devait partir en permission de Noël la semaine de sa mort, mais qu'il avait préféré passer les fêtes avec ses hommes. Six jours avant Noël, il a reçu une balle dans la tête et est mort sur le coup.

N'est-ce pas ce que nous souhaitons tous croire quand quelqu'un meurt ?

La nuit après ma conversation avec Ann, j'ai enfin rêvé de Jimmy. Il ne faisait que passer, en pantalon kaki, chemise de jersey rouge délavé et mocassins, assez proche pour que je le reconnaisse, mais hors de portée de la main ou de la voix. Sans le quitter des yeux, j'essayais d'attirer son attention mais lui, les mains dans les poches, perdu dans ses pensées, regardait fixement droit devant lui. C'était le crépuscule, et nous nous trouvions dans un champ qui s'étendait jusqu'à l'horizon dans toutes les directions. Il était seul et marchait vers l'ouest et le soleil couchant ; j'étais avec un groupe de gens et nous allions dans l'autre sens.

En juin dernier, Jimmy aurait eu cinquante-quatre ans. Là-bas, dans notre ville natale, je suis allée sur sa tombe pour la première fois. A l'ombre d'un magnolia, c'est une simple stèle de marbre parmi quarante-trois mille exactement pareilles, avec vue sur une baie d'émeraude et d'azur. J'ai lu et relu les quelques mots et chiffres mais, s'ils recèlent secrets ou mystères, je ne les ai pas trouvés.

LYNN DUVAL
Birmingham, Alabama

MÉDITATIONS

LEÇONS DE COUTURE

J'ai pris mes premières leçons de couture quand j'étais très petite : assise par terre, je cousais ensemble des bouts de tissu, réalisant de minuscules créations. Au-dessus de moi, sur la table de la salle à manger, ma mère faisait chanter la machine à coudre. De temps à autre, elle interrompait son travail pour me détacher d'un coup de ses ciseaux de la chose à laquelle je m'étais cousue ou pour me montrer comment cracher sur l'extrémité du fil afin de le réenfiler dans le chas de l'aiguille. Mes points d'enfant ressemblaient à un message en morse divaguant sur le tissu.

En même temps que les leçons de ma mère, il y avait ses histoires : comment sa mère à elle pouvait découper dans un journal le patron d'un complet d'homme et comment, pendant la Crise, ses propres robes étaient coupées dans des sacs de farine. J'entendais parler d'une enfance marquée par le manque, de la guerre, de la survie au jour le jour et de ma naissance. Ces histoires étaient aussi naturelles que le fait de respirer, et je les absorbais de la même façon que j'absorbais l'air.

A l'heure du dîner, terminé ou non, notre ouvrage était mis de côté pour céder la place à un repas et à l'intrusion des affaires familiales. Le lendemain matin, la machine réapparaissait et nous poursuivions nos entreprises.

Mes leçons de couture officielles débutèrent en septième, dans le cadre d'un cours d'économie domestique. La préparation des fillettes à leur futur rôle d'épouse et de mère exigeait un semestre de couture et un semestre de cuisine.

La maîtresse, Mrs. Kelso, était une femme terne et sévère, avec des boucles brunes rangées serré autour de la tête. J'étais certaine qu'elle n'avait aucune imagination, car elle ne s'habillait que d'ensembles deux-pièces cousus par elle dans des tissus également ternes. “Classiques”, disait-elle.

La technique de couture que Mrs. Kelso s'appliquait à inculquer à nos sensibilités préadolescentes n'avait pas grand-chose à voir avec celle de ma mère. Maman étalait du tissu par terre, posait un patron dessus (si elle en avait un), piquait quelques épingles, coupait et cousait. Et, peu de temps après, j'avais une nouvelle robe.

Mrs. Kelso était une théoricienne. Notre première entreprise – un rite de passage, apparemment – consista à coudre des boutons-pression sur de petits carrés d'étoffe. Chaque fois que nous tirions le fil à travers un trou de la pression, nous faisions un nœud que nous calions contre le bord du fermoir avec l'ongle du pouce. Mes nœuds informes ne s'alignaient pas autour de la pression, et je dus recommencer deux fois l'exercice. Quand je montrai à ma mère ce que j'avais appris, sa réaction fut : “Pouf ! Qui a le temps de faire ça ?”

Mis à part la technique, la grande différence entre mes deux professeurs était leur philosophie du travail. Ma mère sifflait et battait des mains. Nous chantions *Sixteen Tons* avec Tennessee Ernie Ford et marchions en rond au son d'un vieil enregistrement du *Golliwog's Cakewalk*. Une des rares occasions où j'ai vu pleurer ma mère fut l'écoute d'un disque de violon tzigane, pendant qu'elle ajustait les fronces sur le corsage de ma robe.

Aux yeux de Mrs. Kelso, la couture était une science – quelque chose qu'on apprenait au collège. Elle n'autorisait ni les chansons, ni même la radio. Il était rare qu'un sourire fêle sa façade sévère. Je l'imaginais seule et sans enfants, mais j'eus le choc d'apprendre qu'elle n'était ni l'un, ni l'autre.

Quand ma classe fut enfin jugée apte à la vraie couture, Mrs. Kelso choisit un modèle inratable : une chasuble en trapèze, avec un col en V : ni boutons, ni fermeture éclair, ni pinces, aucun effet. Ma mère m'aida à choisir une jolie flanelle grise. J'étais impatiente de la couper.

Avant de nous donner la permission de nous y mettre, Mrs. Kelso nous fit lire en entier la feuille d'instructions du patron et vérifia notre connaissance des termes utilisés. Enfin, nous pûmes étaler nos tissus sur de grandes tables, épingler les différentes parties du patron en suivant exactement le plan indiqué et couper le long des lignes continues, en ôtant de petits triangles à l'endroit des crans (ma mère ne se souciait jamais de faire des crans). Avec du carbone spécial et des roulettes à tracer, nous devions marquer chaque couture dessinée sur le patron. J'essayai tant et si bien de marquer les lignes sur ma flanelle que la roulette passa à travers le papier, détachant du patron la largeur supplémentaire prévue pour les coutures.

Quand je racontai mes ennuis à ma mère, elle me fit remarquer les repères gradués sur la plaque de la machine à coudre et me conseilla d'en choisir un, de le suivre, et d'oublier les roulettes à tracer.

Mrs. Kelso nous fit faire l'ourlet de nos chasubles au-dessous du genou. Le miroir révéla l'affreux résultat de cet effort. J'avais l'air d'un poulet décharné vêtu d'un sac à farine. Je ne me souviens pas de ma note.

Je ramenai ma chasuble à la maison, bien décidée à ne jamais la porter. Ma mère sauva la situation en raccourcissant l'ourlet en fonction des standards de 1965, en ajustant aux mesures de mon corps mince les coutures des côtés et en achetant une blouse de crêpe rose avec de longs rubans à nouer sous mon menton.

Après un semestre avec Mrs. Kelso, je n'avais plus envie d'être épouse ni mère. Mais à vingt et un ans j'étais les deux, et je n'avais plus le temps de mettre en pratique tout ce que Mrs. Kelso m'avait appris. Les leçons de ma mère, par contre, m'ont aidée à mener à bien rapidement chaque ouvrage. J'ai appris à proportionner mes efforts à la quantité de crachat de bébé qui allait probablement embellir les petits bavoirs et chemisettes que je confectionnais. Pendant que je cousais, je chantais, battais des mains et jouais avec mon fils. Pink Floyd remplaçait Tennessee Ernie Ford. Au lieu de coudre, mon fils bâtissait à mes pieds des châteaux en Lego. Lorsqu'il a grandi, mes histoires ont cédé la place à ses lectures du dernier *Star Trek* ou d'un roman de Piers Anthony.

Plus tard, quand le temps est devenu moins précieux et que la perfection trouvé sa justification dans le coût des belles étoffes, je me suis souvenue des leçons de Mrs. Kelso – et des leçons d'autres femmes. Les nœuds amarrant mes pressions s'alignaient comme des soldats. J'ai découvert la grande utilité des crans.

A présent, ma mère – quatre-vingts ans cette année – m'appelle en PCV pour me demander conseil quant à la fabrication d'un volant pour son couvre-lit ou d'un chapeau de pluie pour son chien minuscule. Je crois que c'est sa façon de me dire que j'ai, enfin, quelque chose à lui apprendre.

DONNA M. BRONNER
Santa Teresa, Nouveau-Mexique

DIMANCHE SOIR

Le trajet entre chez mon cousin et chez nous est une longue étendue de morosité industrielle que nous parcourons chaque dimanche. De mon point de vue, la succession d'aciéries, de fonderies et de stations d'approvisionnement pour les camions diesel défile comme un film dont le cadre est la fenêtre latérale arrière de la voiture. J'imagine ce qui se passe derrière ces murs. Je me représente des hommes d'âge mûr au dos velu penchés sur des engins compliqués, les bifocales sur le nez, la cigarette au coin de la bouche, une cendre longue d'un centimètre et demi suspendue en l'air par quelque force de gravité. La radio passe les derniers succès ; j'espère qu'on donnera mon préféré du moment, *Build Me Up Buttercup*, par l'ensemble Foundations. Nous passons devant des terrains vagues entourés de clôtures en grillage ou en barbelés. Nous faisons la conversation en italien, mais je ne parle pas tant que ça. Je peux m'offrir le luxe de rester dans mon petit monde à moi. L'été est brûlant et lourd, mais les vitres sont baissées et c'est agréable de sentir l'air dans mes cheveux. Le réservoir de la ville, célèbre pour son odeur infecte et pour ses rats énormes, est parallèle à notre route et à la voie de chemin de fer qui, à un certain endroit, traverse juste devant nous. Le signal d'alarme retentit et la barrière s'abaisse. Maintenant nous nous amusons à nous demander si ce sera long ou court. Il nous est arrivé d'attendre jusqu'à quinze minutes. Le disque-jockey parle à toute vitesse pendant le début de *Tighten Up*, par Archie Bell et les Drells. Je déteste quand ils font ça. Pourquoi ne laissent-ils pas la place à la chanson ? Ma grand-mère parle de ce qu'on pourrait manger ce soir. Peut-être de la polenta. Peut-être des pâtes. Des pâtes, j'espère. Le fourgon de queue passe et la barrière se relève. Ça n'a pas été long. Négligeant la première vitesse, mon oncle passe directement en seconde et puis en troisième.

Mais ce n'est pas vraiment à tout ça que je pense. Ça reste à la périphérie, à peine aperçu. Ce qui m'occupe l'esprit en ce moment, ce sont les bandes dessinées que j'ai lues chez mon cousin. Il est plus âgé que moi et certaines d'entre elles datent d'avant que je sache lire. Il en a des centaines et je lui demande de les sortir chaque fois que j'y vais. Il n'a pas toujours envie de sortir les plus anciennes ou peut-être que, simplement, il aime me voir souffrir. Aujourd'hui, j'en ai lu d'assez récentes. *Captain America* est mort, croient-ils ; mais il n'a fait que simuler sa mort afin de se débarrasser des agents d'Hydra. Une sacrée surprise les attend. Le dessinateur, Steranki, qui est aussi l'auteur des dessins de *Nick Fury, agent du SHIELD*, a un style qui me rappelle les vieux films de gangsters que j'aime bien regarder le dimanche après-midi. J'ai lu quelques numéros récents de *The Avengers* ("Les Vengeurs"). Il y a un nouveau méchant qu'on appelle *The Vision*, mais ce n'est pas un vrai méchant puisqu'en ce moment son cerveau est contrôlé par quelqu'un d'autre. C'est un androïde, c'est-à-dire que son corps est composé de parties synthétiques. Il a d'étranges pouvoirs, comme celui de maîtriser la densité de ce corps. Il peut le rendre dur comme du diamant, ou alors en briser la structure moléculaire afin de passer à travers les murs.

Quelques-unes des bandes dessinées sont des reprints d'histoires qui remontent aux années quarante, et ça me plaît de m'imaginer tel l'un de ces gamins qui ressemblaient aux Bowery Boys, battant la semelle dans le Lower Eastside, me faisant rembourser mes bouteilles vides afin d'acheter un exemplaire de *The Human Torch* ou du *Sub-mariner* au drugstore du coin. Il y avait la Torche humaine des années quarante dans une des bandes que j'ai lues aujourd'hui, en train de combattre une espèce de monstre géant qui terrorisait Coney Island. Cette

Torche humaine était un androïde créé par un savant, à la différence de la Torche humaine actuelle, Johnny Storm, dans les *Fantastic Four*, dont le pouvoir résulte d'une exposition à des rayons cosmiques. Mais ce que j'ai appris aujourd'hui, c'est que le corps de *The Vision* était autrefois celui de la Torche des années quarante. C'est le même. A un moment indéterminé, le corps original est mort, mais ensuite un autre savant l'a fait revivre sous une forme modifiée. Je n'ai pas tous les détails, mais je compte approfondir la question. Pendant que je lis, mon cousin, assis sur le canapé, regarde un western en écoutant le match. Ma grand-mère est dans la cuisine, en train de prendre un café en bavardant avec ma grand-tante et mon grand-oncle. Mon oncle n'entre jamais. Il se contente de nous déposer et de revenir nous chercher plus tard.

On est presque chez nous. On a passé la zone industrielle et maintenant on voit des gens occupés à passer le temps dans les rues et devant leurs maisons. Les femmes ont des serviettes mouillées autour du cou, elles s'éventent et boivent de la limonade. Les hommes écoutent le base-ball et boivent de la bière Falstaff. Les gosses roulent à vélo et jouent à la balle avec un bâton en guise de batte. Un groupe d'entre eux s'est formé autour d'une borne à incendie. J'ai l'impression qu'on va avoir des pâtes, et je sais qu'il reste un peu de pastèque dans le frigo. J'aime en manger le soir, assis dans le noir près de la porte grillagée de la cuisine, d'où je peux écouter les grillons et observer les lucioles. Parfois, on s'assied dans le noir près de la porte de devant et on attend le ding-ding de la camionnette de *Mr. Softee Ice Cream*, le marchand de crème glacée.

Avant d'aller au lit, je sors ma collection de bandes dessinées. Je n'en ai pas beaucoup mais celles que j'ai, j'y tiens et je les lis et les relis. Je les range toutes dans une caisse au cas où il y aurait une tornade et où on devrait se cacher sous l'évier. On ne sera jamais surpris par une tornade parce que la sirène d'alarme est située juste dans notre ruelle et quand elle se déclenche on ne s'entend même plus penser. Parmi les bandes dessinées auxquelles je tiens le plus, il y a les deux premières que j'ai achetées au drugstore avec l'argent de mes bouteilles consignées. Le numéro 35 de *Daredevil* et le numéro 54 de *Spiderman*. Ensuite il y a le numéro 105 de *Hulk* et le numéro 76 des *Fantastic Four*, que grand-mère m'a achetés quand je me suis coupé la main par accident avec un morceau de verre et qu'on a dû aller à l'hôpital. Mon oncle ne supporte pas les superhéros mais nous aimons tous les deux *MAD* et les personnages de Harvey comme Richie Rich et Hot Stuff.

Grand-mère n'aime sans doute pas beaucoup les bandes dessinées, mais elle est contente que j'aie quelque chose pour m'occuper l'esprit et elle m'encourage à dessiner. On a regardé l'émission spéciale sur Disney, où on voyait les animateurs au travail. Ça a l'air d'un bon boulot sérieux. Elle sait que le dessin, c'est un talent qui peut servir.

Mon oncle dessinait dans ses carnets, ceux que je ne suis pas censé regarder. Il y a des personnages qui sont tout le temps en train de trimballer des caisses et on dirait qu'ils construisent quelque chose. Maintenant, je crois qu'il s'intéresse plus aux poids et haltères et au karaté, bien qu'il soit allé acheter le dernier album des Beatles la semaine dernière. Il a acheté en même temps un nouveau tourne-disque, qu'il a installé sur la table de la cuisine. Je m'y suis assis pour regarder tourner la pomme pendant que le bruit d'avion à réaction qui ouvre *Back in the USSR* s'élevait du disque. Tout l'album était formidable, comme quelque chose venu d'ailleurs. Il a tous les albums des Beatles jusqu'à présent.

On est enfin arrivés. Le trajet n'est pas vraiment long, mais je n'aimerais pas le faire à pied. Ma grand-mère va droit au tuyau d'arrosage et donne une bonne douche au jardin. Elle travaille dur pour entretenir le jardin. On a un figuier qui était déjà là avant moi et n'a jamais donné une figue, mais elle le soigne tout de même et le couvre chaque hiver. Un jour elle a trouvé un bébé écureuil qui était tombé d'un arbre. Un pauvre petit machin qui ne pouvait pas avoir plus d'un ou deux jours, en position fœtale, les yeux encore fermés. Elle l'a ramené avec l'espoir d'arriver à le nourrir durant ses premiers temps. Pendant deux semaines environ, on s'est réunis autour de la petite caisse installée dans la cuisine. Ma grand-mère s'en occupait, elle le nourrissait à l'aide d'un compte-gouttes. On allait tous les jours voir comment il allait, enroulé dans sa couverture, agitant ses petites mains et, de temps en temps, ouvrant les yeux et nous regardant. Mais hélas ça n'a pas suffi. On a fait tout ce qu'on pouvait faire. On l'a enterré dans le jardin.

Au dîner, on finit toujours par raconter des bêtises et attraper le fou rire. C'est un langage qu'on a mis au point entre nous. Peut-être simplement la sonorité de certaines expressions italiennes. Quelque chose le déclenche, et alors ma grand-mère se met à rire, et mon oncle et moi on s'y met aussi et en un instant on a tous la figure rouge et mal au ventre à force de rire et on ne se rappelle même plus de quoi on riait. Mais après on se sent drôlement bien.

Avant d'aller au lit, ma grand-mère va regarder *Mutual of Omaha* ou Jacques Cousteau. Mon oncle sera en bas, en train de lever des poids, et moi, je serai de nouveau plongé dans mes bandes dessinées. Pendant la nuit, des ventilateurs nous aideront à dormir dans la chaleur oppressante du Middle West. Il y en a un dans la chambre de ma grand-mère et un dans la chambre que je partage avec mon oncle. Quand viendra septembre, on n'aura plus besoin des ventilateurs mais pendant quelques semaines on aura du mal à s'endormir sans leur vrombissement.

Le matin, je serai réveillé par le camion de Sealtest qui stationne dans la ruelle afin de décharger des cageots de lait pour le magasin d'alimentation. J'entendrai un léger bruit de voix et les diables qui bringuebalent. Je suis encore à moitié dans un rêve et j'entends dans la cuisine un nouvel épisode de *Chicken Man* lorsque la pâte à crêpes grésille dans la poêle.

BOB AYERS
Seattle, Washington

BORD DE MER

Je ne sais pas d'où m'est venue cette idée. Je savais seulement que, d'une façon ou d'une autre, cet anniversaire devait être spécial. Ce n'était pas que je n'aie pas d'amis désireux de le célébrer avec moi. Ce n'était pas que je me trouve loin de ma famille. Ce n'était même pas le fait que je venais de rompre avec cet homme. Tout ce que je savais, c'était que j'avais envie de prendre la route et de m'en aller. Je voulais m'honorer moi-même, toute seule. Donc, le jour de mon vingt-cinquième anniversaire, j'ai retiré de l'argent de ma tirelire, je suis montée en voiture et je suis partie. J'avais expliqué à tout le monde que ça n'avait rien de personnel, que je m'en allais pour mon anniversaire, c'est tout. Là s'arrêtait mon explication.

Quand le matin fatal arriva, je me trouvais dans un curieux état d'euphorie. Au réveil, je me sentais bien. Après avoir pris l'argent et être montée en voiture, je me suis sentie de mieux en mieux. Rien que de rouler sur la route et de voir des immeubles que je n'avais encore jamais vus, ça me donnait envie de sourire. Tout me paraissait excitant et plein de possibilités. Et puis j'ai vu un panneau qui annonçait : *Nena's Restaurant.* Nena est le surnom de ma mère, j'ai donc viré à droite et atterri sur la plage.

Je n'avais pas la moindre idée de l'endroit de la côte où je me trouvais, ni d'où elle se terminait. Je remarquais les mouettes, l'écume des vagues. Le monde me semblait étrangement bien mis au point, mais je n'avais pas su qu'il ne l'était pas.

Ma voiture est allée s'arrêter devant une rangée de boutiques d'allure bizarre, chaussée de pavés, juste au bord de la mer. C'était la seule trace de civilisation que je voyais depuis des kilomètres. Ma voiture s'est garée d'elle-même devant un petit *bed-and-breakfast* et j'ai ouvert la porte. Je ne me rappelle pas pourquoi, je suis entrée et j'ai demandé ce que coûterait une chambre. Peu importe le prix, disais-je. Une femme vêtue d'un ensemble imprimé cachemire m'a fait monter un escalier impeccable, couleur pêche, avec des murs blancs immaculés, et m'a montré ma chambre. J'ai découvert un lit à baldaquin en bois avec des oreillers garnis de dentelle. Il y avait une accueillante cheminée à feu ouvert et un balcon avec vue sur la mer, cette vue que j'avais poursuivie pendant des kilomètres. La baignoire à pieds de lion était surmontée d'un cercle à rideau à l'ancienne. Le frigo était rempli de choses à boire et la cafetière était réglée pour fonctionner le matin. J'ai remercié la femme et attendu qu'elle s'en aille.

J'ai sorti de mes bagages mes CD, mon encens et mes cigarettes. Et puis je suis restée assise sans rien faire d'autre que laisser la chambre imprégner mes pores. Elle dégageait une énergie si étrangère et si parfaite que j'avais envie de la sentir, d'en sentir le plus petit mouvement. J'ai caressé du bout des doigts les savons dans la baignoire et je me suis jetée sur le lit. J'étais libre, j'étais parfaitement, incroyablement libre, et je savais sans le moindre doute, sans le moindre repentir, que j'étais là où je devais être.

M'aventurant au bas de l'escalier, j'ai exploré le petit coin de bord de mer qui était à moi pour un jour. Je suis allée m'acheter un sandwich et un costume de bain et j'ai senti le soleil sur mon visage. J'ai parlé à des inconnus et lu la littérature affichée sur les murs, j'ai humé les pâtisseries et senti le sel sur mes lèvres. Quelque part entre midi et le coucher du soleil, j'ai sorti de mon sac un livre de poche et lu un moment sur la plage. Quand le soleil s'est couché et que les occupants de la plage sont partis les uns derrière les autres vers les restaurants, je suis restée. J'ai regardé le soleil entamer sa descente et le ciel commencer son ballet de couleurs. J'entourais mes genoux de mes mains et le sable doux, tiède et blanc se pressait entre mes orteils. Je me suis levée et j'ai marché vers l'eau, avide du contact de l'écume sur ma peau. En marchant, je sentais que mon corps faisait partie de la planète. C'était comme si quelque chose en moi se souvenait que je n'étais qu'une personne sur ce globe, pas plus, et que j'y étais à ma place. Tout à coup, je faisais partie de l'océan, du coucher de soleil et du lever de la lune, et mon corps avait envie de danser. Et c'est ce que j'ai fait. Je me suis mise à courir et à jouer dans les vagues, à sauter et à éclabousser, à glisser, à tourbillonner, à faire la roue et à me plonger dans l'eau, sans me soucier de qui me regardait, si toutefois quelqu'un me regardait. Je flânais, je gambadais, je galopais. Je m'allongeais dans l'eau et la laissais déferler sur moi ; à son retour, je me sentais aspirée vers la mer. J'étais tellement libre. Et j'étais en sécurité.

Lorsque enfin l'épuisement m'a gagnée et que le ciel est devenu sombre, je suis rentrée dans ma chambre. La chambre m'attendait, et j'ai répondu à son attente. Je ne suis pas sortie pour dîner. Manger ce qui restait de mon sandwich au salami et lire mon livre qui parlait d'amour, voilà ce que je désirais. J'ai pris un bain et allumé un nouveau bâtonnet d'encens. Entre deux chapitres du livre, je me retrouvais en train de fumer sur la chaise longue du balcon. Pendant ces pauses, je pensais des pensées puissantes. Je me rappelais qu'aucun homme ne pouvait me rendre heureuse ni malheureuse. Je me rappelais les étoiles et tout ce qu'elles représentent. Je me rappelais que j'avais toujours désiré que ma mère et moi soyons amies. Je ne me sentais retenue par personne, par rien. Tout me paraissait parfait, bien aligné, réalisable. Je n'avais pas envie de m'endormir, je n'avais pas envie que cette sensation disparaisse. Pendant toute la nuit, je n'ai fait que lire, fumer et regarder le ciel dans sa perfection nocturne, en sachant que j'étais bien. Cette sensation était la meilleure que j'eusse jamais éprouvée. Elle n'était rattachée à personne, à aucun objet, et ne pouvait m'être enlevée. Elle était à moi, et provenait d'une source qui ne tarirait jamais. Je ne m'étais encore jamais sentie comme ça, ni de près ni de loin.

Quand j'ai fini par dormir, ça n'a duré que deux heures. Je me suis réveillée et cette sensation était encore là, elle n'avait pas disparu pendant mon sommeil. J'ai exploré la maison et trouvé une échelle de bois qui menait à une fenêtre vitrée dans le plafond. Là-haut, j'ai trouvé un mobilier de jardin sur le toit. Toutes les chaises étaient disposées à un angle parfait pour observer le soleil en train de s'élever sur l'océan. Je me suis assise. J'avais l'impression que ces chaises m'attendaient. J'avais encore les yeux ensommeillés, j'étais en pyjama, les roses, les bleus et les jaunes se déroulaient par-dessus ma tête. J'ai fermé les yeux. Contente de sentir.

Mon absence n'a duré que vingt-quatre heures. Quand ma voiture m'a finalement ramenée chez moi cet après-midi-là, je savais que quelque chose s'était enclenché en moi. Ça ne s'est jamais tout à fait déclenché. Ça n'avait duré que vingt-quatre heures.

TANYA COLLINS
Oxnard, Californie

APRÈS UN LONG HIVER

Washington DC

Levée plus tôt que d'habitude. L'air m'appelle. L'air printanier est différent de l'air hivernal. Les branches des arbres sont dentelées de petits bourgeons pourpres. Plus tard, elles se couvriront d'un duvet jaunâtre, tel un halo vert pâle au soleil.

Les oiseaux sont là, ils se communiquent à grand tapage les dernières nouvelles. Les chats demeurent lovés sur les échelles de secours. Ils ne sont pas pressés de se risquer dans l'air vif du matin. Ils savent que ça va se réchauffer. Ils observent les oiseaux. Ils peuvent attendre.

L'air est clair, propre, frais. Les odeurs sont de minuscules odeurs, petites bouffées de verdure, un ruban de boue brune, la senteur bleue du ciel. A midi, il fait assez doux pour rester en manches de chemise. Je mange mon déjeuner dehors, assise sur un muret de briques tièdes. La brise fait voler mes cheveux et le bas de ma jupe. Je dois froncer les yeux. Tout a meilleur goût.

Jusqu'aujourd'hui, j'étais trop bien blottie dans mon manteau d'hiver pour remarquer la silencieuse arrivée des fleurs. Tout à coup, les jonquilles me sourient au visage, des tulipes perroquet agitent leurs pétales crochus et des fleurs blanches et odorantes sont piquées sur les cornouillers comme de petits nœuds dans les cheveux d'une fillette.

La soirée est douce, une veste légère me suffit. Il fait encore clair quand je marche du métro jusque chez moi. Je pourrais marcher pendant des heures. Telle une gosse qui joue dans la rue avec ses copines, je n'ai pas envie de rentrer.

En partant travailler, ce matin, j'ai laissé mes fenêtres ouvertes. En mon absence, le printemps est entré à travers les moustiquaires. C'est comme si, à l'aide d'une grande clé d'argent, j'avais enroulé le toit comme le couvercle d'une boîte de sardines.

Dedans, ça sent comme dehors. Ce sera comme se coucher dans l'herbe pour dormir. Les draps sont frais. La couette est chaude. La lumière pâlit devant mes fenêtres. Ce week-end, je pense que je vais laver ma voiture.

EILEEN O'HARA
San Francisco, Californie

MARTINI ZESTE

Il n'y a pas de meilleur martini dans l'Etat de Washington que celui qu'on sert au bar du vieil hôtel Roosevelt, à Seattle. Une petite gorgée de ce solvant torride est à la fois aussi froide qu'une pluie d'hiver et aussi sèche que le désert lui-même. Une petite gorgée, c'est la collision de votre passé et de votre avenir en un instant cristallisé qui est maintenant.

Avant tout, le martini est froid. Pas simplement froid. D'un froid sibérien. Hypothermique. Aucun glaçon en évidence, mais la glace imprègne chaque ineffable gorgée. Comment une substance aussi froide peut-elle communiquer tant de chaleur ? Telle est l'ironie, la magie, le mystère qui définit le martini.

Le verre est important. Et ça, ce barman ne s'y trompe pas. Rien ne bat la forme classique en entonnoir. Il faut pouvoir incliner son verre et faire entrer doucement son palais par la petite profondeur, non pas l'enfoncer d'un coup dans le gouffre de la fosse à plonger. Le riche arôme du vermouth doit suggérer sa présence et non vous noyer par un excès oppressant de vermouthude.

La forme, oui. Mais aussi la taille. Et ce dispensateur de libations ne s'y trompe pas non plus. Grand.

Il déclare bravement : Oui, je suis un martini. Pas un mélange de vin et d'eau gazeuse. Pas un bloody mary. Pas un daïquiri. Un aventurier, un grimpeur, un bon vivant. A la moitié du deuxième double, je me sens capable d'être plus Bond que Bond. Je me surprends à exiger du barman qu'il secoue mon breuvage au lieu de le remuer.

Une partie du charme du verre en forme de V est l'accueil parfait qu'il réserve à l'olive, la garniture de choix. La douce inclinaison des bords constitue un toboggan idéal. La voilà. Voluptueuse, au fond du pendule, penchée d'un côté puis de l'autre selon qu'on lève le verre. Une jambe de piment exposée, une seule, qui se balance dans le liquide.

Après qu'on a ôté l'épée de plastique enfoncée dans la verdeur caoutchouteuse de son costume salé et ferme sous la dent, l'olive imbibée de vodka arrive à destination.

Ambroisie.

Les martinis ne sont pas des bavards. Une conversation lubrifiée par un martini est chargée de sens, embellie par un catalyseur qui diminue les inhibitions tout en renforçant le sens de l'ironie et du pathos. Les martinis sont subtils. Introspectifs. Réflexifs.

C'est Mahler, le crépuscule et le côté sombre du jazz. Les yeux plongés profondément dans les yeux d'un seul être, qui écoute. A la fois spirituel, physique, rituel et unique. Vous êtes un et personne et tous. A une gorgée de distance de la compréhension et de la transformation. Acteur, rebelle, rêveur.

Alors que les martinis sont sélectifs et méditatifs, la bière est verbeuse et non corrigée. Micro-brassée pour un maxi-volume de discussion, accompagnée de grands gestes et d'exagérations débridées. La bière est tapageuse, pleine de blagues et de vaudeville. Juristes, vendeurs, enthousiastes du sport.

La bière, c'est Bartók. Tympanum, action sauvage, crescendos dramatiques. La bière, c'est pour les foules et ceux qui racontent des histoires drôles interminables avec des chutes prévisibles et de gros rires gras. C'est énorme et tonitruant. Hors-bord.

Les martinis sont philosophiques. Réfléchis. Tournés avec ironie. Mimes. Sourires de connivence. Voiliers. Toute la simple complexité de la vie monte à la surface de la vodka et du vermouth. On devient. On vit. On est.

Drainé. Et propre. Et brillant. Les martinis sont d'une honnêteté brutale. Pas de colorant. Pas d'agent de sapidité. Aucun additif. Pas de faux col. Pas de mousse. Pas meilleur que le moins bon des ingrédients. Un vermouth de bas étage définit la vodka. Une vodka d'occasion définit le vermouth. Vous êtes ce que vous fréquentez.

Un bon martini rehausse l'instant que vous êtes en train de vivre. La bière exagère ce que vous étiez autrefois.

Vous pouvez boire un martini seul, mais vous n'êtes jamais seul quand vous en buvez un. L'essence des gens, des générations et des pays qui vous ont précédé est distillée dans chaque petite goulée. Remuez bien, avec mélancolie, un piano jouant du blues et un saxophone doux-amer, et vous avez à la main une boisson à laquelle personne n'a encore goûté, que plus personne ne goûtera, et que tout le monde a goûtée depuis le commencement des temps.

Les martinis sont liés aux lieux et aux gens. Que vous traversiez le nord des Etats-Unis d'une côte à l'autre ou que vous fassiez le tour de monde, où que vous trouviez une bouteille de gin ou de vodka et du vermouth sec, vous trouverez un bar qui proclame que ses martinis sont les meilleurs de la ville ou de l'Etat ou du pays ou du monde.

Tous disent vrai.

Votre expérience. Votre plaisir. Votre mémoire est inextricablement reliée, non seulement au contact sur votre palais de ce liquide infiniment satisfaisant, mais aussi, pour toujours, aux riches histoires des peuples et des pays où cette boisson est née, a vécu et a respiré.

Dans un martini à la vodka, vous inhalez en même temps la douleur du paysan russe et le remords stoïque d'un tsar russe. Vous êtes unis dans votre humanité, dans vos triomphes, dans vos défaites, dans votre foi en cet élixir transparent, dans votre désir d'être libres, prospères et aimés.

Partager un martini, c'est une invitation à explorer l'intimité de l'île glacée que vous êtes seul à habiter. Chaque goulée fait fondre l'iceberg jusqu'à ce que, peu à peu, par degrés imperceptibles, un revêtement glaciaire s'en aille en eau et libère le voluptueux paradis tropical qu'il recouvrait.

Aussitôt, vous avez conscience de votre profonde solitude et de votre indéniable correction. Vous sentez courir dans vos veines la vie de chacun des buveurs de martini qui vous ont précédé. Ensemble, vous êtes nés, vous vivez, vieillissez et mourez. En cours de route, vous gagnez et perdez la famille, les amis et l'amour qui rendent la vie supportable et insupportable.

Si vous avez soif de connaissance, ne cherchez pas plus loin que le fond de votre verre. Remuez vos rêves avec douceur, vos pensées et votre imagination vous emmèneront au-delà de vos souhaits et espoirs les plus chers.

Un bon martini, c'est la culmination de toutes les décisions de votre vie. Une épiphanie explose lorsque vous découvrez que ce qui paraît nouveau et révolutionnaire sur le moment résidait en réalité au fond de vous depuis toujours, latent, en attente du martini parfait.

DEDE RYAN
Boise, Idaho

Un matin à l'ouest du Texas, presque au Nouveau-Mexique, et la route devient sinueuse. Les quarante derniers miles m'ont paru interminables. Je descends à bonne allure, poussé au cul par d'autres voitures, mais c'est à peu près comme si je me trouvais au même point qu'il y a une heure.

La route se déploie ; rouler à soixante-quinze* est devenu une habitude. J'ai fait ça plus souvent que je n'aurais voulu mais par nécessité et, maintenant, la perte de stabilité a atteint la limite. Certains de ces voyages sur les routes concernaient un travail pour ma société, certains étaient personnels, et certains constituaient de loin mon activité la plus importante. Ce n'est pas une activité. La voiture fait tout le travail, et la somme des miles sur la route est le seul résultat.

Lorsqu'on revient de ces escapades hors du quotidien, le retour ne donne pas un sentiment d'accomplissement. La principale difficulté pour une activité soucieuse de l'existence, ce sont les arrêts essentiels consacrés à manger, faire le plein, se reposer. Mais, souvent, ces choses-là sont oubliées, la distance doit être couverte…

Et maintenant que la pluie a cessé, que les deux cents derniers miles de route détrempée et presque submergée sont franchis, j'ai pris conscience de la futilité de ce mouvement. Je n'ai aucun moyen de savoir ce que quelqu'un d'autre pourrait penser de moi, en cet instant particulier, mais je sais que quelqu'un est conscient de mon passage – parce que les pensées de quelqu'un m'accompagnent.

C'est alors que j'entends la manifestation de cette conscience intime extérieure à moi. Ça commence à la fois au-dessus et au milieu du carrefour où je

* Soixante-quinze miles à l'heure = cent vingt kilomètres à l'heure. *(N.d.T.)*

me trouve. C'est un bruit qui s'interpose à mes rêveries bruyantes de la route. Ça traverse la nuit dans un sifflement, la balance sonore se précise, et puis ça s'en va. Le bruit est fort, envahissant, et tout aussi rapidement dégressif, me rappelant que je ne suis nulle part.

JOHN HOWZE
El Paso, Texas

OÙ PEUT BIEN ÊTRE ERA ROSE RODOSTA ?

C'est un beau nom et j'y pense souvent. Era Rose Rodosta. Ses yeux marron et tristes au regard vacant, ses longues couettes brun cendré, son silence stoïque et ses éternels reniflements. Sa vie était déjà un purgatoire, et nous nous étions chargés d'en faire un enfer. Elle vivait avec des grands-parents âgés qui avaient d'étranges accents. Personne ne savait où étaient ses parents et personne ne pensait à le découvrir. C'était sans doute aussi bien. Nous nous serions servis de l'information pour la tourmenter.

Nous étions à l'école primaire, la Gundlach Grade School, à Saint Louis. Nous étions tous blancs et purs et sûrs de ce qui était et n'était pas acceptable. Malheur à qui était tant soit peu différent. Je me souviens de Stanley, le rouquin bouclé. Il était fièrement juif, et c'était là le problème. Si seulement il s'était montré un peu plus… eh bien, plus modeste quant à sa différence. Et puis, bien entendu, il y avait Cilia Kay, cette sotte qui avait osé naître avec un œil vert et un brun. Pour comble, elle avait le malheur d'être la plus pauvre de nous tous, et d'habiter au-dessus d'une boutique minable où ses parents vendaient des beignets. Chaque matin, nous plaisantions à propos de la variété de beignet dont l'odeur émanait de ses vêtements, toujours imprégnés de leur quotidienne infusion de graisse. Mais, surtout, je me souviens d'Era Rose.

Les méandres des trajets entre nos modestes maisons et appartements nous faisaient passer par un quartier peu étendu, manifestement pauvre, et noir. C'est presque trop douloureux à raconter, mais les habitants de ce quartier étaient notre amusement matinal. Nous nous bousculions pour nous positionner du côté du trottoir le plus proche des maisons ; ainsi, nous étions certains de mieux voir. Une famille assise sur un perron, en train de mâchonner les céréales d'une même boîte. Tout ce que nous observions était négatif. Pas de peinture, pas d'écrans grillagés protégeant des insectes, pas d'herbe. C'était aussi moins joli, moins agréable, moins à l'aise. Nous gloussions devant des coiffures inhabituelles, nous dévisagions, sans jamais parler ni sourire. Mais plus nettement encore que de cette vision récurrente, je me souviens d'Era Rose.

Era Rose était une cible si commode. Elle ne ripostait jamais. Elle restait ferme sur ses positions, lointaine et indifférente. Certaines choses l'atteignaient néanmoins à travers son armure car il m'est arrivé de lui voir une larme. L'éducation que j'avais reçue me maintenait à la frange du groupe des tourmenteurs. Tout au fond de moi, mon instinct me disait : "Elle est intéressante", mais je n'ai jamais eu le courage de l'approcher. Mon cerveau n'était même pas capable d'engager la discussion.

Elle était vêtue de mochetés de deuxième main. Jupe écossaise délavée, avec un ourlet décousu, chaussettes tombantes et, toujours, le nez encombré. Je sais maintenant que j'étais jalouse d'Era Rose. Elle était meilleure que moi en ce que j'aimais le plus : le dessin. Le dessin était pour moi le moyen d'acquérir la gloire à l'école, et pourtant en mon for intérieur je savais qu'elle dessinait mieux que moi. Plus important, elle dessinait pour elle-même. Elle dessinait tout le temps, avec talent et naturel. Ses visages avaient des courbes et des rides naturelles que j'enviais sans pouvoir les reproduire. Ma journée d'écolière n'était pas complète sans un coup d'œil envieux à son cahier, plein d'images et de créations merveilleuses. J'essayais de la copier, sans comprendre l'impossibilité de cette tâche. Elle est apparue dans ma conscience vers la quatrième année comme un être souffrant et fascinant, et elle est restée dans ma vision périphérique jusqu'à la fin de notre première année à l'école secondaire.

Cette année-là, elle se formait. Ses reniflements cessèrent. Ses jambes s'allongèrent et elle devenait mince et tout en courbes – toutes cachées sous ces vêtements toujours horribles. De temps à autre, elle faisait quelque chose à ses cheveux et elle mettait même, parfois, du rouge à lèvres. Une peau de velours l'enveloppait et sa chevelure brun cendré était lourde et brillante. Je remarquais son nom sur les listes de clubs artistiques auxquels j'étais trop occupée pour me joindre ; et puis, un jour, je l'ai vue sortir d'un cours de dessin en compagnie de quelqu'un avec qui elle était bel et bien en train de parler. Je ne lui avais jamais vu la bouche aussi près de sourire. Cette année-là, personne ne faisait vraiment attention à elle, mais je pense aujourd'hui à un papillon, un monarque, laissant sécher ses ailes avant de s'envoler. Il y a quarante-trois ans que je l'ai vue pour la dernière fois. Je suis partie pour une autre école mais, quand je me rappelle ce temps-là, bien souvent, je revois Era Rose.

Qu'est devenue cette fille au si beau nom ? Parfois, impulsivement, je me plonge dans des annuaires téléphoniques. Sans succès. J'ai un espoir si intense qu'il en est disproportionné : l'espoir qu'elle a une bonne vie ; qu'elle a reçu plus que sa part de tout ce qui est bon, en compensation de toutes ces années sans bonheur. Era Rose, la fille dont je n'ai jamais été l'amie.

CAROLYN BRASHER
Wentzville, Missouri

PETER

Nous avions dix-sept ans, Peter et moi. Nous étions tous deux en pension au nord du Michigan. Il m'attirait parce qu'il ne me semblait pas menaçant, je lui parlais facilement et je le trouvais pourtant passionné. Il était de stature frêle. Blond, les yeux d'un bleu ardent, il marchait un peu voûté et son regard intense était cerclé de montures métalliques rondes à une époque où tout le monde portait des lunettes en corne. Il voulait devenir écrivain.

Un soir d'hiver, nous dînions l'un en face de l'autre. Peter me regardait, l'air de réfléchir. Pour finir, il me dit : "Pense à un chiffre entre un et dix." Etrange demande, mais Peter était étrange. Il avait gagné un concours national de poésie, cette année-là, et avait célébré son succès en venant en classe en smoking. Je fis donc ce qu'il demandait. J'imaginai un écran de cinéma où s'étalait un chiffre 2 resplendissant. Peter pencha la tête vers moi, légèrement inclinée d'un côté. "Deux ?" fit-il après un moment. Nous fîmes trois autres essais. Chaque fois, Peter devina le bon chiffre. J'étais ahuri. Je lui demandai si nous pourrions en faire autant avec des nombres entre un et vingt. Cela prenait un peu plus de temps, mais pendant plusieurs minutes, Peter continua à identifier chaque nombre qui dansait sur ma scène intérieure.

"Comment fais-tu ?" lui demandai-je. Il me répondit qu'il ne pouvait faire cela qu'avec certaines personnes, qu'il faisait défiler les nombres dans sa tête jusqu'à ce que l'un d'entre eux "fasse tilt". Intrigué, je voulus savoir s'il avait déjà essayé de deviner des objets au lieu de nombres. Il me dit que non. "Ecoute, proposai-je, je vais imaginer un objet dans cette cafétéria et tu me diras ce que c'est." Peter accepta, bien qu'il parût réticent. Nous étions assis dans cette vaste salle à manger, moi les yeux fermés, Peter la tête penchée et inclinée. Au bout de vingt secondes environ, il la releva. “La machine à lait ?” Oui ! Nous le refîmes deux fois. Chaque fois, les mots qu’il prononçait en hésitant correspondaient aux images que j’avais en tête.

Peter commençait à avoir mal à la tête. Mais j’étais excité et ne cessais de le pousser de plus en plus loin. “Bon, je vais imaginer que je *fais* quelque chose… une activité quelconque. Tu me diras ce que c’est.” Peter accepta à contrecœur. Je me reculai sur mon siège et me représentai moi sous la douche, l’eau coulant sur mon visage et mon torse, le mouvement rythmé de mes doigts frottant le shampooing dans mes cheveux. Cela prit environ une minute, mais Peter finit par relever la tête. Il me demanda si j’avais lavé mes vêtements. La réception n’était pas parfaite, j’en conviens. Mais il semblait avoir distingué l’essentiel : l’eau, la mousse blanche du savon, le fait même de laver. Pour notre essai suivant, qui fut le dernier, je m’imaginai assis à ma table de travail, en train de taper à la machine, mes doigts frappant les touches. Cette fois encore, après une minute, il me demanda si j’écrivais une lettre. Les touches, les lettres, tout le processus de l’organisation des mots… J’étais convaincu que, d’une manière ou d’une autre, il l’avait *vu*.

Après le dîner, nous allâmes nous promener dans la neige. Je titubais, mais Peter était devenu pensif et silencieux. Un élève sortit d’un bâtiment non loin de nous et nous dépassa d’un pas pressé. “Il se sent anxieux quand il est près de moi… je le rends inquiet”, me dit Peter. Il m’expliqua que sensations et pensées ne lui venaient pas séparément mais ensemble, tout d’une pièce.

Plus tard, le même soir, quand je m’engageai dans le couloir où donnait la chambre de Peter, celui-ci se tenait déjà sur son seuil, il m’attendait. On s’installa dans sa chambre et on écouta Barbra Streisand. Il avait l’air bizarre, mal à l’aise. J’avais l’impression que quelque chose avait soudain changé entre nous. “Nous ne pouvons plus être amis”, finit-il par m'annoncer avec un sourire embarrassé. Il me parut alors évident que ce don qu'avait Peter lui était douloureux. D'une certaine manière, en m'en rapprochant, j'étais devenu un élément de cette douleur. Troublé, je ne pus que respecter son désir.

Cette soirée-là, cela fait vingt-cinq ans que je continue à en extraire la signification à la lumière changeante de ma propre vie. Bien que je sois devenu un universitaire, un sceptique averti, les études n'ont pas érodé ma conviction que ce dont j'ai été témoin ce soir-là était réel. Il existe des réalités qui, même si elles transcendent notre capacité à les connaître ou à les comprendre objectivement, sont néanmoins des réalités. J'ai prudemment raconté cette histoire dans des cercles académiques, où le métaphysique est souvent accueilli par des regards fixes et glacés. "Il devait lire l'expression de ton visage, ou quelque autre indice", m'affirme-t-on. J'ai pris conscience du fait qu'on peut croire à quelque chose sans nécessairement le comprendre.

Il y a quelques années, dans le *Johnny Carson Show*, j'ai vu *The Amazing Kreskin* ("Kreskin l'Etonnant"), un soi-disant "lecteur de pensées". Pendant un quart d'heure, il a révélé les pensées des gens, retrouvé des objets cachés et exercé la suggestion. Mais ce n'est pas cela qui m'a impressionné. Ce qui m'enchantait, c'était l'amour qui semblait l'animer, l'amour de ce qu'il faisait et, plus important, des gens avec qui il le faisait. J'avais toujours considéré le talent de Peter comme une malédiction. Après tout, qui voudrait d'une vie sans cesse sensible à la peur, à la haine et à l'envie des autres âmes ? Et voilà que Kreskin, nageur en temps réel dans un fleuve de pensées et d'émotions humaines, en ressortait plein de joie. J'ai compris que la douleur de Peter ne venait pas de sa confrontation avec une image objective de l'âme humaine. Elle venait de *lui*.

J'ai essayé plusieurs fois de retrouver Peter, toujours sans succès. Je me demande s'il a jamais fait usage de son talent (on dit que tout grand thérapeute possède cette capacité dans une certaine mesure). Ou bien a-t-il continué à le fuir ? J'espère surtout que, tel Kreskin, il a appris à voir le bien.

MARK GOVER
Lansing, Michigan

LETTRES ET CHIFFRES

J'accompagnais parfois ma mère dans la rue des magasins. En réalité, il n'y en avait pas beaucoup, des magasins, il n'y avait pas grand-chose à l'endroit où se trouvait notre boutique et où maintenant, il n'y a plus rien du tout. Rien qu'une grand-route où les voitures passent en trombe, l'incessant vrombissement des voitures là où, autrefois, je marchais avec ma mère. Je mets ma main dans la sienne et, au-dessus de nous, je vois les branches des arbres qui se balancent et j'entends les feuillages dans leur murmure vert, dais sous lequel nous marchons, et l'agent de voyages relève le nez du journal hongrois, *Nepszava*, qu'il lit, assis sur une chaise à dossier droit, il relève le nez pour nous faire signe, dans sa vitrine on voit l'image d'un paquebot transatlantique, personne de notre connaissance ne va jamais sur un paquebot mais l'image est là, rappel d'une possibilité qui peut survenir à tout moment. Ma mère porte son sac qu'elle appelle sa sacoche, tu dois toujours avoir un mouchoir propre où que tu ailles, me dit-elle. Nous allons acheter ce qu'elle appelle du *rat cheese*, du fromage de rat, et je pense que ce doit être le préféré des rats. Mais c'est pour les sandwichs au fromage que mon père vend, de même que du café et des journaux : le *Daily Mirror* et le *Daily News*, le *Bridgeport Post* et le journal hongrois

– personne ne lit jamais le *New York Times.* "Propriétaire d'une boutique de bonbons", dit mon père lorsque je lui demande ce que je dois répondre à l'école quand ils veulent des renseignements pour leurs dossiers. Mais ce n'est pas tout ce qu'il vend, ce n'est pas tout ce que nous sommes.

"Et où se trouve la boutique de ton père ?" demande la maîtresse. Ils veulent les numéros, l'adresse complète pour les dossiers qui, à ce qu'ils disent, nous suivront pendant toute notre vie. Mais les numéros me sortent toujours de la tête. L'angle des rues *Cherry* et *Pine*, Cerise et Pin, voilà ce que je réponds, parce que ce sont des mots que j'arrive à me rappeler. Et j'aime dire ces deux mots ensemble, cerise et pin, les fraîches forêts du Nord où nous ne sommes jamais allés et cerise comme les pastilles pour la toux des Smith Brothers dans le casier à bonbons, rouges et douces mais pas aussi bonnes que le réglisse noir avec son goût de sombre sur la langue et pas aussi bonnes que les bonbons pour la toux HB, *Hospital Brand*, comme je lis sur la boîte, je suis tout le temps en train de lire tout ce que je vois, les mots sont pour moi comme la nourriture et l'air. Et ma mère me dit d'arrêter de lire autant parce que ça ne vaut rien d'être trop intelligent. Regardez où la Dodge bleue est garée, c'est ça que je pourrais dire à la maîtresse. Il arrive dedans tous les matins. Je l'entends descendre à pas lourds l'escalier de derrière et je lui en veux d'interrompre mes rêves. Les premières heures du matin sont les meilleures, me dit-il. Regardez où est la voiture bleue de mon père et vous trouverez l'endroit où sont les limonades et les jujubes et les casiers à bonbons que j'ai époussetés avec les chiffons faits de vieux tricots de corps qu'il me donne. Les jujubes au goût de parfum, comme des pierres précieuses qui vous collent aux dents, et je viens de te faire soigner les dents, dit ma mère, seulement pour "dents", au lieu de *teeth*, elle dit *teet*, sans ce son *th* que la maîtresse trouve si important. Je pourrais leur dire que je ne connais pas le numéro mais que je retrouve mon chemin tous les après-midi à la façon d'une somnambule en passant sous le chemin de fer et puis devant le fracas des usines jusqu'à ce que j'aperçoive l'auvent vert décoloré avec notre nom en grosses lettres blanches, le seuil de pierre de la boutique de mon père et la porte grillagée en bois avec des trous pour laisser passer les mouches. Mais ce n'est pas ça qu'on attend de moi. Ce sont les nombres, que je ne peux jamais me rappeler. Je ne peux pas compter pour rendre la monnaie comme il me l'a montré. "Ne laissez pas la gosse près de la caisse", disent les clients à mon père. Comment pourrais-je additionner les pièces de dix cents quand la figure maigre de l'homme qui est représenté là est tout ce que nous ne serons jamais : quelqu'un qui a du pouvoir sur nous, je le sais rien qu'à son allure, astiqué et mince. Les clients font claquer leur monnaie sur le comptoir et je vois le buffle sur la pièce de cinq cents, la tête baissée vers l'herbe, je la sens sous mes pieds, je suis transportée chez lui dans la prairie, la terre libre pendant des kilomètres où je sens la force du soleil, et le buffle m'ignore, pareil aux clients qui baissent la tête vers leurs cafés et leurs journaux, intenses et isolés, chacun à sa place au comptoir. J'essaie de ne pas les déranger en balayant discrètement autour de leurs pieds comme mon père m'a montré. Les nombres, c'est ce qu'il me faut si je veux réussir dans la vie, ça, tout le monde le sait. Mais personne ne parle jamais de la vraie vie des nombres que je vois si nettement devant moi. Personne n'en parle même à l'école. Moi je vois les nombres tels qu'ils sont.

Un, si fort, qui ose prendre la tête de la longue ligne des nombres en marche. Mais il est seul. Oh, un, sans un seul pour compagnie ! A quoi bon toute sa force s'il est seul ? Pas comme ce veinard de deux, partie d'un couple, pas impair, mais pair. Trois, dangereux, entouré d'éclairs électriques. Les rayons de la mort de Flash Gordon pour tuer même Ming le Malveillant Souverain de l'Univers. Trois comme

Richie Swenson qui avait mis le feu aux corbeilles à papier et qui a été expulsé pour qu'on ne risque pas de brûler. Quatre'z'yeux, il m'appelle. Quoi de neuf, Quatre'z'yeux ? il dit. Richie Swenson, expulsé et libre comme le buffle d'errer dans les rues, ne ressemblera jamais à quatre. Gras, à l'aise, en sécurité. Cinq, c'est une décapotable rouge. Et six est surmené, obligé de faire des heures supplémentaires. Sept est chagrin infini, ça j'en suis sûre. Tout le chagrin du monde, son poids sur les épaules, vieux pardessus de chagrin dont on ne peut se débarrasser. J'aimerais pouvoir m'en libérer, mais il m'accompagne à jamais, sentiment du chagrin infini du monde contenu dans le chiffre sept. Huit est fiable et terne, incapable de soupçonner le pouvoir de sept. Neuf est très intelligent mais ça ne fait rien, neuf ne peut pas être heureux. Et dix les commande tous, habite sur la hauteur, dans le plus beau quartier de la ville.

Comment pourrais-je les additionner ou les soustraire ? Me mêler de leurs vies ? Si Johnny a dix pommes et si Jimmy en prend deux, combien Johnny en aura-t-il ? Oh, Johnny, comment se fait-il que tu aies eu autant de pommes, d'abord ? Johnny dans ta grande maison avec toutes tes pommes que tu as si facilement. Jimmy sans un. Pas de pommes dans la famille. Et le parfum des pommes ? Elles sont alignées sur l'appui de fenêtre de la mansarde où dort ma tante. Elles s'appellent "vertes" et "Golden Delicious", ma tante les a alignées parce qu'elle dit que c'est merveilleux de dormir dans une chambre qui sent la pomme. Dans la mansarde, je lis toutes les histoires de son livre de citoyenneté, l'une après l'autre. "Mabel, écoute cette enfant lire", dit la note que la maîtresse de deuxième année me donne à porter à celle de cinquième. Je suis toujours nulle en arithmétique. Tout le monde dit : Elle doit être stupide. Je les crois tous.

SANDRA WALLER
New York, New York

C'était l'automne dans le Nord-Ouest. Les souvenirs du week-end passé chez mon vieil ami Keith, à Seattle, me remplissaient d'une chaude satisfaction. A présent, après plusieurs heures de route, je m'étais adapté au rythme du voyage de retour. La vibration confortable de ma solide voiture, dont les gros pneus de caoutchouc bourdonnaient au-dessous de moi, la lumière dorée qui éclairait le paysage entourant cette section peu fréquentée de l'autoroute et les sons doux, presque subliminaux, émis par la radio contribuaient à mon humeur rêveuse. Perdu dans ma songerie, je basculai peu à peu vers un agréable état de conscience dans lequel je me sentais particulièrement alerte et réceptif.

Je fixai mon attention sur un panneau routier qui approchait et lus avec la vague impression de le reconnaître le nom de la ville annoncée. C'était un nom caractéristique, très beau, et je m'en souvenais comme de l'endroit où une autre amie, Shawnee, avait eu l'intention d'aller s'installer la dernière fois que je l'avais vue, plusieurs années auparavant.

La sortie se trouvait un peu plus loin et je me laissai glisser sur la bretelle. C'était un dimanche après-midi et les rues étaient paisibles. Je roulai jusqu'au bout de la grand-rue en imaginant ce que serait une visite-surprise à mon amie. En quelques minutes, j'avais compris que c'était exactement le genre d'endroit que Shawnee devait aimer. Il y avait abondance de vieux arbres pleins de grâce ombrageant les trottoirs et des gens réunis de-ci, de-là par petits groupes savouraient ensemble la douceur de l'air.

Apercevant une cabine téléphonique, je m'arrêtai pour chercher dans l'annuaire des indications sur l'adresse privée ou professionnelle de mon amie, mais je ne trouvai ni l'une, ni l'autre. Si étonnant que cela paraisse, l'impression de plaisir anticipé que j'avais éprouvée se renforça. Interprétant cela comme un encouragement à persévérer dans mes recherches, je passai encore deux heures à essayer de sonder les fenêtres des immeubles de bureaux et à circuler dans les quartiers résidentiels avec l'espoir de repérer le vieux véhicule bien reconnaissable de Shawnee. Aucun de mes efforts ne semblait me rapprocher de mon amie.

A la fin, voyant venir la nuit, je me résignai à la vanité de mes recherches. Après une dernière et décevante boucle à travers la ville, je montai sur la rampe qui allait me ramener à l'autoroute. Alors que je prenais de la vitesse, j'entendis un étrange bruit de ferraille provenant du côté passager de la voiture. Avant d'avoir pu en déterminer l'origine, je fus surpris par le choc métallique dû à la chute d'un enjoliveur qui filait sur le revêtement dur. J'écrasai les freins et me rangeai sur le bord de l'étroite chaussée, en gardant un œil sur l'enjoliveur qui s'éloignait en rebondissant comme un fou. Sorti de la voiture, je marchai vivement vers l'endroit où j'avais vu l'enjoliveur pénétrer dans les hautes herbes fauves. J'entrai à mon tour dans la végétation odorante et, après avoir cherché quelques minutes, j'aperçus le disque argenté près du pied d'une forte pente. Je descendis tant bien que mal dans un creux qui n'eût pas été visible de la route et me penchai pour ramasser l'objet poussiéreux.

Au même instant, j'entendis au loin le crachotement d'un moteur. Je me redressai et vis une jeep rouge qui arrivait vers moi, sortant de la dense forêt de pins. Les yeux humides, le cœur battant, je reconnus la conductrice. C'était Shawnee. Nos regards se croisèrent à travers le pare-brise sale tandis qu'elle approchait du creux où j'étais accroupi, l'enjoliveur bosselé à la main.

Pendant un moment, mon attention fut attirée par le reflet de cette scène irréelle sur la surface convexe de l'enjoliveur. Sur ce plan déployé, je me voyais ainsi que, derrière moi, le talus ténébreux qui s'étendait hors de toutes proportions dans le périmètre du disque en se fondant avec la scène devant et autour de moi. Le bruit du moteur devint plus fort et le véhicule lui-même apparut sur la surface brillante. Tout en haut de ce petit dôme d'activité s'étalaient les vives teintes rouges du crépuscule.

Dans cette nouvelle et étrange dimension, il me parut possible, fugitivement, de saisir l'incroyable convergence des événements dont j'étais le témoin. Je m'efforçais de comprendre, mais avant que j'aie pu répondre à ce défi, mes sens étaient occupés par la présence de la jeep rouillée qui s'arrêtait, trépidante, dans un nuage de poussière, à quelques pas de moi. D'un bond, je me remis debout et je tirai de son siège mon amie étonnée, pour des retrouvailles trop longtemps attendues et décidément mystiques.

ROGER BRINKERHOFF
Galilee, Pennsylvanie

SANS LOGIS A PRESCOTT, ARIZONA

Au printemps dernier, j'ai changé de vie de manière radicale, et ce n'était pas une crise de maturité. A cinquante-sept ans, j'en ai bien passé l'âge. J'ai décidé que je ne pouvais pas attendre huit ans de plus ma retraite, et que je ne pouvais pas rester secrétaire juridique huit ans de plus. J'ai démissionné de mon emploi, vendu ma maison, mes meubles et ma voiture et donné mon chat à mes voisins, et je suis partie à Prescott, Arizona, une communauté de trente mille personnes nichée dans les Bradshaw Mountains, avec une belle bibliothèque, une université du premier cycle et une jolie place communale. J'ai investi le produit de la vente de tous mes biens et je touche une rente de trois cent soixante-quinze dollars par mois. C'est de cela que je vis.

Je suis anonyme. Je ne figure sur aucun programme gouvernemental. Je ne reçois aucune assistance, pas même des tickets-repas. Je ne mange pas à l'Armée du Salut. Je n'accepte pas la charité. Je ne dépends de personne.

Ma base, c'est le centre-ville, où tout ce dont j'ai besoin se trouve dans un rayon d'un mile et demi – facilement accessible à pied. Pour aller plus loin, je prends le bus qui fait le tour de la ville toutes les heures et coûte quinze dollars la journée. J'ai une boîte postale, coût : quarante dollars par an. La bibliothèque est connectée à Internet et j'ai une adresse électronique. Mon espace de rangement me revient à vingt-sept dollars par mois, et j'y ai accès vingt-quatre heures sur vingt-quatre. J'y range mes vêtements, mes produits de beauté et d'hygiène, quelques ustensiles de cuisine et mes papiers. Je loue un coin tranquille dans un jardin à peu de distance de mon lieu de rangement pour vingt-cinq dollars par mois. C'est ma chambre à coucher, comprenant une tente igloo, un sac de couchage, un matelas et une lanterne. J'ai sur moi, dans un gros sac solide, bouteille d'eau, lampe de poche, walkman, affaires de toilette et équipement pour temps de pluie.

Le Yavapai College a une piscine aux dimensions olympiques et un vestiaire pour femmes. J'y suis des cours et j'ai donc accès à ces installations ; coût : trente-cinq dollars par mois. J'y vais tous les matins pour faire ma toilette et prendre une douche. Je vais à la laverie avec un petit paquet de linge chaque fois que c'est nécessaire ; coût : quinze dollars par mois. Une allure présentable est l'un des éléments importants de mon nouveau mode de vie. Quand je vais à la bibliothèque, personne ne peut deviner que je suis sans domicile. La bibliothèque est mon living. Je m'installe dans un fauteuil confortable et je lis. J'écoute de la belle musique sur la stéréo. Je communique avec ma fille par courrier électronique et je tape des lettres sur l'ordinateur. Je reste au sec quand il fait mouillé dehors. Malheureusement, la bibliothèque n'a pas la télévision, mais j'ai trouvé au collège un salon réservé aux étudiants où il y a un poste. Je peux presque toujours regarder *L'Heure des infos, Les Chefs-d'Œuvre du théâtre* et les films policiers. Pour satisfaire encore mes besoins culturels, j'assiste aux répétitions générales de la compagnie de théâtre amateur de la ville, gratuitement.

Me nourrir à bon marché et de façon équilibrée constitue la plus forte gageure. Mon budget m'autorise à dépenser deux cents dollars par mois pour manger. J'ai un réchaud à gaz de camping et un percolateur à l'ancienne. Tous les matins, je vais à mon petit entrepôt me faire du café, j'en remplis mon thermos, je charge mon sac à dos, me rends au parc et trouve un coin ensoleillé où savourer mon café et écouter sur mon walkman les premières émissions de la journée. Le parc est mon jardin. C'est un endroit merveilleux à fréquenter quand le temps est clément. Je peux m'allonger sur l'herbe, lire, faire la sieste. Les grands arbres m'offrent leur ombre bienvenue quand il fait chaud.

Mon nouveau mode de vie est resté confortable et agréable jusqu'ici parce qu'il a fait un temps délicieux à Prescott au printemps, en été et en automne, même s'il est vrai qu'il a neigé à Pâques. Mais j'étais bien préparée. J'ai une parka, des bottes et des gants, le tout chaud et imperméable.

Pour en revenir à l'alimentation. Le *Jack in the Box* propose quatre articles à un dollar : le *"Breakfast Jack"*, le *"Jumbo Jack"*, un sandwich au poulet ou deux tacos au bœuf. Après avoir bu mon café dans le parc, je m'offre un *"Breakfast Jack"*. Il y a au Centre pour adultes un département d'aide alimentaire où je peux avoir un déjeuner copieux pour deux dollars. Pour le dîner, *Jack in the Box*, de nouveau. J'achète des fruits et des légumes frais chez Albertson. Une fois de temps en temps, je vais à la *Pizza Hut* – tout ce qu'on peut manger pour quatre dollars quarante-neuf. Quand je reviens le soir à mon petit entrepôt, je me fais du pop-corn sur mon réchaud à gaz. Je ne bois que de l'eau et du café ; les autres boissons sont trop chères.

J'ai découvert encore une façon de varier mes expériences alimentaires, tout en les combinant avec des soirées culturelles. Il y a une galerie d'art au centre-ville, et les vernissages des nouvelles expositions sont annoncés dans le journal. Il y a quinze jours, j'ai mis ma robe et mes collants, je suis allée au vernissage, j'ai profité du buffet et admiré les tableaux.

Je me suis laissé pousser les cheveux et je les attache en queue de cheval comme je faisais à l'école primaire. Je ne les teins plus. J'aime bien le gris. Je ne me rase plus les jambes ni les aisselles, je ne me vernis plus les ongles, je n'utilise plus de mascara, de fond de teint, de blush ni de rouge à lèvres. Le look nature ne coûte rien.

J'adore aller au collège. Cet automne, j'apprends la céramique, je chante dans une chorale et je suis des cours d'anthropologie culturelle, pour mon enrichissement, pas pour les diplômes. J'adore lire tous les livres que j'ai envie de lire mais pour lesquels je n'avais jamais le temps. J'ai aussi le temps de ne faire absolument rien.

Bien sûr, il y a des aspects négatifs. Mes amis de chez moi me manquent. Claudette, qui travaille à la bibliothèque, m'a prise en amitié. Elle a écrit des articles de fond pour le journal local et sait y faire pour obtenir des renseignements sur les gens. J'ai fini par lui raconter qui je suis et comment je vis. Elle n'essaie jamais de me persuader de vivre autrement, et je sais que je peux compter sur elle en cas de besoin.

Mon chat me manque aussi. Je ne perds pas l'espoir qu'un chat vienne m'adopter, de préférence avant l'hiver. Ce serait bien de dormir blottie contre une fourrure tiède.

J'espère pouvoir survivre à l'hiver. On m'a dit qu'il peut y avoir beaucoup de neige à Prescott et de longues périodes de gel. Je ne sais pas ce que je ferai si je tombe malade. Je suis une optimiste, d'une façon générale, mais ça m'inquiète. Priez pour moi.

B. C.
Prescott, Arizona

ÊTRE LÀ

J'ai passé les sept premières années de ma vie (1953-1960) dans une petite ferme de deux hectares du sud-est rural du Michigan. Mon père travaillait dans un atelier fabriquant des pièces mécaniques à une quarantaine de kilomètres de chez nous, mais lui et ma mère préféraient vivre à la campagne ce qu'ils considéraient comme "la bonne vie". Ce qui suit est mon souvenir d'un certain soir d'été à cette époque.

Je suis en pyjama d'été, coton extraléger. Le haut est boutonné jusqu'à un col plat à revers, tel celui d'une chemise sport qu'aurait pu porter mon grand-père. Le bas est maintenu à la taille par un élastique que je tends et détends, en le laissant claquer délicatement contre mon corps fraîchement lavé, sortant du bain un samedi soir de juin. Une brise douce s'insinue par les ouvertures flottantes du pyjama et tournoie autour de moi comme une faible décharge électrique. Je me sens tout léger.

Mon père vient de finir de tondre l'herbe. J'entends le crissement des graviers et l'écho ferraillant des roues dures de la tondeuse qu'il pousse sur le chemin vers un garage en parpaings gris. Il est vêtu, comme toujours dans mes souvenirs d'enfance de lui en été, d'un T-shirt blanc à col en V et d'un vieux pantalon gris informe. Ses cheveux noirs sont coupés à plat sur son crâne. C'est un grand maigre, au cou et aux bras bronzés et couverts de taches de rousseur par le soleil, surtout le bras gauche à cause de son habitude de conduire accoudé à la fenêtre de la voiture. Le rangement de la tondeuse signale la fin de son labeur de la semaine. Dans mon souvenir, il sourit de ce sourire en coin et désinvolte que je ne pourrais jamais confondre avec celui de quelqu'un d'autre.

On commence à réentendre les bruits que noyait celui de la tondeuse ; étouffées par un calme brumeux, les roucoulades d'une tourterelle esseulée flottent dans l'air. Je regarde du côté d'où elles viennent, mais je ne vois qu'un champ d'herbes hautes qu'entoure un bois marécageux. De ses profondeurs déjà sombres monte le coassement des grenouilles, invisibles mais aussi présentes que l'herbe fraîche sous mes pieds.

Ma mère est assise sur une vieille chaise longue en métal avec un bébé aux cheveux blancs, mon frère Pat. Elle est en robe d'été, une légère robe-tablier qu'elle a faite elle-même, et elle chante doucement une chanson où il est question d'être au comble du bonheur, de la rue où on habite et d'un oiseau jaune.

Je sens l'odeur du lilas en fleur, de l'herbe coupée, du fumier de vache, du savon Ivory.

J'entends grincer en cadence les cordes de la balançoire où ma sœur Marianne va et vient sous le gros cèdre devant la maison, avec ses cheveux blonds et sa chemise de nuit qui volent ensemble comme des drapeaux dans le vent.

Assise au bord du perron, ma sœur Sharon, en pyjama, caresse un chaton blanc et noir.

Le tracteur est garé devant le garage. Mon frère Mike s'est perché sur le siège et tient le volant. Il se prend pour un grand, en train de rouler sur la route. Mike a les mêmes cheveux que moi. Maman nous a fait notre coupe d'été à la tondeuse électrique, si ras que ce qui nous reste ressemble plus à de la suédine qu'à des cheveux. A quelques pas de nous, mon frère Kevin donne des poignées d'herbe à Jerry, notre poney tacheté. Kevin aussi a l'aspect suédine. Lui et Mike sont en pyjama.

J'ai d'autres souvenirs de la ferme, des souvenirs qui semblent se trouver là pour des raisons évidentes : ils sont dramatiques, drôles ou effrayants. Mais mon souvenir de ce soir d'été en pyjama est spécial. Je m'y retrouve simplement debout dans l'herbe, pieds nus. Je retrouve la tourterelle, la balançoire, ma mère et mon père, mes frères et sœurs, la grange, les lilas, les bois – le tout baignant dans la lumière diffuse d'un crépuscule d'été.

TIM CLANCY
Marquette, Michigan

UNE TRISTESSE ORDINAIRE

C'est avec un peu de honte que j'allume la radio aujourd'hui. La radio est l'amie que je néglige en général ; l'amie à qui je ne pense à m'adresser que lorsque la vie est devenue triste et désespérée. J'y retourne toujours encombrée de remords – mais elle est toujours là à m'attendre, toujours prête à me récupérer.

La première fois que j'ai vécu seule, je l'écoutais, comme tant de gens, chaque jour : quand je me réveillais le matin et, de nouveau, le soir, quand je revenais du travail. Pendant que j'attendais la fin du siège de mon premier été new-yorkais, les bruits de la radio étaient les seuls que je pouvais supporter.

Et c'est ainsi qu'après que ma première liaison a mal tourné, je me suis retrouvée dans un appartement imprégné de brun, et j'ai recommencé à écouter la radio. Le goût du yucca, que j'ai fait frire pour la première fois dans cette cuisine minuscule, l'odeur des rideaux saturés de fumée et le savon à l'huile Murphy, les entretiens, les informations, les longues énumérations des stations sœurs du Berkshire – toutes ces choses sont liées entre elles et avec moi, elles sont le goût, l'odeur, l'atmosphère détrempée de cet isolement.

La radio est faite pour les solitaires, après tout, les exilés, ceux qui ont perdu le contact. A la différence de la télévision, qui fixe obstinément une seule direction et exige l'attention de tout le corps meurtri, la radio est partout. Les isolés en ont besoin, car elle seule peut remplir les énormes espaces vides que recèlent même les plus petits appartements. Elle ne nous agace pas à nous rendre fous, elle commence avec tact au moment où nous l'allumons.

Les sons qu'elle émet sont nos anges gardiens, présents partout sans s'imposer. Tandis que nous vaquons à nos affaires, la radio nous suit patiemment. Sa persistance apaise jusqu'à la plus soudaine, la plus acérée des solitudes, adoucit les espaces entre nos âmes et les murs éternellement distants.

C'est ainsi que la radio pardonne, et les isolés ont besoin de se sentir pardonnés.

Au printemps dernier, je me suis sentie abandonnée de tout : un emploi dont j'avais besoin était tombé à l'eau, ma vie de couple avait échoué. J'ai pris le premier appartement venu, le plus petit et le plus moche. Je n'avais ni la patience ni le courage de chercher davantage. J'ai changé de parfum. J'ai écouté la radio. Et des mots ont commencé à pleuvoir sur moi sans avertissement.

Alors que je grelottais dans le flot des possibilités, que mes aises et mes habitudes m'avaient été arrachées, j'ai pris conscience de l'air qui était le plus proche de moi. Cet air connaissait ma peau, il était chaud de ma voix. A l'abri, je me suis calmée.

J'ai pêché dans le froid qui me raidissait les entrailles des mots simples et brillants. Ils nageaient vers moi, ils s'offraient à mes filets.

Pendant des mois, j'ai vécu ainsi, évitant les amitiés nouvelles, négligeant celles qui avaient survécu à la mort de mon couple. Je remettais à plus tard la recherche d'un nouvel emploi, préférant subsister à base de café, de toasts, du soleil qui voulait bien braver mes fenêtres dégoûtantes. Ce furent des jours d'indulgence, des jours intenables : il allait bien falloir que je trouve du travail, que je renoue d'anciennes amitiés, que je m'en fasse de nouvelles. La moisson allait retomber.

J'avais beau m'endormir tous les soirs en pleurant, cette période a été l'une des plus douces et des plus denses que j'aie jamais vécues. Chaque instant, je le distillais et le buvais à ma guise ; chaque jour je réaffirmais l'appétit que j'avais de mon temps ininterrompu, et seule la radio était invitée.

J'ai pris des forces, dans cette solitude. Mais, lentement, les considérations pratiques ont mis fin à mon répit. Je suis allée habiter avec une amie, j'ai pris un emploi. Je suis tombée amoureuse.

Tomber amoureuse, c'est comme se peindre dans un coin. Ravie par les couleurs que vous avez posées autour de vous, vous oubliez la liberté qui rétrécit dans votre dos. Négligée, ma rivière a ralenti, mes prises sont devenues maigres. J'avais arrêté d'écouter la radio. J'ai recommencé à considérer le temps de solitude comme un temps à passer, une chose non désirée, non plus comme une chose en travers de laquelle je pouvais m'étaler à loisir.

Et maintenant, maintenant que j'ai oublié, les choses se préparent à un nouveau naufrage – un autre amour va me quitter ; je vais prendre un appartement pour moi seule. Je sens l'air devenir vif, les murs s'écarter de mon corps.

Grelottante, nerveuse, j'allume la radio, c'est la première fois depuis des mois. Paul Auster est en train de lire une histoire, celle d'une fillette qui avait perdu son père, et qui a traîné un arbre de Noël dans les rues de Brooklyn à minuit. Il nous demande nos histoires.

Il y a des conditions : elles doivent être brèves et véridiques.

Mais je n'ai pas de morts, pas de voyages qui vaillent qu'on les rapporte. Nul coup de chance sauvage, nulle incroyable tragédie. Je n'ai qu'une tristesse ordinaire. Pire encore, il y a des semaines que je suis incapable d'écrire, l'esprit agité par des départs imminents, un changement imminent.

Et puis cela m'apparaît : cet instant est la main amie de la solitude. La radio m'invite à revenir, à rentrer dans les chambres qu'elle remplira de sa voix de doux lainage, dans la lumière tiède du temps passé seule.

Je n'ai reconnu l'invitation qu'en écrivant ces lignes. Voilà mon histoire, complète, avec son temps fort qui est maintenant.

Parfois, c'est une chance d'être abandonné. Pendant que nous cherchons ce que nous avons perdu, nous pouvons revenir en nous-même.

AMENI ROZSA
Williamstown, Massachusetts

TABLE

BABEL

Extrait du catalogue

485. HERBJØRG WASSMO
Ciel cruel

486. LIEVE JORIS
Les Portes de Damas

487. DOMINIQUE LEGRAND
Décorum

488. COLLECTIF sous la direction de JEAN-MICHEL RIBES
Merci Bernard

489. INTERNATIONALE DE L'IMAGINAIRE N° 14
Eros & Hippos

490. STEFANO BENNI
Le Bar sous la mer

491. FRANCIS ZAMPONI
Le Don du sang

492. JAMAL MAHJOUB
Le Télescope de Rachid

493. FÉDOR DOSTOÏEVSKI
Les Pauvres Gens

494. GUILLAUME LE TOUZE
Dis-moi quelque chose

495. HEINRICH VON KLEIST
Théâtre complet

496. VIRGINIE LOU
Eloge de la lumière au temps des dinosaures

497. TASSADIT IMACHE
Presque un frère

498. NANCY HUSTON
Désirs et réalités

499. LUC SANTE
L'Effet des faits

500. YI MUNYŎL
Le Poète

501. PATRÍCIA MELO
Eloge du mensonge

502. JULIA VOZNESENSKAYA
Le Décaméron des femmes

503. ILAN DURAN COHEN
Le Fils de la sardine

504. AMINATA DRAMANE TRAORÉ
L'Etau

505. ASSIA DJEBAR
Oran, langue morte

506. V. KHOURY-GHATA
La Maestra

507. ANNA ENQUIST
Le Chef-d'œuvre

508. FÉDOR DOSTOÏEVSKI
Une sale histoire

509. ALAIN GUÉDÉ
Monsieur de Saint-George

510. SELMA LAGERLÖF
Le Banni

511. PER OLOV ENQUIST
Le Cinquième Hiver du magnétiseur

512. DON DELILLO
Mao II

513. MARIA IORDANIDOU
Loxandra

514. PLAUTE
La Marmite *suivi de* Pseudolus

515. NANCY HUSTON
Prodige

516. GÖRAN TUNSTRÖM
Le Buveur de lune

517. LYONEL TROUILLOT
Rue des Pas-Perdus

518. REINALDO ARENAS
Voyage à La Havane

519. JOE BRAINARD
I Remember

520. GERT HOFMANN
Notre philosophe

521. HARRY MULISCH
Deux femmes

522. NAGUIB MAHFOUZ
Le Mendiant

523. ANNE BRAGANCE
Changement de cavalière

524. ARTHUR SCHOPENHAUER
Essai sur les femmes

525. INTERNATIONALE DE L'IMAGINAIRE N° 15
Les Spectacles des autres

526. FÉDOR DOSTOÏEVSKI
Les Frères Karamazov (vol. I)

527. FÉDOR DOSTOÏEVSKI
Les Frères Karamazov (vol. II)

528. ANNE GUGLIELMETTI
Le Domaine

529. STEFANO BENNI
Bar 2000

530. ALAIN GRESH ET TARIQ RAMADAN
L'Islam en questions

531. YÔKO OGAWA
Hôtel Iris

532. WILLIAM KOTZWINKLE
Le Nageur dans la mer secrète

533. YASMINE CHAMI-KETTANI
Cérémonie

534. SÉBASTIEN LAPAQUE
Georges Bernanos encore une fois

535. HANAN EL-CHEIKH
Le Cimetière des rêves

536. ALAN DUFF
L'Ame des guerriers

537. JEAN-YVES LOUDE
Cap-Vert, notes atlantiques

538. YOURI RYTKHÉOU
L'Etrangère aux yeux bleus

539. GEORGE SAND
Antonia

540. GEORGE SAND
La Marquise, Lavinia, Metella, Mattea

541. RUSSELL BANKS
L'Ange sur le toit

542. BARBARA GOWDY
Un lieu sûr

543. NAGUIB MAHFOUZ
L'Amour au pied des pyramides

544. ALEXIS WRIGHT
Les Plaines de l'espoir

545. NAOMI KLEIN
No logo

546. REZVANI
L'Origine du monde

547. CLAUDE PUJADE-RENAUD
Platon était malade

548. NANCY HUSTON
Dolce agonia

549. GÉRARD DE CORTANZE
Cyclone

550. ANNE BRAGANCE
Le Lit

551. RAYMOND JEAN
Un portrait de Sade

552. ZOÉ VALDÉS
Cher premier amour

553. PER OLOV ENQUIST
Le Médecin personnel du roi

554. SONALLAH IBRAHIM
Les Années de Zeth

555. MAHMOUD DARWICH
La Palestine comme métaphore

COÉDITION ACTES SUD – LEMÉAC

Ouvrage réalisé
par l'Atelier graphique Actes Sud.
Achevé d'imprimer
en juillet 2002
par l'imprimerie Liberdúplex
à Barcelone
pour le compte
d'ACTES SUD
Le Méjan
Place Nina-Berberova
13200 Arles.

N° d'éditeur : 4707
Dépôt légal
1re édition : octobre 2002
N° impr.